21世纪中国教育研究丛书

中国的
民办高等教育

历史与重建

马 戎　主编

Private High
Education in China

History and
Re-establishment

社会科学文献出版社
SOCIAL SCIENCES ACADEMIC PRESS (CHINA)

序 言

马 戎

自 1987 年春来到北京大学社会学研究所任教以来，由于各种原因，我参与和组织了多个领域的实证性研究课题，涉及的专题包括内蒙古草原社区演变、乡镇人口迁移、西部城市民族居住格局、乡镇企业发展、城乡环境治理、乡镇政府体制变迁、农村教育发展、人口结构演变、西部跨省劳务输出、族际通婚、西部双语教育发展等。进入 21 世纪后，我开始把自己的研究精力更多地集中在两个专题上，一个是民族关系研究，一个是教育发展研究。我觉得这是中华民族和我们这个国家在新世纪面临的两个最紧迫的核心研究专题。

民族问题研究，我认为涉及的是"保底"，这是中华民族生存的基本底线。如果民族关系处理不好，新疆、西藏、内蒙古等少数民族聚居区出现严重的民族主义运动并最终导致国家分裂、出现苏联解体那样的态势，中华民族和这个国家将不复存在。这并不是危言耸听。在苏联解体之前，无论是苏联人自己，还是作为苏联近邻的中国人，抑或是日日盼望苏联垮台的美国人，有谁曾经清醒地预料到苏联有可能出现不可逆转的国家解体？

教育问题研究，我认为涉及的是"发展"。现在乃至今后一个很长的历史时期，以民族国家为单元的政治实体，仍然是国际政治、经济与金融贸易的基本单元。国家之间的竞争表现在意识形态影响力、科技经济规模、军事震慑力等各方面。而各国竞争时彼此的实力，取决于各国在政府管理、人文社科、科学技术及各产业、各领域的人才队伍素质与研究创新能力方面。换言之，国家间的竞争实质上是各国人才素质与能力的全面竞争。而各国的人才队伍，除极少数人有可能引自境外，其核心和主体部分只能来自各国教育体系培养的本土人才。所以说到底，国家之间深层次的竞争实质上是各国教育体系之间的竞争。如果中国各级学校能够源源不断地为国家培养出大批高层次乃至国际顶尖人才，这个国家必然能够在国际竞争中处于领先地位。美国在各领域的领先地位，基础是其世界领先的教育体系和科研体系，不仅培养了大批本国优秀人才，也吸引了世界许多国家的优秀学生和科技人才来到美国学习和工作。

中国现代学校教育的起步晚于欧美几百年，在20世纪的政治风云中又经历几次重大历史波折，我们研究中国当前面临的教育问题，就是期望中国各级教育事业能够借鉴其他国家发展教育的经验与教训，为21世纪中国社会、经济、科技、文化的整体性高质量快速发展提供一个坚实的人才基础。教育事业发展了，培养出各行各业高素质创新人才队伍而且后续不断，中华民族的伟大复兴就真正有了希望。所以，教育研究直接涉及的是国家发展前景，从学校里走出来的一代代青少年预示着一个民族、一个国家的未来。

一

一个多民族国家的政治分裂需要具备三个基本条件：一是内部一些群体被中央政府正式承认为带有实体性质的"民族"，具有清晰的人口边界（个体身份）和界定清晰的"民族"特征（如血缘体质、语言文字、宗教信仰、文化传统等）；二是这些群体的聚居地具有相对正式的行政区划建制（自治共和国、自治区），可作为独立后新国家的"领土"；三是通过某种教育机制（如苏联的民族院校）为这些群体培养出具有强烈"民族意识"的"少数民族精英"群体，作为领导民族主义运动的领导集团（马戎，2011：88～108）。这三个条件具备之后，一旦遇到适宜的内部或外部环境（如戈尔巴乔夫"改革"、铁托逝世），苏联和南斯拉夫就难以避免国家分裂的厄运，就会导致国家解体。21世纪初在西藏、新疆等地出现的多次大规模恶性暴力恐怖事件，给全体中国人发出了预警信号。

1985年在内蒙古赤峰，1988年在拉萨，1997年在南疆，2000年在甘肃、青海，我在少数民族地区基层社区的实地调查一直延续至今。特别是

1997 年夏天在喀什 4 县的走访，给我的刺激极大，我在各级政府机关和基层社区切身感受到新疆民族关系的问题和极为危险的发展前景。我在 2000 年发表的一篇文章里建议把中国的"少数民族"层面改称"少数族群"，建议"民族与地域之间的关系应当逐步淡化。……不要……把我国的民族问题'政治化'"（马戎，2000：137，141）。2004 年我提出"少数族群问题的'去政治化'"的观点（马戎，2004：122），希望以"实事求是"的精神对新中国成立以来的民族理论、制度、政策进行系统的反思，探索一条从本源上改善中国民族关系的新思路。2010 年我提出中国社会现存体制中的"汉–少数民族二元结构"正在从根本上侵蚀中华民族共同体（马戎，2010：93～103）。2008 年拉萨"3·14"事件和 2009 年乌鲁木齐"7·5"事件发生后，有关我国民族关系现状的实地调查与对演变前景的思考更是吸引了我近乎全部的注意力，此后，我的实地调查和研究工作基本上围绕着民族问题这一主题。

令人欣慰的是，中央政府和社会各界近年来对中国的民族问题开始给予高度关注。特别是 2014 年中央第四次民族工作会议召开以来，我们看到中央政府大力推动构建中华民族共同体，提出要把现有的民族自治地方视为"各民族共同拥有的地方"，要求各族干部必须认同中华民族、维护国家统一和民族团结，树立正确的历史观、民族观、国家观、文化观，加强各民族交往交流交融。面对严峻的国际政治形势和国内地区性分裂活动，上述指导性政策都具有极强的针对性。

二

我之所以特别关心中国的教育问题，与我接受教育的个人经历有关。1966 年"文化大革命"前，我在北京景山学校基本上完整接受了中小学教育。尽管 1971 年出台的"两个估计"可以说几乎全盘否定了 1949～1966 年新中国的教育，但我始终对自己在校园里接受的教育有正面印象，我认为这个时期学校里的教师和学生都是积极向上、真诚地按照"又红又专"的目标努力教学和学习的。1968～1973 年为期五年的内蒙古牧区插队生活，是我"接受贫下中牧再教育"的另一段经历。1973～1976 年在内蒙古农牧学院的三年"工农兵学员上、管、改"（"上大学、管大学、用毛泽东思想改造大学"），可视为"文革"中教育革命的延续。粉碎"四人帮"后，1979～1982年在中国社会科学院马列所的硕士生学习，是一段与当时政坛风云密切交集的特殊经历。1982～1987年在美国布朗大学社会学系的五年留学生活使我有机会亲身体验一所西方研究型大学的教育理念与学习氛围。1987年我来到北京大学任教，指导硕士生和博士生。前后延续几十年的自身学习经历和各类校园生活，使我有机会在不同的政治环境、教育体制和学术氛围中来观察、体验和思考中国的教育体制变迁和当前我国学校教育中存在的各类问题。

在北京大学研究生院的招生目录上，我招生的专业方向有两个。一个是"民族社会学"，这与我从事的中国民族问题研究直接相关。同时我特别关注少数民族学生，我认为他们掌握母语文、熟悉本族社会与传统文化，在与本族社会相关的研究领域具有特殊的优势。他们的研究成果可以提高本族学者在少数民族社会研究中的代表性和话语权，同时，他们能够在国内和国际学术界发挥不同于汉族学者的特殊重要作用，有助于改善和加强中国的民族关系。我在北京大学指导的学生来自17个民族，包括中国大陆培养的第一位藏族和维吾尔族社会学博士。

我指导研究生的另一个专业方向是"城乡社会学"。由于自己的受教育经历和在北大多年的任教生涯，我非常关注有关国内教育问题的讨论。我先后组织了多个以教育研究为主题的课题。1994～1995年，我与加拿大蒙特利尔大学教育学院Jacques Lamontagne（汉文名字：龙山）教授开展了一项关于中国农村教育的合作研究课题，以北大社会学人类学研究所教师和研究生为主体组织了全国6省区24县农村学校的实地调查。课题成果编成两本书，先后于1999年和2000年在福建教育出版社出版。第一本《中国农村教育发展的区域差异：24县调查》的内容是24个县的调查报告加上6省区教育发展情况简介，第二本《中国农村教育问题研究》是我国农村教育现状与存在问题的专题研究文集，讨论专题包括：农村教育管理体制、区域差异、经费来源、教师队伍、职业教育、学生就业、少数民族教育、女性和残疾人教育等。

2004年，我和加拿大曼尼托巴大学（Manitoba）社会学系的邝泽倩教授（Julia C. Kwong）合作开展中国民办高校的研究项目。我们选择了北京的 4 所民办大学和 3 所公办大学开展个案调查和比较研究。调查方法既包括与校领导、教师和在校学生的深度访谈，也有一定规模的学生问卷调查。但是由于这一时期我的主要田野调查集中在内蒙古和新疆，这次北京民办高校的个案调查工作以研究生为主，我仅参加了几次与校领导的座谈会。课题的成果即是参加课题组的学生们以调查资料写作的学位论文。

在我的影响下，报考"城乡社会学"专业的多名研究生把自己的论文选题集中在与教育问题相关的研究领域。我在北大指导的与教育研究相关的 14 篇硕士学位论文题目如下：

（1）薄伟康：《模式转换：变动中的农民就业与农村教育发展》（1996）；

（2）罗守峰：《民办高校何以陷入困境：关于我国民办高校合法性的个案研究》（2003）；

（3）黄志岳：《兴衰之间：中国近代私立大学生长机制研究》（2003）；

（4）祖力亚提·司马义：《少数民族教育与教育的成功——新疆大学双语教育体系的个案研究》（2004）；

（5）葛婧：《1931～1937 年的北大教授聘任》（2004）；

（6）王卫城：《政府、市场和社会网络：民办高校毕业生就业研究》（2005）；

（7）王传松：《中国民办高校招生：制度约束下的运作机制研究》（2005）；

（8）邹汉歌：《制度环境中民办高校的组织转型：过程、机制与实践逻辑》（2006）；

（9）王晶晶：《云南省白族双语教育的历史与现状分析》（2007）；

（10）隋文秀：《农民对子女高等教育的投入与回报》（2008）；

（11）赵蕊：《双语教育体制下的凉山彝族大中专毕业生就业现状分析》（2009）；

（12）阳妙艳：《民族院校教育情境中的族群认同——以中央民族大学为例》（2009）；

（13）古丽孜依帕·依力拉斯：《新疆班学生的国家认同与民族认同》（2011）；

（14）胡海波：《南方科技大学教育改革实验研究》（2015）。

我在北大指导的与教育研究相关的 10 篇博士学位论文题目如下：

（1）李建东：《政府、地方社区与乡村教师：靖远县及 23 县比较研究》（1997）；

（2）郭建如：《北大校办科技企业校企关系研究》（2001）；

（3）陈彬莉：《统一高考影响下应试体制的形成原因以及运行机制》（2007）；

（4）栗晓红：《中外合作办学制度运行机制研究——以 A 大学国际学院为个案》（2007）；

（5）祖力亚提·司马义：《学校教育与族群认同——以中国新疆少数民族教育为对象的研究》（2008）；

（6）葛婧：《趋同性制度变迁的合法性博弈——2003 年北大人事制度改革的案例研究》（2009）；

（7）王秀丽：《"定制式"人才培养的实践逻辑——以 H 大学的试点班为例》（2010）；

（8）欧登草娃：《少数民族教育政策过程中的行动者——关于"内地新疆高中班"的综合研究》（2014）；

（9）孙昉：《学业成就与族群认同——内地西藏办学政策与实践研究》（2017）；

（10）王华菊：《蒙汉双语教育政策运作中参与者行为研究》（2017）。

在以上学位论文中，薄伟康的硕士学位论文和李建东的博士学位论文已在我和 Jacques Lamontagne（龙山）教授主编的《中国农村教育问题研究》（福建教育出版社，2000）中出版，祖力亚提·司马义、王晶晶和赵蕊的硕士学位论文已在我和郭志刚教授主编的《中国西部地区少数民族教育的发展》（民族出版社，2009）中出版，古丽孜依帕·依力拉斯的硕士学位论文、欧登草娃的博士学位论文和孙昉的博士学位论文的部分内容已在我主编的《内地办学的运行机制与社会效果——内地西藏班、新疆班专题研究》（社会科学文献出版社，2016）中出版。此外，郭建如和祖力亚提·司马义的博士学位论文已独立成书出版。

从 2012 年开始，我与社会科学文献出版社合作出版"21 世纪中国民族问题丛书"并获得"十二五"国家重点图书出版规划项目的支持，先后出版 24 本。在这一项目的支持下，我在民族问题领域的研究成果和我指导的与民族研究相关的博士学位论文陆续出版。自 2014 年以来，中央民族工作的大方向已经确定，许多政策和措施逐步落实，一些地区民族关系恶化势头正在得到扭转，令人欣慰。此时，我觉得也到了应转而关注中国教育问题的时候了。我所想到的第一件事，就是把在我指导下学生们完成的有关教育研究专题的学位论文正式出版。

三

2018 年我和社会科学文献出版社商议，组织编辑一套"21 世纪中国教育研究丛书"。第一期的计划有 5 本书。这套丛书的第一本即是这本由 5 篇硕士学位论文组成的《中国的民办高等教育：历史与重建》论文集。这 5 篇论文都紧密围绕一个主题，即近代以来我国私立大学的创立与改革开放后民办大学的发展历程。

第一篇是黄志岳的《兴衰之间：中国近代私立大学生长机制研究》。自 1905 年"废科举，兴新学"之后，中国各地涌现出各类新式学校，除了政府出资并管理的国立公办大学，还出现了由外国教会开办和中国民间资本创办的大学。在中国高等教育中多种体制大学并立的格局，一直延续到新中国成立后 1952 年推动的"院系调整"。我国改革开放后出现的"民办高校"，在一定程度上可以说是民国时期私立高校在新社会制度环境下的延续，二者之间存在某种文化和体制上的联系。当时我与黄志岳商定这个论文题目，就是希望能够对民国时期私立高校的发展历程进行系统的梳理与分析，我认为对于这段历史的回顾和相关讨论能够对于我们思考今天的中国民办教育的体制创新和办学特色提供一些有益的启示。

第二篇是罗守峰的《民办高校何以陷入困境：关于我国民办高校合法性的个案研究》。在 20 世纪 50 年代初，民国时期的各种私立高校已全部转为公立高校或并入公立高校。中国推行"改革开放"政策后，各大学恢复招生，由于社会民众对接受高等教育需求旺盛，当时已有的大学无法满足社会需求。在"体制改革"的氛围中，1982 年宪法修正案肯定了"社会力量办学"的合法地位，但是在各具体环节如何把握政策的界限与分寸，仍然需要各地教育主管部门和各校在运行中去实践和摸索。这篇论文力图通过对民办高校的个案调查和深度访谈描述民办高校的创办及发展历程，当年许多体制改革的"突破点"在今天仍有启发意义。由于这篇论文是在十几年前完成的，今天的民办高校很可能面临不同的政策环境和不同的现实问题。但我认为1978～2003年这26年民办高校创办历程的记录与分析，仍然可以为我们理解与认识今天的民办教育提供某些借鉴。

第三篇是王传松的《中国民办高校招生：制度约束下的运作机制研究》。一所大学的办学过程有三个重要环节：招生、教学和学生就业。[①] 如果没有企业家或财团的捐资支持，那么民办大学的生存会在很大程度上取决于学生缴纳的学费，所以招生在民办大学运行中几乎可以说是"生死攸关"的重要环节。在计划经济占主导的大环境中，民办学校没有国家经费支持，校园用地不列入政府规划，教职工没有正式编制，毕业生因学历不获承认导致就业面临制度性障碍，在许多方面无法与公办大学竞争生源，在生源方面的竞争只能发生在各民办学校之间，因此各民办高校为了招生只得采用各种灵活的激励机制。这篇论文的主题就是通过实地调查来分析北京市各民办高校在招生工作中运用的具体方法以及由此产生的各种现象。

第四篇是王卫城的《政府、市场和社会网络：民办高校毕业生就业研究》。毕业生能否顺利实现就业，是民办高校生存与发展的另一个重要环节。如果一个学校的毕业生就业率低，就业后的薪资平均水平低，职业发展前景不好，那么这个学校就很难吸引到后续的生源。在各民办高校的招生宣传中，就业前景是最重要的内容。为了提高毕业生就业率，各民办高校充分利用自身体制灵活、管制宽松的特点，在专业设置与授课内容方面及时调整以紧跟就业市场的变化，采用多种形式与用人单位联合办学。这篇论文同样以个案调查和深度访谈资料为基础，通过对实际运作过程的讨论来分析民办高校促进毕业生就业的基本策略与方法。

第五篇是邹汉歌的《制度环境中民办高校的组织转型：过程、机制与实践逻辑》。本文以北京市4所民办高校为个案，具体分析了各校在环境和政策制约下出现的组织转型进程：从计划外向计划内转型，从非学历教育向学历教育转型，从高等职业教育向普通本科教育转型。通过对具体个案事例的分析，对民办高校组织转型中的效率机制和合法性机制展开了具

---

① 有的研究者认为私立大学"处理好两个'口'是最重要的：一是'入口'，就是生源；……二是'出口'，此指就业"（张博树、王桂兰，2003：164）。

体的讨论。论文指出在民办高校与政府之间、在民办高校与公立高校之间，甚至在民办高校与民办高校之间已经形成了一个相互博弈与竞争的全新场域。

这本文集中的 5 篇论文紧紧围绕着一个主题，就是运用社会学理论视角在调查案例基础上采用实证分析方法研究中国民办高等教育的发展历史与现状。我始终觉得，民办（私立）大学是我国高等教育的一个不可或缺的组成部分，随着科技事业和经济体系全面发展对各行业、各学科、各层次人才的大量需求，我国的民办高校今后必然会得到长足的发展。我之所以有这样的看法，源于下列几个理由。

第一，中国是个有十几亿人口、幅员辽阔的大国，有一个结构庞大和分支齐全的科技与经济体系，需要培养一支能够涵盖所有学科及其分支的各种类型、不同层次的庞大人才队伍。因此，中国的教育体系应当建立类似美国教育体系那样的一个包括多种所有制并存、面向各类就业需求、面向不同社会人群的学校体系，既有出色的公立大学如加州大学各分校，有私立的研究型大学如常春藤联盟各校，有许多的非专业研究型文科学院，还有面向基层民众和偏重专业技能培训的专业技术院校和社区学院，不同类型的学校面对不同的生源，在办学中有不同的办学理念和专业特色，各自分工培养不同层次的人才，以满足劳动力和人才市场的全方位需求。1995 年美国私立大学在校生总数为 300 万人，约占全美在校大学生总数的 20%（房剑森，2003：330），在 2020 年全美排名前 25 位的大学中，除了加州大学洛杉矶分校，其余 24 所全部为私立大学，[①] 由此可见，私立大学在美国高等教育体系中的重要地位。在欧洲各国高等教育体系中，私立大学同样占据着举足轻重的地位，即使是像新加坡这样的人口较少的国家，也是国立大学和私立大学并存。各工业化国家之所以在教育事业中发展出这样的"多元体制"，是有它的道理的。从教育事业的发展来看，单调的色彩与整齐划一的大学制度也会限制和销蚀年青一代的创造潜力。

在民国时期，我国高等教育呈现一个多种所有制大学并立的格局，除了公立大学（如北大、武大），私立大学（如复旦、南开）和教会大学

---

① 参见《2019 U. S. News 美国大学 Top100》，http://www.bailitop.com/yingxiao/usa_dx.html?source = 360lx_bj_dx，最后访问日期：2020 年 4 月 8 日。

（燕京大学、辅仁大学、金陵大学）也都培养出了大批优秀学生。有些人担心难以把握私立学校教学中的政治导向，但是大量事实证明，在民国时期私立大学和教会大学学生在反帝、抗日战争中的表现绝不逊色于公立大学学生。中国社会发展到今天，我们有许多方法来引导民办学校教育的政治导向。

第二，我国公立学校由政府部门划拨经费并直接管理，校长由政府任命，这样一种自上而下的行政管理体制在办学理念、专业设置、课程内容、教学体制、考试办法等方面难免会出现刻板划一、各校雷同的现象。特别是当行政级别制度和观念进入大学校园后，其便成为人们评价教职工的硬性指标，与级别待遇直接关联的"高校行政化"随之成为校园热议话题。相比之下，私立大学没有被纳入政府行政管理体系，校长没有行政级别，通常可以保有一定程度的自主办学理念和独特校训，有比较灵活的人事管理和教师聘任制度，可以自主聘用优秀教师，可以制订更为灵活的专业设置和课程体系。这些都是私立学校的独特优势。

第三，公立学校教职工要参加政府布置的各项学习和活动，这些学习与活动、各类会议以及教育部布置的各类报表填写、课题申请与评审工作等，通常占据教职工大量工作时间与精力，同时有些活动难免流于形式且实际收效甚低。有些高校教师认为如果这些时间能够用于教学与研究工作，将有益于提高教学质量和完成创新性研究成果。教职工们自发地带有个体学术兴趣和实际研究专题的理论阅读与学习，远比各单位集中开会的效果要好得多。

第四，企业之间因为存在相互竞争而不断改进技术与推动制度创新，学校之间同样如此。在国有企业之间谈不上真正的竞争，在公立大学之间也是如此，因为都在同一个机构的领导之下，各类资源由教育部门统一调配，受到同样的体制束缚，用同样的指标体系来评价，所以不可能在办学体制方面有任何真正的改革创新。所以，私立大学的出现与壮大，必然会在竞争中刺激公立大学焕发创新活力，从而有力地推动我国高等教育的整体性创新发展。我们必须认识到，中国的高等教育与欧美的一流大学还存在显著的差距，如果在高等教育领域中出现与在经济领域中同样的良性有序竞争，那么中国的高等教育将真的有可能加快追赶世界一流大学的步伐。

基于以上几点，我认为中国的民办（私立）大学的发展与壮大是中国教育事业的大好事。因此，回顾民国时期私立大学的发展历程，调查研究实行改革开放以来我国民办高校发展的具体状况，并形成研究成果，无疑将有助于我们理解民办高校办学的特点及其运行中面临的各类现实问题。这就是我组织这组研究课题并鼓励学生开展以上专题研究的主要考虑。这组论文的写作时间是 2003～2006 年，调查地点是北京市民办学校。从他们的调查时间到现在，已经过去了十几年，因此论文中提供的资料和信息所反映的基本上是我国民办高校在改革开放后二十多年的发展情况。中国社会的发展速度很快，改革开放也在不断深化，因此今天中国的民办高校必然不断萌生出许多新的特点。在我国的不同地区和不同城市，当地政府部门对于民办高校也可能采取不同的具体政策和管理办法。但是，尽管中国社会快速发展，这本文集所包含的调研信息和许多的讨论议题在今天仍有一定参考价值，其中提出的一些观点仍然可以作为历史发展进程的阶段性特征帮助我们理解我国民办高校在获得合法地位后的动态演进过程。

四

　　1982 年宪法修正案规定："国家鼓励集体经济组织、国家企业事业组织和其他社会力量依照法律规定举办各种教育事业。"1986 年国务院办公厅转发的《关于实施〈义务教育法〉若干问题的意见》中，添加了"个人依法办学可以进行试办"（陈桂生，2001：14）。1991 年《国务院关于大力发展职业技术教育的决定》中提出"发展行业、企事业单位办学和各方面联合办学，鼓励民主党派、社会团体和个人办学"，进一步开启了多种体制办学的大门。1995 年《中华人民共和国教育法》规定"国家鼓励企业事业组织、社会团体、其他社会组织及公民个人依法举办学校及其他教育机构"。1997 年国务院发布《社会力量办学条例》。此后，各地的各级民办学校随之迅速发展起来。

　　自 21 世纪初以来，我国陆续出版了许多以民办教育为主题的研究成果。有两套丛书特别值得关注。第一套是胡卫①主编、教育科学出版社出

———————

　　①　胡卫是上海师范大学教育管理学硕士，曾任上海教科院副院长。

版的"民办教育丛书"，包括胡卫主编的《民办教育的发展与规范》（2000），胡卫和丁笑炯主编的《聚焦民办教育立法》（2001），陈桂生的《中国民办教育问题》（2001），张博树、王桂兰的《重建中国私立大学：理念、现实与前景》（2003），吴畏主编的《民办教育的改革与发展》（2002）。这套丛书的5本书对于我国民办高校的发展历史、法律环境、现实运行中的各类实际问题进行了比较全面的介绍与梳理。第二套丛书是黄藤①主编、中国社会科学出版社出版的"七方民办教育丛书"。这一套5本的民办教育专题研究成果基本上涵盖了民办教育研究的方方面面，分别介绍了外国私立教育的概况（谢安邦、曲艺，2003）、近代与民国时期的民办教育（金忠明、李若驰、王冠，2003：91～223），梳理了民办教育发展的政策法规文件（房剑森，2003：362～395），分析了民办学校的产权问题（袁振国、周彬，2003：294～344）和师资队伍建设问题（黄藤、阎光才，2003：131～147）。

围绕我国民办高校在迅速发展过程中涌现出来的各类问题，近年来各出版社陆续出版了不少新的研究成果，分别关注不同的研究主题，这是我国民办教育研究不断深化的标志。例如有些学者关注民办学校的办学体制和分类管理政策（李青，2011；周海涛，2016；杨军，2017；徐绪卿，2012，2017），有的关注民办学校的产权和财务管理（宁本涛，2003；金贵娥等，2017）；有的关注民办学校的治理结构和体制创新（周鸿静、周崇先，2016；潘留仙、陈文联，2017）；有的关注民办学校的教师队伍（王玲，2019；景安磊，2019）；有的关注民办学校的学生管理和培养体系（王昆来，2012；郭玉铸，2019）；有的重点分析民办高校的竞争力与发展策略（靳希斌，2010；韩方希，2013；嵇绍岭，2015；周江林，2015；徐绪卿，2018）；有的是对我国民办教育的发展进行综述（吴霓等，2018；徐绪卿，2005；宋亚峰，2016；张尧轸、陈耿，2018）；还有些研究涉及的是民办高校的文化（梁燕玲，2014）、民办高校的校长职业化（董圣足，2014）、职业技术教育（郭会宁，2017）和办学质量（王庆如，2014）。这些成果都在不断地把我国学术界对于民办教育的系统研究推向深入。

我国民办高校的发展速度很快。2003年我国民办普通高校有173所，

---

① 黄藤是教育管理学博士，创办西安外事学院（民办高校）并任该校七方教育研究院院长。

专任教师有 50143 人（教育部发展规划司，2003：4）。2017 年我国民办高校增至 747 所，占全国高校的 28.4%，民办高校专任教师有 316174 人，占全国高校专任教师的 19.4%。2017 年全国普通本科高校在校生总数为401.7 万人，其中民办高校本科在校生为 43.5 万人，占 10.8%（国家统计局，2018：691，693）。而且近几年民办高校在校生规模不断扩大，2009～2017 年，全国民办高校专任教师从 22.2 万人增至 31.6 万人，同期各类在校生人数从 446.1 万人增至 899.9 万人，在校生人数翻了一番（国家统计局，2010：754）。由此可见，民办高校在我国高等教育事业中所占的分量正在逐步提高，在中国社会经济发展中的作用也在稳步增强。

五

下面简略介绍一下"21 世纪中国教育研究丛书"中的另外 4 本书，读者们可以通过这些介绍对这套"丛书"整体的研究选题与研究方法有一个更加完整的了解。

第一本是陈彬莉的《统一高考与应试体制》，这个研究试图在对一所县重点中学进行个案调查的基础上讨论当前社会热议的"应试教育"体制及相关问题。1995 年我在广东电白、高明两县调查时，发现县级政府努力把基层学校各类教育资源（优质师资、优质生源、设备、经费等）集中到县城里的第一中学和第一小学，地方政府利用手中掌握的权力和各种资源全力扶助这两所学校，而县、乡镇干部子女也集中在这两所学校。其他各校的优秀教师被调入这两所学校，各校成绩优秀的学生被选拔进入这两所学校，因此这两所学校的升学和高考成绩远远高于其他学校，存在质的差距。这也导致该县的富裕家庭愿意付出高达几十万元的"赞助费"把孩子送到这两所学校的"扩招班"（为考试成绩未达标学生特设的教学班），这也为学校以高额收入吸引优秀教师创造了条件。这种机制运行的结果就是学校间的高度分化，其他各校的学生预见自己成绩无法提高并对升学不抱希望，因而产生普遍的挫折感和厌学情绪。在其他学校，教师无心上课，学生无心学习，高考录取率奇低。我记得山西省一位教育局长曾把这种现象称为"百分之九十的学生为百分之十的学生陪读"。2005 年我在赤峰调查时，发现这一现象的级别已经"提升"到地区一级，地区教育局把下属各县第一中学的优秀教师和各县考试成绩拔尖的学生选拔到该地区的重点中学，导致各县高中的学习氛围和高考成绩大幅下滑。我觉得这一发展趋势及其社会后果值得开展深入的调查研究，为此联系了调查地点的县教育局，安排陈彬莉在该县原来的重点中学开展个案调查。她多次前往这所学校，住在教师宿舍进行访谈，并在此基础上完成了她的博士学位论文。近几年她在论文基础上又做了许多重要的补充，完成了这部书稿。

近些年北京有许多家长把子女送到名牌高中的"国际部"，原因之一就是希望能够规避目前国内中学体制中完全以高考试题为目标、以高考成绩为指标的"应试教育"，希望孩子能够培养学习自主性，广泛地学习各方面知识并得到全面的成长。所以，改变当前中小学的"应试教育"模式在今天仍然是我国教育研究的重要主题。

另一个值得关注的议题是我国中专教育事业的发展。2010年中国人口中获得高中以上学历者所占比例仅为24%，远低于高等收入国家的74%，我国农村学生完成高中学习的比例仅有37%（国务院人口普查办公室编，2012：259～261）。由于农村高中生考入大学的比例很低，许多家长和学生认为与其参加三年升学希望甚微的高中学习，不如在完成义务教育阶段的初中学习后，直接出去打工，认为高中三年的课程对学生就业没有多少帮助。农村学生不愿上高中，这是中学"应试教育"的另一个后果。如果我国今后能够大力发展有就业前景的中专教育，今后推行12年义务教育时把中专纳入规划并占有较大比例，将有效地提高农村初中毕业生继续接受教育的比例。1995年我在24县调查时就注意到政府开始强调部分普通高中向"职业中学"转型，但是实际效果很不理想（马戎，1999：34～36；50～51）。这方面的调查研究还应继续。

第二本是葛婧的《趋同性制度变迁的合法性博弈》，这一研究以2003年北大人事制度改革为案例分析讨论近些年我国高校的体制变革。大学人事制度特别是教师聘任制度历来是大学运行的关键。一所大学能不能聘任或招收到优秀教师，实行的教师收入和待遇制度能不能鼓励优秀教师不断发奋努力在科研和教学方面推动创新，决定了这所大学能否产出优秀科研成果、培养出优秀学生并得到学术界和社会的承认。1949年后我国大学教职工被纳入计划经济人事体制，教师由教育主管部门分配，教职工的就业是"铁饭碗"和"大锅饭"。随着农村体制改革和城市所有制改革,大学制度中类似的弊病暴露得十分清楚,大学的人事制度改革也随之提上日程。2003年北京大学推出一系列人事制度的改革举措,实行与业绩考核挂钩的聘任制,特别是"非聘即走""末位淘汰"等制度冲击了原有的人事制度(张维迎,2004),激起很大反弹。有些反对意见是有道理的,譬如有些文科院系教师可能需要坐多年的"冷板凳"才能达到"十年磨一剑",短期的"成果考评"会鼓励教师重视研究成果的"量"而不是"质",甚至会对学风建设带来冲击。但是,借鉴美国研究型大学教师聘任制以打破我国大学教师的"铁饭碗"终身制确实很有必要。当时各大学的师生甚至一些国外华裔学者都加入了有关北京大学体制改革举措的辩论(甘阳、李猛,2004)。这是一个关系到中国大学体制改革和发展方向的大问题,所以我建议葛婧在个案调查和相关讨论的基础上把北大人事制度改革作为学位论文的主题。她当时作为交换生在美国杜克大学度过了一年,对美国大学体制有些亲身感受,这对她分析和讨论北京大学人事制度改革是有帮助的。

第三本是栗晓红的《中外合作办学制度运行机制》以中国农业大学国际学院为个案,跟踪与分析近年来国内大学与国外大学联合办学在教学体制、课程制度等方面的各种探索。现代学科知识体系和教育制度是在西方国家发展起来的,欧洲最早的大学据说是1088年在意大利创建的博洛尼亚大学。大学体制发展到今天,在世界名列前茅的大学中绝大多数是欧美大学,诺贝尔科学奖的获得者主要出自这些大学或在这些大学任教,这是我们必须面对的事实。通过自己在布朗大学的几年学习经历,我曾对布朗大学和北京大学的研究生培养制度进行对比,感到欧美研究型大学确实在许多方面值得中国大学借鉴(马戎,2016:225~243)。

1995年国家教委发布《中外合作办学暂行规定》,明确"中外合作办学是中国教育对外交流与合作的主要形式,是对中国教育事业的补充"(张博树、王桂兰,2003:237)。此后,各地开始出现国内机构、大学与外国大学之间的合作办学项目。我觉得这是一个有助于探讨并促进中国大学体制改革的新事物。在中外合作办学的过程中,双方彼此介绍各自的办学理念、教师聘任制度和教学体制,有助于国内大学管理者拓宽眼界。既然是合作办学,就不可能完全按照国内现有体制办学,国外大学的一些管理方法和体制必然会被介绍进来，中国的教师、学生和家长可亲身体验这些新鲜事物，中国社会由此对国外大学获得一定的感性认识，这有助于推动国内大学的体制改革。中国农业大学国际学院1995年与美国科罗拉多大学合作办学，1998年开始与英国贝德福德大学合作办学，由双方共同商定任课教师的选择、管理体制和招生办法，本科学制为4年，学生前两年在中国农业大学学习，后两年在英国贝德福德大学学习。由于不少学生毕业后在英国获得攻读研究生或在当地就业的机会，因此成为国内学生报名的热门学院。我相信，这样一个实施多年、效果得到学生与家长认可的合作办学项目，一定可以为中国大学的体制改革提供许多启示。因此，我与栗晓红商议，把该校国际学院作为调查个案，在对中外办学体制的比较和对这一合作办学项目经验总结的基础上，完成一篇以"中外合作办学"为主题的学位论文。前几年，外国大学在国内设分校一度成为潮流，① 近期教育部对一些中外办学项目做出调整，一些项目被停办。这标志着我国的中外联合办学已进入调整期，相关的研究工作需要及时跟进。

第四本是王秀丽的《"定制式"人才培养的实践逻辑——以H大学的试点班为例》。1999年，教育部出台《面向21世纪教育振兴行动计划》，提出到2010年我国高等教育毛入学率将达到适龄青年的15%，由此出现大学扩招潮。与此同步的是全国一大批高等专业学校（通称"大专"）升级为招收本科生的大学。但是几年后许多大学毕业生面临就业难，大学体制改革再次成为热议话题。对于大学扩招对于中国教育事业和社会劳动力队伍建设带来哪些影响与后果，需要在全面调查的基础上进行讨论。但是至少两个后果是清楚的，一是本科高校快速扩招极易造成教育质量下滑，二是许多大专院校升级为本科大学后，我国劳动力市场的高级技工需求出现很大缺口。一方面几十万本科大学生难以就业，另一方面即使是高薪也聘请不到合格的高级技工，这说明我国的教育体制出现了结构性问题。解决这个矛盾的出路无非两条：一是控制大学招生人数并提高教学质量，使本科毕业生成为人才市场所需要的人才；二是恢复部分原有的专科学院，回到根据劳动力市场的需求培养高级技工的路子。2012年4月，教育部在

---

① 例如宁波诺丁汉大学、昆山杜克大学，上海纽约大学，汕头以色列理工学院，西交利物浦大学等。

《关于全面提高高等教育质量的若干意见》中提出公办普通高校本科招生规模保持相对稳定，持续 13 年的本科扩招被叫停。2013 年，全国各类高等教育在校生达到 3460 万人，高等教育毛入学率达到 34.5%。[①] 2014 年，教育部提出把 600 所普通高校转向职业教育。

除了这两个思路，还有一个议题，就是如何使我国高等教育中的部分专业更加贴近人才市场的需求，通过与用人单位和企业联合办学的模式，使应用型专业的课程体系与实习操作与毕业生就业所需知识和技能更直接、更紧密地联系起来。1996 年，我曾经访问过台湾地区的铭传管理学院（现更名为铭传大学），发现该校许多专业采取与用人单位联合办学的体制，在校生有部分课程请用人单位企业的高管现场讲授，毕业前的实习直接安排在用人单位上岗工作，学生的毕业前景非常好，薪酬也较高。我觉得大陆高校的部分应用型专业也可以借鉴这种课程与实习体制。H 大学下属的机械学院与企业合作开办"定制式"试点班，企业全程参与教学与实习全过程并优先接受该班毕业生。王秀丽即以这个试点班为具体个案来调查和分析这种"定制式"培养模式的实施过程和效果，对该校的基层教师、学生以及用人单位进行了大量深入访谈，在此基础上完成了这一专题研究。我相信这一研究能够为我国的高等教育体制改革提供有用的信息和思路。

六

作为社会学专业的学位论文，这本文集中 5 篇论文的作者都在北京大学社会学系接受了严格的学科基础训练，在各自的专题研究中运用社会学理论视角和研究方法，以实地调查和实证研究为基础，结合历史文献和现有的研究成果，努力在宏观和微观两个层面探讨我国民办高校的生存环境、制度限定、内在发展机制与实际运行过程中出现的各类现实问题，体现了教育社会学的研究特色。国内近年来出版的有关民办教育的研究成果，主要是由教育学界的教师和研究生们完成的，有其自身的学科视角和研究方法的特点。随着经济发展和城市化进程，我国民众对于受教育的需

[①] 2019 年，我国高等职业院校扩招 100 万人，高等教育毛入学率超过 50%，中国进入高等教育普及化阶段。

求也在不断增加和变化，我国的教育事业发展很快，政府的相关政策也在不断调整，研究者必须紧跟形势的变化，及时追踪民办教育领域中的新政策、新体制和新的办学思路。我国的民办教育是一个非常重要的研究领域，各个学科可以充分发挥各自的专业特点在这个领域里共同耕耘。

近些年来中国经济的发展成果令人欣慰，但是中国社会与经济的进一步快速发展特别是质的飞跃，需要一代具有真正创新潜力的人才队伍来支撑。教育特别是高等教育事业的创新性发展已经被提上日程。中央已经开启了"建设一流大学、一流学科"的"双一流"建设项目。我们先不讨论目前教育部门为此采取的措施是否得力、着眼点是否准确，但是至少政府已经意识到了中国在 21 世纪的发展潜力取决于教育。现在许多视野开阔和有能力的中国家庭包括一些国家领导人，纷纷把子女送到美英等国的大学甚至中学去留学，这种花费高昂的安排至少表明他们认为欧美国家高等教育的质量显著高于国内大学。这也在客观上表明，国内大学确实需要更加认真和努力地学习西方国家大学教育理念和学校体制的长处，不断改进国内大学的体制和培养质量，使优秀的中国学生和他们的父母们更加青睐于国内的研究型大学，甚至吸引欧美国家的优秀学生申请进入中国大学。在目前，这只能是我们心目中对于中国教育未来发展的理想，但是我们必须从现在开始就朝着这个目标努力。

也正因为如此，开展教育研究特别是大学教育研究应当是中国学者给予更多关注的一个研究领域。我真诚地希望，这套"21 世纪中国教育研究丛书"中提供的信息和思路，能够在这方面有所促进和推动。

参考文献

陈桂生，2001，《中国民办教育问题》，教育科学出版社。

董圣足，2014，《寻找职业校长——民办高校校长职业化问题研究》，科学出版社。

房剑森，2003，《中国民办教育发展报告》，中国社会科学出版社。

甘阳、李猛编，2004，《中国大学改革之道》，上海人民出版社。

郭会宁，2017，《民办本科高校与职业技术教育的发展研究》，西北工业大学出版社。

郭玉铸，2019，《民办大学人才培养体系创新实践研究》，光明日报出版社。

国务院人口普查办公室编，2012，《中国 2010 年人口普查资料》（上），中国统计

　　出版社。

国家统计局编，2018，《中国统计年鉴 2008》，中国统计出版社。

国家统计局编，2010，《中国统计年鉴》(2010)，中国统计出版社。

韩方希，2013，《民办高校竞争力研究》，人民出版社。

胡卫、丁笑炯主编，2001，《聚焦民办教育立法》，教育科学出版社。

胡卫主编，2000，《民办教育的发展与规范》，教育科学出版社。

黄藤、阎光才，2003，《民办教育引论》，中国社会科学出版社。

嵇绍岭，2015，《中国民办高校社会营销研究》，上海交通大学出版社。

教育部发展规划司编，2003，《中国教育统计年鉴 2003》，中国统计出版社。

金贵娥等，2017，《民办高校财务管理研究》，华中科技大学出版社。

金忠明、李若驰、王冠，2003，《中国民办教育史》，中国社会科学出版社。

靳希斌，2010，《民办高校发展与策略研究》，河北教育出版社。

景安磊，2019，《民办高校教师权益实现研究》，社会科学文献出版社。

李青，2011，《民办高校政府管制模式重构研究》，中国社会科学出版社。

梁燕玲，2014，《中国民办高校发展的文化研究》，中国海洋大学出版社。

马戎，1999，《高明市教育发展情况调查》，载马戎、〔加〕龙山主编《中国农村
　　教育发展的区域差异：24 县调查》，福建教育出版社。

马戎，2000，《关于民族研究的几个问题》，《北京大学学报》（哲学社会科学版）
　　第 4 期。

马戎，2004，《理解民族关系的新思路——少数族群问题的"去政治化"》，《北京
　　大学学报》（哲学社会科学版）第 6 期。

马戎，2010，《中国社会的另一类"二元结构"》，《北京大学学报》（哲学社会科
　　学版）第 3 期。

马戎，2011，《21 世纪中国是否存在国家分裂的风险》（上），《领导者》2011 年 2
　　月（总第 38 期），第 88～108 页。

马戎，2016，《如何回应"钱学森之问"——中国的博士生培养体制应当如何改
　　进》，《社会科学战线》第 12 期。

马戎、〔加〕龙山主编，1999，《中国农村教育发展的区域差异：24 县调查》，福
　　建教育出版社。

马戎、〔加〕龙山主编，2000，《中国农村教育问题研究》，福建教育出版社。

宁本涛，2003，《中国民办教育产权研究》，社会科学文献出版社。

潘留仙、陈文联，2017，《民办高等教育的治理创新与风险防范》，中南大学出
　　版社。

宋亚峰，2016，《中国民办高等学校研究》，民族出版社。

王昆来，2012，《民办高校学生事务管理研究》，西南财经大学出版社。

王玲，2019，《民办普通高校教师身份研究：兼谈民办高校师资队伍建设困境与解
　　决策略》，中国社会科学出版社。

王庆如，2014，《民办高校提升办学水平的研究与思考》，福建教育出版社。。

吴霓等，2018，《中国民办教育发展报告》，社会科学文献出版社。

吴畏主编，2002，《民办教育的改革与发展》，教育科学出版社。

谢安邦、曲艺，2003，《外国私立教育》，中国社会科学出版社。

徐绪卿，2005，《新时期中国民办高等教育发展研究》，浙江大学出版社。

徐绪卿，2012，《我国民办高校内部管理体制改革和创新研究》，中国社会科学出版社。

徐绪卿，2017，《我国民办高校治理及机制创新研究》，中国社会科学出版社。

徐绪卿，2018，《民办高校办学体制与发展政策研究》，中国社会科学出版社。

杨军，2017，《民办高校治理结构研究》，经济科学出版社。

袁振国、周彬，2003，《中国民办教育政策分析》，中国社会科学出版社。

张博树、王桂兰，2003，《重建中国私立大学：理念、现实与前景》，教育科学出版社。

张维迎，2004，《大学的逻辑》，北京大学出版社。

张尧钤、陈耿，2018，《问道大学：中国民办高校建设探索》，高等教育出版社。

周海涛，2016，《民办学校分类管理政策研究》，经济科学出版社。

周鸿静、周崇先，2016，《新常态下民办高校创新治理研究》，知识产权出版社。

周江林编，2015，《民办高校可持续发展的基本条件研究》，上海人民出版社。

◎ 黄志岳

「兴衰之间：中国近代私立大学生长机制研究」

第一章　绪论

一　私立大学在中国近代教育史上的地位

在几千年的文明历程中，中国有着比较发达的教育体系，其中私学与公学总是并存互补、共同发展的。从春秋到战国时期，自孔子首开私人讲学之风后，先秦诸子也都曾经设堂讲学。秦汉之后官府才逐渐建立了统一的官学体系，此后各个朝代都很注重发展官办学校，如汉代兴太学、唐代建六学二馆、北宋三次兴学，直到近代的京师同文馆、京师大学堂。而朝廷对于私学则是或倡导或限制，倡导时私学兴，抑制时私学衰。但是，教育事业的发展有其客观规律，私学的生存自有其政治、经济和文化的基础，在社会中自有其生命力，它承担着教育目标单一的公学无法顾及的教育功能，因此，尽管有的朝代限制或禁毁私学，如秦代曾禁私学，明末曾四毁书院，但并没能从历史中消除私学的踪迹。

近代中国在西方列强侵略下被迫从封闭走向了开放，由封建社会一步步沦为半殖民地半封建社会，在还没有做好准备的情况下进入了社会转型和工业化的历程。一方面，在西方现代科技文明的冲击下，中国传统的教育方式显得无所适从，中国不得不向西方学习，引进新学，1905年清政府正式"废科举，兴新学"，开设各级西式学校。另一方面，中国的资本主义经济获得不断发展，客观上也要求学校向社会提供更多的工商业发展所需的各类人才。但是，由于近代中国政府的软弱无能和政治局势的动荡，公立学校的发展受到很大的限制，这就为私立大学的发展留下了广阔的空间。

在高等教育领域，当时活跃着两种类型的私立大学：一类是外国宗教势力在华创办、在 20 世纪 20 年代末被中国人收回教育主权的教会大学，另一类是国人自办的私立大学。这两类私立大学在中国近代教育史上各自扮演了十分重要的角色，其兴衰反映了我国近代工业化发展在半殖民地半封建社会所经历的艰难历程，而且与中国的公立大学相比，因为更贴近现实社会生活，因而也更能反映中国近现代社会复杂多变的政治环境、经济发展状况、社会要求和大众心理。私立大学弥补了我国近现代公立大学教育的不足，节约了国家财政，发展了我国教育事业，也是我国进行教学领域改革的领头羊。在很大程度上可以说，是私立大学维持了我国近代高等教育的繁荣。

二 研究的意义

新中国成立以后，私立大学被改制成为公立大学或者并入其他公立大学，其身影暂时在中国教育活动中消失了。但是，随着 20 世纪 80 年代改革开放的不断深化，中国重新由一个封闭的社会走向开放的社会，私立（民办）学校重新获得了发展机遇。改革开放政策推行了几十年，我国的私立学校以"民办学校"为名再度悄然兴起，特别是高等院校，从 1982 年到 1986 年短短几年内就发展到了百余所私立（民办）高等院校。但私立（民办）学校的发展存在着许多困难与问题，如学校滥设、经费短缺、立法滞后、政策支持不力、管理体制不顺、办学质量不高、理论研究不深入等，这些方面都亟待加以改进。为此，国家教委（现教育部）也颁布了一些文件，对民办学校进行整顿，力图使之基本走上稳步、健康发展的道路。但是，私立（民办）学校依然是被作为公立学校的补充形式而存在的，只是近期才被视为我国教育事业重要组成部分而受到政府和社会的重视。因而，研究近代中国私立大学的发展历史，探讨其在近代中国得以生存和发展的机制，从中吸取可为今用的经验，对今后我国私立（民办）高等教育的健康发展会有重要的启发意义。

三 已有的研究视角

自 20 世纪 50 年代起，西方学术界就开始了对中国近代教会大学发展史的研究，特别是在 1989 年华中师范大学为促进这一领域的交流与对话，在武昌主办"回顾与展望：中国教会大学史研究三十年"国际学术研讨会后，更是掀起了对中国教会大学发展史研究的热潮。自 20 世纪 80 年代中期至 21 世纪初，在中国大陆、中国香港、中国台湾和美国先后召开了围绕中国近代教会大学这一主题的 9 次国际学术研讨会和一次工作会议，编辑出版了 7 本学术会议论文集，发表了 100 多篇学术论文，初步形成了以中国大陆学者为主，中国香港地区、中国台湾地区、美国和加拿大学者密切合作的研究格局。如果对自 20 世纪 80 年代至 21 世纪初的研究成果进行一个基本的归纳，则可以发现，对中国近代教会大学的已有研究主要是从以下几种视角进行的。

1. 教会大学的缘起、结构和办学特色

关于教会大学的缘起，张梦白（1996）认为是中国知识分子在面对民族危机的境况下向西方学习以求强国之路的愿望，与西方教会利用扩大在华办学以扩大影响的计划相迎合，教会大学因而得以建立并发展起来。唐文权（1989）进一步指出，进入 20 世纪后各国传教士共同把加强在华教会大学教育作为自己的工作重心，这是教会大学发展的重要缘由。

关于教会大学的内部结构，何迪（2012）对燕京大学的内部结构进行了详细剖析，以图通过个案反映教会大学整体的内部结构。关于教会大学的办学特色的研究，则有张梦白对东吴大学的办学特色的概括（张梦白，1996）、王运来从教学角度对金陵大学办学情况的考察，以及陈时伟对燕京大学办学特色的分析等（参见章开沅，1998）。

2. 教会大学的社会功能与历史地位

章开沅先生提出"两个区别说"，即一要将作为高等教育机构的教会大学与西方殖民主义本身相区别，二要将早期的教会大学与成熟时期的教会大学相区别，以正确评价其政治功能、宗教功能与教育功能在不同历史阶段的发展变化。他主张应该排除民族情绪和历史成见中的偏见，对教会大学进行客观、科学的研究（章开沅，1997）。

胡景种等提出要从"三个联系与根本区别"来评价教会大学的历史地位。一是帝国主义殖民政治与基督教之间的联系与根本区别。尽管殖民主义势力在华扩张和基督教传入中国发生在同一个历史时期，但两者之间并不存在着必然的直接关联。二是基督教传教与办教会大学之间的联系与根本区别。在华传教活动受阻后，教会开始把开办教会大学作为提高自身形象的手段，以增强传教效果，这在客观上适应了中国近代化进程中文化转型的现实，使教会大学成为中国新式教育的先驱和西学传播的媒介。三是在教会大学中，宗教教育与世俗教育之间的联系与根本区别。教会大学开办的最初宗旨，当然是传播西方文化和基督教教义，但后来特别是向中国政府立案后，大多实行了宗教与教育相分离的原则（参见章开沅，1991）。

伍宗华提出应从四个方面评价教会大学的历史地位：一是教会大学既是西方列强对华侵略的产物，也是近代西方教育模式在我国产生和发展的结果；二是教会大学固然是出于西方侵华的需要，但在客观上也适应了中国社会经济近代化的历史要求；三是对于教会大学的政治倾向和态度需要慎重对待、具体分析；四是教会大学最直接的贡献是为中国引进了西方近代教育模式，传播了西方工业文明的知识体系，为中国由传统教育向近现代教育的转变提供了样板，缩短了中国完成这一转变的时间（伍宗华，1994）。

此外，还有的学者提出要注意动机与结果的差异性。如刘蜀永指出如果把洋人在华办学简单地概括为文化侵略，只强调其办学动机，但对办学的实际结果缺乏考察，那么以这样的方式评论教会大学的历史地位是片面的。因为在历史活动中，动机与效果并非永远一致。任利剑指出教会大学的社会效果之所以与其初衷相去甚远，乃是因为在实际运行过程中其角色由传播福音转向了以世俗教育为主，并以此奠定了其在华生存的坚实基础，获得了不断发展的动力（以上参见章开沅，1998）。

3. 教会大学与中国教育现代化的关系

章开沅、刘鉴唐、孙竞昊等指出，教会大学在体制、机构、计划、课程、方法乃至规章、制度等多方面直接引进西方教育模式，对中国教育和社会产生了深刻的影响，推动了中国传统教育制度的废除和新式学校制度的建立。教会大学在中国教育近代化过程中起着一定程度的示范与导向作用（章开沅，1991）。

胡景种等认为教会大学在中国教育近代化中的作用至少有三点：一是冲击了中国旧式教育，开中国新式教育风气之先；二是带来了以杜威为代表的西方学者的教育思想；三是学科设置打破了中国旧式教育的狭隘性、片面性和神秘性。黄新宪进一步归纳为以下三点：一是教会大学以西方大学为榜样，在学校管理体制、院系结构和学科设置等方面促进了中国高等教育管理模式的早期现代化；二是教会大学普遍将培养人才、发展学术、服务社会作为学校教育的主要功能，促进了中国高等教育职能的早期现代化；三是标榜教育民主、提倡学术自由也是教会大学对中国高等教育早期现代化的重要贡献（参见章开沅，1998）。

高时良对教会大学学校管理运行机制进行了细致的考察，指出其六个特点是：严密的行政管理体制；注重提高师资质量；努力提高教学科研水平；抓好学生生活指导；优化教书育人环境；多渠道开拓学校经费来源。他进而指出，教会大学在这方面对中国高等教育现代化做出了重要的历史贡献。此外，还有何迪、马敏、孙海英、赵清、王运分别对燕京大学、华中大学、金陵女子大学、华西协和大学和金陵大学进行了个案研究，探讨了这些大学对中国教育现代化所做出的贡献。黄新宪、熊贤君、马长林等从课程设置和教材使用等方面对教会大学进行了研究。王奇、何晓夏等探讨了教会大学对于近代中国女子教育所做出的贡献（以上参见章开沅，1998）。

4. 教会大学在中西文化交流中的作用

学者们首先关注的是中西文化"双向对流"问题。高时良认为教会大学为中西文化的交流架设了桥梁，作为社会文化现象，基督教文化与中国文化接触，彼此渗透，兼收并蓄，也可以成为中国传统文化的组成部分。章开沅进一步指出，中西文化交流是一个"双向对流的运动过程"，既要看到西方文化对中国的影响，也要看到西方文化为适应中国文化所做出的调适与顺应。

另一个重点是对中西文化交流特点的讨论。任利剑指出中西文化交流具有两个显著特点——非常态和非对等。徐以骅则指出经过传教士过虑的西方文化，与早期殖民侵略时强行移植的西方文化相比已经失真变形。

此外，张寄谦对燕京大学的哈佛燕京学社、陶飞亚对齐鲁大学的国学研究所、何健明对辅仁大学的国学研究所进行了个案考察，分析了它们各自在中西文化交流中的作用。还有的学者如董黎对教会大学的建筑形态进行了研究，认为教会大学建筑形态的构成以及因此而导致的中国传统古典建筑的复兴，是中西文化双向交流较为成功的特例（以上参见章开沅，1998）。

5. 教会大学与知识分子

其一是对教会大学培养的大量专业人才的研究。李湘敏、谢必震通过对教会大学毕业生的统计和分析，概括了教会大学毕业生的分布情况；陶飞亚与美国学者包德威合作对齐鲁大学医学院的毕业生进行了计量分析和问卷调查，研究了其毕业生求学目标的变化情况。还有的学者如唐文权、周洪宇等对教会大学毕业生中的著名人物如陶行知等进行了研究。其二是对教会大学教师的研究，如对燕京大学校长司徒雷登、金陵大学著名历史教育家贝德士的研究（以上参见章开沅，1998）。

6. 教会大学与民族主义

在这一方面，关注最多的是收回教育权运动对教会大学的影响以及教会大学如何应对这一场运动。章开沅较为注重收回教育权运动中政府和教会双方的互动关系，经对史实进行详尽的分析后，指出这一场运动对于中国社会的进步和教会的进步都有意义。杨天宏则从近代民族主义运动的大背景分析这一运动的主要原因，认为原因有二：一是教会大学教育与具有浓厚民族主义色彩、强调教育要服务于民族国家的教育思想相违；二是收回教育权运动的发展逻辑与改变中国半殖民地半封建社会的政治斗争相关联。另外的关注点就是教会大学所培养的知识分子在中国民族主义革命中所发挥的重要作用。也有一些学者探讨了教会大学在中国大陆由盛转衰并最终消失的历史原因（参见章开沅，1998）。

与对教会大学的研究相比，对中国人自办私立大学的研究却很缺乏，尚没有人对这些私立大学进行过专门的研究，仅在一些教育史著作中零星涉及有关的情况，如金以林在《近代中国大学研究——近代教授、大学与社会的互动史（1895～1949）》（2000）一书中有对私立大学兴起以及整顿的描述，王炳照在《中国古代私学与近代私立学校研究》（1997）一书中有私立大学经费、课程、学风、管理等方面的一些内容。

四　已有研究的不足、本文的研究视角
和内容安排

已有的对中国近代私立大学的研究，多是从历史学和教育学角度进行的，或者局限于就教育论教育，研究私立大学内部的结构和运行机制；或者是从历史的角度出发，论述私立大学在教育史中的地位和影响以及对中国教育现代化的贡献；或者把私立大学与特定的历史现象或事件，如收回教育权运动、中西文化交流等联系在一起，考察它们之间的相互作用。

但是学校并不是独立于社会系统之外自生自灭的东西，它是社会的一个重要组成部分，总是需要社会为它的生存和发展提供各种各样的支持，同时，它也需要向社会输送各种人才，以保存和扩展社会发展的文明成果。私立大学当然也不例外，它"不是某个时代一般社会组织之外的东西，而是在社会组织之内的东西。……它不是与世隔绝的东西，尽可能不屈服于某种新的压力和影响的东西。恰恰相反，它是时代的表现，并对当时和将来都产生影响"（弗来克斯纳，1930，转引自科尔，1993：2）。因而，本文打算将私立大学置于中国近代社会环境，特别是工业化所产生的就业环境之中去考察它与社会环境之间如何相互适应、如何相互满足各自的需要，以探求近代私立大学得以生存和发展的内外机制。主要的切入点有四：工业化的发展、工厂企业的增多对人才提出的新需求以及私立大学在满足这种需求中所发挥的作用；政府政策和法规对私立大学的制约与促进作用；私立大学在内部运行机制上与公立大学的比较优势；私立大学校长（教育家）对私立大学的重要意义。

本文的整体结构：第一章绪论；第二章讨论清末和军阀混战时期中国工矿企业的发展及人才需求、教会大学得以在中国建立的直接动因、政府对私立大学的管理政策、国人自办私立大学的建立和发展以及私立大学的学生培养情况；第三章讨论私立大学与公立大学相比在管理和经费来源上的相对优势；第四章讨论校长（教育家）在私立大学发展中所做出的贡献；第五章讨论南京国民政府成立后私立大学的进一步发展和消亡情况；第六章是本文的结论与不足。

第二章　私立大学得以产生和发展的客观条件

一　中国主权的丧失与中国境内最早的私立大学——教会大学

中国境内最早的现代式私立大学是外国宗教势力利用不平等条约的保护、在中国因西方殖民主义武力威胁被迫开放的通商口岸设立的教会学校发展而成的教会大学。清朝末年，清政府已经逐渐认识到中国传统教育与西方教育的差距，特别是在科技文化领域，并把中国在战争中的失败归因于科学技术的落后，因而也采取了一些教育革新措施。首先，主张"师夷长技以制夷""中学为体、西学为用"的洋务派为了培养外务人才和军事人才开设了一些新式学堂，如京师同文馆、上海广方言馆、广州同文馆、湖北自强学堂等培养外语人才的学堂，以及福州船政学堂、天津电报学堂、北洋水师学堂、广东水师学堂等培养军事人才的学堂。此外，还有盛宣怀创办的北洋大学堂、李鸿章授权英国传教士开办的山西大学堂。其次，1898 年的维新变法运动虽然在政治上遭到失败，各种新政措施大都被取消，但是其教育改良措施却得到了保留，京师大学堂"以萌芽早，得不废"而成为北京大学的前身。再次，清政府分别在 1902 年和 1904 年制定了仿效西方教育制度的"壬寅学制"和"癸卯学制"，改革了教育的内容，转变了教育的重点，推动了新式学校教育的发展。对于民间人士捐资办新式学校，清政府是持鼓励态度的，但是却明令规定民间办学的范围只限于中低等教育，不能办私立高等学堂。然而外国传教士因为得到不平等条约的保护，可以在租界和各通商口岸甚至中国内地创办私立教会大学而不受清政府的管制。

促使西方列强对中国发动武力战争的主要因素是经济利益的推动。在鸦片战争之前，中国通过广州一口通商已经与许多西方国家之间有贸易来往。在正常的贸易方面，中国一直处于有利的出超地位，如英国在与中国的贸易中，"每年要支付数以百万两计的贸易差额"（刘克祥、陈争平，1999：5）。为了改变贸易差额的不平衡，英国无耻地向中国走私鸦片，并以中国的禁烟运动为借口发动了武装侵华战争。此例一开，列强随之，先后又发动了第二次鸦片战争、中法战争、甲午战争、八国联军侵华战争等，由于清政府的腐败无能和中西军事科技实力上的差距，中国在抵抗列强的反侵略战争中一败涂地，被迫签订了数以百计的不平等条约，导致中国的国家主权一步步丧失，列强在华特权不断扩大，从关税权、领事裁判权、片面最惠国待遇到海关管辖权、驻军权、租界权再到沿海和内河航行权、采矿权、铁路修筑权和投资权、设厂制造权等。

对于外国传教士在中国的传教问题，这些不平等条约也为传教士开设教会学校提供了保护：第一次鸦片战争后，《南京条约》和《黄埔条约》便规定了传教士可以在五个通商口岸开设教堂、医院、学校等权利；[①] 第二次鸦片战争后，特权进一步扩大，传教士可以在五口岸之外的内地各省"租买田地，建造自便"，设立教堂，传教士们因受领事裁判权的庇护可以免受中国法权的管辖。而清政府事实上既无暇也无力对外国在华所设学校进行管理，因而只得采取不支持也不反对的态度。光绪三十二年（1906），清政府学部有一个给各省督抚关于外人在华设学应否立案的咨文，申明："外国人在内地设立学堂，《奏定章程》并无允许之文，除已设各学堂暂听设立，无庸立案外，嗣后如有外国人呈请在内地开设学堂者，亦均无庸立案，所有学生，概不给予奖励。"[②] 这样就为外国宗教势力在中国各地兴办教会学校提供了极大的便利。

早在鸦片战争之前，就已经有外国传教士在中国办学校的先例。如1555 年，葡萄牙籍耶稣会士巴莱多在澳门创办了一所圣保禄书院，收徒讲

---

① 《南京条约》规定："（外人）在五港口贸易，或久居，或暂住，均准其租赁民房，或租地自行建楼，并开设医馆、礼拜堂、学堂及殡葬之处。"《黄埔条约》规定："佛兰西人亦一体可以建造礼拜堂、医人院、周急院、坟地各项。"（王铁崖，1957）。

② 两江学务处编《学务杂志》第 6 期，光绪三十二年八月（朱有瓛，1989）。

学（赖诒恩，1965）。1834 年，德国传教士郭士立之妻在澳门设立了中国第一所女子学校。次年，英国人罗便臣、马儒汉等人成立了马礼逊教育协会（The Morrison Education Society），随即在这所女子学校的基础上创办了马礼逊学校。[①] 继英国人之后来华传教办学的主要是美国人，如贝治文及其妻以利莎 1830 年在广州办起了小型学校，贝治文主持男斋，其妻主持女斋。[②] 此外，归正教的雅贝里、长老会的哈巴门德、公理会的卫三畏、美以美会的李承恩、监理公会的潘慎文、美长老会的李佳白等，自 19 世纪 30 年代开始在厦门、通州[③]、广州、福州、苏州、上海、北京等地开办学校，传播西方宗教思想。

鸦片战争后，由于得到不平等条约的保护，外国传教势力更是无所惧惮，在中国各地增设许多教会学校。据统计，到 20 世纪初进入中国的 35 个教会已经在中国各地开办了 6890 个中小学校。[④] 教会在华办学的根本宗旨是传播西方宗教思想，"我们来到中国并不是了为了发展其资源，促进其商业，也不仅仅是为推动文明的发展，我们在这里是为了同黑暗势力进行斗争，拯救世人于罪恶之中，为基督教征服中国"（汤普森，2012）。早期教会学校的主要目的是培养虔诚的教徒和传教士的助手，以及能独立开展传教工作的神职人员，以扩大人员队伍，用中国人来传播西方宗教思想，削弱老百姓的抵触心理，提升宗教影响力。这也是为了配合西方殖民主义对中国的军事、政治和经济侵略，在文化上渗入中国，"通过教会学校培养学生接受西方文明，使之成为捍卫和促进西方对中国进行文化侵略的有效力量"（丁柏传、郑瑞君，2000）。

初期建立教会学校时，西方传教士还没认识到发展高等学校的重要性，都把目标定在中低等教育上。但是西方传教士们很快发现，这样的中低等教育的效果与他们本来的预期相差很远。因为教会所办中小学的学生都是中国社会下层人民，是靠免收学费、提供食宿才能吸引来的贫困人家的子女，或者是一些无家可归的流浪儿。这样的人群就算数量再多，也不

---

① 参见《中华丛报》第 6 卷，第 231～232 页。

② 参见《中华丛报》第 6 卷，第 231～232 页。

③ 1949 年改区县镇。1912 年，通州改名通县，1953 年改通州市，1960 年改名通县，1997 年改通州区。

④ 参考《中华归主》第 6 编《大宣教会事业比较》，第 13 页。

可能在庞大的中国社会产生实质性的影响。特别是在维新运动之后，因为清政府1901年颁布新教育制度《学堂章程》，1905年废除科举制度后，全国兴起办新式学堂的热潮，再加上对外留学生的选派，这些中小学校的社会影响明显减弱。1900年的义和团运动更是给西方在华传教势力以沉重的打击，给外国教会在中国华北地区的传教事业带来严重的破坏。

严酷的现实促使传教士们重新思考，他们逐渐认识到只有发展高等教育，才能争取中国的知识阶层和社会的上层人员，办学的目标也不应该仅限于培养虔诚的教徒和传教士助手，而应该帮助中国的青年"获得文学、科学和职业方面的教育"，培养"胜过中国旧式士大夫"的"有成就、有影响的基督徒"，培养一批"有教养的基督牧师、教师和医生"等人才，使他们成为在中国社会中有影响的领导人物，并依靠他们的社会影响力来扩大宗教思想的传播。因此，他们开始将极大的热情投入到发展高等教育中，力求提高学校层次，保证教学质量，许多原来的中学升格为大学，一些学校实现了校际的联合，形成了规模较大的大学。一是受不平等条约的保护，教会可以不受清政府不准民间力量开办高等学堂的约束，二是教会出于自身传教目的提升办学规格的愿望，在这两个因素的推动下，中华大地上首次出了具有现代意义的私立大学。[①]

二 清末中国经济发展情况

西方殖民主义者的侵略打破了中国原有的社会与经济结构，小农经济为主、城市手工业和家庭手工业为辅的经济格局被一步步破坏，虽然资本主义对中国进行经济侵略和资源掠夺这一本质是不可否认的，但是西方的侵略确实在客观上为中国自身的资本主义经济发展提供了动力和机会，中国由此走上了工业化的历程。撇开在强大的西方资本压力下中国民族资本主义经济畸形的发展状态不言，本文只考察中国近代史上工矿企业力量的

---

① 严格说来，初创时的教会大学并没有真正达到大学的水平，其许多课程与美国相比只相当于中学水平。而且它们是独立于中国教育系统之外、不受中国教育机关管理的，不论是中国还是外国，都不承认它们是中国的大学。但是它们的学生是中国人，其毕业生除了出国留学都是为中国社会服务的，因而事实上是中国近代教育事业的组成部分。

实际发展情形，以探求其对中国教育事业特别是私立大学发展的影响。下面讨论外国、官方以及民间力量主办的工矿企业在清末的发展情况。

（一）外国资本在华产业势力的扩展

西方对中国的经济侵略经历了从商品输入向资本输入的转变过程。自第一次鸦片战争后，各国便开始疯狂向中国倾销商品，以此从中国掠取了巨额财富，这更刺激了他们的贪婪欲望，要求在中国获得更大的特权。第二次鸦片战争后，列强开始向中国进行资本输入，首先是外国在华银行势力不断扩张。在此之前，英国丽如银行和法国法兰西银行就已经在中国开设分行，开启了金融资本的竞争。1865 年英国在香港设立了中国近代金融活动中的最重要角色——汇丰银行总行，以满足在中国开展贸易的需要，随后在上海等地设立了分行。紧随其后，德丰银行、大东惠通银行、德国的德意志银行、法国的东方汇理银行等也相继进入中国（刘克祥、陈争平，1999：109~110）。到 19 世纪 90 年代它们已经控制了中国 500 多家大小洋行，其分支机构遍布中国各地，这为列强在中国建立工业企业打下了资金基础。

通过不平等条约，列强获得了在华沿海和内河的航行权、采矿权、铁路修筑权和投资权、设厂制造权等特权，逐步在中国建立大量的工业企业。1840~1913 年，外国在华投资兴建了大量工厂，其范围涉及船舶修造业、加工工业、轻工业等多方面。从工厂数量上看，每年列强都在华设立新工厂，从表 2-1 的数据来看，1895~1913 年，西方各国在华先后设立的工厂数目达到 136 家。虽然其间有的工厂倒闭或者被吞并，但到 1913 年外国所设工厂仍有 166 家（陈真等，1957：26）。从外国在华产业资本总量来看，外资一直在中国产业资本总量中占主要份额，1894 年占 60%，到 1913 年更是上升到了 83%，资本总额达 1222 百万元，比 1894 年增加了 21.89 倍（见表 2-2）。从外商开设工厂在中国招募的工人数目来看，1894 年，当外国产业资本仅有 5340 万元时，外国资本在中国经营的近代工业中的工人数已经达到 34000 人（见表 2-3），工人数与资本数之比约为 1∶1570。按这一比例计算，到 1913 年，外国产业资本在华企业吸纳的劳动力不下 78 万人。当然，由于科技的进步与管理的加强，实际数目不可能达到这么多。据统计，到 1915 年全国工厂中的工人数也只有 619725 人

（陈真等，1957：16～26）。但这可以说明，列强在华投资数量的不断增加的确扩大了中国的劳动力市场，抛开资本主义对工人的剥削不言，这些工厂的设立在客观上为近代中国那些被迫离开土地的劳动力在城镇提供了新的就业机会。而且，尽管近代工业企业中的科技含量不是很高，但工人还是需要有一定的技术知识才能胜任这种非农业劳动，而不只是单纯地出卖体力劳动就可以的。工业的发展在客观上要求中国教育事业能为这些工人及其子弟提供更多的受教育机会。

表 2 - 1 1895～1913 年各国在华所设工厂统计

单位：家，万元

年份	总计		英国		法国		德国		日本		俄国		美国		其他国家	
	家数	资本	家数	资本	家数	资本	家数	资本	家数	资本	家数	资本	家数	资本	家数	资本
1895~1913	136	130153	37	49681	6	4595	12	7681	49	26330	17	6648	8	3240	7	4978
1896	4	1189	3	1119									1	70		
1897	9	6195	3	3287			2	1427	1	140					3	1341
1898	2	283	1	203							1	80				
1899	5	4660	2	290	1	1231	1	1527			1	1612				
1900	9	11937	5	10824			1	420			2	553	1	140		
1901	2	853									1	224	1	629		
1902	11	7452	3	1029	2	1238	2	1572	1	425	2	688			1	2500
1903	8	3051	5	2863							1	28	1	60	1	100
1904	5	3300	1	690			1	400	2	1210	1	1000				
1905	9	4971	3	865					4	2128					2	1978
1906	9	5926	2	546	1	1136			6	4244						
1907	11	18287	3	14574			1	476	3	3237						
1908	12	8280	1	351	1	500	2	959	5	5079	2	1181			1	210
1909	11	4977	2	574	1	490	1	500	2	2553	1	860				
1910	5	3505	1	750					3	2648	1	107				
1911	8	13367	2	11716			1	400	1	1251						
1912	7	2159							4	1002	1	107	1	1000	1	50
1913	9	2761							6	2413	1	208			1	140

资料来源：汪敬虞，1962：2。

表 2 - 2　中国近代产业资本总量变化（1894 年、1913 年）

资本类型	1894 年		1913 年		增长速度	
	资本额（百万元）	占比（%）	资本额（百万元）	占比（%）	增长倍数（倍）	年均增长率（%）
资本总额	89.0	100	1472	100	15.54	30.8
外国资本	53.4	60	1222	83	21.89	35.2
官僚资本	28.5	32	88	6	2.34	20.1
民族资本	7.1	8	162	11	21.82	35.2

资料来源：祝慈寿，1989：414；汪敬虞，1962：869～919。

表 2 - 3　近代工业中雇佣工人人数的总估计（1894 年）

单位：人

业别	工人人数
外国资本在中国经营的近代工业	34000
清政府经营的近代工业	9100～10810
清政府经营的炼铁与纺织工业	5500～6000
近代矿业	16000～20000
民族资本经营的近代工业	27250
总计	91850～98060

资料来源：孙毓棠，1957：1201。

（二）洋务运动中建立的中国近代工业

清政府开展洋务运动的根本目的是要学习西方的"科学技术"，增强其军事实力，以对外抗击列强、对内镇压农民起义，维护清政府的统治。因而洋务运动将重心放在军事工业的发展上，但也开办了一些民用工业，在客观上为中国工业近代化做出了贡献。

在军事工业方面，在 1860 年以后的 30 年中，洋务派总共建立的规模不等的近代军用企业达 24 个之多，其中实力较强的有江南制造总局、金陵制造局、福州船政局、天津机器局、兰州制造局、山东机器局等。为了解决军事工业所需要的原料和燃料等物资，清政府也开办了一些民用性质的企业，比较有实力的如兰州织呢局、湖北纺织四局、汉阳铁厂、大冶铁矿、萍乡煤矿、开平煤矿等，其经营范围包括矿业、纺织业、皮革、造纸、印刷、水泥、水电、船舶、烟草业等。甲午战争后，先前所创的军事工业大多保存下来并有所扩充，而且还新设了新疆机器厂、江西子弹厂、山西制造局、河南机器局、湖南枪厂、北洋机器局等，其中，由袁世凯创办的北洋机器局规模最大，有 12 个厂（祝慈寿，1989：368）。民用工业也有很显著的增长，据统计，1895～1913 年，由清政府官僚资本办的工矿企业有 86 家，资本总额达 2949.6 万元（汪敬虞，1962：869～919）。

洋务派创办的企业规模相对于外国人开设的企业而言要小得多，像江南制造总局开始也只雇用五六十个工人。由于中国缺乏技术人员，洋务派在其军工企业中不得不聘请外国人，但这些外国人出于其侵略本性并不真正传授技术，因而这些国内军工企业的产品质量往往十分低劣，如"金陵制造局为大沽炮台所造的大炮在演放时一再爆炸，以致全部成品都成废物"，福州船政局"所制成的十五艘轮船，质量低劣，型式陈旧"（张国辉，1979：37、54）。这与洋务派"强兵"的愿望相去甚远。因此，为了培养本国的技术人才，在这些军工企业下附设了不少军事学堂，如福州船政学堂、天津电报学堂、北洋水师学堂、广东水师学堂等，但这些学堂面临的一大难题就是师资的缺乏，初期是聘请外国人担任，后来随着教会大学的发展，其毕业生便成了这些学堂所需师资的重要来源。

（三）中国民族资本经营的近代工业的发展

从明代后期开始，中国的资本主义生产关系已经开始有了缓慢的发展，至清朝末期，中国的民族资产阶级已经积聚了一定的力量。受到外国资本主义侵略的刺激，中国民族资本也得到了发展。在西方列强和中国官僚资本创办工矿企业的同时，本国民族资本的新企业也产生和发展起来。据统计，1863～1911 年，国内民族资本创办的工厂总数达到了 539 个（陈真等，1957：38～53），1894 年在这些工厂中就业的工人已经达 27250 人（见表 2－3）。与洋务运动中所创办的官办企业一样，民族资本开办的企业同样面临着技术人才和管理人才缺乏的问题，这可以部分地解释为什么这时期中国民族资本企业发展较快的行业是机器缫丝、棉纺织、面粉加工等技术含量不高的轻工业。为了破除技术人才缺乏这一民族资本主义发展的瓶颈，中国不少实业界人士都把目光投向了教育，大力资助或者亲自开办新式学堂，但这些学堂同样面临着师资缺乏的困境。① 而在当时，教会大学的毕业生可谓很好的师资来源。

（四）中国工业企业中的人才状况

从鸦片战争之后到1911年，中华大地上曾经出现过的工厂企业在总数上达到了19260个（陈真等，1957：16），其中尤以官僚资本和民族资本创办的工厂企业数量最多，但是与外国资本相比，它们的资本规模小得很，而且大部分企业寿命极短。究其原因，除了外国资本的强大竞争力之外，这些工厂缺乏技术和管理人才也是一个重要原因。"科学技术是第一生产力"，科技力量的作用在工厂企业中是通过专门技术人才和经营管理人才体现出来的。近代的民族资本主义企业虽然从流通领域扩展到了生产领域，但是却没有培养出企业所必需的技术和管理人才可供选择和雇用，因而仍然沿用传统的经营管理模式，"只有极少数受过一些西学熏陶，当过买办之类职务，与外商有过交往，略为懂得资本主义企业经营管理皮毛的人侧身其间，真正受过专业训练的人才几等于零；企业主或是受雇于企业的经理人，大都是学徒或商贩出身，知识层次较低"（徐鼎新，1995：6）。这样的经营管理状况自然是无法维持企业的生存与发展的，为了在激烈的竞争中谋求生存，近代工业企业不仅渴望获得最新的技术设备，更渴望得到精通专业技术和企业经营管理的人才。但是清末的教育状况是无法满足这一人才需求的，人才需求和人才供应之间产生了巨大的矛盾，这便为中国教育事业的改革和发展提供了巨大的潜在推动力，中华民国成立后私立大学的迅速发展，也是得益于这种推动力的爆发。

三　清末公立大学的发展状况
与教会大学的发展

1902年清政府颁布了"壬寅学制"，1903年经过修订并颁布，是为"癸卯学制"，从西方移植了学制系统，虽然从传统旧教育向近代新教育迈

---

① 为解决师资问题，他们也有过创办师范学校的尝试，如著名实业家张謇于1902年创办了中国第一所私立师范学堂通州师范学堂。但矛盾的是，这些学堂也一样有师资不足的问题。

出了一步，却保留了大量的封建成分，并不能真正适应中国社会的发展。如办学的主要目的，仍是培养"通才"，即行政官吏，毕业生出身与科举无异，规定有相应的授官品级。而且，当时的办学情况特别是高等教育发展状况十分糟糕，至中华民国成立时，除教会大学外，中国仅有 4 所大学，其中京师大学堂和上海南洋公学连 1 名本科毕业生都还没有培养出来；北洋大学堂培养了 44 名本科毕业生；山西大学堂培养了 44 名毕业生，其中法科 16 名，工科 19 名，理科 9 名（金以林，2000：33）。

中国经济的快速发展与公立高等学校提供人才相对不足之间的差距，为教会大学的发展提供了广大空间。在清末的最后十几年中，原来的教会中学纷纷升格或实现校际联合，先后组成了 14 所教会大学，它们是：圣约翰大学（1879）、北京汇文大学（1885）、金陵大学（1888）、北通州协和大学（1889）、岭南大学（1893）、华北女子协和大学（1895）、东吴大学（1902）、震旦大学（1903）、上海浸会大学（1904）、齐鲁大学（1904）、北京协和医学院（1906）、华南女子大学（1908）、华西协和大学（1910）、之江大学（1911）。

从各教会大学这一时期的课程设置来看，重视自然科学而不重视社会科学，这不失为适应时需的重要举措。大多数学校的课程结构由中国文学、英语、数学和科学、宗教，以及一点儿历史和哲学组成，有的学校还开设一些专业和职业课程，如医学、教育或工程学，但几乎没有法律、农学、商业管理等课程。① 把教会大学和公立大学的毕业生数目进行比较就可以看到差距。到 1911 年教会大学一共培养了 658 名毕业生，其中约 188 名成为牧师或从事其他传教相关工作，其他都进入各个行业，为社会所用。同期，4 所公立大学仅培养了 88 名毕业生。清末时期教会大学为中国社会提供高等人才方面的贡献，由此可见一斑。从教会大学毕业生的就业分布情况来看，其去向有：一是当牧师或从事其他传教相关工作（约 188 人），这是由教会大学的宗教目的决定的，这部分学生主要是中国教徒的子弟，他们本来就是抱着从事传教事业的想法而进入教会

---

① 这一点很容易理解。在清末经商仍没被视为一种"不正当"的职业，而且商业上的成功也更多地依靠与官方势力的结合，商业管理这种理念尚未进入中国人的心里。法律在当时根本无用武之地，而农学从来不曾进入中国人的学问范围。

大学读书的；二是留校或者去别的学校任教（约 152 人），这是清末教会大学的最突出贡献，因为当时开设了许多新式学校，教师的缺乏是它们的一大困难，教会大学为它们培养了很大一部分的教师；三是在外国人控制的银行、邮局、公司、税务等部门充当买办或高级职员，或到国内政府部门任职（共约 35 人）；四是从事商业、行医、自己创业（如开办企业等）（共约 147 人）；五是出国继续求学（朱有瓛、高时良，1990：723）。

四　民国军阀混战时期中国的工业企业发展状况

1911 年清政府被推翻，1912 年中华民国成立，这为中国资本主义经济的发展提供了良好的政治和社会环境，把中国的民族资产阶级推到了历史舞台的前面，唤起了全国人民心中的爱国主义精神，点燃了民主思想的火花，使发展科学、振兴实业成为广大民众的迫切要求。在此背景下，国民政府成立后即于 1912 年在北京召开了首届全国工商会议，总结了国内兴办实业的经验，并代表资产阶级提出了多种政策要求。此后，国民政府颁布了一系列新经济法规，推动了中国资本主义经济的发展。

受第一次世界大战的影响，列强忙于为重新瓜分世界市场而在欧洲相互残杀，暂时放松了对中国的经济侵略，但其结果也只是资本输入增长幅度有所下降，而其增长的大趋势依旧。从表 2－4 可以看出，1914～1920年，外国在华产业投资仍有年均 4.5% 的增长速度，1920 年产业投资总额比 1914 年增加了约 30%。而一战之后，列强又重新加重了对中国的经济侵略，1920 以后年均投资增长率上升到了 9.54%。这一时期外资除在中国继续增设一些新的工厂企业之外，更重要的活动是吞并中国民族资本主义工业以扩大自身的规模，其中以日本在华的资本实力最强。一战期间，日资内外棉株式会社在上海、青岛等地设立了 4 家新厂，并收买了华商裕源纱厂，日资上海纺织株式会社也增设了 3 家纺织厂，仅 1921 年至 1922 年的一年中，日本在华就新建了 11 家棉纺织厂，1924～1925 年新建了 15 家工厂（刘克祥、陈争平，1999：246）。

表 2 - 4   中国产业资本估值（1894 ~ 1936）

单位：万元

	1894 年	1911/1913/1914 年*	1920 年	1936 年
产业资本总额	12155	178673	257929	999059
外国在华企业资本	5406	102125	133000	571758
官僚资本	4757	47807	66952	222454
民族资本	1992	28741	57977	204844

* 外国在华企业资本为 1914 年，官僚资本为 1911 年，民族资本为 1913 年
资料来源：许涤新、吴承明，1993：722。

　　这一时期的官僚资本主要是接办清政府遗留下来的官办军工企业和民用工业，自身甚少创建，其原因在于官僚资本企业受到军阀战争、政局变动的多方面影响，有心无力。在军工企业方面，虽新建了河南巩县兵工厂和湖南兵工厂，但总体情况大多是勉强维持运转。当时国内官办的民用工业也是一样，除公用事业外，大多经营不善，风雨飘摇，最后多半归于商办，或者停办。

　　在此期间发展较快的是中国的民族资本主义私营企业。新政府的政策鼓励、外国企业在华扩张的放缓、大量修建的铁路扩大了国内市场及对外贸易中面粉、蛋品、皮革和矿产品出口的增加，以上这些因素综合在一起，促进了民族资本主义工业企业的快速发展，使其进入一个发展的"黄金时期"。1913 ~ 1920 年，民族产业资本年均增长率达到 10.54%（见表 2 - 5），远高于外国在华企业资本和官僚资本。按当年币值计算，1920 年资本额比 1913 年增加了约三倍。1920 年后民族资本也保持着年均 8.21% 的增长速度。在这一时期，每年都有大量新建立的工厂企业（见表 2 - 6），从 1914 年到 1927 年，共新建 1820 家工矿企业，而且它们的资金规模都已经不小。排除物价上涨和货币贬值因素，以 1913 年币值计算，平均每厂创建时的资本额仍接近 20 万元。

表 2 - 5   产业资本的年均增长率

单位：%

	1894 ~ 1911/1914 年*	1911/1913/1914* ~ 1920 年	1920 ~ 1936 年
产业资本总额	15.46	5.16	8.83
外国在华企业资本	15.83	4.5	9.54

续表

	1894~1911/1914 年 *	1911/1913/1914 * ~1920 年	1920~1936 年
官僚资本	14.54	3.81	7.79
民族资本	15.08	10.54	8.21

* 外国在华企业资本为 1914 年，官僚资本为 1911 年，民族资本为 1913 年
资料来源：许涤新、吴承明，1993：727。

表 2-6　历年工矿企业的设立及其投资情况

单位：家，万元

年份	新设企业数	资本额		年份	新设企业数	资本额		年份	注册工厂数	资本额	
		当年币值	1913 年币值			当年币值	1913 年币值			当年币值	1913 年币值
1914	102	1487	1487	1921	184	7617	5480	1928	250	11784	7753
1915	114	1961	1691	1922	144	5401	3971	1929	180	6402	4104
1916	86	1391	1159	1923	120	2642	1822	1930	119	4495	2629
1917	105	2627	2325	1924	142	2860	2000	1931	113	2769	1465
1918	132	4475	3442	1925	135	2341	1582	1932	87	1459	874
1919	172	3674	2939	1926	119	1553	1008	1933	153	2440	1574
1920	173	4543	3090	1927	92	926	579	1934	82	1781	1288
合计	884	20158	16133	合计	936	23340	16442	合计	984	31130	19627
厂均		22.8	18.3	厂均		24.9	17.6	厂均		31.6	19.9

资料来源：许涤新、吴承明，1993：118。

与资本主义工业企业的迅速发展相比，中国的教育事业仍然滞后，人才需求与人才供给之间的矛盾依然尖锐并持续激化。徐鼎新根据 1912~1922 年的统计数据（全国各地新设的近代企业共有 1683 家，其中各类工业企业 1342 家，航运企业 166 家，银行 129 家，保险、信托、交易所等企业 46 家）估算："单是这 1683 家企业所必需配备的技术、管理人才，如以每家最近需要量 2 人算，就需要 3500（3300）余人方能适应，何况还有相当数量的原有企业对人才需求也日益迫切，而根据当时企业人才培养、储备的实际情况，这是一个无法填补的巨大人才缺口。"（徐鼎新，1995：23）这样的人才缺口只能由教育事业的发展来弥补，但是当时中国的公立教育事业并不具备这种能力，如公立大学从 1912 年到 1921 年才由 2 所发展到 4 所，而同期私立大学（包括教会大学在内）从 16 所（其中 14 所教

会大学）发展到 22 所，这其中还没有包括未向政府立案的私立大学。可以说，在这一时期里填补人才缺口的任务（特别是提供高等人才）大部分是由私立学校来承担的。

五 政府政策变化与私立大学的发展

（一）民国政府对私立大学政策和管理的变化

中华民国成立以后，中央和地方教育主管部门都企图把私立学校纳入严格管理的轨道，对私立学校采取鼓励的策略。民国初年教育部公布的各级各类学校（包括高等以上学校）令中，均有允许私人、团体自己提供经费设立学校的条文，如 1912 年公布的大学令第二十一条提到，"私人或私法人亦得设立大学"（朱有瓛、高时良，1990），解除了清末章程中不准私人办立高等学校的禁令。此外，中华民国自 1912 年以来颁布了一些法规，确立了各级政府教育主管部门对私立学校的监督管理权。

1913 年 1 月 16 日，教育部颁布《私立大学规程》，从物资设备和师资水平方面对创办私立大学提出了严格的要求，企图从办学初期就确保私立大学的办学条件和教学质量。1 月 28 日又颁布《私立大学立案办法布告》，要求所有私立大学按照新规程向政府立案或重新立案。12 月又颁布《整顿私立大学办法布告》，要求所有私立大学立即实施报部备案。然而这一规程有许多不严密之处，如虽对私立大学应该具备的物质条件有所规定，但对每一所大学应有最低限度的经费和物质条件缺乏明确、具体、严格、科学的规定，也没有明确规定对生源的要求，再加上政府并没有根据规程严格把关，致使这一规程没有发挥实际的约束力。因而当时出现了不少名不符实的私立大学，它们以学费为主要经济来源，没有固定的校舍，教学设备严重缺乏，所设专业避难就易，多为不需经费的科目，甚至"以营业为目的，借学校之名，行诈骗之实，开门未多日，上课仅数时，即不能支撑，甚或席卷学生所交之学膳费，亏空各商店货物之款项以去者亦所皆有"。① 这个时期是法规要求与现实管理相矛盾的时期，由于军阀混战，社

---

① 《京沪之新大学》，见《中华教育界》第十四卷第三期，1924 年 9 月。

会极不稳定，虽然各级教育主管部门制定了监督管理私立大学的条文，但法规不健全、不严密、有空可钻，再加上没有严格执行，对私立学校的管理实际上处于无序、放任的状态。

中央政府和地方政府还对捐资兴学者实施奖励的政策，如北京临时执政府教育部曾公布《修正捐资兴学褒奖条例》，规定："人民以私财创办学校或捐入学校，准由地方长官开列事实表册，详请褒奖。华侨在国外以私财创办学校或者捐入学校，培育本国弟子者，准由各驻在国领事开列事实表册，详请褒奖。"（陈学恂，1981：103）1913 年 5 月，江苏省议会决议《江苏省款补助私立学校规程》规定，由省政府拨款补助经费困难的私立学校。同时期，北京也对私立学校实施补助制度，1914 年京师教育局在各区内劝学所向办理优良的私立学校发放名誉金，鼓励捐资兴学。[1]

总的说来，这一时期政府对私立大学的发展所颁布的法律规程和各种政策措施体现了两点基本精神：一是准许民办或捐资兴办私立大学，但是要求私立大学向政府教育主管理部门注册立案，将私立大学纳入政府的教育计划，以利于对私立大学的管理和监督；二是肯定了私人学校是中国教育事业的重要组成部分，鼓励私人捐资助学或办学，并要求各校重视办学质量。

（二）国人自办私立大学的创办与泛滥

1912 年，蔡元培起草并由教育部公布了《大学令》，对大学的系科设置、学生入学资格、大学院设置、学生修业年限、学位授予、教师延请、大学评议会及教授会的职权范围等做出了规定，并规定除了学位授予权外，其余条文均适用于私立大学。1913 年，又专门颁布了《私立大学规程》，为中国民间私人或团体兴办私立大学提供了法律依据，从此"历届政府对公私立高等教育基本上持一视同仁的态度，至少民间办学无法律地位之忧"（陈平原，2002：13）。同年，就有私立北京国民大学和私立明德大学建立，掀起了创办私立大学的热潮。到 1917 年，经政府认可或立案的私立大学有北京中华大学、私立中国公学大学部、武昌中华大学、吴淞中国公学、江苏大同学院和江苏复旦公学等，而同期公立大学只有 3 所（北

---

① 参见《京师教育报》1914 年第 8 期的相关文章。

京大学、北洋大学和山西大学），私立大学在数量上处于优势，并一直持续到1922年。这些私立大学有的维持并不久，如北京的中华大学于1917年并入了由私立中国公学大学部改成的中国大学，吴淞中国公学也于1917年后停办。但这并没有减低国人开办大学的热情，相反更激起了国人创办更好的私立大学的决心，此后又出现了一些出色的私立大学。1917年，上海复旦公学正式改名为复旦大学，1919年张伯苓和严修在原南开中学的基础上创办了南开大学，这两所大学一南一北，成为中国私立大学的杰出代表。此外，还有1920年由北京法文预备学校改组而成的私立中法大学，蔡元培出任校长；1921年爱国华侨陈嘉庚先生捐资兴建的私立厦门大学；1923年经教育部立案由私立大同学院升级而成的私立大同大学；1924年原厦门大学教授欧元怀等人因反对厦大"尊孔"教育，脱离厦大筹组的大夏大学；1925年圣约翰大学爱国师生脱离圣约翰大学组建的光华大学等。表2-7列出了民国以来（1912~1931年）私立大学注册数量的变化情况。

表2-7 民国以来注册大学数量变迁

单位：所

年份	校数		年份	校数		年份	校数		年份	校数	
	公	私		公	私		公	私		公	私
1912	2	2	1917	3	7	1922	12	12	1927	28	21
1913	3	4	1918	3	7	1923	20	12	1928	29	21
1914	3	4	1919	3	7	1924	26	24	1929	32	27
1915	3	7	1920	3	8	1925	26	30	1930	36	37
1916	3	7	1921	4	11	1926	23	21	1931	28	19

资料来源：据"我国最近二十年来国内高等教育之趋势"相关内容整理，见《第一次中国教育年鉴》（丙编·教育统计）。

1922年9月，教育部在北京召开全国学制会议，11月公布了《学校系统改革案》，即"壬戌学制"。与1912年学制相比，新学制是美式教育模式同中国教育实践相结合的产物，既适应了时势，也与当时世界流行的实用主义教育思潮相合。它关于高等教育改革的要点有：取消预科，大学得专门从事学问研究，不必承担普通教育；大学设数科或一科均可，设单一科者称某科大学；大学用选科制；高级师范学校改为师范大学。由于可设单科大学，全国各地专科学校纷纷改为大学，大学数量骤增，开办私立大学的狂潮也随之兴起。1923～1925 年仅北京就创办了人文大学（1924年）、民族大学（1925 年）、东方大学（1924 年）、畿辅大学（1924 年）、北京文化大学（1924 年）、郁文大学（1923 年）、务本女子大学（1923年）等多所私立大学。① 而 1924 年暑假前后，北京、上海两地区私立大学骤增了 21 所。② 然而学校数量上的猛增并没有伴随着教学质量的上升，由于师资、经费、教材、设备等办学条件跟不上，新设立的私立大学水平参差不齐。有的学校并不向政府立案，"甚至借办学以敛钱，以开办大学为营业"，"流品之杂，程度之低，自不待言"。1925 年，全国共有注册立案的私立大学30 所，同期公立大学注册 26 所（见表 2-7），私立大学在数量上比公立大学还多，若再加上没向政府注册立案的 14 所教会大学，公私立大学比达到1:1.7。当时北洋政府虽然对私立大学采取"认可"态度，但私立学校需立案的规定并没有得到很好的执行，对立案的条件也没有严格的要求，这是导致私立大学增多的一个重要原因。为了使"认可"制度成为衡量私立大学质量的一个手段，1925 年颁布了《私立专门以上学校认可条例》，严令设立私立大学必须向教育部注册立案，此后私立大学"泛滥"的局面才有所扭转，南京国民政府成立前，向政府立案的私立大学降到 21 所。

（三）教会大学规模的扩大

这一时期教会学校主要关心的是扩大规模和提高现有大学办学水平，因而除了创办几所新学院如有关妇女教育和医学教育的学院，以适应特殊目的教育需求之外，并没有新创办什么大学。当初促使传教士建立新大学的因素，同样继续促使各教会大学扩大规模，提高质量。1911 年辛亥革命更带来了改进教会学校教育质量和继续合作的紧迫感，许多传教士坚决主张教会大学必须提高教师质量和改善教学设备，而达到这一目标的重要方法，就是实行各教会联合办学。教会大学已经无法在数量上与中国的公、私立大学相竞争，只有在教派之间进行协商合作，从而提高教会大学的质量，把它们办成优秀的高等学府，才能吸引优秀学生，在他们毕业后将其

① 《教育杂志》19 卷第 6 号。
② 《教育杂志》16 卷第 8 号。

输送到各个关键部门，更好地影响中国社会，这样才有希望使教会大学成为中国公立、私立大学的榜样。在这样的形势下，只有由几个教派共同维持几所大学，集中所有的资源，才有可能保证教会大学提高教学质量所必需的财力、物力和师资。

20世纪20年代，教会大学之间实现了一定程度的联合与合并，主要情况如下：1910年，汇文书院与宏育书院合并组成金陵大学；1911年，原东吴大学与上海中西书院合并，仍称东吴大学；1916年，福州英华书院、格致书院和三一书院合并，组成福建协和学院，1918年，改名福建协和大学；1916年，华北协和大学、华北协和神学院和汇文大学合并，仍称汇文大学，后又于1920合并华北协和女子大学，1928年，改名燕京大学；1917年，山东新教大学与济南学堂合并组成山东基督教大学，1924年，华北协和女子医学院并入山东基督教大学，1931年改名齐鲁大学；1924年，文华大学、博文书院和博学书院合并组成华中大学，1929年，又与湖滨书院和雅礼大学合并成立华中大学（朱有瓛、高时良，1990：680）。到1927年，全国共有教会大学14所：燕京大学（当时叫汇文大学）、齐鲁大学、东吴大学、圣约翰大学、震旦大学、沪江大学、金陵女子大学、福州协和大学、之江大学、武昌华中大学、华南女子大学、华西协和大学、岭南大学、辅仁大学。

（四）这一时期私立大学的学生培养情况

受条件所限，没有办法查找到这一时期私立大学学生和毕业生的具体数据，但根据表2-7和表2-8，可以对公私立大学的学生数量进行一些比较。如表2-8所示，1925年全国公立高校共有76所。这里的高校除了大学之外，还包括独立学院和高等专科学校，而根据表2-7，1925年注册公立大学为26所，这说明在14241名公立学校的大学生中有很大一部分是来自高等专科学校和独立学院的；私立高校则全部是私立大学。但因为当时教育主管部门管理不严，不少私立大学实际上只有专科水平，根据《第二次中国教育年鉴》后来确定，在这30所私立大学中，真正达到大学水平的有11所。这样，即使按照大学和独立学院与专科学校具有相同的学生规模来算，公立大学学生数为4872（14241×26/76）人，私立大学学生数为2723（7426×11/30）人，私立大学学生数在大学学生总数中也达到35.9%。而实际上，大学的学生规模是比专科学校和独立学院要大的，因而私立大学学生占大学生总数的比例不会低于 35.9%。而且这里还没有把尚未立案的十几所大学的学生包括在内，据卢茨估算，"到 1926 年，（所在基督教大学）每年入学人数常常超过 3500 人"（卢茨，1987：468），按三年学制计算的话，每年教会大学的在校学生数不会低于 10000 人，如果把这个数字再加进去，那么所有私立大学学生数将大大超过公立大学的学生数。从学生数量上的比较，我们可以得出这样的结论：在军阀混战时期，私立大学在为中国培养人才方面的贡献要比公立大学大得多，公立大学所承担的社会功能，私立大学也同样可以完成，而且做得还会比公立大学好。

表 2 - 8 1925 年、1936 年公私立高校师生情况对照

年份	学校数（所）		学生数（人）		教师数（人）		师生比	
	公	私	公	私	公	私	公	私
1925	26	30 (28.3)	14241	7426 (34.3)	2959	812 (21.5)	1：4.8	1：9.1
1936	55	53 (49.1)	21258	20664 (49.3)	7041	4809 (40.6)	1：3.0	1：4.3
增长率（%）	-27.6	76.7	49.3	178.3	138.0	492.2		

资料来源：《第一次中国教育年鉴》（丙编·教育统计），及《第二次中国教育年鉴》（14编），转引自王炳照，1997：348。

私立大学生就业情况的统计数据同样难以查到，下面根据表 2 - 9 的数据和南开大学毕业生的就业情况进行一些分析。表 2 - 9 列出了 1925 年教会大学毕业生的就业情况。从表 2 - 9 可以看到，1925 年共有 3511 名学生毕业，有 495 名就业情况不明，其余 3016 人分布在农、工、商、学、医、传教等各个行业。从事教师职业的人数占了 35.7%（而 1901 年到 1910 年毕业的教会大学的学生的此比例只有 22.8%），特别是到任教其他学校的人数达 342 人，这正好满足了这一时期国内私立大学迅速发展对师资提出的更大需求。在这方面，教会大学所做的贡献可谓大矣。从事宗教事业的人数比例与民国前十年相比大大降低了，这主要是因为中国民族主义在这时期高涨，迫使教会大学不得不减少了教育课程的宗教色彩。毕业生的另一个重要去向是"从商"，而从表 2 - 9 的职业分类情况来看，"商人"指的应当不仅仅是从事商业活动的人员，还应该包括工商企业中的任职者，

这与中国资本主义经济发展对人才需求的扩大是分不开的。还有一点值得注意的是，圣约翰大学这所坚持其宗教本色、一直拖到 1947 年才向中国政府注册立案的大学，其 661 名毕业生中，只有 32 人从事宗教工作，而成为"商人""工程师"的却达 170 之多，这也说明了私立大学到底还是要根据社会需求培养人才，只有这样，才能获得强大的生命力。

表 2-9 1925 年教会大学毕业生就业情况

单位：人，%

校名	牧师	社会和宗教工作	任教教会学校	任教其他学校	医生	法律	工程师
岭南	0	1	30	3	0	0	0
华中	25	0	41	9	6	0	1
福建协和	2	1	24	16	0	0	0
金陵女	0	3	33	8	1	0	0
之江	49	13	53	24	5	0	7
金陵	11	5	77	76	40	0	1
圣约翰	23	9	90	106	73	4	21
沪江	16	10	77	14	3	1	0
齐鲁	42	312	340	17	117	0	0
东吴	2	16	60	47	3	0	2
华西	6	1	18	1	16	0	0
雅礼	0	3	15	18	1	0	0
燕京	0	10	24	2	1	0	0
湖滨	4	0	13	0	0	0	0
华南女子	0	0	17	1	2	0	0
小计	180	384	912	342	268	5	32
所占比例	5.1	10.9	26.0	9.7	7.6	0.1	0.9

校名	农业	社会生活	商人	在中国学习	在外国学习	其他	无记载
岭南	1	8	9	3	14	6	2
华中	0	3	18	0	4	14	5
福建协和	0	2	6	5	9	1	3

续表

校名	农业	社会生活	商人	在中国学习	在外国学习	其他	无记载
金陵女大	0	0	0	2	13	8	0
之江	0	8	34	2	8	3	12
金陵	27	11	26	2	22	31	64
圣约翰	1	42	159	9	48	15	61
沪江	1	2	33	1	7	10	9
齐鲁	0	47	62	3	4	1	328
东吴	0	10	47	10	11	15	0
华西	0	0	2	1	1	0	0
雅礼	0	3	1	2	6	4	6
燕京	0	0	1	6	9	7	3
湖滨	0	0	6	1	2	0	2
华南女子	0	0	0	0	2	1	0
小计	30	136	404	47	160	116	495
所占比例（%）	0.9	3.9	11.5	1.3	4.6	3.3	14.1

* 占比计算不包括无记载的毕业生数

资料来源：卢茨，1987：477～488。

再看看南开大学的情况，从 1923 年到 1930 年，南开大学一共有 323 名毕业生，[①] 其中从事教育的占 33.12%，在商业、实业、交通等资本主义经济机构就业的占 30.7%（南开大学校史编写组，1989：129）。这与教会大学毕业生就业情况的职业结构遵守着同样的逻辑：资本主义经济的发展对人才提出了更大的需求，促进了公私立大学在数量上的增加和规模上的扩大，从而导致对师资力量需求的增加，因而私立大学一方面要直接为社会输送实用人才，另一方面也要培养后备师资力量，这两个方面是中国近代史中私立大学完成的主要任务，也构成了私立大学得以生存和发展的客观条件。

---

① 令人惊奇的是，南开大学从 1923 年到 1930 年每年在校学生平均为 350 人，按四年学制的话每年毕业生应该有 80 多人，8 年间应该有 600 名毕业生，但实际只有 323 名毕业生。造成南开低毕业率的原因还有待于探讨。

第三章 私立大学的内在生命力：相对于
公立大学的优势

一 管理上的自主权

（一）公、私立大学的管理体制

在向中国政府注册立案之前的教会大学，一般在中国境内设立一个管理委员会，在西方国家设立一个董事会，它们的成员都是由所属教会任命的，虽然大学的教职员工偶尔也能推选代表出任管理委员会成员，但是数量极少，并不能产生多大影响力。在西方国家设立的董事会掌握着大学的实权，主要包括：把持着大学的一切财产权，负责为大学筹募经费并决定这些经费的使用；正式任命大学校长、副校长和大学教职员工中的外籍人员；批准大学里用于中国员工的资金等。而设在中国境内的管理委员会则通常由校长、大学行政管理人员、地区教会的代表和外交官员中的有关人员组成，其职责是监督学校，包括：任命大学行政管理人员、起草年度预算并报设在西方国家董事会批准、委任和免去中国教职员、批准开设课程以及管理其他需要注意的事项。这种行政机构设置有利于教会完全控制中国的教会大学，使之服务于教会的宗教使命。以圣约翰大学为例，它在美国的教会总部实际上掌握着学校的实权，在华管理委员会由 3 名主教组成，下有创办人代表会和上海区主教，再往下设校长及主要行政人员（包括教务长和会计部主任）、校务会评议会、常设委员会。即使是西人校长和主要行政人员，也要按照创办人代表会及上海教区主教的意旨办事，教会大学处在教会的完全控制之下（谭双泉，1995）。

向中国政府立案之后，教会大学设在西方国家的董事会被取消了，中国人收回了教会大学的主权。教会大学与国内已注册的私立大学一样，实行校董会协助下的校长负责制：①董事长（校董会议）——校长（校务会议）——教务处（教务会议）；②事务处（事务会议）；③各院系（各院系会议）。[①] 校董会是学校的最高权力机构，校长由董事会聘任，代理董事会处理学校一切事务，其他各机构是校长领导下的管理机构；教务处主管与教学有关的各项事务；事务处管理学校教学以外的事务，各院系负责本单位与教学有关的各项工作，各类人员各行其职，各负其责，同时，还设立教务会议、评议会议、院务会议，给各类人员提供评事议事的场所。

公立大学一般实行校长控制下的教授治校制度，其机构主要有：①教授会，是全校的最高权力机构；②评议会，相当于教授会的常务委员会，是学校的立法机构；③校务会议，是处理日常行政事务的行政机构；④聘任、招考等专门委员会。

（二）私立大学管理上的优势

与公立大学相比，私立大学在管理体制上的最大区别是校长的聘任方式，公立大学的校长是行政机关任命的，而私立大学的校长则是由董事会聘请的，代表董事会管理学校一切事务。由于是行政机关任命的，公立大学校长往往必须做当时政府的代言人，将其意志强加于学校，政府对公立大学各方面都能施以严格的控制。如对学校课程设置、招生、教师聘请以及学生活动等进行干涉，甚至直接指派教师。而受聘于董事会的私立大学校长有着管理学校的全部自主权，"董事会不得参与学校行政"。事实上，我国近代国人自立的私立大学校长大多也是学校的创始人，是无可争议的校长人选，董事会的作用更多体现在经费筹集上，校长实质上是学校的全权负责人。

另一点不同是学校的最高权力机构。公立学校以教授会为最高权力机构，私立大学以董事会为最高权力机构。但是事实上，公立大学的教授会"除了对纯属日常教务工作如审查通过毕业生名单等，有决定权，对教育工作可以有所建议之外，一切有关教育方针、人事、经费、建筑设备等校

---

① 这是最精简的模式，有的学校还设有与教务处、事务处平行的会计处、群育处、图书馆等，分管各专项事务。

政大权，基本上是操纵在以校长为首的评议会之手。而每年评议会虽是由教授会'民主'选出，但历年当选的大都是几个'内圈'人物（清华大学校史编写组，1981：109），可见其所受外力控制之严，"最高权力机构"其实是既无权也无力。

这两个不同点使私立大学拥有了办学的自主权，可以在课程设置、教学内容、教学大纲的制定、教材的选择、学生实践实习等方面根据学校和社会的实际情况灵活地加以安排，充分发挥私立大学的优势和实力。

二 经费上的自主权

（一）教会大学的经费来源变化情况

教会大学的经费来源构成前后曾有比较大的变化，前期教会大学的绝大部分常年经费来自教会的拨款，后期则主要依靠国内外的各种捐助款项，总的变化趋势是教会拨款比例不断下降，而社会捐款比例不断提高。

1911年之前，教会大学提供的几乎是"免费"的教育，学生不用交纳学费，还能从学校获得一定的津贴，因为此前招生主要是面向社会中低层的劳动人民子弟，目的只是培养宗教工作人员以扩大宗教思想的影响。所有的经费款项由支持大学的教会负责，购置地皮，建筑教室、学生和教职员工的宿舍、图书馆和科学实验室，日常开支等所需的经费列入学校财务报表，由教会直接拨付。还有一种不列入学校财务报表的隐性资金来源，那就是教会直接派遣教师到大学工作，由教会负责支付其薪金，"这一部分薪金数目，相当大，经常是拨款的二至三倍"（章开沅，1998：96）。1911年以前，位于中国的教会大学，其职责只是教学和传播宗教思想，经费问题完全交由西方的教会负责，学校不必在这方面操心。当然，主要的原因是这时候的教会大学规模很小。

随着教会大学规模的扩大，以及教会其他宗教事务的增加，维持教会大学的经费逐渐成了教会的较大负担，学校也开始负起部分经费筹集的责任。到20世纪20年代，教会大学的经费来源增多，主要有以下三个来源，一是来自教会的经费①，包括固定教育拨款，以及中外各界教徒、校友的捐赠，各财团、基金会的补助；二是教会财产经营收入和校产收入；三是学杂费。其中以第一项收入为主，教会大学所获得经费中有 63% 是来自教会的，学费次之，校产收入再次。教会的拨款仍然是中国各教会大学收入的稳定来源，但是其所占比例大大下降，如 1909 年到 1910 年，圣约翰大学经费收入中有 72% 来自教会拨款，而 1924 年到 1925 年，这个比例下降到了 6%（政协全国文史和学习委员会，2011：83）。捐款的重要性开始显现出来，教会大学的校长也在这方面发挥了作用。如圣约翰大学的思颜堂、思孟堂等建筑皆是校长募得捐款从而建造起来的；燕京大学校长司徒雷登更是多次往返于中美之间募捐，1924 年募得 250 余万美元，1928 年得捐款 150 万元、建筑费与设备费 100 万元左右（政协全国文史和学习委员会，2011）。学费的收入在教会大学经济来源中占据了一定的分量，许多学校开始收取数目可观的学杂费用，因为中国人越来越愿意交纳费用送子女进教会大学接受教育。有的学校学费收入占总收入的比重很高，如 1921 年金陵大学总经费中出于学费者约占 40%；圣约翰大学 1924 年到 1925 年学杂费收入占总收入的 64%，比 1910 年增加了 3 倍；而岭南大学的经费则绝大部分来自学杂费收入，1928 年到 1929 年来自美国的拨款和捐款仅占该校总收入的 0.28%（谭双泉，1995：78~80）。此外，早期教会大学初建时，依靠教会的拨款和捐款购置或者依靠不平等条约强占的土地，开办的医院、工厂、农场等作为教会学校的不动产，开始给予教会大学以经济回报，这些产业也为教会大学提供了一定数量的经费收入。

在向中国政府注册之后，教会大学的宗教功能大大削弱了，因而教会逐渐停止了拨款，教会大学的经费来源构成跟国人自办的私立大学一样形成了比较稳定的模式，即以捐款和学费为主，辅以租息、杂项收入和政府补助等多渠道资金来源。1931 年公私立大学经费来源及占比情况如表 3 - 1、表 3 - 2 所示。

---

① 来自教会的拨款和来自教会的经费是两个不同的概念。前者指列入学校常年预算，教会按期稳定拨付的款项；后者除拨款，还包括教会从国外个人或团体募捐得来的不稳定的款项。此前教会支付给教会大学的经费绝大部分是拨款形式的。

表 3 - 1   1931 年私立大学经费来源情况

单位：%

	学费	租费	捐款	杂项收入	政府补助	其他
大同大学	22.0	2.6	64.4	10.0		
大夏大学	51.9	0.9	34.9	0.3		12.0
中法大学	1.6	10.4	66.0			
光华大学	7.7		12.0	11.0		
武昌中华大学	13.1	8.3	70.4	0.7	7.5	
武昌华中大学	6.4	0.6	89.0	4.0		
南开大学	11.6	16.7	17.6	0.6	53.5	
厦门大学	30.0	2.0	61.0	7.0		
复旦大学	83.0		14.0	3.0		
广州大学	18.0	5.0		77.0		
广东国民大学	71.0	4.0	23.0	2.0		
金陵大学	9.1	17.1	16.2	6.5		
东吴大学	61.5	12.0	17.6	6.5		2.4
震旦大学	7.6	20.3	72.1			
燕京大学	10.9	22.9	66.2			
沪江大学	51.9	35.5		12.6		
岭南大学	9.5	8.6	56.1	3.4	22.3	
齐鲁大学	22.3	0.4	77.3			
辅仁大学	8.6	18.6	60.6	11.9		

注：原数据就有缺失。

资料来源：王炳照，1997：490～493。

表 3 - 2   1931 年公私立大学经费来源占比情况

单位：%

	政府补助	校产收入	捐款	学费	杂项收入
国立	81.66	0.62	14.48	2.56	0.87
省立	93.50	0.82	—	3.37	0.62
私立	7.11	13.40	41.16	22.28	16.05

资料来源：《第一次中国教育年鉴》（丙编·教育统计）。

（二）私立大学与公立大学经费来源之比较

虽然总体上说，私立大学的经费来源是以捐款和学费为主，但是各个大学的侧重点有所不同，根据表3-1，我们可以从经费来源上将私立大学分成以下几类：第一类是以学费为主要经费来源的，如大夏大学、复旦大学、广东国民大学、东吴大学、沪江大学；第二类是以捐款为主要经费来源的，如大同大学、中法大学、武昌中华大学、武昌华中大学、厦门大学、震旦大学、燕京大学、岭南大学、齐鲁大学、辅仁大学，这一类的大学数目最多；第三类是学费与捐款并重的，如光华大学、金陵大学；第四类是获得政府补助较多的，如南开大学。南开大学是一个特例，这是因其突出成绩及校长个人与政府人员的特殊关系而造成的。不管是哪种类型的私立大学，其经费来源上的共同特点是经费自筹，[①] 因而在经费管理和使用上享有绝对的自主权，从而可以使经费获得最佳的利用。

在此，有必要具体分析一下私立大学所得捐款的来源。第一个来源是校董事会成员的捐款。按照《私立学校规程》的规定，董事会担负选聘校长、经费筹划预算决算之审核，财务保管和监督等责任，但当时私立大学的董事会成员中有很多只是靠捐款挂个空名以博名声，并不参与学校任何事务，"校董名义也可以变相拍卖，只要谁捐的钱多，就可以送谁一个学校董事的称号"（陈平原，2002：137）。像大夏大学的吴稚晖、汪精卫、孙科、居正、孔祥熙，复旦大学的陈其美、王宠惠等校董，虽然给予学校捐款不少，但他们不可能具体关心学校事务。二是国外团体和个人的捐款，如洛克菲勒基金会、太平洋国际学会和赫尔基金就向中国多所私立大学提供过捐助，而私立大学校长们也经常到美国、南洋等地募集捐款。三是国内实业界爱国人士如陈嘉庚资助大夏大学几十年，李组绅、范旭东等资助南开大学，等等。不管捐款来源是什么，私立大学募得了经费后，就享有了对其的自由支配权，而不必受到外界势力的限制。

从所得经费的数量来看，政府管理的公立大学要比国人自办的私立大

---

① 南开大学所得的政府补助也是张伯苓四处游说才争取来的，并且以不放弃学校办学自主权为前提，可以说是捐款的特殊形式，对于那些有损学校自主权的经费，南开大学是从来不接受的。

学要多，但却少于教会大学（见表3-3）。经费数量上的多少固然对学校的发展很重要，但更关键的是对经费的自由支配问题。公立大学的经费绝大部分依赖政府支付，这样实际上公立大学的命脉就掌握在政府手中，只能接受政府对学校的控制，并经常因为政府拖欠教育经费而影响学校的正常教学科研秩序。私立大学则不会受到经费拖欠之苦。经费上的自主权使私立大学得以最有效地使用经费，处理对学校来说最急切的事项，如开设适应时需的新课程、开展富有特色的科研项目等。这对于私立大学按照原定的理念发展，保持连贯性和一致性是至关重要的。

表3-3　公私立大学生均经费比较

	校数（所）	学生数（人）	生均经费（元）
国立	30	10535	593.63
省立	48	9801	207.40
教会立	18	4020	1108.88
私立	29	10524	114.38
总计/平均	125	34880	2024.29

资料来源：中华教育改进社，1923。

第四章　私立大学发展的关键因素：
校长（教育家）的作用

一　各种教育思潮的兴起与教育家的出现

1840年鸦片战争后，中国就在外力的压迫下不得不与西方资本主义强国开始了不平等的交流，原有的社会发展秩序被强行打破。在与列强的军事交锋中，中国一败涂地，这从多方面暴露了晚清的中国与西方社会的巨大差距。如同一个有机体一样，当一个社会受到外力的重大侵害时，它总会激发其自身的生存本能，调动其自身的适应力和修复力以求自存之道。就中国而言，首先觉醒并承担起这一历史功能的是思想界的知识分子。目睹并亲历国家和民族饱受列强的欺凌，中国知识分子开始反思中国社会自身的不足，从科学技术、政治体制、经济制度以及文化传统等多方面审视中国与西方的差距所在，力图找出导致中国落后挨打的根源。在比较了西方各国的情况之后，他们得出一个重要结论，那就是中国的教育体制和教育模式不合时宜，从而导致整个民族各方面的素质皆不如列强，国之不强其缘由在于民之不强，由此得出一个救国图强的方案是"教育救国"，即要向西方学习，改革旧有的教育制度，兴办新式的学校，使学生"得以研究泰西高尚诸学术，由浅入深，行远自迩，内之以修国民之资格，外之以载成有用之人才"（马相伯语，见黄旭，2001：11），以期提高国民的素质，并进而提高国家的实力，"民强则国强"。于是他们纷纷提出了各种向西方教育制度学习的主张，形成了近代纷繁复杂的教育思潮。

梁启超曾指出中国向西方学习经历了三个时期："先从器物上感觉不足"，其次"是从制度上感觉不足"，最后"便是从文化根本上感觉不足"

（梁启超：1923）。中国近代教育思潮的发展大体上也是经历了这样三个层面上的阶段：在器物层面上，认识到我国的科学技术不如西方，主张学习西方先进的科学知识，于是有经世致用的教育思潮和洋务运动教育思潮的兴起；在制度层面上，开始认识到科学技术只不过是西方文化的"皮毛之学"，更重要的是要学习西方的政治体制和经济制度，于是便有变法维新教育思潮；在文化层面上，终于认识到不从根本上学习西方文化，对西方科学技术和制度的模仿就缺乏牢固的基础，不可能真正达到强国目的，于是有平民教育思潮、实用主义教育思潮、生产教育思潮、生活教育思潮等。尽管这些教育思潮在具体内容上有很大的差别，但是它们的核心精神是相同的，即要通过发展教育事业，提高国民的素质。

对近代私立大学的发展来说，影响最大的是第三个层面即文化层面上的教育思潮，许多主张和传播这些思潮的知识分子亲自创办私立大学或者受聘担任私立大学的校长，以实际的行动去实践他们的教育救国理想。在他们的努力下，近代中国出现了不少高质量的私立大学，他们自身也成了优秀的教育家，其中的杰出代表人物有：张伯苓（南开大学校长）、马相伯（震旦公学校长、复旦公学校长）、李登辉（复旦大学校长）、陈时（中华大学校长）、马君武（大夏大学校长）、钟荣光（岭南大学校长）、陈垣（辅仁大学校长）、陈裕光（金陵大学校长）、刘湛恩（沪江大学校长）、吴贻芳（金陵女子大学校长）、陆志伟（代燕京大学校长）、萨本栋（厦门大学校长）等。① 他们与这些私立大学一起，名垂中华教育史册。

二　近代私立大学校长个人素质上的共同特征

从以上介绍来看，我国近代私立大学的校长们在办学理念、家国情怀和个人素质方面具有以下共同特征。

第一，具有强烈的爱国精神，坚信发展教育事业可以提高全民族的素

---

① 中国近代史上还有很多的私立大学，但是其中也有不少是出于其他功利目的而创立的，有的历时不长，有的默默无闻，乏善可陈。它们的校长中也不乏沽名钓誉者，称不上教育家。而外国所办的教会大学前期皆是由外国人担任校长的，他们按照西方教会的意旨办事，除少数人如司徒雷登和卜舫济等，大多对学校贡献不大。

质，可以挽救中国危机并使之走上富强之路，并将教育作为自己一生的事业，鞠躬尽瘁，死而后已。其中最为突出的是张伯苓和陈时。张伯苓把一生都贡献给了南开大学，怀着把南开大学办成一个囊括各级教育的完整教育体系的宏愿，50余年如一日，无怨无悔无求，从不懈怠。陈时有着优越的家庭地位和丰厚的家产，且曾留学日本，前途无量，但是他却怀着教育救国的热忱说服了父母，选择了创办私立大学的清苦之路。他创立了近代史上国人自办的第一所私立大学——中华大学，并一直担任校长至新中国成立，为其贡献了一生的精力。

第二，他们中的大多数人都受过中国传统教育和新式教育，学识渊博，深知传统教育模式之弊与新式教育之利，因而痛下决心倡导新式教育，以取代不合时宜的旧式教育。他们文化素养高，通过在外国大学深造或考察，对西方大学教育理解深刻，熟知私立大学的管理和运行机制，力图将西式教育中国化，以适应中国的实际情况。这是当时担任一所私立大学校长所必须具备的前提条件之一。

第三，他们精通教书育人之道，摒弃旧式的迂腐教学法，引入西方的教学法或者自创别出一格的教学方法，以增强授课效果，深受学生欢迎。如张伯苓所创立的"修身课"就别具特色，此课是为对学生进行品德教育和爱国教育而设。在课堂上张伯苓不备讲稿，而是海阔天空地漫谈古今中外之事，"能将很深的道理，用简单的话加以说明。取譬引喻，使听讲的人，个个都能懂得、清楚"（郑致光，1989）。独具匠心的教学理念和别出心裁的教学方法，也是成为一位优秀教育家的重要素质。

第四，品德高洁，不慕荣利，持身正直，不畏权势。他们终生以发展教育事业为伴，起到了很强的示范作用。民国时期的校长，往往是一所私立大学的精神化身。

三　近代私立大学校长教育思想的主要内容

第一，必须保持学校的独立性。教育要独立，"威武不能屈"，不附权贵；教育不能受经济条件的限制，办学要坚持"贫贱不能移"的信念；教育作为建设社会的一个独立成分，其服务的对象只应该是国家和民族而不是其他。因而，在政府当局以高官厚禄为饵妄图将一些私立大学改为公立时，他们不为所动；对于那些以损害学校主权为条件的经费资助，即便学校经济状况再糟糕，也要咬牙坚持而绝不受"嗟来之食"。

第二，教育的根本目的是为国家培养治国人才和建设人才，以期达到教育救国的目标。教育要切合中国的实际需要，不能盲目照搬西方的模式，要寻求有中国特色的办学之路。必须培养学生的爱国主义情怀，求"自主之学"而不是"奴隶之学。"

第三，教育不仅仅要开发学生的智力，更要提高学生的道德水平；既要让学生掌握"经世济用"的各种科学文化知识，也要陶冶学生的高尚品格，即对"教"与"育"要同样重视。

第四，提倡自主，要求学生养成独立性和独立思考的能力，而不能只是被动地接受已有知识却缺乏判断力和创造力。提倡学术独立和思想自由，不能因政治原因而限制教师和学生的思想。发扬民主，倡导学生和教师积极参与学校事务的管理，鼓励学生的自治行动。

第五，要理论与实践并重，学生不应该只埋头于书堆做"书虫"，而一定要在实际操作中掌握并加深对所学理论知识的理解，求"真的知识""活的知识"。这样培养出来的学生才能更好地满足社会的需求，而不是"论言安计，动引圣人，临机决断，百无一能"的迂生。

第六，注重完善学校图书仪器设备设施，聘请优秀教师，唯才是举，重德才而不重资历，并尽量为教师提供优越的生活、教学和研究环境，以提高学校的教学与科研水平。

四 校长作用的具体表现

校长是私立大学发展中的关键人物，一个校长的办学理念与能力，往往决定了一所私立大学的发展轨迹和其办学特色。私立大学的创办过程、学风建设、教师聘请、培养目标、管理、课程设置、研究机构设置等各方面，都处处透露出校长的个人痕迹。具体而言，校长对私立大学的巨大影响作用主要体现在以下方面。

（一）在校风建设上

校风，是一所学校"全体师生经过共同努力，在长期教育管理中逐步形成的相对稳定的精神状态和思想作风"（顾明远，1990：142）。良好的校风可以弥补课堂教育的不足，加强学校凝聚力，帮助学生形成积极的价值观、人生观，养成良好的行为规范，促进学校发展，提高其知名度。近代中国私立大学的校风建设是与校长个人作风和教育理念密切相关的，他们"把自己的办学意志、办学理念注入学校的培养目标、校训、校歌中，注入其日常工作和师生生活中，刻意地创造一种文化环境，管理教学风格，使其成为一种教育力量，把学生培养成自己心目中的理想人才"（王炳照，1997：495）。在南开大学校风的几项主要内容中，"允公允能"校训，乃是张伯苓除中国"愚""弱""贫""散""私"五病，造就"通力合作""互相扶持""活泼勤奋""自治治人"的人才这一理念的缩影；培养爱国精神和倡导合作精神，乃是张伯苓开创"修身课"、建立升旗制度、开展社会调查活动、鼓励学生组织各种团体之目的所在；重视体育，乃是张伯苓在北洋水师读书时比较中英水兵后得出的"强国必先强种，强种必先强身"这一观点之反映；培养学生的文明习惯、训练学生道德品质，更是张伯苓自身的品行写照。又如燕京大学，"因真理得自由以服务"（Freedom through Truth for Service）这一校训乃源自司徒雷登所信奉的西方基督教精神；建筑美丽的校园，是司徒雷登"帮助学生对这所学校有爱慕之情，并增强他们的国际理想"这一思想的实践方式之一；用基督教生活方式影响感化学生，是司徒雷登将自身所奉行的生活方式植入了燕京大学；信仰自由、作风民主，是司徒雷登所极力倡导的；以中国为根基、具有世界主义氛围，更是司徒雷登这一"融合东西文化精华、更加宽容、更具有国际性的知识分子"的远见。

（二）在学校管理上

校长对学校管理的突出作用表现在其知人善用这一点上。单凭校长一个人，其本事再大，精力再多，也不可能事必躬亲，事无大小均予过问，而必须依靠具体负责各项具体事务的行政管理人员。优秀的校长，其高明之处就在于善于发现并大胆任用杰出的行政管理人才，在他们的帮助下，校长可以不用多分神去关注这些烦琐的事务，而能抽身出来将时间与精力用在学校发展的大计之上。张伯苓就是这方面的一个典型例子，他的用人为世人所称道。南开大学的四个台柱式人物伉乃如、华午晴、孟琴襄、俞传鉴皆为张伯苓慧眼所识。俞传鉴为人和善、办事认真，但拙于辞令，教务工作由他担任再合适不过，"凡是在南开读过书的人，都感到俞老师是体现南开精神的典范人物"（郑致光，1989：74）。孟琴襄办事有板有眼、能勤能俭，南开的后勤工作正是在这位事务主任的领导下，很好地保障了全校的教学生活。华午晴在学校不担任任何官衔，而学校财物、校舍修建都由他经手，南开行政廉洁、高效之风，与其作风、操守是分不开的。校长秘书伉乃如"足智多谋，深于世故"，学校许多发展、外事、用人都是由他出的主意。这四人在南开工作几十年，为南开的发展贡献了自己的才智。张伯苓还大胆任用学生做其秘书，做过部长的郑道儒、做过大使的段茂澜以及周恩来总理就是他引以为豪的三个学生秘书。

（三）在经费筹措上

私立大学经费自筹，主要的经费来源有二：社会各界捐款和学杂费收入。对大多数私立大学而言，捐款是最主要、数量最大的一笔收入来源，在学校总经费中占的比重最高。捐款的来源不外是官僚政客、实业界人士和社会名流，以及外国的一些教会或者教育基金。而校长强大的社会活动能力是私立大学经费的重要保证。当时中国社会中，官僚政客为博清誉往往不惜千金，具有爱国精神、愿意为发展中国教育事业慷慨解囊的商界人士和社会名流以及爱国华侨也不乏其人，而且美国的一些世俗机构和教育基金也有不少援助在华教育事业的专门款项。但是如果没有人去奔走游说，募取捐款，钱是不会自动落到私立大学的头上的。在近代中国私立大学的发展历程中，时时可见校长们四处奔走筹集经费的忙碌身影，募取捐款"似乎是校长的特别职责"（卢茨，1987：51）。如为了筹集开办南开大学所需要的经费，张伯苓从北到南，不辞劳苦，分别见了北洋政府总统徐世昌、前总统黎元洪，交通银行董事长梁士诒，山西祥记公司总经理孔祥熙，山西督军兼省长阎锡山，川粤湘赣四省经略使曹锟，江苏督军李纯等人，解决了开办经费问题；在1920年南开经费难以维持时，张伯苓又再次南下，河南省六河沟煤矿董事长李组绅答应从1921年起每年捐助3万元，而且李纯遗嘱中提到以其家产 1/4 捐南开大学作永久基金；1929 年他又亲赴美国募捐，收获颇丰。司徒雷登为了筹办燕京大学经费，先后拜访了段祺瑞、张作霖、孙传芳、孔祥熙、虞洽卿等人，自 1912 年起更是连续十次赴美募捐。圣约翰大学校长卜舫济为经费问题也是经常奔波于中美之间，据说他"每次去美国都能带回一笔建造一座新楼所需的资金"（卢茨，1987：51）。李登辉为了复旦大学的经费问题也曾多次下南洋募取资金，募捐得款约 35 万元，并得到南洋兄弟烟草公司郭子彬、黄弈柱等各捐校舍一座（全国政协文史和学习委员会，2011）。

（四）在教师聘任上

首先，校长是否有意识、有胆量、有眼光，是学校能否请到高质量教师的一个重要因素；其次，校长是否有风度、有气量，是能否留住优秀教师的重要因素。司徒雷登和张伯苓堪为楷模。

前期的燕京大学，外籍教员占了绝大多数且质量不高，而且中国教员与外国教员的待遇水平相差很大。司徒雷登接掌燕京大学后，充分认识到这一状况不利于学校的发展，他提出"让中国人在教学、行政、宗教、财务和其他部门中发挥日益增多的作用，办学校最终办成为一所中国大学"（顾长声，1985），并于 1929 年主持制定了《燕京大学中国教职员待遇细则》，规定中国教授与外籍教授享有同等待遇，靠"高薪"、"学术自由"和"稳定性"吸引了众多的中国优秀教师加入燕京大学，到 1937 年中国教师占了 169 名教师中的 75.8%（谭双泉，1995：69）。凭借其雄厚的经济基础，燕京大学聘请了一批著名学者组成了强大的师资队伍，他们中既有学成归国的洋博士、洋硕士，也有国内享有盛名的中国学者。此外，司徒雷登还从美国聘请了一些教授来校执教或进行短期讲学。这些优秀教师的加入使燕大的教学与研究实力大大增强，到 20 世纪 30 年代成了中国最著名的教会大学，其毕业生可以直接进入美国大学的研究生院。学校良好的名声使燕京大学在争取优秀教师方面更具有优势。

与燕京大学依靠优厚的待遇吸引人才的做法不同，张伯苓认为南开大学在声望、规模、待遇不如其他教会大学和国立大学，因而应该注重培育新进，大胆聘请青年学者，为他们创造适宜的教研环境，提供广阔的发展空间，使他们在学术上取得成就。与其他国立、省立以及教会大学相比，南开大学的教职员薪金要低得多，如抗战前清华大学教授月薪在 350 元以上，而南开大学教授大多月薪为 180～300 元，但是南开大学学风朴实、勤奋，而且较少受时政的干扰，与国立大学欠薪严重的情况相反，不管经费如何困难，绝不拖欠教员薪金，这对教师有很大吸引力。另外，校长张伯苓不自私、不虚伪、不腐化，以诚待人，以勤俭律己，而且懂得教师的心理，善于养贤用贤，努力为教师创造适宜的学术环境和生活环境。受感于此，20 世纪二三十年代大批优秀学者来南开任教，不顾待遇低微、生活清苦，努力从事教学和研究工作，其中如姜立夫、邱宗岳等皆数十年在南开服务。南开在师资建设上的这一远见卓识，造就了不少优秀人才，如著名物理学家吴大猷、经济学家何谦就是在南开大学取得他们卓越的学术成就的。

五　总结：校长在私立大学发展中的角色

从近代私立大学的发展历史来看，强有力的校长，是私立大学发展的支柱。通过对近代私立大学校长的分析，我们可以尝试对他们的角色进行定位。克拉克·科尔曾对大学校长做过精彩的描述："既坚定又不失礼貌，对别人敏锐，对自己迟钝；既看到过去又能展望未来，但却牢牢地把根扎在现在；既富于幻想又不失稳重；既和蔼可亲又深思熟虑；既能承认金钱的价值，又深知思想无法用钱买到；既有能力幻想又谨慎从事；既是一个有原则的人又能大胆作为；既有广阔的视野又能有意识地寻根问底；既是一个善良的人又毫不畏惧地批判现状；既是一位真理的追求者又能维护真理的完整性；当政府的政策尚未反映到学校时，他就是这些政策的传播者；他在民主社会是个边缘人物，又置于整个过程的中心"。（肖海涛，2001：134）这样的要求未免有点儿理想化，但是从中国近代私立大学校长们的身上，我们多少能看出以下这些痕迹。

首先，校长是名副其实的教育思想家，具备独特而又坚定的教育信念，熟识高等教育发展的规律，并结合"天时地利人和"，形成有利于本校发展的正确信念和清晰目标，确立一个最终的远景。这些成功的校长，从表面上看，似乎已经远离了教育，但在实质上，他们心中始终明镜高悬，洞知学校目前处于什么状态、方向是什么、达到目标的可能途径是什么；他们能让那些看似与教育无直接关系的事务，最终都能服从与服务于他心中的信念和目标，而不至于因内外部力量的冲击而左右摇摆、趑趄不前，也不至于陷入繁杂的事务而不能自拔。

其次，校长具备突出的组织能力和协调能力，从心理机制来说，是一种综合认知和判断能力。当校内改建实验室、购买新仪器、增加图书资料、增加管理人员之类的申请纷沓而至时，他们能够做出轻重缓急的合理判断，并责成有关职能机构讨论实施。

再次，校长具备突出的社会活动与公共关系能力。他们与社会各界打交道，争取支持和资助。他们能成为同国外基金会和本国政府机构打交道的精明的谈判人，工业、劳动及农业界的朋友，同捐款人进行交涉富有辩才的外交家，教育的优胜者，各专门行业的支持者，等等。

此外，校长个人的道德品质、性格特征等，也是不可忽视的重要因素。成功的校长，其身上总带有无可比拟的人格魅力。

第五章　私立大学的进一步发展与消亡

一　十年稳定发展

1927 年，南京国民政府正式成立，次年张学良在东北"改旗易帜"，宣布服从南京国民政府的领导，国民党在形式上完成了中国的统一，结束了军阀混战的局面。为了巩固其政权，国民党采取了统一财政、争取关税自主、币制改革等一系列财政政策和措施，建立官僚垄断资本金融体系，并制定了许多发展国民经济的政策和措施，为资本主义发展开辟了道路。

从 1927 年到 1937 年日本发动全面侵华战争之间的十余年内，中国社会处于相对平稳的状态，各项建设事业都获得了很大的发展，中国经济增长特别是资本主义工业经济发展很快，在 1937 年上半年达到了近代时期的最高峰。从 1920 年到 1936 年，产业资本总值从 257929 万元增加到 999059 万元，增长了近 3 倍，年均增长率达 8.83%（见表 2 - 5），工业总产值增长了 79.1%，非农产值在总产值中的比例从 36.2% 提升到 43.6%（许涤新、吴承明，1993：739）。而民族资本经营的工矿企业从 1928 年到 1934 年又新增了 734 家（见表 2 - 6）。从各个产业部门的具体情况来看，棉纺织业自 1922 年开始复苏，但在 20 世纪 30 年代受农村经济危机的影响重入低迷状态，直到 1935 年再次回升，在此后几年内达到近代历史的最高峰。化学工业发展最快，十年间增长了 11 倍多，到 1937 年时化工企业已有 20 多家；在 20 世纪 30 年代有兵工、炼钢、化工、造船、飞机等军事工业 36 家；铁路平均每年修筑 1300 多公里，是清末年均筑路长度的两倍多；公路由 29127 公里发展到 4.5 万公里；1936 年邮电局/所已有 12619 处，职工将近三万人；等等（剧锦文，2000：117 ~ 127）。经济的发展为教育事业的发展提供了很好的经济基础，而且教育部也切实加强了对私立学校的管理与监督，因而在这十年中，虽然私立大学的数量比前一时期大大减少，但是排除了私立大学队伍里的滥竽充数的劣质成员，在总体上私立大学的学校规模增大，科研水平、学校规模、教学质量等都有了很大提高，私立大学的发展也进入了近代史上的鼎盛时期。

南京国民政府成立后，教育主管部门真正担负起对私立大学的监督、管理、指导之责，其具体表现之一是对开办私立大学的经费和设备确立了明确的标准，之二是制定了较为完善的私立学校管理规程并严格加以实施，之三是切实取缔了一批名不符实的私立大学或将之降格为独立学院。

大学院于 1927 年 12 月 20 日公布《私立大学及专门学校立案条例》，要求私立大学及专门学校向大学院立案。随后又公布了《大学组织法》（1929 年 7 月）和《大学规程》（1929 年 8 月），严格规定大学设立标准，对合格者予以立案，否则不得立案；对已经立案复检不合格者，取消立案，整顿私立大学。《大学组织法》规定："第三条，由私人或私法人设立者为私立大学"；"第五条，凡具备三学院以上者，始得称为大学，不合上项条件者，为独立学院，得分两科"；"第二十四条，私立大学或私立学院董事会之组织及职权，由教育部定之"（中央教育科学研究所教育史研究室，1990）。《大学规程》规定："第三条，大学或独立学院入学资格，须曾在公立或已立案之私立高级中学或同等学校毕业，经入学试验合格者"；"第四条，大学或独立学院转学资格，须学科程度相同，有原校修业证明书，于学年或学期开始以前经试验合格者，但未立案之私立大学或独立学院学生，不得转学于公立或已立案之私立大学或独立学院"；"第十条，大学各学院或独立学院各科开办费及每年经费之最低限度（开办费包含建筑费、设备费等）暂定如下"（见表 5-1）。

表 5-1　大学组织法规定私立大学之开办费及每年经费

单位：元

	医学院	商学院	工学院	农学院	教育学院	法学院	理学院	文学院
开办费	200000	100000	300000	150000	100000	100000	200000	100000
每年经费	150000	80000	200000	150000	80000	80000	150000	80000

资料来源：吴相湘、刘绍唐，1971。

这些规程中的任何条文都适用于私立大学或独立学院，它明确了私立大学或独立学院的设立标准，在经费的储备上有章可循，使借办学敛财者再无空可钻。此后教育部还颁布了《私立学校规程》五章节三十八条，并相继在1933年、1943年和1947年进行了3次修订，形成了我国近代教育史上较为完善的私立学校管理规程，对私立学校的内涵、教育主管部门对私立学校的管理权限、私立学校董事会的组成及职权范围等都做了详细的规定，厘清了教育主管部门和私立学校之间的关系，加强了对私立学校的监督管理，为保证私立学校质量、促进其健康发展创造了法律条件。

在实际中，这些法规在全国范围内得到了比较严格的实施。私立学校规程公布后，教育部就要求所有的私立学校限期立案，并严格审定立案学校，对不合格者严加取缔。到1930年已准立案的国人开办的私立大学有：厦门大学、大同大学、复旦大学、中国公学、光华大学、南开大学等。从1927年到1931年，除圣约翰大学之外，教会大学先后向中国政府注册立案，学校校长、董事长大都改为由中国人担任（见表5-2）。同时，勒令停办了一批私立大学，如1930年国民政府教育部令私立上海艺术大学、新民大学、建设大学、华国大学、光明大学、文法学院、上海东亚大学等一批学校停办，理由分别是办理不合规程、编制不合理、设备简陋等。① 此外，还有许多大学被降格为独立学院，如朝阳大学、北洋大学、华北大学、国民大学、福建协和大学等。之江大学、金陵女子大学、华西协和大学、湘雅医科大学等在向政府注册时因不符合条件而被改为学院（见表5-2）。对未经立案仍然继续开办的私立大学也制定了相应的惩罚措施，如规定未立案的私立大学，其毕业生不得与已立案的学校毕业生享受同等待遇，未立案私立大学预科学生不得参加已立案大学的入学考试，未立案大学不得继续招生，等等。如1929年5月国民政府布告称："未经教育部准设及立案之私立学校……其毕业生不得与合法学校之学生受同等待遇。"② 同年暑假，教育部在严格取缔私立学校的一项令中说："各私立大学举行入学考试时，查验投考者之毕业证书，如遇未立案大学预科及高级中学毕业证书

① 参见《教育部公告》第2卷第8、9、10期。
② 参见《教育部公报》第1年第6期。

及无证书者，得勒令其停止考试。"① 不仅如此，对已入学的新生，遇以上情形的，都责令其退学。1930年6月，教育部通令各省教育厅、各市教育局，凡私立学校未经呈请教育部立案者，秋季开学时一律禁止招生。② 同年，各省也纷纷制定了与此相应的章程。这些措施确实迫使私立大学加速立案，提高质量，有实力的私立大学都纷纷向政府立案，而未立案的学校因缺乏法律上的合法地位，招生困难，逐渐被淘汰掉了。

表5-2　教会大学注册时间、校长姓名一览

校名	注册时间	校长	校名	注册时间	校长
金陵大学	1928年9月	陈裕光	武昌华中大学	1931年12月	韦卓民
东吴大学	1929年7月	杨永清	华西协和学院	1933年9月	张凌高
沪江大学	1929年3月	刘湛恩	金陵女子文理学院	1930年12月	吴贻芳
震旦大学	1931年12月	胡文耀	天津工商学院	1933年8月	华南圭
燕京大学	1929年6月	吴雷川	之江文理学院	1931年7月	李培恩
辅仁大学	1931年6月	陈垣	华南女子文理院	1933年11月	王世静
齐鲁大学	1931年12月	刘世传	福建协和学院	1931年11月	林景润
岭南大学	1930年7月	钟荣光	湘雅医学院	1931年12月	伍光宇

资料来源：金以林，2000：121。

这样，一方面，政府在整顿；另一方面，由于教育领域自身的竞争，质量低劣的私立大学往往因人员及经费原因自动关闭，滥设私立大学的势头被止住，到1931年全国共有注册立案的私立大学19所，此后其数量稳定在19~21所。自此，我国近代对私立学校的管理走上了科学化、规范化的道路。在全面抗战前的十年中，私立大学取得了稳定的发展，质量大大提高，其主要表现，下文另有论述，这里只对学生数量进行分析。从表5-3来看，私立大学的学生在全国大学学生总数中的比例不断上升，1933年和1934年的占比均超过42%。从学生规模上说，私立大学已经具备了与公立大学分庭抗礼的实力。这几年里，国立大学的学生数一直在呈减少状态，1934年的学生数比1931年下降了约10个百分点，虽然省立大学的学生数

---

① 参见《中华教育界》第18卷第6期。
② 参见《中华教育界》第18卷第6期。

略有增加，但总体上公立大学的学生是减少了。而同期私立大学的学生人数却不断增加，增加了 28.4%。从表 5 - 2 可以看到，到 1931 年，除了圣约翰大学（它是 1947 年注册的）之外的教会大学都已经完成了注册，此后注册的都被降格为学院，它们的学生数是不包括在表 5 - 3 之中的。也就是说，这几年内私立大学学生数的增加并不是由原有的私立大学向政府注册，从而将原有未注册大学学生数量统计进来而引起的。这反映出在经济稳定发展的社会环境下，如果政府不采取限制的政策，在法律上赋予私立大学与公立大学平等的地位，其毕业生与公立大学毕业生享受同样待遇的话，私立大学凭其自身的优势，完全有能力与公立大学相竞争，为国家的教育事业做出巨大的贡献。

表 5 - 3 1931～1934 年公私立大学学生增长对照

单位：人，%

大学类型		1931 年		1932 年		1933 年		1934 年	
		学生数	所占比例	学生数	所占比例	学生数	所占比例	学生数	所占比例
公立	国立	13173	48.6	12863	48.1	12062	43.9	11970	41.9
	省立	4458	16.5	3796	14.2	3685	13.4	4476	15.7
私立		9465	34.9	10060	37.7	11737	42.7	12153	42.4

资料来源：教育部教育年鉴编纂委员会，1948。

二 私立大学质量提高的几点表现

从整体上看，中国近代私立大学得以生存和发展的首要条件是资本主义经济的发展需要大量的非农劳动的高等人才，而除了公立大学，私立大学也在满足社会的人才需要，所以，在近代中国资本主义经济发展的大环境下，私立大学的存在有着一定的客观必然性。政府对其采取鼓励性的法规政策取向，确立了私立大学制度上的合法性。但是，这些并不能保证单个私立大学能够在与公立大学和其他私立大学的激烈竞争中立于不败之地，它必须提高自身的质量，向社会公众展现自己的优秀与独特之处，赢得足够的社会认同，从而吸引更有资质的学生、更为出色的教师，筹得滚滚财源，让其毕业生在就业市场上成为"抢手货"，形成良性的循环，只有这样才能走上健康发展之路。就近代中国私立大学而言，所谓高质量除了指好的师资、完善的图书仪器设备、严谨的校风、严格的校规校纪等，更为根本的一点是将为中国社会服务这一理念植入学校之中。近代中国私立大学为中国社会服务具体表现在以下几点。

（一）培养高质量的毕业生

要论中国近代私立大学中的佼佼者，在教会大学中首推燕京大学与金陵大学，在国人所立私立大学中则非南开大学莫属。从美国和英国大学对这三所大学毕业生的承认程度，就可以看出其毕业生水平之高："1928 年，美国加州大学对亚洲高等学校的学术水平进行调查统计，……燕京大学和金陵大学被列入甲级，其毕业生有资格直接进入美国大学的研究生院。"（谭双泉，1995：75）"二三十年代，南开大学毕业生的学习成绩单，即被美国、英国的大学承认，准予攻读高级学位。"（南开大学校史编写组，1989：175）美、英两国的大学已经有数百年的历史，至 20 世纪二三十年代，其水平自不待言，能与它们的毕业生平起平坐，只有十几二十年历史的南开大学、燕京大学、金陵大学之毕业生，其质量之高，也就不言自明了，而同期中国的公立大学中没有一个学校的毕业生能享有此等待遇。

翻开中国近代历史名人花名册，我们可以从另一方面窥见私立大学学生的质量。周恩来、章之汶、孙文郁、王绶、魏景超、郝钦铭、唐启宇、戴松恩、杨显东、张德兹、路家声、东方训、李卓皓、王应睐、陈裕光、陶行知、齐思和、聂崇岐、蒙元史、翁仲健、柯象峰、吴文藻、费孝通、谢冰心、吴阶平……如果需要，这样的名单还可以列出很多。而在 20 世纪二三十年代中国私立大学的校园里，曾留下了这些蜚声中外的专家、学者、名人孜孜求学的足迹。在 1925 年和 1936 年两次出版的《中国人名录》[①] 中，"1925 年所列的人名中几乎有 12%，而 1936 年则有 16% 的人上过教会大学"（卢茨，1987：475）。

至于保证毕业生质量的措施，公立和私立大学之间并没有什么不同，不外是完善学校图书仪器设备、招生时保证新生质量、提高师资水平、严

---

① 该书列举中国领导人或对中国做出过重大贡献的人。

格要求学生的学业、增加学生的实践机会等。关键的问题是能否真正地贯彻落实这些措施，这又和学校拥有的办学自主权紧密相联，同时，与校长的办学理念也有很大关系。

（二）职业化和平民化教育取向

从现实的角度出发，教育的基本功能应该是为受教育者提供谋取个人生存的手段。但是在中国传统的教育理念里，教育的目标是要为政府提供辅助其政治统治的官员，所谓"学而优则仕"，读书是通向做官的途径，教育内容里是不包括职业训练的。这是因为受教育的人在封建社会里是极少的，这些人在社会中享有特殊的地位，即使没有什么谋生之术，他们也大多无生存之忧。这样的理念在中华民国建立后也没有被消除掉。但是随着中国向现代工业社会的转变，受教育逐渐成了广大民众的权利，而且随着民主思想的传播和非农就业机会的增加，广大民众迫切渴望获得更多的职业教育以适应新的劳动方式。可是在 20 世纪 30 年代以前，许多私立大学特别是教会大学都存在贵族化的倾向，将普通劳动人民拒之门外。如燕京大学在 20 年代末每年学费为 80 元，而最好的国立大学北大和清华每年学费仅为 20 元，因而"燕京大学 60% 以上的学生来自工商军政或其它专业人员家庭，而出身工农等劳动人民家庭的学生不到学生总数的十分之一"（史静寰，1991：184）。这种贵族化的倾向与当时教育普及、广大劳动人民渴望接受教育的趋势是相违背的，不利于私立大学的发展。许多私立大学逐渐认识到这一点，纷纷采取措施予以弥补，如开设更多的以职业为取向的课程、开办职业培训班、设立奖学金制度和勤工俭学制度以帮助贫困学生，加强学校的平民化倾向以提高学校在社会上的认同度。最为突出的一个例子就是上海的沪江大学。

与其他教会大学一样，早期的沪江大学也是以传播宗教思想为根本目标的，自 1929 年注册立案后，开始将目标转向以传授职业知识和技能为导向的专业教育。刘湛恩在掌校之后，将职业化的概念加以扩展，提出要针对中国现代工商业落后的实际，着重于现代创业精神的培养，要让学生养成"自己经营与组织的能力，以能够利用小资本，集合同志共组小厂经营之，从小做起渐谋发展"（刘湛恩：1927）。沪江大学因而努力进一步发展职业化的应用性专业教育，其目标是"培养自食其力的自由职业者，这些学校（私立学校）生存空间的扩展就取决于由这种自由职业者构成的市民社会的扩展"（王立诚，2001：206），平民化、职业化教育取向更为明显。

职业化取向主要体现在各科系的发展方向上：生物系培养方案从主要为医科和农科提供生物学基础教育转向提供公共卫生方面和工业生物学方面的训练，力图在上海尝试生物学在社会中的直接运用；物理系把重点放在应用电学上，目标是要把物理学与工业的发展紧密结合起来；化学系把目光放在上海这一城市的社会需要上，要求学生具备一离校就能在工厂工作的能力；英文系开设新闻学课程，培养新闻编辑、记者等近代报刊及其他新闻媒体发展所必需的职业者；政治与历史系则把"为学生在省市地方政府供职做准备"定为培养目标；商学院增设高级会计学、银行会计学、成本会计学等在上海这个地方更为实用的职业课程；等等。平民化取向除了积极为清寒学生募集奖学金、推行勤工俭学、增加免费生名额之外，最卓有成效的是开办城中区商学院。这个商学院的服务对象有：企业的董事、经理和会计等，来校进修特别的科目；店员、低级职员之类从事普通工作的人，为他们提供上进和升职的机会；从中学直接进入商界的青年，为他们获得大学或大专教育提供机会；文科大学的毕业生，来补充在学术课程中没有的商科专业知识。

沪江大学的职业化教育为上海直接提供了大量专业人才，平民化教育为上海上、中、下层人士提供了他们需要的教育服务，因而它得以同上海社会各界打成一片、融为一体，营造了良好的社会氛围。这对于沪江大学能发展成为上海名列前茅的大学起了极大的作用。

（三）针对中国现实问题开展科研项目，为社会提供直接服务

衡量一所私立大学发展水平的一个重要方面，是它与社会的融合程度，优秀的私立大学总是能与社会各界保持密切的联系，知道社会需要什么，而自身能为社会做什么。要提高与社会的融合程度，除了上面所说的采取职业化、平民化教育取向，另一个重要的手段就是面对社会的现实问题展开科研工作，深入社会为其提供直接的服务。

南开大学的三个专门研究机构可作为一个很好的例子。第一个是1927年10月成立的东北研究会，它是张伯苓路经东北时目睹"日人经营满蒙之精进与野心"后大受震动，认为"国人欲与之抗衡，必先明了其经营之

内幕不可"而建立的。此会的研究内容主要是东北的铁路、海港、移民和人民教育问题，以及日本对中国侵略的现实，以期让国人更好地了解东北，关心东北问题。第二个是经济研究所，该所对社会现实问题开展的研究有：对天津纺织业、针织业、面粉业及水泥工业的调查，对河北省高阳县、宝坻县手工业的调查，对山东移民原籍之农业经济的调查，对四川省稻米产销的调查，等等，其意在于研究经济因素、社会因素的相互关系与影响。与社会最直接结合的是应用化学研究所，它接受社会委托，代为解决企业生产出现的所急所难的现实问题，直接服务于社会，如为桅灯厂研制手电灯反光镜，为制蛋厂改进制蛋质量，为达仁堂药店研究蜂蜜脱臭，为《大公报》研制合金铅字等（南开大学校史编写组，1989）。

另一例子是教会大学为中国农村建设所做的贡献。它们是通过两种形式帮助中国的农村建设的：一是建立或管理研究所进行科研活动；二是直接深入农村，提供教育和技术服务。前者如金陵大学曾为政府经管国立农业研究所，从事农作物品种改良研究；岭南大学着力于无病蚕卵的研究；华西协和大学进行畜牧和植物栽培的研究；齐鲁大学建立齐鲁农村研究所，进行家禽生产方面的研究；还有，由南开大学、燕京大学、清华大学、金陵大学等共同经管的华北农村建设委员会；等等。后者如金陵大学曾"开设有为期限两年的合作社管理人员与农业人员的进修班"，"开展各种各样的活动，包括组织一个毛织中心，为由于丝业衰退而失业的工人提供就业机会，……给农民分配免疫蚕种，……鼓励农民自己种植水果和蔬菜"；齐鲁农村研究所"研究人员深入农村，同农民一起在土地上耕种"，其医学院在农村"开设诊所、接生站"；等等（卢茨，1987：268～279）。

三　日本全面侵华及内战的破坏和私立大学的衰退与消亡

1937 年日本发动了全面侵华战争，中国的教育事业也随之遭受了无情的摧残。战前中国的大学无论公立、私立还是教会主办的大学大多分布在易受日军攻击的东南沿海和北平、天津等几个主要城市。日本军队在进行军事进攻的同时，也有计划和系统性地对我国的高等院校和文化机构进行狂轰滥炸，公立、私立大学都遭受了严重的损失。北京大学、清华大学被日军占领，充作兵营、马厩和伤兵医院，南开大学的整个校园几乎被日军炮火夷为平地，同济大学、光华大学全部被炸毁，复旦大学、大同大学、沪江大学也大部分毁于日军的炮火之中，大夏大学、复旦大学、东吴大学、之江大学、金陵大学、金陵女子学院、圣约翰大学（此时还没有向政府注册）等为躲避战火，被迫将全部或大部分院系迁入了租界之内。中国的所有公立、私立大学都遭受了前所未有的浩劫，正常的教学科研秩序被打断，其损失之大令人痛心。"抗战爆发前，全国各大学共有教师 7560人，职工 4290 人，在校生 41900 余人。战争爆发后，受战乱影响的教工有 2000 多人，学生则多达 20000 余人。至于战火所造成的财产损失，包括校舍、图书仪器、教学设备等即达 3360 余万元的惊人数额。"（金以林，2000：229）

然而，不甘做亡国奴的广大爱国师生为保存我国民族教育之国脉，在日军的炮火之下同仇敌忾，共赴国难，纷纷辗转内迁至西南、西北大后方，继续维持着我国的高等教育事业。从 1937 年 8 月到 1939 年初，除避入租界的部分大学，其余大多数大学或迁往西南、西北，或迁入附近山区暂时维持。迁入长沙的北京大学、清华大学和南开大学组成了国立长沙临时大学，并在一个学期后迁至昆明，正式更名为国立西南联合大学。迁入西安的北平大学、北平师范大学和北洋工学院组成了西安临时大学，随后向陕甘一带转移，并改名为国立西北联合大学。1941 年 12 月太平洋战争爆发后局势进一步恶化，原先避入租界的教会大学和私立大学也被迫向西南大后方迁移，金陵大学、齐鲁大学、燕京大学、金陵女子文理学院迁入成都，借用华西协和大学校舍安身；同济大学、光华大学、朝阳大学也迁入了成都，大夏大学、湘雅医学院则迁入了贵阳……这些大学在西南后方继续维持着生存。与公立大学相比，私立大学受到战乱的影响更大，从私立大学学生数在全国大学生数中的比例来看，1936 年占 49.4% 强，战争爆发之后比例持续下降，到 1946 年下降到了 31.4%（熊明安，1990：394），私立大学的地位已经大大下降了。

1945 年 8 月抗战争胜利后，内迁至西南、西北大后方的各校陆续回迁恢复，但是私立大学下滑的趋势并没有改变，随后国民党政府又挑起了国共内战，国内政治局势不稳定，经济更是每况愈下，币值狂贬，国人自办的私立大学筹集经费极为困难。随着私立大学当中实力最强的南开大学和复旦大学相继因经费问题被迫改为国立，私立大学无力再与公立大学相抗衡。而由于国民党政府与美国政府关系的恶化，教会大学也逐渐失去了美国方面的资金支持，再也无突出建树。中国的私立大学发展已经到了日薄西山的境地。

1949 年后中国人民终于挣脱了半殖民地半封建的枷锁，取得了真正的独立。中华人民共和国成立后，人民政府将所有教育事业收归国家管理。到 1952 年，国内所有的私立大学或者被并入其他学校，或者与其他学校联合组成新的大学，中国的私立大学暂时结束了它们的历史。

第六章　结论与讨论

一　本研究的结论

从清末到中华人民共和国成立，中国的私立大学经历了一个产生、发展和消亡的完整过程，其兴衰恰恰反映了我国近现代进程在半殖民地半封建社会所经历的艰难历程。它们更贴近现实生活、现实社会，更能反映中国近现代社会复杂多变的政治环境、社会要求和大众心理。私立大学之所以能在近代中国产生并逐渐发展繁荣，主要的影响因素有以下几个。

第一，工业化经济的发展是私立大学得以生存发展的客观条件。从鸦片战争之后开始，中国便开始了工业化的进程，除了外国资本势力在华的迅速扩张，中国原有的资本主义因素也受到刺激而迅速发展起来。从洋务运动开始，不管其资本是由西方列强、政府官僚还是由民族资产阶级所提供，从客观上看，中国的工矿企业从无到有并逐渐增大规模，大大扩展了国内对新型工业劳动力的需求，时代和社会的发展迫切需要中国教育事业的发展，以提供更多的优秀人才，从而满足劳动力市场的需求。然而近代中国政治局势的动荡，使得政府无法大力发展教育事业特别是大学教育，这就为私立大学留下了广阔的发展空间。

第二，相对于公立大学，私立大学的优势是其内在生命力。私立大学的经费不依赖于政府，而且管理上也能最大限度地摆脱政府的干扰和控制，正是在管理权方面的相对独立和自由使私立大学拥有办学的自主权，从而在课程设置、教师聘请、教学内容、教学大纲的制定、教材的选择、实践实习等各方面都能自主安排，可以遵照教育事业自身的发展规律，按照每个学校独立的教学理念谋取发展。

第三，政府宏观上的管理、监督与扶持，是私立大学健康发展的重要保障。自中华民国建立以来，尽管政府更替颇为频繁，但不管是哪届政府，它们对私立大学的态度都有一个共同点，即在法律上保证注册立案的私立大学与公立大学享有平等的地位，其毕业生与公立大学的毕业生享有同等待遇，不会在就业市场上受到"先定"的歧视。在南京国民政府成立之前，政府对私立大学管理监督不严，曾导致一段时期私立大学办学泛滥的局面，影响了私立大学的总体质量。南京国民政府成立后，严格规定了设立私立大学的标准，对滥竽充数者或关闭或降格，对拒不立案者施以惩罚措施，排除了不良竞争和干扰，为私立大学进入繁荣期创造了良好的制度环境。

第四，优秀的校长（教育家）是私立大学发展的支柱。中国近代史上优秀的私立大校无不拥有出色的校长，他们具备独特而又坚定的教育信念，熟识高等教育发展的规律，把自己的办学意志、办学理念注入学校，刻意地创造一种文化环境和管理教学的风格，使其成为一种强大的教育力量。他们在私立大学的管理、经费筹措、教师选任、课程确定以及处理学校与政府之间的复杂关系等各方面做出了巨大的贡献，私立大学能在激烈的竞争中脱颖而出，他们功不可没。

第五，私立大学自身素质的提高是获取社会认同的关键。近代私立大学曾有过一段无序的泛滥发展期，当时大学数量的快速增加导致了整体教学质量的下降，但自南京国民政府整顿之后，剩下的十几所私立大学在质量上是无可置疑的。它们的高素质除了表现在高水平的教学和科研方面，还表现在它们与社会的联系和融合上。

二　本研究的新意与不足

本文从社会学的角度出发，以学校之外的更宏大的视野，来考察学校与社会发展特别是国家工业化进程之间的互动，探讨了私立大学发展的内外动力机制。私立大学的发展绝对不是仅靠学校内部教学设备的完善就能获取足够保障的，它必须处理与社会各界方方面面的关系问题，必须与社会整体形成良性的互动关系，在社会对人才需求和学校的人才培养之间谋取平衡，唯有这样学校才能获得良性发展。在当前中国私立（民办）学校重新掀起热潮的情况下，本文的研究可以为私立（民办）高等教育的发展提供一定的借鉴意义。

本文也存在一些不足之处。其一，私立大学生存与发展的客观条件是多方面的，但是本文主要着眼于工业化的发展对人才的客观需求，略去了政治、文化环境的变化及影响。其二，由于作者的能力和研究条件的限制，对相关文献与资料的收集较为粗略。教会大学的原始材料在国内留存极少且难以查阅，而国人自办私立大学的资料也极为分散和缺乏，这对材料和数据的收集工作造成了很大的困难。本文不得已采用了一些二手材料，其可靠性和代表性难免受到质疑。这些不足还有待于以后同类研究的修正和补充。

参考文献

陈景磐编，1979，《中国近代教育史》，人民教育出版社。

陈明章编，1982，《学府纪闻：国立北平师范大学》，南京出版有限公司。

陈平原，2002，《中国大学十讲》，复旦大学出版社。

陈诩林，1931，《最近三十年中国教育史》，太平洋书店。

陈学恂主编，1981，《中国近代教育大事记》，上海教育出版社。

陈真等，1957，《中国近代工业史资料》，生活·读书·新知三联书店。

丁柏传、郑瑞君，2000，《中国近代教会学校述论》，《中共中央党校学报》
　　第 4 卷第 2 期。

顾长声，1985，《从马礼逊到司徒雷登——来华新教传教士评传》，上海人
　　民出版社。

顾明远，1990，《教育大辞典》（第 1 卷），上海教育出版社。

何迪，2012，《司徒雷登的晚景》，《文史参考》第 20 期。

黄旭主编，2001，《百年之功——近代中国大学校长的教育家精神》，福建
　　教育出版社。

教育部教育年鉴编纂委员会，1948，《第二次中国教育年鉴》，商务印书馆。

杰西·格·卢茨，1987，《中国教会大学史》，曾钜生译，浙江教育出版社。

金以林，2000，《近代中国大学研究——近代教授、大学与社会互动史
　　（1895~1949）》，中央文献出版社。

金以林、丁双平，2000，《大学史话》，社会科学文献出版社。

剧锦文主编，2000，《20 世纪的中国·经济建设卷》，甘肃人民出版社。

克拉克·科尔，1993，《大学的功用》，陈学飞等译，江西教育出版社。

赖诒恩，1965，《耶稣会士在中国》，陶为翼译，台湾光启出版社。

李兴华，1997，《民国教育史》，上海教育出版社。

梁吉生，1994，《张伯苓教育思想研究》，辽宁教育出版社。

刘克祥、陈争平，1999，《中国近代经济史简编》，浙江人民出版社。

刘湛恩，1927，《欧美职业教育最近概况及其与中国职业教育之比较》，《教育与职业》第 81 期。

罗夫·华德罗·汤普森，2012，《杨格非：晚清五十年》，赵欣、刘斌斌译，张献华审校，天津人民出版社。

马敏，1996，《近年来大陆中国教会大学史研究综述》，《世界宗教研究》第 4 期。

南开大学校史编写组，1989，《南开大学校史》，南开大学出版社。

潘懋元、刘海峰编，1993，《中国近代教育史资料汇编（高等教育）》，上海教育出版社。

清华大学校史编写组，1981，《清华大学史稿》，中华书局。

全国政协文史和学习委员会编，2011，《文史资料选辑》（合订本），中国文史出版社。

上海市政协文史资料编辑部，1984，《上海文史资料选辑》，上海人民出版社。

史静寰，1991，《狄考文和司徒雷登在华的教育活动》，文津出版社。

舒新城，1933，《近代中国教育史料》（一、二、三、四），中华书局。

孙毓棠，1957，《中国近代工业史资料》（第一辑），中华书局。

谭双泉，1995，《教会大学在近现代中国》，湖南教育出版社。

唐文权，1989，《五四精神：中国教育现代化的巨大动力》，《华中师范大学学报》（哲学社会科学版）第 4 期。

汪敬虞，1962，《中国近代工业史资料》（第二辑），中华书局。

王炳照主编，1997，《中国古代私学与近代私立学校研究》，山东教育出版社。

王汉华，2001，《教育家陈时和我国最早的私立大学》，《湖北档案》第 9 期。

王立诚，2001，《美国文化渗透与近代中国教育——沪江大学的历史》，复旦大学出版社。

王铁崖编，1957，《中外旧约章汇编》，生活·读书·新知三联书店。

文史资料精选编辑部，1990，《文史资料精选》（第五册），中国文史出版社。

吴相湘、刘绍唐主编，1971，《民国史料众刊·第一种·第一次中国教育年鉴》，传记文学出版社。

伍宗华，1994，《教会大学与中国高等教育的早期现代化》，《苏州大学学报》（哲学社会科学版）第4期。

肖海涛，2001，《大学的理念》，华中科技大学出版社。

熊明安，1990，《中华民国教育史》，重庆出版社。

徐鼎新，1995，《中国近代企业和科技力量与科技效应》，上海社会科学院出版社。

许美德，2000，《中国大学：1895~1995 一个文化冲突的世纪》，许洁英主译，教育科学出版社。

许涤新、吴承明，1993，《中国资本主义发展史》（第三卷·新民主主义革命时期的中国资本主义），人民出版社。

燕大文史资料编委会，1988，《燕大文史资料》（第1辑），北京大学出版社。

杨际贤主编，2001，《二十世纪中华百位教育家思想精粹》，中国盲文出版社。

张宝泉，1998，《美·苏·英·德·法高等学校管理比较》，东北师范大学出版社。

张国辉，1979，《洋务运动与中国近代企业》，中国社会科学出版社。

张梦白，1996，《最早开设的教会——东吴大学》，《民国春秋》第5期。

张宪文主编，2002，《金陵大学史》，南京大学出版社。

章开沅，1997，《教会大学史研究的文化视野》，《华中师范大学学报》（哲学社会科学版）第3期。

章开沅主编，1998，《社会转型与教会大学》，湖北教育出版社。

章开沅主编，1991，《中西文化与教会大学》，湖北教育出版社。

郑致光主编，1989，《张伯苓传》，天津人民出版社。

中国社会科学院近代史研究室编，1978，《近代史资料》（总六十九号），中华书局。

中国现代教育家传编委会编，1986，《中国现代教育家传》，湖南教育出版社。

中华教育改进社编，1923，《中国教育统计概览》，商务印书馆。

中央教育科学研究所，1988，《中国现代教育大事记（1919～1949）》，教育科学出版社。

中央教育科学研究所教育史研究室，1990，《中华民国教育法规选编（1912～1949）》，江苏教育出版社。

朱有瓛、高时良编，1990，《中国近代学制史料》（第三、四辑），华东师范大学出版社。

朱有瓛主编，1989，《中国近代学制史料》，华东师范大学出版社。

祝慈寿，1989，《中国近代工业史》，重庆出版社。

◎ 罗守峰

「民办高校何以陷入困境：关于我国民办高校合法性的个案研究」

第一章　导论

一　问题的提出

提起美国的哈佛大学、耶鲁大学，日本的早稻田大学、庆应大学，很多人都耳熟能详，但不一定有很多人知道它们是私立大学。复旦大学、南开大学是我国的老牌名校，但不一定有很多人知道在民国时期，它们也都是私立大学。所以，关注教育尤其是关注高等教育的人都会注意到这样一个现象，在美国、日本等发达国家和诸多发展中国家，私立高等教育都得到了蓬勃发展，在高等教育领域占据着举足轻重的地位。1952年我国高等教育系统进行了一次大规模的院系调整，政府把私立高等院校或者撤销或者直接接管，从此，私立高等教育在中国大陆一度成为一个历史名词。

1978年，在我国开始改革开放的社会背景下，私立教育以社会力量办学的形式开始萌芽并逐步发展起来。经过20多年的发展，一方面，民办高校在传统教育体制的夹缝中生存下来，有了一定的地位和实力；另一方面，民办高等教育在整个高等教育体系中仍处于"配角"地位，实际上仍只是发挥着为公办高等教育"拾遗补阙"的作用。民办高校整体实力不强，也没有产生一定数量的名牌学校。不仅如此，民办高校的发展还遭遇了诸多困境和困难，进一步发展的空间十分有限。

第一，生源危机。由于绝大多数民办高校仍属于非学历教育机构，学生只有通过自学考试和学历文凭考试才能取得国家承认的学历。因此，通常情况下，只有高考落榜的学生才会选择报考民办高校。所以，在大众的心目中，公办高校的社会地位和文凭的"含金量"明显高于民办高校。1999年以来，公办普通高校连续扩招和春季招生工作逐步推行，同时，公办高校通过改革发展出多种教育形式，如自考辅导、网络教育、成人学历教育等，加上国外高校对国内生源的吸引，这些因素加在一起，使我国民办高校遇到了前所未有的生源危机。1999 年具有独立颁发学历文凭资格的学校的在学人数为 148.8 万人，2000 年为 104.77 万人，减少了 44.03 万人（见表 4 - 5）。2000 年，公办高校在校生数与民办高等教育机构注册学生数之比为 8.68：1（见表 4 - 6）。

第二，毕业生就业情况不容乐观。在学历上，民办高校能够独立颁发的学历文凭一般是专科，① 而且能够获得这样学历的学生毕竟还是极少数，其他绝大多数学生都必须通过国家组织的考试才能获得国家承认的学历文凭。但是，无论是独立颁发的专科学历文凭，还是通过国家考试获得的"文考"文凭或"自考"文凭，都根本无法和公办高校毕业文凭相竞争。民办高校学生在学校期间不得不疲于应付"学历文凭考试"和"自学考试"，即使这样，通过率一般只有不到 50%，这些考试的准备工作占据了学生大部分时间，而他们通过课程学习适应社会就业需求的专业能力却没有得到很好的培养。因此，在劳动力市场上，民办高校毕业生因缺乏竞争力而就业前景暗淡。

总之，不论是"入口"（招生）还是"出口"（就业），民办高校都面临巨大的制约瓶颈，陷入一个自身无法摆脱的困境之中。因此，本文试图回答的问题是，我国民办高等教育的发展陷入自身无法摆脱的困境，其原因何在？

二　重要概念的界定

1. 民办高校

处于发展之中的我国民办高校存在多种办学形式，既有由我国企事业单位、社会团体、公民个人创办的民办高校，也有中外合作创办的从事高等学历教育和非学历培训活动的高校。此外，还有附属于公办高校的"民办"二级学院。由于后两种形式的民办高校的运作具有一定的特

---

① 目前 1200 多所民办高校中只有上海的杉达学院、南京的三江学院、福建泉州的仰恩大学、河南郑州的黄河科技学院这 4 所学校可以颁发本科层次的学历文凭。

殊性，本文的研究对象是第一种形式的民办高校，即在我国民办高校中占绝对主体地位的由我国企事业单位、社会团体、公民个人创办的民办高校。

1988 年，著名高等教育学家潘懋元最早提出："民办学校，实质上相当于私立学校。"（潘懋元，1988：40）只是由于意识形态的原因和政府对民办学校的政策，20 世纪 80 年代的提法是"社会力量办学"，90 年代开始提"民办学校"。国外学者提出的定义是："私立高等教育指的是不受政府直接拥有和控制的中学后教育。……私立学校或多或少存在着一些行为上的自主性，但正是这种追求自身目标的能力，使这些学校得以成为私立。"（Geiger，1991：233）因此，本文研究的"民办高校"，实质上就是国外研究中所说的"私立高校"。

仅就本文研究的民办高校来说，它们的发展水平参差不齐，为了便于后面的分析，本文借鉴教育学的有关研究对之进行分类。根据教考是否合一、国家是否承认该校颁发的学历文凭以及学历文凭性质的标准，我们将民办高校分为三类。①

第一类学校，教考合一，是已经取得独立颁发国家承认学历文凭资格的民办高校，本文称之为"统考"② 民办高校。

第二类学校，教考实行"三三制"，学生的考试分为学校考试、地方

---

① 对绝大多数民办高校来说，组织学生通过参加学历文凭考试和自学考试获取国家承认文凭的性质没有改变。高等教育学历文凭考试（通称"学历文凭考试"，即"文考"）是国家对尚不具备颁发学历文凭资格的民办高校的学生组织的学历认定考试，学生所学专业的公共课，由教育部考试中心命题；专业基础课由省、自治区、直辖市教育考试中心命题；专业课由学生所在学校命题。高教文凭考试规定课程 15 门，三级命题比例约为 3∶3∶3，即命题考试的"三三制"。此外，学校一般还根据不同专业自行增设 5～10 门实践和职业技能课程。考试一般在每年的 1 月和 7 月进行。1993 年从北京开始试点，后逐渐推广到全国。高等教育自学考试（通称"自考"），是对自学者进行以学历考试为主的高等教育国家考试，是个人自学、社会助学和国家考试相结合的高等教育形式。考试大纲由国家考试中心负责编写，考试一般在每年的 4 月和 10 月进行。获得高等教育学历文凭考试毕业证书的学生与获得高等教育自学考试毕业证书的学生享受同等待遇。

② "统考"民办高校，拿国家承认的学历文凭的学生的招生计划纳入国家统一招生计划。它可以自主招收可拿"文考"和"自考"文凭的考生。一般说来，该类型的民办高校，同时存在三类拿不同学历文凭的考生。另外，"文考"学校也招收"自考"学生。现阶段，民办高校的发展路径一般是这样的，先成为"自考"学校，再成为"文考"学校，最后达到国家规定的设置标准，成为"统考"学校。

教育行政部门组织的考试、国家组织的考试三个部分。"校考"实行教考合一，"省（自治区、市）考"和"国考"实行教考分离。这种考试叫"学历文凭考试"。考试通过后，由国家和学校联合颁发国家承认的学历文凭，这类学校也叫"准"民办高校，本文称之为"文考"民办高校。

第三类学校，教考分离，学生参加国家组织的统一自学考试，取得国家和主考学校联合颁发的国家承认的自考文凭，这类学校一般是民办"非学历高等教育机构"，本文称之为"自考"民办高校。

由于数据所限，以表4-4、表4-5中2000年的情况为例，民办高校总数为1325所，具有独立颁发学历文凭资格的学校为43所，仅占3.2%；民办高校学生总数为104.77万人，具有独立颁发学历文凭资格的学校的学生数为6.6万人，仅占6.3%。可见，绝大多数民办高校的绝大多数学生都只能通过"学历文凭"考试和"自学考试"获得国家承认的学历文凭。

2. 学历与文凭

学历①，顾名思义是学习经历，"是一个人学习的经历、历程。指曾经在哪些学校肄业或毕业"（张念宏，1987：288）。文凭指"受教育者经过各级各类学校或国家有关教育部门的考试，所取得的毕业证书"（张念宏，1987：130）。但是，现在人们一提起"文凭"往往本能地把它与"学历"画等号。"其实文凭并不是学历的惟一历史形态，至少不是它的最初历史形态，也不会是它的最终历史形态；文凭作为社会过程的一种析出物，只是近百多年的事。"（龚怡祖，2002：31）

学历经历了由师从制到文凭制，再由文凭制到证书制这样几种不同的历史形态。在漫长的农业社会时代，学历始终没有孵化出并固化为具有抽象社会意义和独立个人特征的文凭，而是依附于师从关系中。有一定的师生关系存在，社会就会承认你的学历，学生依靠的是老师的声望和推荐而不是文凭作为立身和进一步发展之本，"师从制是学历在那个历史时期的特定表现形态"（龚怡祖，2002：34）。到了工业社会时代，经济上工业化大生产的推动和政治上科层制体系的出现和完善，学历开始从教育过程中析出，从自然状况下凝固为文凭，"文凭制度是工业社会的产物"（龚怡祖，2002：34）。随着社会的进一步发展，人类将告别教育短缺时代，进

---

① 本文的学历概念特指与就业相联系的高等教育学历。

入终身教育的学习社会。教育也真正成为人们的普通需要，并将摆脱仅限于经济、政治等领域狭隘的功能，而与生活功能相结合，从而实现教育的工具性价值与教育的人文性价值的统一。学历的社会形态也将发生重大变化，逐步让位于多元、多维、放射性的学历结构形态，龚怡祖将之命名为"证书制"。

3. 学历证书与文凭证书

学历发展的三个不同历史形态的描述，证明了任何社会都存在学历，只是到了工业化以来的近现代社会，学历与文凭才等同起来，但是，学历证书与文凭证书仍是两个不同的概念。学历证书是对一个人一段学习经历的证明或凭证，只要是按国家设置标准设立的学校，只要学生按照国家规定的教学计划完成各门课程的学习，学生学习成绩经考试合格者，高校就有权独立颁发学校的学历证书。当然，学校的学历证书既可以由国家来承认，也可以由社会来承认。总之，学历经过某种形式的承认，以"文凭"（毕业证书）形式表现出来。

在我国现阶段，高等学校的毕业证书由教育部代表国家统一制发，国家掌握着毕业证书（文凭）的发放权。也就是说，高等学校的学历证书必须经过国家的承认，才能成为"文凭"。而对民办高校，国家不承认其学历，不允许其发"文凭"（毕业证书）。另外，需要特别说明的是，对公办高校来说，国家承认其学历，它的学历证书、文凭证书、毕业证书是同一个概念。但是对民办高校来说，国家不承认其学历，它的学生就没有文凭（毕业证书），因此，下文说到的民办高校的"学历证书"也就是"毕业证书"。本文出于论述的方便才做了如此的划分。

三 研究思路

1. 本文的研究视角

在本文的比较研究中，从美国、日本的私立高等教育发展历史可以看出，美国的私立高校先于公立高校，它自然拥有和公立高校平等的法律地位。虽然明治维新后的日本政府对私立高等教育采取忽视、歧视的态度，但到二战后，私立高校也取得了与公立高校完全平等的法律地位。本文在历史研究中也发现，民国时期立案后的私立高校与公立高校享有平等的法律地位，立案的目的并不是限制私立高校的发展，而是保证私立教育的质量。

"法律地位"含义丰富，需要进一步说明。本文的法律地位指的是美国、日本、我国中华民国时期的私立高校可以像公立高校一样独立颁发学历证书。按照上文对"学历与文凭"的区别，美国、日本、我国中华民国时期私立高校颁发的学历证书无须国家的承认，只需经过社会的承认，就成为"文凭"（毕业证书）。而我国现阶段的学历证书是需要国家机构承认的，否则就不能称其为"文凭"。如同计划经济时代，"在改革之前我国的总体性社会结构中，国家几乎垄断全部重要资源。这种资源不仅包括物质财富，也包括人们生存和发展的机会（其中最重要的是就业机会）及信息资源"（孙立平等，1994：47）。如果把"文凭"看成一种信息和符号资源，并由此决定人们的就业和社会地位的话，那么可以认为，在教育领域，国家通过承认"学历"与否控制着"文凭资源"。从这种对比中可以看出，不同国家和同一国家在不同历史时期对"文凭资源"的控制程度是有差异的。因此，本文把国家对"文凭资源"的控制程度作为研究的视角。

总之，国内目前还缺乏以社会学的视角和研究方法对民办高校进行的实证研究，本文是对该研究领域的一个探索性研究。本文从国家对"文凭资源"的控制程度这一视角着眼，通过与美国、日本私立高校的比较和对我国中华民国时期私立高校和现阶段我国民办高校的历史研究，结合实地调查收集到的个案资料，经过严谨的逻辑证明和推理，对本文提出的问题进行解答。

2. 本文的分析思路

本文把毕业生就业作为分析的起点进行探讨，这是因为：第一，高等学校的"产品"是大学毕业生，"产品"质量好坏和销路好坏直接关系和影响到学校的声誉和地位，影响到来年招生的数量和质量，影响到学校今后的生存与发展；第二，对民办高校来说，它们最大的问题仍然是生存问题，也就是生源问题。但如果不能解决学生就业，就会面临生源危机，这就不难理解，每逢招生季节，在民办高校之间的"争夺生源大战"中，为什么有的民办高校打出保证百分百就业的旗号。

既然毕业生就业是检验一个学校的标准，那么，对毕业生的考核标准又是什么？也就是说，在劳动力市场上，用人单位会从哪些方面来选择毕业生？由于存在"劳动力市场分割"，民办高校毕业生的就业去向主要是私营单位、中小企业，这些企业看重毕业生的"能力"。本文对"能力"进行界定，认为"能力"指的是适合劳动力市场需求的应用能力、职业技能、实际操作能力。

有以下几个因素影响对学生能力的培养：课程设置、教学内容、实践实习、师资力量、教学设备。前三个因素，实际上说的是办学自主权的三方面的内容。也就是说，有三个因素影响学生能力的培养，即办学自主权、师资力量、教学设备。

其中最主要的影响因素是办学自主权。只有真正的办学自主权，才能按劳动力市场的需求进行课程设置、教学内容和实践实习的安排，才能有助于学生能力的培养。而占民办高校绝大多数的"文考""自考"民办高校，由于没有真正的办学自主权，教学和学习都围绕着拿一个"国家承认的学历文凭"，大学的学习又成了应试教育，无法培养学生的能力。可见，只有真正地拥有办学自主权，才能更好地培养学生的能力。

民办高校要想真正实现办学自主权，就必须拥有独立颁发学历证书的资格和权利。而在现阶段，国家完全控制"文凭资源"，大部分民办高校还不能独立颁发自己的学历证书。通过以上分析，本文得出这样的结论：国家对"文凭资源"的控制，是民办高校陷入自身无法摆脱困境的原因之一。

在国家对民办高等教育的政策①限制下，一方面，民办高校为了在传统教育体制的夹缝中生存，不得不通过组织学生参加"学历文凭"考试和"自学考试"取得国家承认的学历证书；另一方面，民办高校采取了种种生存发展的策略手段，如正面宣传、集体越轨，来谋求社会对民办高校的

---

① 我国当前尚处于法制建设进一步完善的阶段，从文本上看，法律（全国人民代表大会及其常委会制定）、法规（国家行政部门制定）、政策（管理办法、党和政府的"红头文件"等）可以做出严格的划分，但在具体执行过程中，存在法律法规政策化的趋势，而且，在法律法规之外，行政部门针对具体问题还制定了一些政策，政策的走向对事物的发展起更大的作用。因此，本文也不再对法律、法规、政策做明确的区分，而统称为"国家政策"。

承认，以扩大生存和发展的社会空间。

四　资料来源

目前关于民办高校的研究，基本上都从教育学的视角出发，把教育作为一个孤立的系统来研究。但本文从社会学的视角出发，把民办高校置于社会这个大系统中，探讨政策对它的影响以及它与政府、社会之间的互动和关系。本文选取了一个具有代表性和典型性的"文考"民办高校，采取访谈和参与观察的调查方法，进行系统的深度个案研究。在搜集毕业生就业情况时，本文选取了一个"文考"高校的计算机应用专业班和一个"自考"高校的计算机应用专业班作为个案，对毕业生进行访谈。

（1）我与选取的民办高校的主要创办人——校长和分管教学的副校长按照访谈设计进行了访谈，了解学校发展的历史和现状，以及他们对影响民办高校发展的因素的看法。

（2）我对两个学校的计算机专业的"文考"毕业生和"自考"毕业生进行了访谈，向他们了解了该专业的课程设置、教学内容、实践实习情况、师资力量、教学设备，了解了他们的就业情况、寻找工作的经历、在就业市场上的一些遭遇，他们对影响毕业生就业因素的看法，对学校为学生就业所采取措施的评价。

我与"统考"民办高校的计算机专业的毕业生进行了访谈，访谈内容同上。

（3）我对一位民办高等教育界的资深人士进行了两次访谈，并与其做过多次专题讨论。

上述访谈形成的访谈资料，以及在该"文考"高校搜集的内部资料，是本文的主要资料来源。

五　研究的意义

1. 主题意义

百年大计，教育为本。从杜尔凯姆开始，社会学就注重对教育现象的研究。有着深刻的"经世济民"社会关怀的社会学，更应该高度重视对民办教育的研究。这是因为，民办高等教育在一个现代国家的教育体系中发挥着不可替代的作用："关于私立学校的角色的合法性最经典的论述是，国家提供教育服务是为了满足国家自身的需求和国家政策的需要，同样通过提供更多、更好而不同的教育服务，私立机构也可以完成这样的任务。'更多'指的是，为更多人的（教育）需求提供高等教育，就像日本、菲律宾和巴西以及其他国家的私立学校。'更好'指的是提供比公立学校更高质量的教育。'不同'指的是私立学校可以提供公立学校不一定能提供的不同的文化和课程选择。"（Geiger，2003：4）而且，随着经济社会的发展和文化多样性的增强，"私立高等教育所起的作用——能够迅速地适应变化的市场条件、学生兴趣和经济需要——将会增加"（Altbach，1999：5）。

2. 现实意义

我国处于一个深刻的社会转型时期。民办教育（私立教育）在我国改革开放背景下重新出现，随着其不断发展和壮大，将会对我国的教育体制改革产生不可估量的影响。本文描述和分析了民办高校的发展历史和国家对民办高校政策的演变，从而揭示了我国社会正在发生的而且还将持续下去的深刻社会变迁。

六 本文结构与内容安排

第二章是文献综述，将对国内有关中国民办高等教育研究的文献进行梳理，按照"什么是导致民办高校发展困境的原因"这一标准，归纳出有关研究的结论，指出已有研究的不足，提出自己的研究视角。

第三章是比较研究，第四章是历史研究。本文选取以美国、日本为代表的发达国家、1949 年前的中国、1949 年后的中国台湾地区的私立高等教育作为研究的对象，利用相关文献资料，阐述了私立高等教育在这些国家（地区）中的地位及其对社会的贡献，分析了它们和公立高校同样平等的法律地位是如何取得的以及它们的学历文凭政策。第五章，介绍资料收集的调查过程和对本文的个案进行描述。第六章，通过对个案的分析，得出本文的结论。第七章，分析民办高校在国家学历政策的限制下谋求社会承认而采取的生存和发展策略。

第八章，在总结全文论述的基础上，讨论民办高校的学历证书获得社会承认的可能性。最后，指出本文研究的局限性和不足之处。

第二章 已有研究综述

一 已有研究的四种观点

针对民办高等教育发展存在的困境，已有的教育学研究给出了如下的回答，本文把它概括为四种观点。

（一）产权不清论

别敦荣、郭冬生认为，我国民办高等教育要得到健康迅速的发展，必须解决一系列理论和实践问题。其中，"一个核心问题就是民办高校的产权问题"（别敦荣、郭冬生，2000：84）。作者对教育服务进行了分类，认为我国民办高校提供的教育服务属于准公共产品和私人产品两种性质的教育服务，而不是公共产品性质的教育服务，民办高校的教育投资既是教育活动，又是经营活动，因而，民办高校的投资存在营利和收益的问题，"收益权是民办高校产权问题的关键"（别敦荣、郭冬生，2000：85）。

曹淑江从投资者回报的角度进行了分析。由于学校的财产所有权界限不清，对于投资者的回报总是没有明确的答案，因而严重影响了投资者的办学积极性，严重限制和束缚了民办教育的发展。只有彻底解决好这些问题，才能保障我国民办教育的进一步健康发展（曹淑江，2002）。他的分析是，在发达的市场经济国家，社会和个人对非营利性私立学校的捐赠，虽然没有直接的利益回报，但是却获得了足够的间接回报，具体表现在免税待遇、企业广告效应、个人社会声誉的获得等。在我国现阶段，由于经济水平总体上还比较低，个人收入也比较低，对学校捐赠的回报激励机制也比较缺乏，因而捐赠者既不能获得直接回报，也不能获得间接回报，从而影响了办学者的积极性，也影响了学校的经费来源。

（二）营利障碍论

从对"产权不清"的分析可以看出，虽然说的都是民办高校的产权问题，但最终的落脚点是界定产权之后的回报。正如王伟所说，关于中国非国有教育久盛不衰的产权问题的争论表面上争论的是产权问题，实质上争论的却是营利问题，因为"不以营利为目的索要产权又为何目的？拥有产权就是为寻利服务"（王伟，2003，第 24 部分：5），因此，他认为，目前中国非国有教育发展的瓶颈不是产权不清，而是营利障碍。排斥营利性教育机构损害了非国有教育的健康发展，因为这带来了如下后果：抬高交易成本，诱发非规范行为；产生短期行为，导致税收流失；排斥有实力投资者，抑制产业发展水平；无法与国际教育产业接轨；等等。

不论是产权不清，还是营利障碍，实际上说的都是"投资回报"问题，上述学者的论述从理论上说也的确有道理。但是在办学实践中，民办高校通过合法的或非法的各种方式已经解决了这个问题。"任何一个学校的举办者，根本不担心自己的钱收不回来。因为收回的形式和方式有很多，国家用任何形式都是剥夺不了个人的财产的。"（LYH01，2002）在立法上，《中华人民共和国民办教育促进法》（以下简称《民办教育促进法》）也肯定了投资者的合理回报：民办学校在扣除办学成本、预留发展基金以及按照国家有关规定提取其他的必需的费用后，出资人可以从办学结余中取得合理回报。

和产权以及营利相联系的还有民办高校的经费问题。一些教育理论工作者和民办高校办学者认为，经费对民办高校的生存和发展影响很大，但在国家通过《民办教育促进法》肯定了投资者的合理回报后，学校经费问题可以说是迎刃而解。"资金对某一个具体的办学者是大事，但国家可以不用考虑这个问题。国家把政策开放，资金自然就进来了。很多大的投资人都想进这个行业，但很多人还不敢。南洋集团这个例子很明显，它进入北京城已经四五年了，一直没有什么大动静。去年，《民办教育促进法》出台前夕，立刻宣布投资 12 个亿。这就很明显，政策一放开，立刻就有钱进来。"（LYH02，2003）

（三） 政府意志说

也有的学者如刘莉莉认为，回顾中外私立高等教育走过的历程，可以看出，"政府的意志是私立高等教育存在与发展的决定因素"（刘莉莉，1999：35）。她以日本、美国为例进行了简要分析。同时提出，要发展我国的民办高等教育，政府必须切实地予以支持和保障，包括立法保障、行政调控、财政资助。

有的学者，如吴畏甚至提出，"为使民办教育在新时代开拓一个新局面，最关键的就是要使政府行为进一步强化"（吴畏，2001：14），认为这个关键问题抓好了，民办教育的面貌就能获得改观，各种矛盾和困难也会迎刃而解。强化政府行为主要包含以下几个问题：确立民办教育在我国社会主义教育体系中应有的地位；把民办教育纳入政府统筹的教育发展规划；实施财政资助，适当增加经费投入；大力支持各地办好一批高质量的示范性民办学校，实施"名牌战略"；抓好宏观调控，充分发挥社会中介组织的作用。

政府意志说看到了政府的意志对私立教育的影响，但过于强调政府的作用，也给人一厢情愿的感觉。同时，相关研究似乎更像是对策性建议，称不上是严谨的学术分析。

（四） 立法滞后说

"政府意志说"已经提及政府立法对民办教育的影响，一些学者从立法的角度进行了进一步的分析。王宪平、熊庆年认为，随着我国社会、政治、经济的发展对高等教育的发展提出新的要求，已有的法律法规越来越不适应新发展形势的要求，有些条文甚至已成为民办高等教育发展的束缚。"法律的保护是民办高等教育健康和稳步发展的关键。"（王宪平、熊庆年，2000：28）他们认为，当前有关民办高等教育的法律主要有如下局限：落后和过时性、歧视性、自主性不足、质量标准狭隘性、不确定性、缺乏应有的扶助规定等。

在法律的"歧视性"分析中，他们特别提到了关于学历文凭的颁发问题，认为既然政府允许民办高校创办，它们就有自行颁发毕业证的权利，毕业证书只是表明学生在该校的学习中完成了学校的相关要求而毕业。民办高校学历文凭的价值应由社会来判断，而不应由政府给予，否则民办高校的生存空间就会受到极大的限制。而且，在实践中，民办高校的学历文凭一开始就接受社会的检验。在民办高校毕业生的求职过程中，各用人单位尤其是企业绝不会只看其学历是否国家承认，而主要看其是否具有真才实学。

王利明认为，大力发展民办大学的关键是加紧制定"民办高等教育法"，通过法律扶持、规范我国民办高校的办学行为，以利于我国民办高等教育事业的健康发展。在法律中应当明确民办高校的地位、民办高校的投资者与民办高校的关系、校董会与民办高校法人的关系、民办高校享有的权利等。在"民办高校享有的权利"分析中，王利明（2000）提到，目前，除极个别民办高校享有授予学位的权利以外，其他的民办高校都没有一般大学应当具有的授予学位的权利，只能举办各种短训班、培训班，导致现在的民办高校名为大学，实为培训学校。限制民办大学授予学位，无异于在民办大学身上捆绑了重重绳索（王利明，2000）。

二　本文对已有研究的批评及借鉴

学者们认为在民办高校的发展中存在"立法滞后"的问题，特别是提到"学历文凭"颁发、"学位授予"几个环节，这给了本文很大启发。但是这些研究却没有点透这么一个问题，即民办高校还没有取得与公办高校平等的法律地位。这些研究虽然也认识到独立颁发学历文凭的重要性，但在讨论中却与其他问题并列，没有强调其对民办高校的至关重要性，更没有对此展开相应的分析。我认为这是已有研究令人感到缺憾之处。

另外，本文认为，已有研究还存在以下不足的地方：一是基本上是一种静态的分析，缺少一种动态的历史的眼光，而在当前我国处于巨大变迁的历史时期，变迁的视角将有助于对问题的分析；二是过于宏观，空大而无当，对影响民办高校发展的因素论述得面面俱到；三是没有明确的切入视角，似乎任何一个人都可以拿任何一个问题来发表看法、见解，缺乏严谨的逻辑证明和分析，甚至有的只是一些简单推理和感想。

从上面的讨论可以看出，产权、营利、经费可能对某个民办高校的发展至关重要，但都不是制约民办高等教育整体发展的主要问题。已有研究虽然提到了民办高校的法律地位、学历文凭对民办高校生存和发展的重要作用，并对我有很大启发，但这些研究没有对这些问题开展进一步的深入论述。同时，我们认为学者们也没有充分认识到就业对民办高校生存和发展的重要意义。当前，民办高校没有独立颁发学历证书的权利，我们不得不提出这么一个问题：为什么民办高校没有这项权利？基于以上思考，本文将试图进行一些比较研究，以美国、日本为例，分析一下这些国家的私立高校是如何获得这项权利的；本文也将进行历史的分析，看看在民国时期，私立高校有没有这项权利？当前我国民办高校又受到了怎样的限制？这种限制是怎么来的？这种限制对民办高校的发展尤其是毕业生的就业影响是怎样的？我们希望能够在回答这些疑问的基础上，对本文提出的问题进行解答。

第三章　比较研究：国外私立高等教育的发展

回答本文的问题，作为典型的社会学研究方法的比较研究将是不可缺少的。

在当今世界，私立高等教育发展的基本状况是，"大多数国家大部分私立院校处于声望等级的底端，然而也存在一些声誉高、备受尊重的私立大学。私立中学后院校趋向于小规模和专门化，但是也存在一些大型的目标多样化的私立大学。不仅仅在美国，在菲律宾、日本和其他地方，虽然大多数私立院校不以研究为目的，但也存在极少数以研究为目的的私立大学"（Altbach，1999：1）。

Geiger（1987）对私立高等教育系统进行了国际比较分析，他把私立部门与公立（国立和地方政府公立）部门的关系分为四种类型。第一种是"私立较多型"，以日本为代表；第二种是"公私并立型"，以比利时、荷兰为代表；第三种是"私立边缘型"，以法国等国家为代表。鉴于美国高等教育的特殊性，Geiger（1987）把它设计为第四种类型——"美国私立型"。可见，在世界范围内，美国、日本的私立高等教育具有一定的代表性，本文开展的比较研究将主要以美国、日本的私立高等教育为对象。

一　美国的私立高等教育

1. 美国私立高等教育的现状

在美国的高等教育体系中，私立大学质量最好、地位显赫、声誉卓著。哈佛、耶鲁、斯坦福、普林斯顿、霍普金斯、康乃尔、布朗、宾夕法尼亚、芝加哥、麻省理工……这些都是令世人仰慕的私立大学。从1990年、1995年的美国名牌大学排行榜来看，前10名均为私立大学。在前20

名内，私立大学分别为 15 所和 17 所，公立大学分别为 5 所和 3 所，私立大学占绝对优势，公立大学数量呈下降趋势。私立高校为美国经济和社会发展做出了卓越的贡献。仅以哈佛大学为例，其培养出了 6 位美国总统、24 位诺贝尔奖获得者，以及数以万计的政界要人、商业巨子、学术泰斗。不仅如此，美国私立大学还以其高质量和高水平，吸引了来自全世界的成千上万的留学生。

从数量上看，私立高校比公立高校略多，但私立高校一般招生规模较小。如论学生数量，大多数美国学生还是在公立高校就读。"80% 以上的美国学生进入公立高等院校，这个比例在过去半个世纪中一直比较稳定"（Altbach，1999：3），以 1990 年为例，"美国共有 3535 所高等学校，其中私立学校 1972 所，占 55.8%。私立高等学校学生数为 303.9 万人，占高等学校学生总数的 21.8%"（邵金荣、张文、张晓东，1994：71）。

2. 美国私立高等教育体系的形成

美国的高等教育体系源于早期的私立高等教育。美国是一个具有浓厚的私立传统的国家，在传统上，教育被认为是个人的事情，国家无权干涉，这就为私立学校的存在和发展奠定了社会基础。这也是美国（包括英国等一些国家）与其他国家在教育体制上的一个根本区别。

在新中国成立之前，美国作为英属殖民地也是一个移民国家，移民中 90% 以上是基督教徒。随着社会经济的逐步发展，对能胜任传教工作的教士以及合格的政府官员的需求越来越迫切，教会决定自己创办大学。1636 年，美国历史上最早的一所大学——哈佛学院建立，主要作用是培养牧师。此后，美国的高等教育发展相当缓慢，到 1776 年美国独立前，在北美殖民地共建立了 9 所学院，其中有 8 所被不同的基督教教派、教会控制。而且，这些学院的创办基本上是出于宗教性质的动机，目的也是培养具有高深学问的传教士、教会工作者和对宗教虔诚的政府官员。因此，从历史渊源来看，美国的私立学校和其他西方国家一样，与基督教会关系密切。

美国早期的学院虽然由教会创办、领导并确立学院的使命，但是政府也在其中发挥一定的作用，早期学院的最高决策机构是董事会或校监委员会，这些委员会只有经英国王室或殖民地立法机构的特许，才能拥有管理学校资产、任免校长等权力。同时，政府也为这些学院提供资助，并派代表参加大学董事会的管理工作。早期的学院是以私立性质为主、政府和教会相结合的混合体。

早期的学院借鉴的是英国高等教育的模式，在当时的英格兰，所有学院均无权授予学位，这种权力被牛津大学和剑桥大学所垄断。但是在北美殖民地，尚没有这样的大学。在这种情况下，有意思的是，"哈佛创立后不久便破例未经任何大学的批准，自己独断给它的毕业生以学士学位。这一决定在当时的确是一个勇敢的创举"（陈学飞，1989：11）。

总之，美国私立大学的建立反映了社会的需要，是由社会予以承认的，除了必要的管理和资助外，国家不加任何干涉，从诞生的那天起，私立大学就具有独立的法律地位。

3. 美国公立（州立）高校的建立和公立、私立并举的高等教育体系的形成

美国私立大学的出现早于公立大学。联邦政府成立以后，深感教育关系到国家的兴衰，当时高等教育完全由私人团体控制与维持，不足以满足教育的发展和社会经济、政治的需要，因此，联邦政府主张高等教育应由政府主持办理。但是根据 1789 年联邦宪法的十条补充条款，即《人权法案》的第十条修订案规定："凡本宪法所未授予合众国或未禁止各州行使之权力，皆由各州或人民保留之。"由于 1787 年的联邦宪法没有提及教育，因此教育管理权不属于联邦政府而属于各州或人民。所以，虽然美国建国后的 6 任总统都试图建立国立大学，但均因这一规定的限制而未能成功。

在开国者们试图建立国立大学的同时，一些州也试图把控制在教会手中的私立大学改为州立大学。双方的斗争在 1816 年达到了高峰。该年，美国政治家杰斐逊及其支持者向达特茅斯学院所在州的议会施加压力，试图把该学院改为州立大学。该学院的董事会在这个问题上出现分裂，最后部分校董事将此事上诉到联邦最高法院，从而导致了必须由最高法院来裁决，这就是著名的"达特茅斯诉讼案"。学院的辩护人认为，学院所取得的特许状是一种契约合同，州立法机关试图对它修改，是对契约所承担的责任的单方面损害，是直接违背联邦宪法的。1819 年，最高法院下达了对"达特茅斯诉讼案"的判决，中心思想是：根据联邦宪法，必须维护私立学院取得的法律保障，州议会不应更改私立学院已获

得的权利。这一判决对美国私立高等教育的发展产生了巨大和深远的影响。它进一步重申和确认私人团体（尤其是教会）有独立的办学许可权，而且可以在不至于受到政府接收的威胁下自由发展，这赋予了私立大学具有独立于州的立法权和行政权之外的地位，保障了私立高校的法律权利和地位。

总之，"达特茅斯诉讼案"的判决结束了杰斐逊派试图由政府来控制高等学校的努力，并导致了美国公立、私立高校的分野。在这之前，公立、私立高校之间并没有明确界限，私立高校可以从政府获得财政资助，但这之后，就不能再从政府那里得到直接的财政资助了，新建的大学要么是公立大学，要么是私立大学。在 1819 年以前建立的大学，在保持了一段混合体之后，大部分变成了私立大学。从此，美国的高等教育形成了公立大学和私立大学并存的局面。

由于联邦政府创办国立大学以及各州政府试图接管本州私立大学的努力均以失败告终，各州政府只好自行拨款开办州立高校。但是，经过杰斐逊多年的努力，直到 1825 年，第一所州立大学——弗吉尼亚大学才正式开学。"美国的教育史家一致公认该大学是美国第一所真正的州立大学。"（陈学飞，1989：28）总的来说，这一时期州立院校的发展仍然非常缓慢，私立大学仍占绝对优势，到 1860 年，全美 264 所高校中，州立院校仅有 17 所。州立高校得到大发展要归功于美国高等教育发展史上的另一个重大事件。1862 年，林肯总统签署了著名的《莫里尔法案》，规定各州均要成立一所由州政府资助的州立农业大学和机械大学。于是各州的州立大学开始有了相当的发展，"使得美国现代的公立大学体系开始形成"（见科尔、盖德，1993：80）。

4. 私立高校授予毕业证书及学位的有关法律法规

美国对于私立高校的设置，不同的州，审批的标准不同，有的比较严格，有的相对宽松。在那些审批标准较严格的州，对两年制学院和四年制学院分别设立了不同的开办学校的最低标准。在这种最低标准下，对学校开办时即可授予学位，还是开办时只能颁发证书而不能授予学位，有着不同的规定，但是，这仅仅是能否授予学位的区别，而不是能否颁发毕业证书的区别。在那些审批标准较宽松的州，私立高校在开办时，也必须到州教育行政部门注册，领取办学执照，而且只有经过州的注册，才有资格申请加入地区教育评估组织。

长期以来，私立高校具有充分的办学自主权，联邦政府和州政府对私立高校的教育质量并没有明确的标准要求和检查制度。但为了对私立学校的教育质量进行评估，使学校的教育质量受到社会的监督，在美国出现了很多民间性质的协会或评估组织来履行这项职能。这些协会或组织实行会员制，各级各类学校可以申请加入成为会员。在美国，有西部、南部、中部、中北部、西北部、新英格兰6大地区的评估组织，它们对学校的办学条件和办学水平实施综合评估，给通过评估的学校发放鉴定合格证书。参加地区评估组织的学校，每年要向所在组织汇报办学的有关情况，评估组织对会员学校进行评估，一般是5年一次。只有通过地区评估组织的评估，学校的办学质量才能得到社会的承认和认可，学校和学生才能拥有其他相关的一些权利。而且，这种评估也得到了联邦政府和州政府的承认。

对私立高校的学位授予权，有关法律规定得比较严格。即使是通过了地区评估组织的评估、获得了社会承认，一般来说，私立高校要取得学位授予权，还要经过州政府有关部门的审查和批准，有的州则要求必须通过州政府的审批。学位授予权的有效期一般为5年，到期后私立高校还需要再申请。

二 日本的私立高等教育

1. 日本私立高等教育的现状

日本高等教育的办学模式是国立、公立、私立并举。经过一百多年的发展，日本私立高等教育在高教体系中已占据举足轻重的地位，私立高校不论是学校数量还是在校生数，都占绝对优势。从表3-1、表3-2可以看出，根据1997年的统计，从学校数量来看，日本高等院校共4790所，其中私立4118所，占86.0%；本科大学共587所，其中私立432所，占73.6%。从学生数量来看，高校学生总数为400.6万人，其中私立高校319.2万人，占79.7%；本科学生总数为269.0万人，其中私立大学198.3万人，占73.7%。

表 3 - 1　1997 年日本高等学校情况

单位：所

类别	本科大学	短大	高专	专门学校	合计
国立	98	29	54	147	328
公立	57	62	5	220	344
私立	432	504	3	3179	4118
总计	587	595	62	3546	4790

资料来源：袁韶莹，1999。

表 3 - 2　1997 年日本高等学校学生数量

单位：万人

类别	本科	短大	高专	函授	专门	合计
国立	61.5	1.1	1.9		1.7	66.2
公立	9.2	2.4	0.2		3.4	15.2
私立	198.3	41.2	0.1	19.5	60.1	319.2
总计	269.0	44.7	2.2	19.5	65.2	400.6

资料来源：袁韶莹，1999。

不仅如此，日本私立高校为国家和社会培养了众多优秀人才（见表 3 -
3）。以国立的东京大学和私立的早稻田大学和庆应大学相比，虽然后两所私
立大学的影响力在政界比前者稍逊色，但在其他领域则是各有千秋。尽管私
立高校在数量上占绝对多数，但在质量上，无论是学术研究水平还是对研究
生的培养，私立高校还是无法与国立高校相提并论。绝大多数私立大学仍以
教学为主，少数基础好的私立大学虽然也十分重视学术研究，但专业领域仍
以人文、社会科学研究为多，即使最具盛名的"私学双雄"——早稻田大学
与庆应大学，在理工科学术研究方面也无法与著名的国立大学相匹敌。

表 3 - 3　1997 年部分国立大学、私立大学毕业生在日本社会各界任要职情况

单位：人

大学	参、众两院议员	47 个都道府县行政长官	与中央行政机构有关的审议会委员	日本八大新闻机构领导人	股票上市企业社长	股票上市企业领导人	3000 人及以上企业社长	300～3000 人企业社长
国立东京大学	139	21	124	133	345	3729	121	736
私立庆应大学	57	3	64	13	338	3636	58	1026

大学	参、众两院议员	47 个都道府县行政长官	与中央行政机构有关的审议会委员	日本八大新闻机构领导人	股票上市企业社长	股票上市企业领导人	3000 人及以上企业社长	300～3000 人企业社长
私立早稻田大学	88	3	36	35	225	3270	54	640

资料来源：陈永明，1999：25。

以获得国家的学术研究经费为例，1985 年，在国家支出的 3172 亿日元的学术研究振兴费中，国立大学分得 2405 亿日元，占总额的 75.8%；私立大学只得到 194 亿日元，占总额的 6.1%（柯佑祥，1991a：48）。在研究生培养上，截至 1995 年，在国立高校、公立高校和私立高校中，设置研究生院的学校数分别占到 100%、62.5% 和 59.9%；研究生数分别占该类学校学生总数的 15.2%、7.4% 和 2.4%（见表 3-4）。

表 3-4　日本各类大学研究生教育开展情况

类别	学校数（所）	设置研究生院学校数（所）	占比（%）	研究生数（人）	占全校学生数的比例*（%）
国立	98	98	100	88388	15.2
公立	48	30	62.5	5795	7.4
私立	406	243	59.9	44569	2.4
合计	552	371	/	138752	/

注：（1）统计截止时间为 1995 年 5 月 1 日；（2）* 为占该类大学学生总数的比例。
资料来源：根据《日本教育统计》（文部省平成七年）做成，转引自郑礼，1996：88。

2. 日本私立高等教育的历史及私立高校法律地位的确立

日本大部分国立大学有着悠久的历史，在第二次世界大战之前就已经成规模。以东京帝国大学为代表的 7 所帝国大学，几乎垄断了日本的大学市场。公立大学一般建校时间不长，是二战后才逐步发展起来的，其发展契机是文部省要求每个道府县建立一所地方大学，为地方经济和社会发展培养人才和提供科技服务。与之相比，日本私立高等教育的发展却经历了一段曲折而又艰难的道路。即使早稻田大学和日本其他几所名牌私立大学的历史和国立大学一样悠久，但它们在创业之初却走过了一条极为坎坷的道路。

1868 年，日本明治维新成功，制定了"富国强兵""殖产兴业""文明开化"的基本国策。为了实现赶超先进发达国家的目标，日本政府积极发展教育，把教育作为富国强兵的手段。因此，从一开始，教育的发展就要服务于国家发展的目标，即依靠国立大学，培养适应国家建设需要的人才。正如1886年《帝国大学令》所规定的，"帝国大学以适应国家的需要，传授学术理论、技能艺术并研究深奥学术理论为目的"，培养政府官吏及社会精英。

"殖产兴业"（工业化）基本国策的推行需要大量的经济方面的专门人才，国立大学的毕业生满足不了这方面的需求，这便刺激了私立学校的发展。因此，在明治时期，私立专科学校的大发展主要是其自身适应环境的产物。同时，由于日本明治政府提倡"文明开化"的政策，大力提倡向西方国家学习，许多开明的学者和在日本的西方传教士为此相继创办了法律、语言、医药等私立专门学校。到1872年，日本共有私立专门学校9所，而国立高等教育机构只有3所（柯佑祥，1991b：92）。

但是，在政府看来，私立高校只不过起到"拾遗补阙"的作用，所以，私立的专门学校并没有得到明治政府的承认。直到1903年，明治政府颁布《专门学校令》，才承认大多数私立高等学校的"专门学校"地位，也就是开始承认"专门学校"可以具有私立性质，但仍然不承认"大学"可以私立。同时《专门学校令》规定"专门学校是一种传授艺术及科学教育的场所"，只能培养一般性的专门人才。

《专门学校令》确立了专门学校的法律地位，从此，许多得到认可的专门学校发展很快，并最终发展成为当今著名的私立大学。这些专门学校包括：庆应义塾（庆应义塾大学）、同志社英语学校（同志社大学）、东京法律学校（法政大学）、明治法律学校（明治大学）、专修学校（专修大学）、东京专门学校（早稻田大学）、英国法律学校（中央大学）、关西法律学校（关西大学）、日本法律学校（日本大学）和京都政法学校（京都法政大学）。专门学校在数量发展上开始可以与帝国大学相匹敌（甚至超过）（日本私立高校协会，1990：17）。

日本政府为了维持这种公立、私立二元结构的权威性，也为了确保帝国大学的绝对权威及发展，当时文部省明令：（东京）帝国大学教授和审判官、检察官一律不得在私立专门学校及私立大学讲课，这使私立高校的师资补充遇到很大困难；私立大学不能延缓征兵（帝国大学可以延缓）；实行私立学校特别监督制度，学校的教学及管理工作均由政府直接监督，并接受政府干预；不许私立高校设立新学科；私立高校必须拥有足够的办学保证金；等等。这些规定既挫伤了私人办学的积极性，也影响了私立高校的办学自主权，必然会限制私立大学的发展。

在政府的种种限制和歧视下，虽然在学校数量及人才培养的数量方面，私立大学、私立专门学校超过了国立大学的总和。但是，私立高校只能重点发展如经济、法律、英语、商科等的各种实用学科，主要为私人企业培养应用型人才，并以此得以生存和发展。

日本著名的教育学家小林哲也说："像日本这样的国家，开始发展教育，的确主要是由国家来办的，私人和地方设立的学校，被看作国立学校的辅助和补充的力量。另一方面，我们可以公允地说，这些私人和地方设立的学校，在一些国立学校却说无能为力，或者不愿意活动的领域里，发挥了超过补充作用的力量。"（小林哲也，1981：32）

随着社会形势的发展，私立大学对要求取得平等的法律地位的呼声也越来越高，很多学校也发起了要求平等地位的政治运动，要求把专门学校提高到大学的地位。私立大学所取得的显著发展，为日本政府承认其法律地位提供了依据。同时，中等教育入学率提高对高等教育机会需求的增长、工业化程度提高对人才需求的增长，也都促使当时的日本政府不得不重新考虑其私立高等教育政策。

1918 年 12 月，在早稻田大学学生抗议活动（史称"早稻田骚动"）的直接作用下，当时的日本大正政府重新修订颁布了《大学令》，其中第四条规定："除帝国大学及其他官立大学外，根据本法的规定，可设立公立或私立大学。"至此，私立"大学"的法律地位才得到确认。从此以后，日本的私立大学进入了一个新的历史发展时期。从表 3-5 可以看出，不论是从学校数量，还是从学生数量来看，私立高校都取得了比国立、公立大学更快的发展。

表 3-5　1918~1943 年日本高校学校数、学生数统计

单位：所，人

年份	大学						专门学校					
	国立		公立		私立		国立		公立		私立	
	校数	学生数	校数	学生数	校数	学生数	校数	学生数	校数	学生数	校数	学生数
1918	5	9040	—	—	—	—	26	12346	7	3084	63	33918
1923	11	15149	4	1638	16	21944	40	15320	6	1768	75	37145

年份	大学						专门学校					
	国立		公立		私立		国立		公立		私立	
	校数	学生数	校数	学生数	校数	学生数	校数	学生数	校数	学生数	校数	学生数
1928	11	22568	5	2668	24	36261	51	22588	9	2611	93	59552
1933	18	27901	2	1432	25	41560	50	23064	11	3396	110	63802
1938	18	28034	2	1466	25	44011	52	26540	11	3799	116	75734
1943	19	42847	2	1343	28	60509	58	52470	24	6569	134	132470

注："—"代表数据不详。

资料来源：文部省《日本现代学制百年史》（1972 年），转引自日本私立高校协会，1990：19。

但是，从表3－5 中也可以看出，直到第二次世界大战前的 1933 年和 1938 年，文部省实际上总共只承认 25 所私立高校。这是因为《大学令》虽然在法律形式上确立了其平等的地位，但仍然存在着很多政策上的限制，其中的一个条件就是交付一笔基本财产保证金。对许多私立学校来说，这是一个沉重的负担，因此成立一所大学并非易事。例如，单科学校的校均保证金高达 50 万日元，每增设一个学部，则需另交 10 万日元。例如，早稻田大学有 5 个学部，共需交付 90 万日元的巨额保证金，相当于该校每年日常经费开支的三倍（日本私立高校协会，1991：33）。

1945 年日本战败，美国占领日本。在美国占领当局的敦促下，日本政府在私立高等教育领域进行了一系列改革，确立了新的发展方针。首先，日本政府于 1947 年颁布实施了《教育基本法》。该法在第六条公开承认私立学校的公共性质："法律所承认的学校，是具有公共性质的。""除国家或公共团体外，只要法律所规定的法人都能开办学校（私立学校）。"其次，1949 年制定并于 1950 年 3 月实施了《私立学校法》，在肯定私立高等教育机构公共性质的基础上，该法第五十九条指出："根据文部省及地方法律程序，如果认为需要的话，政府可以资助学校法人（私学创办者），以便资助发展私立教育。"同时，国家承认私立高校的文凭证书；私立高校拥有自治、宗教自由；废除了二战前私立大学财产保证金制度；大量削减文部省的有关权力；等等。总之，日本私立高校的地位得到了很大的提高，也同国立、公立高校一样具有了"公共性质"。而且，国家在法律上也开始考虑资助私立高校。日本现行的高等教育制度就是建立在这一基础上的。

三　本章小结

　　总之，从美国私立高等教育发展的历史可以看到，私立高校在美国的设立早于公立高校，并从诞生之日起就获得了法律地位。"达特茅斯法案"的判决又赋予私立大学具有独立于州的立法权及行政权之外的地位，保障了私立高等教育的法律权利和地位。私立高校在开办时即可以颁发毕业证书，办学质量也不需要政府的评估和承认，而是由民间性质的地区评估组织来评估的，并以此获得社会的承认。

　　从日本私立高等教育的发展历史可以看出，它的发展并非一帆风顺，而是由小到大，由少到多，由地位低下到地位逐步提高。在第二次世界大战之前，日本政府在教育上强调"以国家办学体制为主"，歧视和压制私立高等教育的发展，没有任何保护私立学校发展的措施。具体表现在，从不承认高校的"私立"，到不承认私立的"大学"，再到法律形式上承认私立大学，但实质上仍然采取差别政策，同时优先发展国立大学（帝国大学）。因此，可以这样说，二战前日本私立高校尤其是私立大学受到的政府的各种限制，远比受到生存环境如经济条件、社会地位的限制要多得多。直到二战后，日本政府才给予私立高校与公立高校完全平等的法律地位，最终才形成了日本国立、公立、私立三种高等教育机构共同发展的格局。私立高等教育也由此越来越显示出其在社会发展中不可取代的作用。同时，我们还可以看出，在日本，政府的政策对私立高等教育的发展起到关键性作用，政府政策极大地影响着私立高等教育的兴衰，规定了私立高等教育的发展方向。政府政策的每一次放松，都使日本的私立教育机构获得一次较大的发展。

第四章　历史研究：我国私立
高等教育的兴衰

我国近代意义上的私立学校开始于清末，发展于民国年间，1949 年后先后被政府接管，改为公立，但在我国香港和台湾地区得以继续发展。改革开放之后，我国大陆的私立教育又以社会力量办学的形式萌芽复兴和发展。

清末民国时期的私立学校根据创办者的不同主要分为两类：第一类是外国传教士创办的教会学校；第二类是国人自办的私立学校。

一　民国时期的教会大学

教会大学，是指在近代中国出现的由欧美各类教会团体设立的高等教育机构。教会学校在经费上有自己的筹集渠道，在管理上不受国家教育主管部门的直接控制，在学制上不同于国家规定的教育体系，直到南京国民政府成立，要求教会大学必须向政府立案注册后，其才被纳入了国家的教育体系。它在旧中国教育界享有特殊的地位，因此本文为此单列一节。

1840 年后，西方列强强迫中国打开了国门，并强迫清政府签订了一系列不平等条约，其中规定了传教士在中国传教的特权。此后，传教士开始在中国创办各级各类教会学校，著名的有：天主教会 1850 年在上海创办的徐汇公学；1864 年美国传教士狄考文（Calvin W. Mateer）在山东登州创建的文会馆；1881 年林乐知（Young J. Allen）在上海创办的中西学院等（金以林，2000：97）。徐汇公学的创办早于 1862 年清政府在北京设立的以学习外语为主的同文馆。

19 世纪中期，外国教会在华创办的基本上是实施初等教育的教会学校，教育对象主要是贫苦人家的孩子或流浪儿。课程以传播宗教思想的课程为主，还有极少数简单的读、写、算知识。直到 19 世纪 80 年代才逐步创办了一些中等学校。在传教活动过程中，为了扩展教会的势力，教会深感有必要培植一批中国籍的传教士。但是，仅仅依靠初、中等教育已经不能满足这种需求。为此，教会感到有必要创办大学。

20 世纪前 20 年，中国境内的教会大学获得了迅猛的发展。东吴大学、圣约翰大学、金陵大学、燕京大学等著名教会大学都是在这一时期经过长期发展而成型的。在华传教士还成立了中国基督教教会大学协会，据该协会 1919 年统计，已完全具备本科设置水平的基督教教会大学就达 13 所（转引自金以林，2000：100）。而在此时，中国的国立大学只有 3 所，即北京大学、山西大学和北洋大学，私立大学也不过 7 所。这 13 所再加上法国天主教 1903 年创办的震旦大学，教会大学则达到 14 所。这些教会大学大多数都是在这一时期创立的。

但是，教会大学的创办毕竟是伴随西方列强入侵中国而出现的，与中国的传统文化之间存在很深的鸿沟，这限制了教会大学在中国的发展。自 20 世纪 20 年代开始，中国各地的民族主义运动不断高涨，1922～1925 年先后爆发了两次"非基督教运动"和"收回教育主权运动"。同时，政府举办的公立大学和国人自办的私立大学的兴起，也对教会大学的发展产生了很大的压力。为了顾及中国人民的民族感情和当时社会对人才的需求，各教会大学不得不改变办学的初衷，开始采取一些新的教育方针和政策，以便得到中国民众的认同，并与中国人自己办的公立、私立大学相竞争。教会大学的发展可以 1925 年为界，其目标实现了由"传播基督教育思想"到"为中华民族服务"的转变。

1927 年南京国民政府成立后，明确要求教会大学必须向中国政府注册立案。此后到 1933 年，除圣约翰大学外，所有教会大学都向国民政府办理了立案手续。这样，最初以传教为主要内容的教会大学，在按照中国政府的要求进行调整后，逐渐转变为以传授科学文化为主要内容的世俗大学。在教会大学向中国政府立案后，中国也将它们同国人自办的私立大学一样对待，并且双方逐步建立起比较协调融洽的关系。20 世纪 30 年代前后，教会大学进一步加快了"中国化"的进程。

虽然教会大学的一些传教士确实同西方殖民主义和其以宗教征服中国

的宗教要求在不同程度上有联系，其中有些人也曾做过一些伤害中国人民感情和中国主权的事情，而且从根源上讲，"教会大学的建立是出于西方人的需要，并不是中国人的要求"（卢茨，1987：466），但是，时至今日，我们已不能再简单地用"好"或"坏"的观点来评价教会大学在中国近代高等教育事业中的作用。

教会大学毫无疑问是西方现代文明传播者。教会大学虽然在创办之初开设必修的宗教课，但它同时开设了大量现代科学与文化课程。它在传播宗教的同时，也传播了西方的科学与文化知识。这一点，则是中国传统的私塾或书院所不可能做到的。

教会大学对中国社会影响最大的是教育领域。在中国近代教育史上，教会大学给中国带来了新的教育制度和理念。早在19世纪末20世纪初，在"废科举、兴新学"的热潮中，许多地方就向教会学校借鉴办学体制、办学经验和方法。西方的学校教学方法，如从近代学校教育才开始的班级授课制与实验方法，都是由教会学校从西方引进到中国来的。毕业后从事教育的教会大学毕业生，把教会大学的教学大纲、教学方法和课程介绍到任教的非教会大学。在大学教材编写上，"基督教教育工作者带头把分年级的课本介绍到中国，公立学校早期使用的许多教科书是传教士编写的，虽然许多教科书最终被日本的或是中国的课本所取代。但基督教教育工作者在某些特殊领域诸如医学、农业和英语等的专题著作和课本继续的编写方面作出重大的贡献"（卢茨，1987：491）。随着20世纪30年代前后教会大学的"中国化"，教会大学先后取消强迫学生参加宗教活动的规定，宗教课也改为选修课。教会大学的学科，由以前的只有神学科、文理科、医科，逐渐增设教育科、农科、法科、社会学科、工科、商科，从宗教领域扩大到世俗领域。值得一提的是，在农、商、新闻、社会学、图书馆、电化教育等专业领域，教会大学在全国处于领先地位。

教会大学还在女子高等教育方面和现代医学和护理教育方面对中国现代教育做出了特殊的贡献。

教会学校提倡男女平等，反对女子缠足，否定封建的旧观念、旧习俗，并先于国人开设女校。在中国创办的最早的女子学校，是1844年英国东方女子教育促进会的爱乐德赛女士（Aldersey）在浙江创办的宁波女塾（金以林，2000：147～148）。中国女子接受现代教育的权利的获得，要归功于教会学校。教会大学在女子高等教育领域也起了先导作用，1895 年美国裨治文夫人（Eliza Bridgman）把在北京开设的贝满女塾发展成贝满女子中学，除教授中学课程外，进一步增添了大学预科内容。1904 年该校扩建为华北协和女子大学（金以林，2000：149），后并入燕京大学。著名的女子教会大学有金陵女子文理学院、华南女子文理学院。可见，在女子高等教育上，教会大学对近代中国高等教育的现代化做出了巨大贡献。

传教士在中国建立了最早的医学院校。"第一位来中国的传教士医生伯驾于 1837 年在广州为他的三名中国助手开办了一个医学班。"（卢茨，1987：131）其后著名的有 1904 年建立的北京协和医学院、1914 年开办的成都华西协和大学医学院和长沙的湘雅医学专门学校。在中国历史上，医生的社会地位比较低，而且医学教育是一项需要巨大投资的事业，因而遭遇的困难比女子高等教育还多。但是，这些教会大学类的医学院校不仅为中国本土培养了大批的医生，也促使中国人逐渐理解和认识到医学是一门专业。

教会大学的作用，还体现在毕业生的影响上。首先看教会大学的学生数占大学学生数的比例。"1900 年以前，所有基督教大学每年入学总人数不到 200 人，直到 1926 年，入学总人数才经常超过 3500 人"，"到 1936 年，基督教大学学生人数几乎还是十年前的两倍，接近中国大学生总数的 12%"，"1947 年，教会大学有学生 12000 人，在几年内，教会学校培养了中国大学生的 15% ~ 20%"（卢茨，1987：468 ~ 469）。从中可以看出，虽然大部分时间里，教会大学学生的比例是比较低的，但它在扩大我国的大学生规模上做出了比较大的贡献。其中有相当数量的毕业生为社会做出了重要贡献。在 1925 年和 1936 年两次出版的《中国人名录》[①] 中，"1925 年所列的人名中几乎有 12%，而 1931 年则有 16% 的人上过教会大学"（卢茨，1987：475）。

二 民国时期的私立高等教育

1. 私立高等教育的地位和贡献

民国时期的私立高等教育在整个高等教育体系中，可谓举足轻重。南开

---

① 该书列举中国领导人或对中国做出过重大贡献的人。

大学、复旦大学、厦门大学、光华大学等，以及上文提到的一些著名的教会大学，至今让人耳熟能详。如表4-1所示，民国时期，从数量上看，私立高校占所有高校的比例基本上都在30%以上，1937年超过50%，达到了51.6%，这还是没有把未向政府立案的高校计算在内的情况下的占比。从表4-2可见，私立高校的学生数所占的百分比一直是30%以上，1936年最高，达到49.4%。不仅如此，私立高校还为国家和社会培养了大量的优秀人才。中华人民共和国的开国总理周恩来就是南开大学培养出来的人才中的杰出代表。

表4-1　1912~1949年全国私立高等学校数量及其占比

单位：所，%

	1912年	1913年	1914年	1915年	1916年	1917年	1918年	1919年	1920年	1921年	1922年	1923年	1924年	1925年	1926年	1927年
公私立总校数	115	114	102	104	86	—	86	—	84	—	—	—	—	105	—	—
私立学校占比	31.3	30.7	27.4	32.7	32.5	—	31.4	—	28.5	—	—	—	—	27.6	—	—

		1928年	1929年	1930年	1931年	1932年	1933年	1934年	1935年	1936年
私立学校数	大学	21	21	27	19	19	20	20	20	20
	学院	—	—	—	18	19	22	22	24	22
	专门学校	—	—	—	10	8	9	9	9	11
	总计	—	—	—	47	46	51	51	53	53
公、私立总校数		—	—	—	—	103	108	110	108	108
私立学校占比		—	—	—	—	49.1	47.2	46.3	49.1	49.1

		1937年	1938年	1939年	1940年	1941年	1942年	1943年	1944年	1945年	1946年	1947年	1948年	1949年
私立学校数	大学	18	18	18	18	18	18	18	18	16	22	23	24	25
	学院	20	20	19	21	20	19	19	20	22	24	24	24	27
	专门学校	9	9	8	12	14	14	13	16	16	18	19	22	23
	总计	47	47	45	51	52	51	50	54	54	64	66	70	75
公、私立总校数		91	97	101	113	129	132	133	145	141	185	—	—	—
私立学校占比		51.6	49.5	44.5	45.1	40.3	38.6	37.6	30.3	38.3	34.6	—	—	—

　　注：未向政府立案的私立学校不计在内。
　　资料来源：中华民国教育部教育年鉴编纂委员会，1948：122~125。

表 4 - 2　1936～1946 年全国私立高等学校学生数及其占比

单位：人，%

年份	私立学校学生数	公、私立学校学生总数	私立学校学生占比
1936	20664	41922	49.4
1937	12880	31188	41.3
1938	15546	36180	42.9
1939	17910	44422	40.3
1940	22034	52376	42.1
1941	24742	59457	41.6
1942	22223	64097	33.1
1943	24624	73669	33.4
1944	25919	78909	32.8
1945	27816	83498	33.3
1946	40581	129366	31.4

注：未向政府立案的私立学校不计在内。

资料来源：中华民国教育部教育年鉴编纂委员会，1948：122～125。

2. 民国时期私立高等教育发展历史

在清朝末年，除了教会大学外，政府是不允许设立私立大学的。国人自办的私立高校，仅有 1906 年创办的中国公学和 1905 年创办的复旦公学这两所大学，以及 1910 年前后创办的为数不多的法政学堂。北洋军政府时期，为了培养社会急需的人才，政府建立了各级各类新式学堂，并积极提倡、鼓励私人办学。特别是在第一次世界大战爆发后，西方列强暂时放松了对中国的经济侵略，民族工商业得到了一定程度的发展。随着国内经济的发展，社会对各类高级人才的需求也更加迫切，民族工商业的发展为私立学校提供了一定的经费来源。这样，中国涌现出了一批私立高校。从表 4 - 1 可以看出，私立大学数从 1912 年的 2 所增加到 1927 年的 18 所，而且，这还仅是立案的私立大学。中华民国成立初期，社会急需各类专门人才，所以，私立高校又以私立法政专门学堂居多，专科学校获得较大的发展。1912 年私立专门以上学校占整个私立高等教育的 75% 以上，高达 94%[①]（中华民国教育部教育年鉴编纂委员会，1948：147）。但因为学校

[①]　民国初年之后私立法政学堂的超常规发展与 1914 年教育部整理教育方案草案有很大关系，该草案规定"国家择其需费较巨之科力求设备完善，如文科法科等则听民间之私立而严格监督之"（朱有瓛，1990：40）。

的发展具有很大的盲目性，质量也难以保证，经过政府的整顿，立案的私立专门学校由 1912 年的 34 所下降到 1925 年的 16 所。公立高等教育到 1922 年之后，才进入较快发展时期。1922 年公立大学的数量首次超过私立大学，公立大学 10 所，私立大学 9 所。到 1927 年，公立大学达 34 所，私立大学为 18 所。事实上，私立大学在数量上仍与公立大学不相上下，因为当时还有 14 所未立案但允许试办的学校没有统计在内（中华民国教育部教育年鉴编纂委员会，1934：14~16）。

1928 年，南京国民政府实现了在全国形式上的统一，战争破坏较少，民族工业进一步发展，中国出现了少有的稳定社会环境。私立高等教育也因此获得了长足的稳定的发展。从表 4-1 可以看出，1932~1939 年，私立高校占高等学校总数的比例稳定在接近 50% 的水平。从 1937 年抗日战争全面爆发到 1949 年新中国成立期间，中国基本上处于战乱的非常时期，公私高等教育事业都不同程度遭到破坏，在此本文也不加以叙述了。

3. 政府政策对私立高等教育的影响

自北洋政府时期，政府就开始注重以法律形式确立各级私立学校在教育体系中的合法地位。1912 年，中华民国临时政府教育部废除了清政府颁布的只许私人举办中等以下学校、高等学校全归官办的规定。1912 年 10 月，教育部颁布了《大学令》，1917 年又进行了一次修订，其中第二十一条规定"私人或私法人亦得设立大学"（朱有瓛，1992：2）。同时，政府也制定有关私立学校的法律，以加强对私立教育的管理和调控。1912 年 11 月，教育部公布《公立私立专门学校规程》，在此基础上于 1913 年公布了我国第一部《私立大学规程》，要求依照法令办理学校，这个时期除了师范学校外，允许私人建立各级各类学校。

由于私立高校开办的盲目性和质量不一等问题，北洋政府还以立案的手段，加强对私立高等教育的调控和管理。1913 年 1 月 28 日，教育部颁布《私立大学立案办法布告》，要求"所有私立大学前经呈请到部准予暂行立案者，亟应遵照新颁部令规程，切实办理。自布告之日起，限 3 个月以内遵照私立大学规程，另行报部备查，俟呈报到部届满一年，由部派员视察，如果成绩良好，准予正式立案"（朱有瓛，1992：18）。1914 年教育部派员视察私立高等以上学校，此年得以立案的私立大学有 4 所，1917 年经政府认可的私立大学有 7 所，以后陆续有私立大学经政府立案或认可，到 1927 年，经政府认可、立案的私立大学达 21 所。

南京国民政府时期，宪法等法律中规定了私立教育在当时整个教育事业中所处的法律地位。1931 年颁布的《中华民国训政时期约法》之国民教育专章规定："全国公私立之教育机关一律受国家之监督，并负责推行国家所定教育政策之任务。""私立学校成绩优良者，国家应予以奖励及补助。"（宋恩荣、章威，1990：47）1935 年颁布的《中华民国宪法草案》之教育专章规定："全国公私立之教育机关，一律受国家之监督，并负推行国家所定教育政策之义务。""国家对于下列事业及人民，予以奖励或补助：一　国内私人经营之教育事业成绩优良者。"（宋恩荣、章威，1990：64～65）从宪法等法律对私立教育的规定可以看出，国家对公立、私立教育采取的是较为平等的教育政策，并没有歧视性的规定，而且对私立学校优良者，国家予以奖励或补助。同时，私立学校也负有接受国家监督、执行国家教育政策方面的义务。

为了遏制 1922 年新学制以来私立专门学校盲目发展、高校盲目升格、只重数量而质量难以保证的势头，南京国民政府以重新立案的政策对私立高等教育进行整顿。

1927 年 12 月，南京国民政府公布《私立大学及专门学校立案条例》，要求私立学校必须向政府重新注册立案。"私立大学及专门学校须经中华民国大学院立案。""凡未立案之私立大学或专门学校，其肄业生及毕业生不得与已立案之私立大学及专门学校学生受同等待遇。"（转引自金以林，2000：189）同时，严格立案程序，对不合规定者不予立案，立案后成绩不良或发展无望者，立即撤销立案或令分年结束。1929 年国民政府公布的《私立学校规程》，此后，1933 年、1943 年、1947 年三次加以修正。《私立学校规程》的颁布，是国家对各级各类私立学校管理规范化和完善化的标志。其中规定：教育主管部门对私立学校有监督、指导、控制之权；私立学校的开办、设立、停办须经主管教育行政机关核准；私立学校必须向教育主管部门立案，并受之监督、指导；对办理不善或违背法令者可随时撤销其立案；未照本规程完成立案手续之私立学校，其肄业生及毕业生，不得与已完成立案手续之私立学校学生同等待遇。

政府以立案的方式对私立学校的教育质量进行评估和监督，对合乎政府办学标准和教育政策的私立学校承认其合法地位，公立与立案的私立高校在法律上处于完全平等的地位。[①] 立案私立高校的毕业生在就业、升学等方面同公立学校毕业生享受同等待遇。以学位授予为例，1935 年，国民政府公布《学位授予法》，其中第三条规定"凡曾在公立或立案私立之大学或独立学院修业期满，考试合格，并经教育部复核无异者，由大学或独立学院授予学士学位"；第四条"依本法受有学士学位，曾在公立或立案私立之大学或独立学院之研究院或研究所继续研究两年以上，经该院所考核成绩合格者，得由该院所提出为硕士学位候选人。硕士学位候选人经考试合格，并经教育部复核无异者，由大学或独立学院授予硕士学位。"第五、六、七条对博士学位的授予亦有相似规定（宋恩荣、章威，1990：424 ~ 425）。

三　我国台湾地区的私立高等教育

1. 台湾地区私立高等教育的现状

现阶段的台湾地区高等教育，已经形成了公、私立高等教育并举的格局，私立高校在台湾地区高等教育中扮演着不可或缺的角色。从数量上看，拿公立高校与私立高校的数量和大学生数的比例来说，截至 1993 年，台湾的大专院校共 124 所，私立高校 82 所，占总校数的约 2/3；大学生总数为 653162 人，而该年度私立高校的学生总数为 461086 人，约占台湾大学生总数的 71%（转引自李泽彧、武毅英，1996：218）。

但是，就教育层次来说，博士生、硕士生数量以公立大学居多，大学生（本科生）则以私立大学占多数。博士生阶段，公私立学校学生人数之比大约是 8∶1；硕士生阶段，公私立学校学生人数之比大约是 3∶1。但在本科阶段，私立大学比公立大学多出 51947 人（杨景尧，1997：57）。可

①　对未立案的私立学校毕业生采取专业甄别的办法，以确认其资格。1930 年，国民政府教育部公布了以北平、上海为试点的《北平上海两市内未立案及已停闭之私立专科以上学校毕业生、肄业生甄别试验章程》。对参加甄别试验合格的学生，由教育部发给转学证书，成绩较优者可以转入公立或已立案之私立大学最后年级学习，其余依水平转入相应年级，成绩过差者转入高级中学。1931 年，正式公布了《全国未立案及已停闭之私立专科以上学校毕业生、肄业生甄别章程》及《甄别试验委员会章程》。此外，国民政府还于1933 年公布了《私立专科以上学校立案前毕业生追认资格办理标准》，力求使专业甄别制度完备（方光伟，2001：26 ~ 27）。

以看出，私立高校更偏重于教学，公立高校在学术研究和研究生教育上比私立高校处于更重要的地位。

2. 台湾地区私立高等教育的发展

1945 年，台湾还没有私立专科以上学校，到 1950 年也只有 1 所私立专科学校。最先创办的私立专科学校是成立于 1950 年的私立淡江英语专科学校，即淡江大学的前身。

国民党政府迁台之后，为了标榜其为中华之"正统"，全盘接纳南京政府时期颁布的宪法及各种法律法规，在私立高等教育的政策上，亦是延续在大陆统治时期的做法。南京政府时期已经颁布的高等教育法规有：《大学法》、《专科学校法》、《学位授予法》、《大学规程》和《私立学校规程》等。这些法规对高等教育的宗旨、培养目标、领导体制、管理机构、人事制度、教育经费都有所规定，已形成一个比较完整的体系，台湾当局也就全盘沿用。

在这之后的二十年间，台湾当局基本上没有对私立高等教育方面的政策进行调整，仅将原《私立学校规程》规定的在筹足了基金开办费后核准董事会、开办招生、一年后呈请立案这三个阶段的申请立案手续，简化为只要学校筹备完善，就可由董事会呈请主管教育行政机关立案，删除了"开办一年"后的规定，以鼓励私人兴学。为保证私立高校的质量，1972 年至 1985 年曾对之进行整顿，"整顿期间暂缓接受筹设私立学校之申请"（台湾"教育部"教育年鉴编纂委员会，1974：174）。1974 年颁布了"私立学校法"，1997 年重新修订，从而使私立学校办学的政策环境更加完善。

对私立高等教育来说，1954 年，台湾制订了一个对民间举办职业技术教育事业影响深远的计划，即著名的"建教合作实施方案"。该方案的实施，实现了企业与学校联姻。"建教合作"成为众多私立高级职业中学与专科学校办学的基本模式。它一方面为民间兴学提供了教学实习与经费资助的稳定场所与来源，另一方面为台湾私立高等教育在高等职业技术教育领域，一枝独秀确立了"法"的保障（秦国柱，2000）。

由于台湾当局继续沿用原先的私立高等教育政策，私立高校获得了长足的发展，从表 4-3 可见，私立高校数量从 1950 年的 1 所增长到 1970 年的 62 所、1992 年的 82 所；学生数量也由 1950 年的 374 人增长到 1970 年的 128939 人、1992 年的 461086 人。

表 4 – 3　1950 ~ 1993 年台湾私立高校数量及在校学生数量变化情况

单位：所，人

学年度	校数			在学生数			
	专科	本科	总计	专科	本科	研究生	总计
1950 ~ 1951	1	/	1	374	/	/	374
1960 ~ 1961	6	7	13	2854	6607	/	9461
1970 ~ 1971	50	12	62	79882	48684	373	128939
1980 ~ 1981	56	13	69	140292	91285	1656	233233
1989 ~ 1990	62	15	77	243690	131424	4396	379510
1992 ~ 1993	60	22	82	281281	172434	7371	461086

资料来源：转引自李泽彧、武毅英，1996：217。

四　新中国成立后私立高等教育的消失及改革后的复兴和发展

本文从国家对民办教育的态度、法律法规、政策的演变，以及这种演变对民办高等教育发展的影响的角度，对这段历史进行描述和分析。

1. 新中国成立后对原有私立高等教育的接管和私立高等教育在大陆的消失（1949 ~ 1978 年）

1949 年，新中国建立前夕接管的正规的高等院校共 223 所，其中国立大学 39 所，私立大学 27 所；独立学院，国立 24 所，省立 21 所，私立 41 所；专科学校，国立 22 所，省立 24 所，私立 25 所（季啸风，1992：1128）。

1949 年后，我国在建设社会主义的过程中，发展起与国家公有制相适应的中央、地方和部门所属的统一教育制度。教育成为无产阶级专政的工具，成为计划性最强的事业，学校的公有性与国家化也被视为培养社会主义接班人的最基本保证。民办、私立学校被作为资产阶级、封建主义的旧教育加以限制。对教会大学，新中国成立初期我国政府允许它在遵守中国政府法令的情况下继续存在，也可以继续接受教会津贴。但是，随着新中国与以美国为首的资本主义国家的矛盾日益尖锐，教会大学及其他国外在华文教机构被视为帝国主义文化侵略中国的一部分，被接管和取缔已不可避免。

1950 年 10 月，我国政府首先接收天主教举办的辅仁大学。1950 年 12 月，政务院第 65 次政务会议通过的《关于处理接受美国津贴的文化教育救济机关及宗教团体的方针的决定》明确规定：对接受美国津贴的文化教育医疗机关，应分情况，或由政府接办，改为国家事业；或由私人团体继续经营，改为中国人民完全自办的事业；私人团体经营确有困难者，政府予以适当补助（郝维谦、龙正中，2000：37）。到 1951 年底，所有接受外国教会津贴的教会学校，或者被我国政府接收，或者改为国人自办，但维持私立的性质。

1952 年秋，教育部根据"以培养工业建设人才和师资为重点，发展专门学校，整顿和加强综合性大学"的方针，开始进行大规模的高等院校调整。1952～1953 年的院系调整是我国教育历史上一次深刻的变革，在这次调整中，所有私立高等学校均改为公立高等学校，一些名牌教会大学如燕京大学、辅仁大学、金陵大学、东吴大学等被撤销或被合并。同时，也应该看到，由于私立高校赖以存在的私营经济已不复存在，其在经济上越来越难以维持，学生越来越少，这也是私立高校被取消的一个前提。在此之后的二十多年，私立高等教育在中国大陆成为一个历史名词。

2. 民办高校作为公办高校"补充"的社会力量办学阶段（1978～1992 年）

改革开放和市场经济的逐步建立带来了我国经济建设的快速发展，对各级各类人才的需求也更为迫切。但是，一方面，由于"文革"对教育造成了巨大的冲击和破坏，人才已是青黄不接；另一方面，原有的公办高等教育体系招生人数有限，已经不能满足这种新的社会需要。同时，招生人数的限制也不能满足人们日益增长的接受高等教育的需要。"对高等教育前所未有的需求以及政府在提供必要资助方面的能力缺乏、不情愿结合在一起，使私立高等教育走向前沿。"（Altbach，1999：1）

在这样的社会大背景下，许多热心于教育的社会人士，以从公办高校退休的教师为主，利用社会上闲置的资源，利用公办高校退、离休教师等教育资源，以文化补习班、职业培训等办学形式，创办了非公立的中学后教育机构。间断近 30 年后，民间举办的教育又重新登上历史的舞台。

1982 年《中华人民共和国宪法》规定："国家鼓励集体经济组织、国家企业事业单位和其他社会力量，依照法律规定举办各种教育事业。"国家以宪法的形式肯定了社会力量办学的合法地位，以宪法的形式表明了"鼓励"的态度，这也可以作为民间教育活动重新复苏的标志。在以后颁布的各项法律法规政策中，"鼓励"是一个必不可少的字眼，这也是政府对民办教育的一种表态。

在国家鼓励的态度下，社会力量办学取得了很大的发展。1978 年，湖南长沙开办了一个高考文化课补习班，后来发展为湖南中山进修大学。1979 年，湖南开办了一个会计培训机构，后来发展为湖南中山财经专修学院。这是我国改革开放后最早的一批社会力量办学。1982 年 3 月，全国第一所民办大学——中华社会大学成立，当时被称为"没有围墙的大学"。以北京为例，20 世纪 80 年代成立了 34 家民办高等教育机构，[①] 但是，从名称上就可以看出，绝大多数还只是一些教育培训机构，还称不上严格意义上的"大学"。这一时期的社会力量办学刚刚起步，实力还很小，也只能举办文化实习班、职业培训班或自考辅导班。

虽然国家对社会力量办学采取了"鼓励"的态度，但是国家的目的是想利用它来弥补公办教育的不足，对公办教育起一个"拾遗补阙"的作用。1981 年 9 月，国家教委在给国务院的报告中就很明显地表明了这种态度：目前，国家和企事业办学还不能完全适应四化建设和广大青年、职工学习科学技术的要求，社会上的离退休人员愿意为培养人才出力，因此，应允许私人和社团根据当地需要和各自特长，举办补习学校和补习班。因

---

① 北京中山学院（1985.3）、健康报振兴中医刊授学院（1984.9）、北京齐白石艺术函授学院（1985.7）、中国文学函授大学（1983）、北京经济函授大学（1984.10）、民办北京市京华医科大学（1984.9）、中华社会大学（1982.3）、中国农村智力开发函授学院（1985.2）、财贸经济刊授联合大学（1984.6）、中国社会学函授大学（1985.1）、北京社会函授大学（1984.10）、光明中药函授学院（1985.5）、培黎职业大学（1983.5）、中国农村致富技术函授大学（1985.3）、中国书画函授大学（1984）、中国科技经营管理大学（1985.5）、北京自修大学（1977）、中国科学院心理研究所心理学函授大学（1985.3）、中国交通运输函授学院（1988.1）、北京辅仁外国语大学（成立时间不清）、海淀高等外语学校（1983）、光明中医函授大学（1984.12）、兴华大学（1985.6）、北京东方大学（1984.12）、北京市京西职业大学（1982.9）、现代管理大学（1986.11）、京桥大学（1985.7）、北京民族大学（1985.4）、民办北京市东城区北京艺术大学（1985.3）、中国逻辑与语言函授大学（1982.4）、北京人文函授大学（1984）、机械工程师进修大学（1984）、燕京华侨大学（1984.10）、东方财经日语大学（1986.4）（北京成人教育局社会教育处，1989：327～397），括号内为成立时间。

此，这时的社会力量包括"具有法人资格的国家企业事业单位、民主党派、人民团体、集体经济组织、社会团体、学术团体，以及经国家批准的私人办学者"（国家教育委员会，1987）。国家也希望社会力量是"捐资办学"，而不是"投资办学"。

1987 年《关于社会力量办学的若干暂行规定》指出，"社会力量办学是我国教育事业的组成部分，是国家办学的补充"，并规定了其"补充"的方向：应结合本地区经济建设和社会发展的实际需要，主要开展各种类型的短期职业技术教育，岗位培训，中、小学师资培训，基础教育，社会文化和生活教育，举办自学考试的辅导学校（班）和继续教育的进修班（国家教育委员会，1987）。

为了保证社会力量办学的"补充作用"能够发挥，不偏离政府规定的轨道，政府对社会力量办学的毕业证书颁发进行严格控制。《关于社会力量办学的若干暂行规定》第十四条指出："社会力量举办的未取得颁发国家学历证书资格的各级各类学校，不得颁发毕业证书"。学生学习结束后，可由学校发给"结业证明"。1991 年国家教委在《关于不得擅自颁发高等教育毕业证书的通知》再次重申："不经国家教委或原教育部批准的学校，一律不得擅自颁发高等教育毕业证书。"

3. 民办高校被严格限制发展阶段（1993～1997 年）

1992 年初，邓小平南方谈话发表，我国又进行了一次深刻的思想解放运动。

政府开始改变以往对社会力量办学放任的做法，加强对民办学校的监督和管理。1993 年 2 月发布的《中国教育改革和发展纲要》（以下简称《纲要》）提出了著名的"十六字方针"，即国家对社会团体和公民个人依法办学，采取"积极鼓励、大力支持、正确引导、加强管理"的方针，为此后民办教育的发展确定了基调。

同时，国家严格控制民办高校的发展，《纲要》指出在现阶段"高等教育要逐步形成以中央、省（自治区、直辖市）两级政府办学为主、社会各界参与办学的新格局；职业技术教育和成人教育主要依靠行业、企业、事业单位办学和社会各方面联合办学"。可见，在高等教育领域社会各界只能"参与办学"，在职业技术教育和成人教育方面，社会各方面可以"联合"办学。参与办学的方向，也做了规定。从我国的国情和大多数民办学校的实际办学条件出发，国家教育主管部门认为，举办民办学校主要应以办基础教育、职业技术教育、继续教育和助学性质的高等教育（不发学历文凭，可通过国家统一组织的自学考试取得学历文凭）为重点（《中国教育年鉴 1993》，1994：948）。1993 年的《民办高等学校设置暂行规定》第十三条规定："国家鼓励设置专科层次的民办高等学校。设置本科层次的民办高等学校，其标准需参照《普通高等学校设置暂行条例》的规定执行。"对实力弱小的民办教育而言，这实际上排除了设置本科层次的民办高校的可能性。1997 年 7 月，国务院颁布的《社会力量办学条例》第五条再次规定："社会力量应当以举办实施职业教育、成人教育、高级中等教育和学前教育的教育机构为重点……国家严格控制社会力量举办高等教育机构。"

可见政府仍然是严格控制民办高等教育机构的设立，限制民办高等教育的发展。1992 年，我国具有独立颁发国家承认的学历文凭的民办高校仅有 10 所，而且都是专科层次，到 1997 年，增加到 20 所，仅增加了 10 所，发展极其缓慢。

4. 民办高校的"高等职业教育"阶段（1998 年至今）

1998 年国家提出"科教兴国"战略，更加重视教育在经济发展中的战略地位。开始改变严格限制民办高等教育发展的政策。

1998 年 8 月通过的《中华人民共和国高等教育法》第六条明确规定："国家鼓励企业事业单位、社会团体及其他社会组织和公民等社会力量依法举办高等学校，参与和支持高等教育事业的改革和发展。"此规定与一年前的《社会力量办学条例》中"国家严格控制社会力量兴办高等教育机构"的规定相比有了比较明显的变化。教育部于 1998 年 12 月通过的《面向 21 世纪教育振兴行动计划》提出，应"今后 3～5 年内，基本形成以政府办学为主体、社会各界共同参与、公办学校和民办学校共同发展的办学体制"。

在被称为"世纪之交的教育盛会"的第三次全国教育工作会议召开前夕的 1999 年 6 月，中共中央、国务院发布的《关于深化教育改革全面推进素质教育的决定》规定："凡符合国家有关法律法规的办学形式，均可大胆实验。在发展民办教育方面迈出更大的步伐。鼓励社会力量以各种方式举办高中阶段和高等职业教育。经国家教育行政主管部门批准，可以举办民办普通高等学校。"政府开始鼓励民办的"高等职业教育"，有条件的可以举办"民办普通高等学校"。同时，政府开始考虑扶持民办教育的发展，"要因地制宜地制定优惠政策（如土地优惠使用、免征配套费等），支持社会力量办学"。

进入 21 世纪，政府开始考虑扶持民办教育的发展，并准备用法律的形式固定下来。在这样的背景下，《中华人民共和国民办教育促进法》经过较长时间的调研和起草，终于在 2002 年 12 月 28 日通过，并于 2003 年 9月 1 日实施。可以说，这部法律掀开了民办教育发展的新篇章。这部法律在很多政策上有了一定的突破，如在投资的回报上，"民办学校在扣除办学成本、预留发展基金以及按照国家有关规定提取其他的必需的费用后，出资人可以从办学结余中取得合理回报。取得合理回报的具体办法由国务院规定"。仅仅规定的优惠政策就有三条：民办学校享受国家规定的税收优惠政策；国家对向民办学校捐赠财产的公民、法人或者其他组织按照有关规定给予税收优惠，并予以表彰；新建、扩建民办学校，人民政府应当按照公益事业用地及建设的有关规定给予优惠。①

为了促进民办高等职业教育的发展，国家有关高等职业学校的设置审批权限也进一步放宽。2000 年初《国务院办公厅关于国务院授权省、自治区、直辖市人民政府审批设立高等职业学校有关问题的通知》规定，国务院授权省、自治区、直辖市人民政府自行审批设立高等职业学校，其中包括授权审批设立民办高等职业学校。

1998 年后，我国的民办高校取得了突飞猛进的发展，表 4 - 4、表 4 - 5显示，具有独立颁发学历文凭资格的学校，从 1998 年的 22 所，发展到1999 年的 37 所，2000 年的 43 所，2001 年的 76 所，2002 年的 105 所，2003 年的 131 所。学生也从 1997 年的 1.4 万人，增长到 2000 年的 6.6 万人。1999 年后，民办高校在校学生数在全部大学生总数中所占比例出现下降（见表 4 - 6）。

---

① 分见《中华人民共和国民办教育促进法》第五十一条、第四十六条、第四十七条、第五十条。

表 4 – 4　1992～2002 年全国民办高等教育机构的发展情况

单位：个

	1992年	1993年	1996年	1997年	1998年	1999年	2000年	2001年	2002年	2003年*
具有独立颁发学历文凭资格的学校	10	14	21	20	22	37	43	76	105	131
文凭考试试点学校	—	—	89	157	157	370	370	—	—	—
其他高等教育机构	—	—	1109	938	—	870	912	—	—	—
合计	—	—	1219	1115	—	1277	1325	—	—	—

"—"为缺少数据。

* 截止时间为 2003 年 1 月 1 日。实际上，数量不止如此，仅北京一地，在 2003 年上半年，就审批了 3 所具有独立颁发学历文凭的学校，参见 http://www.cvedu.com.cn/info/mjxx/20030-428003018.html。

资料来源：《中国教育年鉴》，1994：947；《中国教育年鉴》，1999：163；《中国教育年鉴》，2001：101；《中国教育报》，2001 年 7 月 4 日；http://www.cvedu.com.cn/old/z1minban.htm；2001 年中国教育绿皮书，第 111 页；http://www.cer.net/article/20030331/3081104.shtml；

表 4 – 5　1992～2002 年全国民办高等教育机构在学人数的变化情况

单位：万人

	1992 年	1996 年	1997 年	1999 年	2000 年
具有独立颁发学历文凭资格的学校	0.4550	1.4	1.4	4.6	6.6
文凭考试试点学校	—	5.14	9.4	25.8	29.7
其他高等教育机构	—	108.0	109.6	118.4	68.47
合计	—	114.54	120.4	148.8	104.77

"—"为缺少数据。

资料来源：《中国教育年鉴》，1994：947；2001 年中国教育绿皮书，第 111 页。

表 4 – 6　我国公办与民办高等教育规模的同期对比

		1986年	1991年	1994年	1995年	1996年	1997年	1999年	2000年
公办高校	学校数量（所）	2474	2331	2252	2210	2149	2107	1905	1813
	在校生（万人）					566.28	588.46	714.31	909.73
民办高教机构	学校数量（所）	370	450	880	1209	1219	1115	1277	1321
	注册学生（万人）					114.5	120.4	148.8	104.77
公办与民办学校学生之比						4.95：1	4.89：1	4.80：1	8.68：1

注：公办高校包括普通高校和成人高校两个部分，在校生未含研究生。1995 年以前的民办高等教育注册学生数暂缺。

资料来源：国家教育发展中心编著，2001：134。

但是，国家对民办高等教育放开的领域还只是高等职业教育这一块，绝大多数民办高校还只是专科层次的"职业（技术）学院"，同时，仍然不承认没有被批准独立颁发文凭的民办高校的学历，这些学校还只能颁发"结业证书或者培训合格证书"。[①] 民办普通高校的发展尚须时日。

五　本章小结

从上文的描述和分析可以看出，不论是在中华民国时期还是在当今我国台湾地区，私立高等教育都取得了蓬勃的发展，在教育体系中的地位举足轻重。中华民国时期，政府不仅鼓励私立高校的发展，而且，立案的私立高校取得了与公办高校完全平等的地位，学历、学位的颁发亦是如此，政府立案的目的也不过是保障私立高校的教育质量。台湾地区继续沿用中华民国时期的私立教育政策。

新中国成立后，私立学校作为资产阶级、封建主义教育的象征被取消，直到1978年改革后才以社会力量办学的形式萌芽并得到一定发展。但是，国家一直把民办高校作为公办高校的补充，20世纪90年代之前基本上是允许开办各种职业培训班、文化补习班、自考辅导班，之后国家又严格限制民办高校的建立，1998年后政策才开始放宽，但仍然把民办高校限制在"高等职业教育"领域。国家对民办高校的政策限制集中表现在不承认部分民办高校的学历，部分民办高校也始终没有独立颁发学历证书的权力。

---

① 《中华人民共和国民办教育促进法》第二十五条。

第五章　调查过程与个案描述

一　调查过程

我于 2002 年 11 月至 2003 年 4 月，进入北京海淀区的一所民办大学 YD 大学，① 采用参与观察和深度访谈的方法对之进行"个案研究"。由于没有关系介绍进入，我只好采取了"毛遂自荐"的办法"直闯" YD 大学的校长室。第一次，遇到了该校主管教学的 W 校长，我向他说明来意，得到了友好的接待（在我联系另外一所民办大学时，该校校长以身体健康原因婉绝）。W 校长接着引我见了 K 校长，但那日 K 校长工作很忙，便先安排了我对 W 校长的访谈。后来，我与 K 校长先后进行了三次深度访谈。除了访谈，YD 大学还给提供了一些文献资料，如有宣传该校内容的报纸、校内资料等。另外，校长办公室的 HZ 老师是去年毕业留校的，她也为我提供了一些关于就业、学习方面的资料。

除了和校方领导的联系，我还开辟了一条直接与该校学生联系的通道。我随机走访了该校本部的学生宿舍，遇到了 2000 级计算机应用专业的 NYH 同学，在了解我的意图之后，他表示愿意接受我的访谈。随后，我又通过"滚雪球"的方式，接触了该专业的其他同学，通过对他们的访谈或与他们进行的朋友式的聊天（其中正式访谈做了两个），搜集了该专业同学当时选择该校，该校课程设置、教学内容、实践实习、师资力量、教学

---

① 我在网上对北京地区的民办高校进行了搜索和比较，发现 YD 大学成立时间较长，由退休的公办高校教授创办，长期依托于公办高校发展，教学部和教学点零散，也是"文考"高校，可以代表当前民办高校的发展水平，而且，距离北大不算太远，我可以经常前往调查，这是当初我选择 YD 大学作为个案的原因。

131

设备等情况，了解了他们的就业、找寻工作的经历、在就业市场上的一些遭遇、对影响毕业生就业因素的看法、对学校所做的为学生就业所采取措施的评价等情况。

通过对 YD 大学的调查，搜集到了如下资料：K 校长的个人经历，学校的发展历史及现状，学校的管理体制，师资情况，学生的招生、管理、考试、就业等方面的情况，办学体制、取得的社会支持、学校发展的经验总结，学校当前面临的困难、问题、制约因素，等等。

本文的一个重点分析内容是对"统考"高校与"文考"高校进行比较，① 我选取北京的另外一所民办大学 HD 大学②作为"统考"高校的代表，YD 大学为"文考"高校的代表。为了便于比较，我同样选取了 HD 大学的 2000 级计算机专业（网络管理）作为个案。

我进入 HD 大学的过程比较有戏剧性。我先来到 HD 大学的总部，遇到了一位学生模样的看起来又比较好说话的人，谁知一打听，才知他是一位老师。我向他说明了意图，他说可以找某位主管教务的老师，并告诉我怎样去找。我看他比较好说话，就想多跟他聊两句，就跟着他朝一幢教学楼走去。在一楼大厅，他突然想起要去做什么事情，就跑上楼去了。我想，能让他给介绍一下管教务的教师，说不定好说话一些。这样，过了一会儿，我上楼追他。上了四楼，看见了"计算机专业教研室"字样的办公室，我进去后，希望能通过任课的老师找到一些线索，也希望他们介绍几个学生。他们了解了我的来意后，让我去三楼找 YR 老师，她是管学生就业的。然后我找到了 YR 老师。YR 老师非常热情，她详细询问了我的想法和要求，然后仔细做了记录，答应通过计算机专业的班主任给我联系几个学生。随后，在 YR 老师的帮助下，我和该专业的 5 位同学进行了深度访谈，主要了解了他们当时择校、学习、就业等方面的情况。

---

① 本文原打算再做一个"自考"学校的个案，但由于客观条件限制，未能成行。但是，一般来说，"文考"学校的办学条件和办学水平要比"自考"学校好些，也比"自考"学校有更多的办学自主权，从下文的分析可以看出，"文考"学校尚且如此，"自考"学校的情况就要比这还要糟糕了。所以，没有"自考"学校的个案，并没有对本文的分析产生不利的影响。

② HD 大学是最早的一批可以独立颁发国家承认的学历文凭的民办高校之一，办学条件比较好，实力比较强。

上个学期在导师的安排下，教育社会学方向的同学定期召开读书会。有一次，一位博士师姐请到了一位在北京民办高等教育领域摸爬滚打了五六年，对该领域熟悉到如数家珍的 LYH 先生①做的一个报告，我详细地做了笔录。后来，我又和 LYH 先生联系，对他做了两次访谈，他还提供给了我 YD 大学和 AD 大学的早期发展的相关文献资料。

二 背景资料

YD 大学是北京的一所"学历文凭试点学校"，在北京的民办高校中大约处于中等偏上的位置。

1. 学校创办人 K 校长的个人经历

YD 大学的主要创办人 K 校长是一位老教育工作者，1958 年大学毕业后，就开始在北京某重点大学 BH 从事教育工作，先后从事过相关的教学、科研、思想政治工作，还在校办企业工作过。下面是 K 校长的个人经历：

> 我上大学后（1954 年入学），学校安排我提前一年毕业并留校工作。当时 BH 要成立无线电系，我们班都出来了。第一年，主要为系里下乡实习和毕业实习做准备，宣传实习大纲，带着同学下乡实习。第二年，筹建系里的校办工厂。第三年，系里上一个新专业，雷达设备结构设计和工艺。后来到 1961 年，一方面讲课，另一方面被抽调出来做学生党支部书记和学生的指导员。在系里担任教学任务，开设"结构设计"课，后来又准备"无线电材料和器件"课。1962 年的时候，一方面在系校办工厂，另一方面担任基础教研室的党支部书记。开设几门课，如"雷达结构设计和工艺""无线电材料和器材"。1964年开始，系里筹建雷达站结构工艺教研室，我带几个人出去调研。1966 年准备招生，教研室也准备就绪了。"文革"开始了，在"文

---

① LYH 先生毕业于北京的一所名牌高校，从他仍在读大学的 1995 年就开始以志愿者、记者的身份对华北、华东、东北的民办高校进行调查，从 1997 年开始，以从业者的身份在北京多所民办高校做过招生、筹办学校等具体实际工作，从 2001 年开始做教育投资行业，现任一家著名教育投资集团的副总经理、教育中心首席执行官，可以说是民办高等教育界的一位资深人士。我在与他的几次访谈中受益匪浅。

革"期间，学校有什么事，就干什么事。"文革"后期，工宣队进校，系里成立了一个中队，我是副教导员。……主要搞政治思想工作。"721"工农兵学员上大学后，我也参加辅导课，带学生参加实习，一直是教研室的支部书记和系里的学生支部书记。后来，1977年、1978年就调回系里工作了，接触到招生问题。到了系里不久，BH的第一个公司是我创建的，但不是我个人的，是为系里搞的。1986年我开始办这个学校。

可以看出，K校长做了一辈子教育工作，有着丰富的高校工作经历和工作经验，因为工作原因，也积累了丰富的社会资源，这都为以后创办这所民办大学打下了坚实的基础。

2. K校长在创办学校时的想法及学校的创办

K校长出生于农村，对农民子女很有感情，知道他们上大学难。1978年后，K校长经常代表学校到全国各地组织招生工作，在招生过程中，他发现很多学生只因一分之差而无法进入大学，这是他逐渐产生要办一所大学的念头的主要原因，1986年条件成熟后，他组织创办了这所民办大学。

因为，我自己本身是农村出来的，没有解放（新中国成立前），我上不了大学，也到不了北京工作，所以对念书机会、对农民的孩子上学，我有感情。

国家恢复招生后，我当时在系里工作，负责在北京或到浙江、河南招生，在招生时发现这么一种情况：分数考得好的，女孩多，男孩少；有的孩子只因一分之差（上不了大学），就把这个孩子一辈子给断送了。特别是河南作为人口大省，报考学生多，但名额少。孩子的父母、亲戚，为了孩子上大学，从千里之外到招生办了解情况。拿到通知书的考生，高兴地回家了；没拿到的，孩子也可能出事。高考如果只是走这样一条单一的途径，能不能解决我们国家更多的人上学的问题？这是我头脑中最早萌生的想法。假如有条件、有机会，我也想让更多的孩子能够上大学，这是我当时的想法。但当时我感到很无奈，因为国家没有相关的政策。

1982年，中国出现了第一个民办大学——中华社会大学，得到了社会的承认，发展得也比较快。

我所在的 BH 大学，每年高考期间，全院子里人们谈论的就是高考的事。自己的孩子上大学了，父母很高兴。考不上的，给孩子安排上补习班，有的孩子，补个三五年的都有。城市的孩子有这个条件，但是农村孩子就没有这个条件。我想办学，但没有合适的机会。

那时，BH 大学教职工的孩子中，有一些没有考上大学。当时我就想，能不能就以这些孩子为对象先试办一下。和其他民办学校一样，试试走这条路。这个想法得到了当时的人大代表吴树能（音）和 BH 大学好多家长们的支持，我就开办了第一个班，专业是电子应用技术。因为我本人是搞电子的，办这个班比较顺手。

3. 作为民办教育家的 K 校长

作为最早的一批创办民办高校的人，K 校长以其敏锐的眼光发现了现有的公办高校已不能满足人们对于高等教育的需求，而民办教育却可以在培养人才方面发挥公办教育所不能发挥的作用。改革开放后，国家允许社会力量办学，他即开始投身于民办教育事业。从与 K 校长的接触中，我发现他颇有民办教育家的情怀和眼光。

K 校长认为，办教育是个公益事业，要有奉献精神。

创业人得首先不能把创业当作个人的资本，办学不能当成拿钱的途径，不能追求经济效益，要把办学当成社会公益事业来做，要无私奉献。另外，要善于团结人，不能今天换一批，明天换一批。我们的工作人员，进来就不想走。他们的工资也不高，但在这里干，心情舒畅。感到自己受到信任，愿意同甘共苦。值班费你拿 20（元），校长我也拿 20（元），值班费和工人拿的一样。唯有这样的精神，才把更多的人团结在一起，愿意跟你干事业。

办学是个公益事业，要有敬业精神、奉献精神，不能捞什么东西。为了办学，我牺牲了好多东西，职务、职称、工资待遇都受到影响，人家不会评我。我在退休之前，是无偿工作，最初一个月只补助几十块钱。我的工资在前几年仍旧只有几百块钱，但是学校还有其他工作人员，如果我拿得少了，人家不好办，所以，近一年我才拿 2000

块钱左右。办学使用的电脑，价值两万多块钱，都是我家的孩子给买的，还有他从外面搞来的录像带、磁带，这些就都不说了。关键这是一个事业，我们当成事业来办。

在与K校长的接触中，一些小事也印证了这一点。比如，K校长的穿着非常朴素，身上没有一件比较时髦的衣服，我有一次见到K校长时，他竟然穿着旅游鞋，衬衫上的领子已经磨得起毛了。

K校长也以其民办教育家的眼光对学校的发展方向进行了定位：

> 民办大学一定要把自个儿的位置找准。我们的定位是：培养总体素质好，综合能力强，应用型的、职业性的科技人才和管理干部。我在一开始就定了这个位。学校培养的学生要面向市场，要为市场服务，为经济建设服务，培养出来的学生如果市场不要，学生不能就业，那么学校就是失败的。所以我们开办的专业，就业市场的针对性很强。

K校长也清醒地认识到民办高校的实力不强，但他对学校的未来充满信心。

> 办一流大学，我们恐怕做不到。我们为中国的大众化高等教育服务，这是可以做到的。促进普及的、大众化的高等教育，我们为这个目标服务，努力办出自己的特色，以特色求生存，以特色求发展。国家改革开放，面向世界。我们提出的口号是"立足北京，面向全国，走向世界"。办大一点儿，办好一点儿，办出特色。制定的目标方向是：办一个有特色的大学，培养振兴中华的人才，让社会和国家满意，使学生家长放心。

三 YD大学的发展历史

1986年，YD大学开始办第一个班。当时，由于规模比较小，还只能挂靠在另外一所民办大学下面，学校的地点也在 BH 大学里面，可以说是一个"校中校"。

  1986 年，我办了第一个班，54 个人，主要是 BH 大学职工等的孩子。第一班是基础课，但名不正，言不顺，所以就挂靠在一所民办大学下，作为它下面的一个班。

  学生来的时候成绩比较差，BH 大学学生的平均高考成绩是 500 多分，我招的这个班的学生高考成绩比较差，平均 330 分。但是经过一年努力，学生的思想素质、业务素质提高很快，在中学打架的学生，现在也不打架了。加上两个班主任管，全力把这个班搞好，努力扩大影响。

创办伊始，没有任何投入，一方面，K 校长利用自己积累多年的社会资源；另一方面，充分利用市场的力量，如经费全部来源于学费，按市场的需要来设置专业。

  我在 BH 工作多年，毕业留下就在 BH 工作，退休也在 BH。为 BH 培养了好多学生，在 BH 也有很多朋友，在那里干了一辈子。要不然我也支撑不了，基础部的主任、书记和我的关系不错，他们帮我找老师。有事我就找他们帮忙，教务部给我找教室，开始院里面都不知道。办学的资金来源是学生缴纳的学费，一个人半年学费是 200 元钱，全部用到办学上。

  在专业设置上，就业市场上需要什么人才，我们就办什么专业。我们先后开办了电子技术、医疗仪器、食品机械三个本科，空调制冷、电子测量两个专科。请来上课的都是比较好的老师，我们把学生的学费全部投到教学上。

  办学的工作只靠我一个人也不行，现在的张副校长、任副校长都是我聘请的，当时我也是有意识地聘人。如当时学生进入 BH 教学区，需要找保卫部门批准，我聘的张副校长是当时保卫处安全科的科长。我把他聘来了，学生进校园就方便了。他的孩子当时第二年没有考上大学，也进了我们的班。

以后一直到 1993 年，学校发展得比较顺利。

第二年，扩大招生到 5 个班，因为此时大家信任你了。三个本科，两个专科，学生发展到 300 多人，在这个基础上，我又补充了一些管理人员。

第三年，又加招了一个班，发展到 400 多人。我当时还是兼职，是业余时间在干，当时还在系里有工作。那年我才 53 岁，没有退休。最后，BH（大学）的校长办公会决定把我全抽出来办学，另外安排了三个同志协助我，实际上是礼拜天来帮我，我自己就全过来了。

但是这样挂靠办学，长期下去也不行，毕竟名不正，言不顺。我们曾经想成立二级学院，但当时国立大学不能办民办学校，我们费了好大的劲也批不下来。那就只好独立申请吧。

我们找教育部门申请挂个牌子，但是明令不准私人办学，必须要找一个法人单位。我是搞电子的，联系了中国电子学会、BH（大学）里面的学会等，它们都愿意主办我们学校，都很积极地找我们多次。我们研究了一下，就由关系比较密切的相关学会来主办。这样，学校的发展就有了资格，我们正式打个报告，当时学生有 400 多人。1988 年 12 月 24 号正式挂牌，举行学校的命名大会，学校终于有牌子了。挂牌后，我们开始正式面向全北京市招生。

随着学校的发展壮大，办学经费、校舍等方面都面临着越来越大的困难，但是，YD 大学充分地利用各种社会资源，比较稳妥地解决了这些发展中的难题。

当时资金运转很困难。（收的学生）都是 BH 等职工的孩子，学费比较低。（我们想）能不能在这个基础上，成立个董事会，想让单位给我们赞助一点。职工们的孩子在这里念书的，给一万两万（元）啊。我们在三四年里一共得到了 80 多万（元），主要是学生家长的单位、家长们给我们的资助。

到 1993 年，学校的发展很正常，地点在 BH 大院里。礼拜天插空用教室上课，我付租用费。关于学生的宿舍，外地的学生来了也住在

BH 里，当时有些厕所、水房隔壁的房子是没人住的，我们租下来安排给学生住，学生规模发展到七八百人。

1993 年是 YD 大学发展中的一个里程碑，学校被评为北京市首批"学历文凭试点院校"，即组织学生参加学历文凭考试，成绩合格的可以获得国家承认的学历文凭。

1993 年，国家教委为了解决民办学校的学历问题，开始试点。当时学生拿我们学校的证书到社会上就业，就业情况也挺好。这一年，我们学校被选为 15 所"试点文考学校"之一，同时，也有 15 个试点专业，支持我们学校的发展。从此，办学的思路，从 BH 大院拓展到 BH 院外面，（开始租借）空军指挥学院、中国矿业大学、北京气象学院（的校舍），位置都在各大学里面，因为大学的气氛比较好，人的素质比较高。我一直是这个指导思想，不能脱离大学。另外，招生范围从北京市招生拓展到全国招生。这是学校发展的第二步。

从 1993 年的 700 多人，到 1996 年发展到 1800 多人。1996 年时，由于当时民办学校办得比较多，有些民办学校的管理和办学不规范，有的就是为了赚钱。因此国家教委选取了两所学校，作为评估、验收其他民办大学的标准。我们学校是被选之一，当时我们学校的学生有 1800 人。

1996 年对 YD 大学来说，富有戏剧性。虽然被选为用来评估其他民办大学的试点学校，但是在当年北京市"优秀学校"的评选中却没有被评上，这对学校的刺激很大。

评优秀学校，没有评上。我们总结教训，要踏踏实实工作，把学校办好。国家教委的同志给我们提了两个意见，第一个要扩大宣传，让社会了解你。第二个要有名人效应。这之后就有了请王光英同志题词，在《中国青年报》上的宣传。

1996 年虽没被评上优秀学校，但是我们把压力变成动力，决心进一步把学校办好。1996 年之后，学校发生了从量到质的变化。同时招生人数每年增长：1997 年 2100 人，1998 年 2500 人，1999 年 3000 人，

2000 年 4000 多人，2001 年近 7000 人，每年成千地往上增，招生规模越来越大。

1997 年，由于 BH 扩大招生，YD 大学已经无法继续在 BH 里面待下去了。YD 大学经过十年的发展，终于从"母体"中脱离出来。虽然，此时学校新建的校舍还比较简陋，但毕竟有了自己的教学基地。

1997 年 BH 扩大招生，我们在这里时间长了也不行，所以要找个地方搬出来。但又想，这儿是个风水宝地，离开 BH 距离远的话，我们的办学难度也很大。所以，就向当时此地的乡政府租了 8 亩地，盖起了本部这边的校舍，租用 12 年，租金一年 58 万（元）。当时学校先向教职工借钱，先后一共 200 万～300 万元。当时谁都不敢投，我自个儿带头拿钱，有老师，也有方方面面的人，一共 200 多万（元）。校本部的房子，是我借钱盖的。钱现在都还了，给一定的利息也是允许的，这也是为了生存。2012 年之后，本部搬出去。在香山有个地方了，还要找第二个地方，将来办个总部和本部。

四　YD 大学的现状

1. 专业设置

YD 大学开设电子商务、计算机应用、（涉外）财务会计、国际贸易、（工商）企业管理、（国际）金融、（外贸）英语、法律、电子工程、旅游管理、艺术设计等专业。这些专业既可以"文考"，也可以"自考"。

2. 本部的情况

本部位置在 BH 大学西院，与 BH 大学仅有一墙之隔。建筑面积达 5000 平方米，在校生 800 多人。设有教室、学生宿舍、机房、语音室、食堂、浴室等，其中电脑 90 多台，语音设备 50 多台。据我观察，校舍比较简陋，五六排的平房仅有两层高（因为学校建筑上面就是高压线，不能建高），校舍红砖裸露在外，没有任何的粉刷，像是民房。校名"北京 YD 大学"用白粉或白漆印在外面的墙上。

3. 学校几个分部的情况

第四教学部，是目前最大的教学部，在香山。是近三年才发展起来的，占地 100 亩，有学生 3800 人。

这个教学部是新建的，是有个同志自个拿钱盖的，一共花费 2000 万（元）。当时发展这个部，是因为本部这块地方属于大运村的改造地盘，大运村要占。但是后来并没有拆，所以也就没有离开。地是渠潭（音）农场的，搞联合办学 50 年，租用 50 年。办学条件、教学设备是最好的。教委也在那边检查了很多工作，发展还是很有前景的。也可能应用大学将来在那个地方发展起来，建了才三年时间。盖了两万多平方米的房子，自己盖的，600 多台微机，有 400 多台设备的语音室。今年想再搞个图书馆、操场，有条件再把教学楼搞出来，再经过一两年的努力，想在那边长期站住脚。盖房的经费是自筹的，包括学生的学费及借的钱，有一部分是积累，还欠了一部分钱。我们没有企业投资，没有社会捐助，也没有从银行贷款。

第一教学部在五孔桥，本来叫旅游管理系，后来发展到第一教学部。由 BH 大学的一个老师，现在一个副校长来管。

以上所说的校本部、第四教学部（也是校总部）、第一教学部是 YD 大学三个潜力比较大、发展前途比较好的教学部，YD 大学集中起来发展，其他的几个教学点，规模都比较小。

工艺美术系，原先是第二教学部，原先比较大，管理人去世后管理上慢慢跟不上了。

就把这个教学部撤了，改成工艺美术系，就搞工艺美术，也就 200 人，地点在丰台，那里的办学条件比较好。

第三教学部，去年（2001）的招生简章就没发，现在慢慢不行了，也有 200 多人，前年就停止招生了。但是现有的在校学生要培养完，遇到什么情况都要培养完。

基础部在河北省，条件比较好，设了两个专业，电子技术和计算机，但是现在只有 100 多人，慢慢在萎缩。

经济管理系，在××大学里面，现在学生也不多了，也就200多人，没有什么发展前途。使用的是公寓楼，租金太贵，没有什么经济效益。将来学校的发展，没有经济效益不行。这个办学点很快也要撤了。

除此以外，YD大学还有信息网络系、交通管理系、烹饪管理系等，属于散布于其他各地的零散教学点。

YD大学于2003年撤销了其他教学点，归并到新建的校总部。在学校的主页上有这样的公告："根据市教委指示精神，为加强管理，提高教学质量，自2003年起，我校将原基础部、信息网络系、工艺美术系、交通管理系、烹饪管理系和经济管理系等上课点统一撤并至校总部新校区，上述各系上课点2003年不再单独招收新生。"从零散教学点的撤并中可以看出，学校建设将逐步走上正轨。

YD大学各教学部人数如表5-1所示。

表5-1　YD大学各教学部学生数量统计

单位：人

	本部	第一教学部	第二教学部	第三教学部	第四教学部	基础部	经济管理系
位置	BH西院	五孔桥	丰台区委党校院内	北京气象学院内	香山	河北高碑店	北京工商大学校内
人数	800	1400	200	200	3800	100	200

注：（1）第四教学部是新建校区，现已改称YD大学总部。
（2）学生数量只能是个估计数，不像公办高校那样学生数量比较稳定，在YD大学，因为各种原因，经常出现学生流失的情况。

五　民办高校的机制灵活之处

尽管民办大学在校舍、师资、办学经费等各方面长期面临极其艰难的困境，但是办学体制的灵活性，是其仍能继续生存的主要优势，正如K校长所说："只要民办大学能够存在，不管它面临什么问题，都表明它有自己的优势。如果没有优势，它就存在不了。"

YD 大学为一所民办高校，不同于公办高校的最大之处，就是它可以根据劳动力就业市场的需求，及时在专业设置上进行灵活调整。

专业设置，一方面有规划，但另一方面，市场需要什么专业就设什么专业。到毕业前，就业市场变了，现有专业可以加几门课，这样就很灵活地把专业改了。例如学生招进来后，学习国际贸易专业，本来国际贸易专业的毕业生很受欢迎，但是四年后，国际贸易专业的就业不行了，而财务会计、外贸英语专业的毕业生很受欢迎，由于基础课内容差不多，因此可以在毕业那年，增加几门课，专业方向就改了，国家证书可以拿国际贸易专业的，我们学校的证书，可以拿外贸英语的，这样，毕业生的就业面不就宽了嘛。学校在这方面有自主权，这对学生的培养影响不大。头两年基础课内容都一样，就是最后一年的课有些调整，把专业课变一变就行了。学校设置新专业也是这样的，很灵活，完全为就业市场服务。这是公办大学做不到的。

由于私立大学可以灵活地设置专业，在学生的培养方面也就有很强的灵活性，同时可以对学生进行严格管理，实行公办大学所不可能实施的淘汰制度。

学生来了计划是学四年，但后来，只想念两年，就根据课程和学分，给你大专文凭。这个公立大学就办不到了。另外，还有灵活性，但恐怕又有人说我们办学不规范了，例如学生家长想要培养学生，接班也好，干事业也好，本来想学计算机专业的，后来想学一个管理专业，家长提出来后，我们根据学生的情况，帮他换一个专业，拿学校的毕业证书，不拿国家的，但不影响学校的培养方向，他自己也好就业。

学生来了后，比如有一年招了 140 人的大班，不分大专、本科。一年后，好的学生 80 多人进本科，差的学生二三十人学不下去，被淘汰了。也不是把他们一下子赶回家，如果他们觉得专业不合适，允许换专业，再不行的话，转到别的学校也可以，还有一部分学生可拿大专文凭。我们的淘汰率在 5% ～20%。

民办大学既然可以灵活地设置专业，也就可以灵活地进行招生。

我们在招生方面，有条件招 1000 人就招 1000 人，没条件就招 500 人。但公办大学的招生规模做任何调整，都需要上报审批。

在目前民办高校生源存在较大危机的情况下，学校为了解决生源问题，也不得不采取一些策略，比如采用"老生带新生"的办法。

在校的学生回家后可以在家乡进行宣传，一个带一个。现在也是市场经济了，我们也给一定的劳务费，从今年（2002）开始，带一个学生来校报名，给 500 块钱劳务费，这也是需要信誉的，学生带学生也是很重要的渠道。劳务费本身不是鼓励拿钱，而是表示他为学校的招生做出了一定贡献，是给他心理上的安慰。

学校在管理体制上也有很强的灵活性，唯有办事效率高，才能在各种不利的社会环境中生存下来。

我们在人事上没有 BH 大学那么严格，如果有人来找工作，我们看着合适的，我们议论一下，就可以了。不用上面批、下面报。

在财务上也是一样。例如房子需要改造一下，在 BH 大学的话，要立项后报这个批、那个批。在我们学校，我给大家通通气就行，决策快，执行也快。奖金上也一样，如果今年节余多一点儿，就给大家多发一点儿。如果机房旧了，需要改造，旧的机器设备可以送给希望小学，马上买一批新的。如果是公立大学就需要上报，报这个审批，报那个审批，事情都凉了，也不一定能批下来。我们上午说，中午就开始办了。

第六章　谋求国家承认：一个意外结果

一　毕业生就业：本文分析的切入点

本文对民办高校的实证研究，将以毕业生就业为起点进行探讨。

对任何高校来说，它的"产品"是大学毕业生，"产品"质量好坏和销路好坏直接关系和影响到学校的声誉和地位，影响到来年招到学生的数量和质量，影响到学校今后的生存与发展。"毕业生就业率是检验高校专业设置与结构调整的核心指标。"（林毓铭，2002：47）可以说，毕业生就业率也是检验高校综合发展水平的一个重要指标。

对民办高校来说，解决毕业生的就业，更是它生存和发展的重要策略。从民办高校创立的那天起，它的学生就是面向社会、自主择业的，学生受不受社会欢迎、能否在劳动力市场上找到工作，是民办高校发展水平的总的检验，更是它能否继续存在和发展下去的关键问题，"民办学校竞争最终体现在学生就业市场的竞争上"（郭建如，2003b：55）。

由于有强烈的生存和忧患意识，民办高校一开始就不得不把毕业生的就业问题提高到一个很高的高度。海淀走读大学的常务副校长陈宝瑜回忆说："如果国办大学的毕业生都有工作，而我们的毕业生不包分配，找不到工作，那肯定后来几年的招生就会很困难了。当时社会上一些人，本来就看不起民办大学，你毕业生不包分配，学生找不到工作，谁还敢到你那学校来，这样的学校怎样持续发展呢？"（陈宝瑜，2002：19）

YD 大学的 K 校长说：

> 学校培养的学生要面向市场，要为市场服务，为经济建设服务，

培养出来的学生如果市场不要你，学生如果不能就业，（学校就无法进一步发展）。（因此），（学校）办专业，针对性（要）强。（YD01，2003）

民办高校也注重毕业生就业率的宣传。海淀走读大学自1999年创办以来，"毕业生每年7月中旬的初次就业率均达到了97%以上，据北京市教委统计，在北京地区独立设置的66所普通高校中，海淀走读大学排在前五名之内。2002年，2500多名毕业生的初次就业率达到98%以上"（陈宝瑜，2002：11）。

可以看到，解决毕业生就业的问题，也就是解决学校的生源问题。这就不难理解，在招生中，为什么有的民办高校打出"保证百分之百就业"的旗号。对民办高校来说，它们最大的问题仍然是生存问题，也就是生源问题。这也就不难理解，每逢招生季节，在报纸上或在火车站等公共场所会出现民办高校之间的"争夺生源大战"。如果招不到学生，就没有学费收入和办学经费，就面临着不能生存的问题。毕业生的就业问题是关系到民办高校生死存亡的大问题。总之，"教育与劳动力市场关系问题是民办院校面临的非常重要的问题，民办学校对市场的反应是相当灵敏的，不少民办学校把解决'出口'看成是解决'进口'（招生）的关键"（郭建如，2003a：7）。

对学生来说，在众多可供选择的高校面前，其也会把各学校的毕业生就业率作为一个重要的参考指标。

访谈者：想问一下，当时你为什么会选择你们这个学校？

被访学生：第一个，就是说，根据自己的实际情况，根据自己的学习（情况），当时的成绩，到这个学校比较合适。再一个，根据HD大学的情况，和别的学校相比，发现它的就业率还是比较高的。（HD01，2003）

甚至有的学生把就业作为一个考虑的主要指标。

访谈者：有没有看重，比方说，它这边发国家承认的文凭？它的就业率比较高？

被访学生：啊，看呢，考虑到就业率了，看见的是这一点，所以想，这个学校应该不错吧，就过来了，主要考虑的是就业率。（HD02，2003）

不仅如此，就业现在已经成了摆在整个民办高等教育界面前的一个急需解决的问题。一位资深人士指出：

整个中国民办教育界有一个隐患，包括从业者看到这一点的都不多。1997 年 JL 进入了，属于实力派，学校是办起来了。HT、DZY 也是万人大学。但是，学生的毕业怎么办？"入口"解决了，"出口"怎么办？两万个学生毕业，怎么办？如果学校解决不了，社会就得解决，但学生首先会找学校。两万个毕业生不是个小数目。而且没有一个学校认识到这个问题。但是这个苗头已经出现了，一到 5 月份，DZY 就开始炒作，他的学生的收入已经超过了北大学生，而且要预定。年薪能达到 20 万（元）肯定是吹牛，一方面是解决就业压力，他当时也是有一定的承诺的。吉利大学也有承诺，要求 JL 集团消化 80%，这是不可能的。就业的问题不是某一个人、某一个学校可以解决的，要靠政策。（LYH01，2002）

二 毕业生就业去向：次要劳动力市场

按照劳动行业、工作地点、工作性质、工作待遇等标准，可以对劳动者所从事的工作进行某种划分，也就是可以对劳动力就业市场进行划分。在以往所做的划分中，影响最大的是多灵格（P. Doeringer）和皮奥里（M. Piore）于 1971 年在《内部劳动力市场及人力政策》一书中提出的"劳动力市场分割理论"（赖德胜，1996：56～67）。该理论认为，劳动力市场远非竞争和统一的，它是分割的，即可以把劳动力市场划分为主要劳动力市场和次要劳动力市场，不同的劳动力市场在劳动力配置和工资决定等方面具有不同的特点。主要劳动力市场的工作具有工资高、工作条件好且有较多的晋升机会、工作稳定有保障、失业率低、劳动者技术水平高、在工作制度的行政管理上有适当的程序和规则等特点。次要劳动力市场的工作则往往有工资低、工作条件差、晋升机会较少、工作不稳定、劳动转换频率高、要求苛刻等特点。

在我国，由于户籍等人为的制度因素，劳动力市场也存在明显的分割现象（赖德胜，1996：19～23）。对高校毕业生来说，由于不同类型的高校在办学条件、人才培养目标等方面的不同，其毕业生的就业去向也就存在比较明显的"分割"现象。

首先看一下传统的高等教育的分类。一般把高等教育分为学术型、专业型和职业技术型三种类型；① 按办学层次可以分为研究生教育、本科教育、专科教育三种；按功能可以分为研究型、教学研究型、教学型三种类型。目前我国的民办高等教育基本上属于职业技术型、专科教育型、教学型的范畴。著名高等教育学家潘懋元指出，不宜把民办高校都定位于专科层次，定位于职业技术教育，限制所有民办高校进一步发展和提高，但是，当前中国民办高校"由于办学时间短，大多数学校的师资、经费、设备等条件远不如公立高校，着重办专科层次的高等职业技术教育，是符合当前实际情况的"（潘懋元，1999：19）。

当前，在办学条件、办学实力的限制下，绝大多数民办高校的定位是办专科层次的高职技术教育。另外，这也是目前在公办高校强势的情况下迫不得已的选择。公办高校毕竟在学历、毕业生质量、学校声誉上占有比民办高校更大的优势，毕业生基本上去"上、大、国"，即就业去向是上层部门、大中型企业、国有单位。这决定了它必须确立与公办高校不同的人才（毕业生）培养目标。

在解决学生就业的实践中，民办高校发现了新的就业空间，这就是

---

① 所谓学术型高等教育是西方国家对专业范围属人文科学、数学、自然科学及其他科类中的基本理论领域，旨在培养学生从事有关专业学术性工作的高等教育的称谓（顾明远，1998：414）。所谓专业型高等教育是西方国家对专业范围属工科、农科、医药、师范、财经、法律、管理及其他应用性、技术性科类，旨在培养学生从事有关专业实际工作的高等教育的称谓（顾明远，1998：1811）。职业技术型教育则是现代高等教育的新领域，属于第三级教育，包括就业前的职业技术教育和从业后的有关继续教育。中国目前的高职教育主要培养各类专业辅助人才，如文秘、图书馆管理员、实验员、高级技术员、技师（工艺师）、医辅人员、护士等（顾明远，1998：2129）。

"基、小、多"，即毕业生就业时到基层部门、中小企业、多种所有制单位。"四化建设急需什么人才，社大（社会大学）就设置什么专业。这些专业有些是国办高校还没有开设的，有的虽已开设但在校人才远远满足不了社会的需求。"（于陆琳，1992：33）

从两校的毕业生就业情况来看，在我访谈过的五位 HD 大学的毕业生中，除一位去了新华社信息部做网上新闻编辑、一位准备边上夜大、边工作外，其余三位都留在了私营中小企业工作。

YD 大学毕业生的就业情况如下面的访谈所示。

> 访谈者：那你们班工作的具体情况是怎样的？
>
> 被访毕业生：搞技术的占一部分，就是说搞技术支持、后台维护、软件支持、编程的，差不多有 1/3。还有一部分，有组装电脑的、做销售的、搞业务的，有的人可能在某些方面比较有特长，做一些公关啊、文秘啊，也差不多占 1/3。剩下的 1/3，差不多属于"自由"者那样的，就是说，工作不是很稳定。
>
> 访谈者：去公司的有多少？
>
> 被访毕业生：前 2/3 都属于公司类的。也就是说，找到工作的，绝大多数在公司。
>
> 访谈者：公司是什么性质的？
>
> 被访毕业生：都是私营的。
>
> 访谈者：公司的规模有多大？
>
> 被访毕业生：都是中小型企业。

民办高校也会在毕业生就业上做一些思想上的指导工作，鼓励他们"先就业，后择业"。

> 因为我们是民办大学，学生本身要求就不高，我们也清楚，在学校里的学习只是一部分，更多的到社会上实践，不一定百分百对自己的口，只要拿到国家的文凭，打好基础了，以后不是说学什么专业就一定去干什么。不挑专业，不挑单位，这样把学生的思想（做好了），没有框框了，就业就不会受到影响了。只要能发挥能力。大公司也

好，小公司也好，民营的也好，他都可以去，只要能发挥他的作用"（YD02，2003）。

另外，"基、小、多"部门也愿意接收民办高校学生，原因在于毕业生的"价廉"。民办高校的毕业生就业的期望报酬在2003年是月薪1000元左右，就是几百元也可以接受。YD大学的一位学生说："（用人单位）看重我们价廉。开始找工作，定位全都在1000块钱吧。"（YD06，2003）其实，在公办高校的毕业生尚存在"就业难"的情况下，民办高校的学生往往会更快地降低期望报酬。HD大学的毕业生说：

> 刚开始在学校里看那些电视或是怎么样的，听家里人说亲戚朋友也有挣五六千（元）的，3000（元）的，说你也来个2000（元）吧。说你去找工作，去看看吧，几百的都有啊，所以你就没那么高的期望值了，自己就降下来了。一个职位十几个人去抢，月薪只有几百块钱，几百块钱。（HD05，2003）我感觉有一点，就是现在择业的学生呢，有一点饥不择食，给你举个例子啊，就是说我们学校曾经有一个就业机会，是月薪500（元），然后一签就签五年的合同，这种工作都有人去，工资太少了，仅够最低生活保障的。（HD03，2003）

多种因素导致了公办高校与民办高校毕业生就业的"劳动力市场分割"，公办高校学生主要去"主要劳动力市场"，民办高校毕业生的就业去向主要是"次要劳动力市场"，即基层部门、中小企业、私营单位。

三　毕业生的考核标准：实际操作能力

在"次要劳动力市场"上，对毕业生的考核标准是什么？也就是说，用人单位会从哪些方面来选择毕业生？

现在在教育投资公司担任副总裁的LYH先生说：

> 我们企业招聘已经基本不在乎这个了。只要是大学生，我们不管

是私立大学的，还是什么大学的。私营企业，特别是"三资"企业，基本上不关心国家是否承认学历。比如我这儿，招聘人来面试，我就和他谈，看他的口语怎么样，招文案，布置题目让你写，通过了，再弄一些心理测试，看看你的性格怎么样。我一般不会看是什么学校的毕业生。当然，对于一些特殊的名校，可能会特殊地关注一下。一般的公立学校和私立学校没什么区别（LYH02，2003）。

HD 大学的几位毕业生在找工作时，也遇到了如上所说的情况。

访谈者：你去那边，人家对你文凭的要求还有能力的要求是怎么样的？

被访学生：那边呢，就是说，它有的时候，你刚到那儿的时候，它是 IT 行业嘛，就是计算机比较多，它会……它其实并没有特别明着说，说"啊，我考一下你的技术水平之类的"。他们会给你一台计算机，肯定是当时不能用的，说："这是你的机器，你得给它整理整理，给它弄出来，然后你自己用。"当时一看吧，那机器就是，很费劲吧，什么配件、驱动都没有，网卡也没有，都要自己去找。他这个就是在考你，看你最基本的硬件知识到底有没有。

访谈者：考你计算机的能力？

被访学生：对。

访谈者：实际操作的能力。

被访学生：对，然后……当时就是，说"这是你自己的机器，你自己弄去吧"，然后就没人管你了，别人就去忙别的了；估计过了有一个钟头吧，又过来说，"你这个好了吗？"然后说，"网卡怎么样啊"，"驱动之类的（怎么样啊）"。其实，看来它那边的人都知道具体是什么毛病，但是他并不告诉你。

访谈者：那当时有没有问文凭的事情啊？

被访学生：当时就是说把简历递给他嘛，他看一看，也问文凭了，就看了一下是专科还是本科，然后说了一下。他自己也要介绍公司嘛，介绍一下公司是干什么的、怎么个情况，然后公司的方向是怎么样的，他也说。就是说不是非得要特别高的文凭，有些时候，他们

更看重一个人的实际能力。（HD01，2003）

访谈者：那你觉得你去，人家看重的是你的什么方面呢？

被访学生：当时呢，去面试的时候，就是让我修几台机器，我估计他们看重的不是学历，是实际工作能力。

访谈者：那你能讲讲修理机器的那件事情吗？具体讲讲。

被访学生：那件事情，没什么好说的，其实是特别简单的毛病，就是有的是卡松了，有的是软件故障，把那卡拔下来重新插一下，没准儿它就好了，特别简单。

访谈者：当时人家还是觉得你挺不错的。

被访学生：对。

访谈者：然后就把你留下了

被访学生：对。（HD03，2003）

从现在私营企业招聘和毕业生找工作的经历可以看出，这些"次要劳动力市场"的企业主要看重的是毕业生的"实际操作能力"。根据《教育学辞典》对"能力"的解释，[①] 本文的"能力"指的是五种能力中的实际操作能力，也可以理解为应用能力、职业技能。因此，本文将"能力"界定为适合劳动力市场需求的应用能力、职业技能、实际操作能力。

四　影响学生能力培养的因素

虽然同是在"次要劳动力市场"就业，但 HD 大学[②]和 YD 大学的就业情况却差别很大。HD 大学往年的就业率都在 90% 以上。但从上面的

---

① 在《教育学辞典》中，"能力"有如下解释：能力指人顺利地完成某种活动的心理特征。顺利完成某种活动需要多种能力的有机结合。能力的类型主要有两组：适应型和创造型；专才型和多才型。能力包括组织能力、计划能力、实际操作能力、适应能力和创造能力等五个基本因素。人的能力是有差异的，它主要表现在能力的类型和能力的特性上（张念宏，1987：376）。

② 由于 2003 年北京暴发"非典型肺炎"，无法对 HD 大学毕业生的就业情况进行统计，其学生就业也参照 2002 年的情况。

"YD04"的访谈中可以看出，YD 大学只有 1/3 的毕业生从事了所学的计算机方面的工作，有 1/3 的毕业生实际从事销售、跑业务等工作，另外的1/3 实际上处于失业或半失业状态。我们不得不问：就业情况差别如此之大的原因是什么？

我访谈的几个 HD 大学的毕业生，由于具备了用人单位需要的某种"实际操作能力"，已经被录用或即将被录用，那同为民办高校的 YD 大学的毕业生能力是怎样的呢？

访谈者：你对找工作是怎样打算的？

被访学生：刚出校门，什么工作经验也没有，人家公司看你没什么工作经验，再加上学历也就是个大专，人家也不喜欢要。找几次人家都不要你，你也烦了，也只能想靠家里的关系给自己找份工作。毕业后，能留在这边发展就留下发展，不行的话，就回（湖南）老家（YD05，2002）。

访谈者：你上的那些课，感觉对你找工作帮助大吗？

被访学生：学的都是理论知识，没有实际操作。有上机课，他教给我们的内容，我们会，但如果换一种方式，他讲过的这道题，照着题答，我会，离开了题，我就不会了。我们班已经拿到专科毕业证的，但是如果你给他一台计算机，让他编个小程序，你问他会吗？

访谈者：按理讲，应该是会的，为什么不会呢？

被访学生：没有实际（操作）啊。学校里面学到的是理论知识，应用的能力要到实际工作中培养。比如说给他一张卷子，他会答，给他一台电脑，他就不会了，缺乏实际操作嘛（YD06，2002）。

访谈者：已经学了三年计算机，你觉得在应用能力上能适应以后的工作吗？

被访学生：因为我们没有接触过社会，也没有接触过外面的工作，我不知道它要哪方面的工作（能力），考试时考了几道题，我都觉得没什么、并不难，但是如果让我真正操作的话，我感觉肯定不行。要编个什么程序的话，我觉得脑子一片空白（YD07，2003）。

曾在民办高等教育界做过多年实际工作的一位资深人士深有感触地说：

> 从某种意义上说，民办大学的教育效果，也可能比不上一个技能学校。我也是用人单位的，很有体会，如果我招一个前台，一个行政人员，一个办公室人员，往往中专、技校的学生的技能水平比民办大学的学生高。（LYH01，2002）

我们也不能不又提出一个疑问，同为民办高校的毕业生、同为计算机应用专业、学制同样是三年，为什么会在"能力"上有如此大的差异？

下面本文将做 YD 大学的计算机应用专业和 HD 大学的计算机应用专业之间的比较研究，试图分析有哪些因素是影响学生能力培养的决定性因素。

我根据调查和案例研究发现，对学生能力培养的影响因素[①]有：课程设置、教学内容、实践实习、师资力量、教学设备。

1. 师资力量

能力的培养在一定程度上取决于师资力量。从调查中可以看出，两个专业的师资力量都很强，虽然不能做细致的比较，但大体处在相当的水平上。

也可以从 LYH 先生的评价中得到验证：

> 北京民办大学的师资绝对要好于北大、清华、人大，这话绝不吹嘘。（公办大学）大一、大二不可能有博导、硕导上课，一般是讲师、助教，这是很正常的，好老师都在高年级。民办大学不一样，它唯一

---

① 学生原有的学习基础，可以用高考成绩作为一个指标，这也会对大学期间的能力培养产生一定的影响，但本文认为，高考成绩毕竟是一种应试教育的结果，与本文所讨论的"实际操作能力"可能是两个不同的培养路径，也就是说，两者的相关不大。正如我们印象中的，一些电脑玩得好的人，学习成绩不一定好，而学习成绩好的，可能并不擅长电脑操作。正如 YD 大学的 K 校长说的，"我们的学生没有考上大学，素质比较差，但这些孩子有他的优势，不是死读书的人，脑袋很活，只要掌握一定的知识，会办事"（YD01，2002）。另外，也有资料收集上的困难，比如，我所访谈的一个学生，他就没有参加高考，也就是说，没有高考成绩，就直接来校上学了。除了少数民办高校，其招生纳入国家招生计划，招生人数有国家限制的外，在几乎所有民办高校身上，都普遍存在着"生源饥渴"现象，只要学生愿意来，他就能入学。

的优势是，请老师有自主权。可以花高薪，课时费一小时 100 块钱，最低也要 30（元），就是要请知名的老师。高自考命题委员会的主任、副主任、委员都是知名教授，请他们来，他们知道题型。第二，知名教授本身就是一个品牌，对招生有利，校舍其他硬件没有什么好说的，唯一值得说的是，我有好老师（LYH01，2002）。

2. 教学设备

由于 HD 大学的实力比较强，所以，计算机应用专业所需的教学设备，主要是电脑，是比较好的。在该校本部的一幢教学楼，从五层到十层都是各系的机房。但相比而言，YD 大学的电脑设备比较差，机子有五六十台，就八台新的机子，其余的都是老的机子，计算机的配置太低，都是老式机型，从其他地方淘汰下来的，有的连软驱都不能用。新的机器是访谈时的一年前买的，配置较低。

从教学设备上看，HD 大学要比 YD 大学好很多，但是，从下面的分析可以看出，教学设备只是学生能力培养的客观基础，它并不对能力培养产生直接的影响。正是课程设置的不同、实践实习的不同，才导致了学生使用教学设备的不同，因而它只是一个间接影响因素。因此，可以认为，教学设备的差别对学生能力的培养有一定影响，但不是决定因素。

3. 办学自主权

我们在控制住了师资力量、教学设备这两个因素后，影响学生能力培养的决定因素是不是课程设置、教学内容、实践实习[1]呢？这三个因素，实际上说的是办学自主权[2]的三个方面的内容。因此，可不可以说，办学自主权是影响学生能力培养的决定因素呢？这将是我们重点讨论的问题。

从调查中可以看出，在办学自主权上，HD 大学和 YD 大学具有明显的差异。

---

[1] 实践实习也是课程设置的一个方面。但由于本文讨论的是计算机专业学生的"实际操作能力"的培养，实践实习对这种能力的培养具有极其重要的作用，因此，本文把它拿出来作为一个因素单独讨论。另外，在调查中发现，"次要劳动力市场"的用人单位非常看重毕业生的"经验"，而实践实习几乎是培养"经验"的唯一途径。

[2] 办学自主权至少还有一个方面，就是专业设置的权利，在这个方面，民办高校已经具备完全的权利。

HD 大学已经可以独立地颁发自己的毕业证书，可以自主地安排课程、教学和实践实习。而 YD 大学却做不到这一点，它是一个"文凭考试"学校，还不具备独立颁发自己的学历证书的资格①，教学工作的任务就是要帮学生拿一个国家承认的"文凭考试证书"。下面本文从三个方面具体加以分析。

（1）课程设置

两个学校的课程设置见表6-1、表6-2。在 HD 大学，由于可以自主地安排课程，也就可以自主地制定教学大纲，自主地选择教材。"根据市场对人才的需求，调整专业方向，制订教学计划和大纲。HD 大学在教学上始终坚持结合专科学制的特点，紧密结合社会经济的发展变化，及时对专业课程的设置、课程内容和专业方向进行调整，培养社会急需的专业技术人才。如电子技术专业从大型工业企业对工程电气方面的人才需求情况出发，在原来以弱电为主的无线电技术专业的基础上，增加了工厂供电、电机与拖动、工厂电器控制设备三门课，使这个专业具有了强弱电两个专业方向，毕业生走上社会后则更能适应实际需要。又如根据毕业生的反映和计算机在各个部门的广泛应用，电子技术专业在教学计划中加强计算机方面的知识，如计算机语言、微机原理、汇编语言与程序设计。学生毕业时，在强电弱电和计算机控制方面可有三个着陆点，为学生的就业创造了更为宽裕的知识技术条件。"（温诚华，1995）

表6-1 HD大学计算机应用专业（网络管理方向）课程设置

学期	课程名称	学期	课程名称
第一学期	英语	第二学期	高等数学
	马克思主义哲学		数据库
	电工学		体育
	高等数学		英语
	计算机应用基础		离散数学
	体育		C 程序设计
	寒假实习		数字模拟电路
			暑假实习

① 从调查中得知，国家是不允许它发自己的毕业证书的，虽然它也偷偷地发，但国家在法律上是不承认的。

学期	课程名称	学期	课程名称
第三学期	英语	第四学期	英语
	工程数学		邓小平理论概论
	概率统计		现代信息与通信技术
	复变函数		操作系统
	VB 程序设计		网络营销
	网络基础		微机原理与接口
	数据结构		C + + 程序设计
	图像处理		操作系统实验
	毛泽东思想概论		暑假实习
	寒假实习		
第五学期	Web 程序设计	第六学期	毕业实习
	数据库原理		
	计算机专业英语		
	服务器管理（选）		
	计算机辅助设计（选）		
	网络安全（选）		
	VC + +（选）		
	JAVA 程序设计（选）		
	软件工程（选）		

资料来源：HD 大学计算机应用专业（网络管理方向）的 ZYJ 同学提供。

表 6 - 2　YD 大学计算机应用专业课程设置

学期	课程名称	学期	课程名称
第一学期	马克思主义哲学（国考）	第二学期	高等数学（国考）
	邓小平理论概论（校考）		C 语言（市考）
	Pascal 语言（校考）		离散数学（市考）
	计算机导论（校考）		数字电路（校考）
			电子技术（校考）

续表

学期	课程名称	学期	课程名称
第三学期	基础英语（国考）	第四学期	数据库原理及应用（市考）
	汇编语言（市考）		操作系统基础（市考）
	数据结构（市考）		微机原理与接口（市考）
	线性代数（校考）		
	模拟电路（校考）		
第五学期	计算机组织与结构（校考）	第六学期	毕业设计
	PC 机组装与维修（校考实践课）		
	计算机绘图 AutoCAD（校考实践课）		
	网页制作（校考实践课）		
	计算机网络与通信（校考实践课）		

注：括号内为该课程考试的性质，即分国考、市考、校考三类，但在教师和学生看来，国考和市考没有多大区别，统称"国考"。

资料来源：YD 大学校长办公室 HZ 老师提供。

在 YD 大学，虽然学校也安排了自己开设的"特色课"，但国家"学历文凭"考试的课程是必须设置的。从表 6 - 2 可以看出，该专业三年一共开设了 22 门课，其中就包括"国考"的 10 门课。正如 YD 大学的 K 校长所说：

> 如果我自己（独立）发毕业证书，我知道社会上需求某个专业，需要某种东西，我在（某些）课程上就可以加大，现在学的课不一定有用。国家不允许发，只能按国家的框框，限制得比较死。（YD02，2003）

学校教学也会把主要精力放在"国考"的课目上，对"校考"课程不很重视，拿"PC 机组装与维修"这门课来说：

> 就一个 PC 机组装，还真是有过一次，把一台主机拆了，告诉你，什么是什么，拆了以后，你自个装上，就行了，就教了这个，其他的

就没有了。（YD06，2002）

（2）教学内容

可以把教学内容进一步划分为教学大纲的制定、教材的选择及其质量两个方面。

在 HD 大学，虽然学校规定的教材也存在过时、老化的现象，但任课老师可以根据现实的需要自由指定教材。

> 有的老师讲课的时候，根本不是按照这（学校规定的）教材走的，跟我们说，他讲课需要哪本哪本书，如果你们需要的话，可以自个儿到外面去买，根本不是按照我们发的这个教材走。（HD02，2003）

由于可以自主指定教材，在教学内容上，就可注重培养学生现实需要的一些能力。

> 访谈者：如果从整体上来讲，你们学的课程，还有课堂上学的内容是否有利于你们实际操作能力的培养？
>
> 被访学生：一半一半，比如一个老师讲一小时吧，半个小时的课对于我们的实际能力是有用的，半个小时是没用的，就是纯理论的东西，实际根本用不上的。（HD03，2003）

在 YD 大学，"学历文凭"的 15 门课的教学大纲是这样制定的："凡是'文考'学校，国家考试的由国家教育部统一制定教学大纲；北京市考试的，根据专业基础课，哪个学校实力强，就由哪个学校来弄，民办大学也分工了，我们学校有两个，计算机、电子商务，弄完后，大家共同讨论，定下来的，全市统一用。学校的考试课目由学校根据自己的特色自己搞。教学大纲也分成这样三个部分。"（YD02，2003）也就是说，"国考"10 门课的教学大纲是由教育部或北京市教委制定的。

教育行政部门在制定教学大纲的同时，也指定了教材，那教材的质量是怎样的呢？

访谈者：教材对实际能力的培养有帮助吗？

被访学生：对实际能力没有多大帮助，要是对付国考，帮助倒是挺大的。那些教材都像纸上谈兵，讲得挺宏观的，不切实际。像编程的那些，都是实际工作中用不上的东西。Pascal语言现在没有什么用，C语言也基本上没有什么用，现在一般都用C++、VB，讲的实例也没有太大实用性。像学生管理，什么乱七八糟的，将来到工作单位，哪有那么多学生让你管理，我觉得没多大用。我觉得理论性比较强，实用的、接近现实生活的实例没有，都是挺原始的乱七八糟的东西。也不开发什么项目，连最基本的项目管理都没有，都是一些一加一等于二这样算题的没有用的东西（YD07，2003）。

可以看出，指定的教材的理论性比较强，实际操作的知识比较少。而且，教材内容陈旧，已经不能适应对人才培养的需求。拿计算机来说，往往不到半年就会升级换代，但是YD大学的计算机应用教学：

有的课程比较陈旧，它一般五年才换一次，教材都是用的老的，影响（学生学习）新的知识和（学校的）教学计划。五年换一次，很多知识都更新了，很难跟上新的形势，这样民办大学的优势就会受到一定的影响。（YD02，2003）

教学内容也只能按照国家教育行政部门规定的实施。

专业基础课和专业课在教材指定、教学大纲上限制得比较死，每一个专业的侧重点不一样，它要求的都要考，没有侧重点，某个专业需要特殊培养的方面就会受到影响，不可能每个专业都一样嘛。（YD02，2003）

（3）实践实习

HD大学有比较充分的办学自主权，可以着眼于学生实际操作能力的培养，在学生的实践实习上办得非常有特色。"HD大学是一所新办的走读大学，实验室条件还很落后。我校积极与学校附近的其他名牌大学联系，充分利用他们的办学条件，妥善解决了学生的实习难题。北京大学普通物理教学中心、清华大学国家 CIMS 工程技术研究中心、北京航空航天大学实习工厂等，都成了 HD 大学学生的定点实习场所。另外，学校还与社会上的一些条件较好的单位，如海淀医院、联想集团、北京低压电器厂、椿树整流器厂、机电部自动化所、全国政协等建立了良好的业务合作关系，使 HD 大学的实践教学条件有了可靠的物质条件保证。"（温诚华，1995）另外，在学生的三年学习中，有两次寒假实习、两次暑假实习，然后最后半年又是半年的毕业实习。很多学生充分利用这种实习，培养自己的实际能力，积累用人单位看重的"经验"。

> 大一暑假，因为我们学校规定大一暑假有一个暑期实习，我呢，当时找的是一个广告公司，主管的是图像处理。实习了一个月，然后呢，我觉得自己对设计不是太感兴趣，无论是程序设计还是图像处理。然后呢，我和那个公司的老总关系不错，他说："你要是愿意来呢就来，我们随时欢迎。"然后呢，到了大二的时候，我暑假实习又换了一个（单位），到了北大在线，搞的是平面设计。刚上大三，也就是 9 月份吧，刚开学，正好呢，海淀教委下面办了个计算机应用学校，叫作现代技术培训学校，当时呢，负责培训的经理跟我妈是同事，关系比较好，说让我去那儿面试一次，也就所谓的上那儿连实习带辅助做一些工作。那边缺网管，我就过去了，过去的时候，在面试的时候，他们只问了一个，不，问了两个计算机硬件上的问题，说"如果你愿意来，你随时可以来"，那我说，"我这学期可能正好比较松，那我如果有时间我就过来吧"，然后就过去了。（HD04，2003）

在 YD 大学，除了最后一年的毕业设计，学校没有给学生安排任何实习的机会。由于学生忙于应付"文考"，很少考虑到外面去实习。被访学生说：

> 实践能力基本上都是不行的。我们现在还在上课，只有到下半年，没课了，才可以出去找。但是（现在）没有那个能力，去公司实习，人家公司也不要我。（YD05，2002）

虽然说有四门实践课，但也是有名无实。

> 我们学校实践的机会比较少，大一、大二的时候几乎没多少次，（上机）一个礼拜能上一两次就不错了。我们学校里有小机房，必须分批，一下装不下那么多人，一组有二三十人的样子，我们学计算机的比较多，必须分好几批。像我们就是一个大班分成两个小班。（YD05，2002）

不能开展实践实习，除了学校办学条件的限制，主要还是因为学校不得不按照"文考"的要求来安排教学。YD 大学的 K 校长说：

> 这和我们应付"文考"有关，因为，他们不要求这个，没有这个事，（我们）也就不安排（实践实习）了。（YD02，2003）

（4）办学自主权是影响学生能力培养的主要因素

没有办学自主权，学校的一切工作只能围绕着帮助学生拿一个"文考""自考"文凭来转。在这种情况下，"民办高校在教学计划、教材选用、时间安排等诸方面围绕高教自考转，而无法按照全日制教学规律和要求自行组织教学和考核"（鄢波、李文利，2001：92）。学校就很难有效地做到通过实施课程、教学内容和安排实践实习来对学生能力进行培养，"民办院校的教学同高中一样，是一种典型的应试教育"（郭建如，2003a：6）。在这种应试教育下，学校无法培养出学生的能力。

> 能力培养的话，我的学生要培养到某个公司、民营企业上班，有的课就不要求了，有的课就可以少上一点，因为侧重点不一样嘛。现在就不行了，（国家）规定的课一点都不能少，都必须照顾到，否则就通不过（国家的考试），这样侧重点就变了，本来我想侧重某一部分，它要求的你都必须做到，特色就会受到影响。（YD02，2003）

不仅 YD 大学的 K 校长有如此感受，其他民办高校的办学者也强烈地感受到了这种限制："第一，自考偏重于理论知识，导致教师和学生偏离职业技术教育。民办大学成了应付自考的强化训练班，学生难以掌握职业技术，难以上社会上找到合适的工作。第二，因学制所限，民办大学学生要在两年内学完所有课程，课程安排以开考时序为依据，常常违背循序渐进的教学规律，学习、考试效果不甚理想，两年之内多数考生难以获得文凭。第三，即使获取了文凭，仍然处于劣势，导致相当一部分民办大学声誉受损，生源减少，以至难以为继，被淘汰出局。"（章荣达，1999：67～68）

不仅如此，高自考本身并不是针对高校在校的学生设计的。"高自考本身是针对社会成人自学的，不是针对高中毕业生的，没有道理。而且，自考是改革开放之初，针对'文革'失学的高中青年设置的，早就过时，还在沿用非常旧的东西。现在改革开放都多少年了，还是用老的教材，很没有意义。"（LYH02，2003）而且，就考试本身来说，"自学考试是一种高难度的应试教育。在黑龙江、陕西、四川等省的调查中发现，自学考试难度很高，似乎存在着故意刁难学生的倾向。为了避免每次题目雷同，主考者经常故意出些偏题和难题，用一些学生的话说，就是'从旮旯里出题'"（郭建如，2003a：8）。为了能通过这样的考试，既需要学校的精心组织，也需要学生花更多的时间用在准备这种考试上。尤其是，高自考在每年的4月和10月，学校的教学活动和学生的学习也只能按照这个时间来安排。①

这样，对民办高校的很多学生来说，拿一个国家承认的"学历文凭"是一个很沉重的负担，民办高校中通过率高的学校也就50%～60%，拿YD大学来说，"全部通过的，40%多，肯定不到一半。其余的，就不是太清楚了，大约是能通过五门以上的有1/3，剩下的就是通过少于五门的了"（YD04，2003）。从学生较低的考试通过率也可以想象学生只能疲于应付考试，根本无暇顾及自身能力的培养。

民办大学的能力培养只能是一个业余，他们主要是要拿那个毕业证，要应试，高自考不是很容易。对那些学生来说，要考过很难。很

---

① "文考"的考试时间安排是和公办普通高校一样的，在每年的1月和7月，但"文考"学校一般也组织学生参加"自考"，因为，"自考"通过的课目可以计入"文考"通过的课目内。

多学生愿意组织一些校园生活，但也拿不出精力来。有的学生想学电脑，老师就劝你，先拿到毕业证再说吧，拿不到毕业证，学电脑也没用。学生也想学个电脑、学个驾驶，学点儿实用技能，没有时间啊。（LYH01，2002）

学生疲于应付考试，考试的通过率低，也与学校的生源质量有关，HD大学尚能录取第四、第五批高中毕业生，但像 YD 大学这样的学校一般只能录取高考落榜生，生源质量很差，"民办学院的老师普遍反映学生学习能力差、自制力不强，有的教师甚至说民办学校的学生多有多动症，大多没有养成良好的学习习惯"（郭建如，2003a：8），还要去参加难度很高的"文凭考试"，其结果可想而知。

再回头来看师资力量、教学设备这两个影响因素。师资力量在整体上固然比公办大学要强，但在没有任何办学自主权的条件下，教师也只能跟着"文考""自考"的指挥棒，师资力量的优势无法发挥。

老师再好，空间没有（也没用）。我听过一个老师的课，这个老师讲课很风趣，我是他的学生，我知道他讲课很好。讲《故都的秋》讲了一个星期，他把我们带到了香山去。民办大学讲课要有进度，9月份开学，10月份就要考试了，你必须讲完，不然我的学生没法过。他无从下手，这么好的老师发挥不了。还有一点，编高自考（教材）的老师的观点和他是对立的。学生都愿意听活泼一点儿的，但学生也理智了，都想通过考试。我眼睁睁看着，他被一部分学生轰下来了，400 人在讲课的时候。有一部分学生很理智，目的就是要拿个文凭。还有一个讲哲学的好老师，他讲黑格尔，我慕名去听。他讲马哲讲不出来，不敢发挥，时间有限。再好的愿望都实现不了，没有好的政策实现不了。（LYH01，2002）

可以看出，"不管这个教授的学问多大，名气多大，如果讲课的内容对考试没有太多的帮助或者是学生听不懂，就要被更换"（郭建如，2003a：6）。在教学设备上也是这样，学生考虑的首先是通过国家的考试，通过笔试形式的考试，学生不会考虑到利用教学设备培养自己的实际操作能力，这样，无论教学设备好与差，不会对学生能力的培养产生多大区别影响。

五　一切为了考试①：为什么民办高校没有办学自主权？

从上面的分析可以得出这样的结论：办学自主权是影响学生能力培养的主要因素，只有真正地拥有办学自主权，才能培养出学生的能力。我们就会想到这样一个问题：为什么民办高校没有办学自主权。

民办高校刚起步的时候，实力弱小，只能办一些补习班、辅导班和培训班，国家也只是想利用社会力量办学，弥补公办高校某些方面的不足。因此，国家在民办高校能否发放自己的"学历证书"方面，一直采取严格限制的政策。

1987 年的《关于社会力量办学的若干暂行规定》第十四条指出："社会力量举办的未取得颁发国家学历证书资格的各级各类学校，不得颁发毕业证书。学生学习结束后，可由学校发给'结业证明'。"

1991 年国家教委在《关于不得擅自颁发高等教育毕业证书的通知》再次重申："未经国家教委或原教育部批准的学校，一律不得擅自颁发高等教育毕业证书。"

1997 年的《社会力量办学条例》第三十一条规定：其他教育机构（不能实施学历教育的机构）的学生完成学业，由所在教育机构发给培训证书或者其他学业证书。

2002 年通过的《民办教育促进法》第二十五条规定：民办学校对招收的学生，根据其类别、修业年限、学业成绩，可以根据国家有关规定发给学历证书、结业证书或者培训合格证书。

以 YD 大学为例：

> 访谈者：1986 年办第一个班的时候，学校可以发自己的毕业证

---

① 这是在民办院校流行的一句话，见郭建如，2003a：6。

书吗？

K 校长：不能发毕业证书，发的是结业证书。

访谈者：结业证书是什么性质的？当时盖自己的学校的章吗？

K 校长：给用人单位作为参考，但国家是不承认的。当时也没有盖我们学校自己的章，因为，当时我们挂在其他学校下面，第一届是他们给盖的章。因为，当时我们还没有挂牌子。

访谈者：学校挂牌子之后呢？

K 校长：是盖我们自己的章。上面不让发毕业证书，但是让我们发了，但发的写实性的毕业证书。

访谈者：那这种证书和普通大学的毕业证书的区别是怎样的？

K 校长：当时不让民办大学发毕业证书，但上面又不好办，就说你们发写实性的毕业证书吧，上面写上哪个学校的、什么时候进来的、学什么专业，实际上没有多大区别，但是当时规定不让发，到现在北京市教委还是只准发写实性的毕业证书。

访谈者："文考"之后，发什么样的证书？

K 校长："自考"盖的是"主考学校"和"北京市自考委"的章。"文考"是，"主考学校"改为"在读学校"，就是我们学校。没有拿到国家证书，还是发学校的写实性毕业证书（YD02，2003）。

除了经过一段时间发展得到国家承认的可以独立颁发自己的学历证书的极少数民办高校以外，其他民办高校没有独立颁发自己的学历证书的权利。但根据我国现阶段的政策规定，学历又是和毕业生的工作待遇挂钩的。这给民办高校带来一个很大的难题。"为了解决这个难题，也为了检验学校的工作，从 1983 年起，我校组织学生参加国家教委承认学历的北京市高等教育自学考试。"（于陆琳，1992：46）在目前的情况下，帮助学生拿一个国家承认的学历，也是学校迫不得已而为之，而且，民办高校的声誉在很大程度上建立在国家考试的通过率上。

目前人们的观念中还是有这个东西，家长和学生在心态上，觉得拿到国家的文凭，心里踏实。当然，也不仅是观念上的问题，也有一些用人单位的问题，比如说，考公务员必须拿到国家的文凭，这样也会影响到学生的想法。有的用人单位要（文凭），没有的话，就不能提升，学生受到歧视，学生觉得不平等，他就要拿。我们学校创造条件让学生拿，但如果拿不到也没办法。（YD02，2003）

没有文凭，学生求学的积极性就降低了。本来我是高考落榜，想找一个学校上，四年下来连个文凭都没有。又不是学个手艺，出来后可以混口饭吃，我是上学，学东西，没文凭不好说。（LYH01，2002）

对民办高校自身来说，"文考"和"自考"高校要想升格为"统考"高校，也必须达到国家规定的考试合格率。《民办高等学校设置暂行规定》第十四条规定："批准筹办的民办高等学校可以招生，但不具有发放高等学历教育文凭的资格。……学生考试合格率达到70%以上，并已基本具备办学条件的，可以申请正式建校。"这也成为民办高校组织学生参加"国家考试"的另一个重要动因。

国家不承认民办高校的学历，不允许民办高校独立颁发自己的学历证书，它们不得不组织学生参加"学历文凭考试"或"自学考试"，学校的教学时间是按国家考试的时间来安排的，学校的教学活动也是以按国家考试为中心来实施的，而且，"在自学考试前，学校要利用各种方式和手段进行全面的动员，塑造出迎接自学考试的气氛"（郭建如，2003a：6），学生的中心任务也是通过考试，"拿证"。总之，教学工作和学生学习只能围绕着"文考""自考"来实施，学校无法自主地按劳动力市场的需求进行课程设置、安排教学内容和学生的实践实习，也就是说没有办学自主权。

民办高校的办学者最能强烈地感受到这种限制，从民办高校诞生的那天起，就有民办高校的办学者呼吁国家解除这种限制。"凡是符合条例规定的，经某一级教育行政部门批准建立的民办学校，就具有法人资格，有权颁发本校学历证书。学历只能证明已经受到高等教育，可以与同样情况的毕业生在一条起跑线上平等地竞争。至于应享受哪些待遇，要看学习的质量和工作水平，区别对待。"（于陆琳，1992：47）可是，到2003年，这种限制并没有根本改变。

六　本章小结

国家完全控制着"文凭资源"，表现在：一是不承认民办高校学生的学历；二是不允许颁发毕业证书，只能发写实性毕业证书或结业证书。民办高校不能独立颁发自己的学历证书，只能通过组织学生参加国家的"学历文凭考试""自学考试"取得国家承认的学历证书。这样，教学工作和学生学习置于"文考"和"自考"的限制下，民办高校丧失了办学自主权。无法按照劳动力市场的需要，来进行课程设置、安排教学和实践实习，学生学习只能是"文考""自考"下的应试教育，这样，就无法培养学生适应用人单位需要的能力，影响了学生的就业。毕业生就业不理想，反而更刺激了民办高校对"国家文凭"的渴求，民办高校的发展进入了一个恶性循环，陷入了一个自身无法摆脱的困境。通过以上分析，可以得出这样的结论：国家对"文凭资源"的控制，对民办高校的发展产生影响。

第七章　谋求社会承认：生存和
发展的策略

从我国民办高等教育的发展历史可以看出，除了国家批准的民办学校可以为国家招生计划的学生颁发"学历证书"外，非国家招生计划的学生和其他的民办高校的学生都不能取得国家承认的学历证书，民办高校也始终没有与公办高校一样享有平等的法律地位。一方面，民办高校从诞生的那天起，就在国家政策的夹缝中生存；另一方面，在人们根深蒂固的观念中，大学只能是"国家办的"。我国民办高校从诞生的那天起，就历经坎坷，常常遭遇不解、怀疑、指责。

中华社会大学作为新中国成立后的第一所民办大学，创建之初就面临着夭折的危险。"社大初创时，由于开学前准备工作不够充分，领导层中极个别同志办学指导思想不端正，用人不当，致使个别专业在招生工作中发生不应有的问题，在社会上造成不良影响；更有甚者，社会上个别不法分子，打着社大牌子，招摇撞骗，破坏社大声誉。而教育行政部门个别工作人员对社大这一新生事物，不鼓励、不支持、不帮助，反而借中华社会大学工作中的一时失误，断言要取缔中华社会大学，使社大创办伊始就处于极其艰难的境地，面临夭折的危险。"（于陆琳，1992：22）

为了起码的生存，也为了进一步的发展，民办高校不得不运用种种生存和发展的策略。一方面，民办高校不放弃获取体制内的平等法律地位的努力，既可以通过自身的发展，由"文考""自考"学校上升为"统考"学校，也可以组织学生参加通过自学考试和学历文凭考试，帮助学生拿到国家承认的"自考"文凭和"文考"文凭，上一章已对此进行了分析。同时，民办高校试图通过正面宣传和"集体越轨"的方式来谋取社会对民办高校的承认，以获得更大的生存和发展空间。

社会是否承认一所民办高校为"大学"，主要看重三点：一是民办高校能否称得上"大学"；二是民办高校能否培养出合格的毕业生；三是民办高校能否颁发国家承认的学历证书。

正如一位民办高等教育界的资深人士所说：

> 学生求学无非两个目的，一个是求知，为了学真知识、真能力。在职的人，学习一般是为了求知，比如学个电脑。再一个是证书，包装自己。（LYH02，2003）

为了获得民众的承认、社会的承认，民办高校通过正面宣传和"集体越轨"这两条途径来扩大生存和发展的社会空间。

一　正面宣传：名正言顺

1. 让社会相信，民办大学也是"大学"

为使社会相信，民办高校能称得上"大学"，民办高校会利用报告、网络等媒体、舆论的力量努力去树立学校的良好社会形象。YD 大学在 1996 年没有被评上优秀学校，以后就开始注意宣传自己。

> （在）中青报（《中国青年报》上）的宣传，（他们）给我们宣传了十次，报告之一、之二。但现在也不怎么宣传了。1996 年没有评上优秀学校，但学校发展了，和这两个（另一个请王光英做名誉校长）是有关系的。（YD01，2003）

首先，对学校进行包装。民办高校往往在招生的时候对学校进行声势浩大的包装和宣传，内容包括学校的建设，如校园建设、硬件设施、软件等。

学校的招生简章中对学校是这样描述的：

> 根据市场经济发展需要，2003 年在北京××建立新校区，学校占地 150 亩，……交通十分便利。目前已建成教学楼、学生公寓楼、礼堂、餐厅、图书馆及操场等文体活动场所和相关配套设施 5 万余平方米，校内图书馆共有图书 10 万余册，有了良好的教学和生活设施。

这个宣传应当属实，但是对校园建设只提最好的新校区，对其他教学部或更零散的教学点及其校园建设语焉不详或只字不提。同时，还集中宣传学校的创办人，把他（她）包装成教育家的形象。如聘请从事高等教育工作几十年，具有丰富教育和管理经验的教育管理专家 K 教授担任校长；办一所教学、科研、工业、贸易相结合的新型大学，是 K 校长毕生的愿望："应该创造条件，办一所开放式大学，让那些想读书的孩子走进校门，实现他们追求的梦想。"（贡秀华、赵博、周佳，2001）

其次，借用社会信誉高的机构或个人来提高学校的信誉。民办高校会尽量邀请政府部门的有关领导到学校视察、发表讲话或为学校题词，领导级别越高，则学校的社会声誉越大。为了把这种非常有力的措施制度化，民办高校往往请在政府系统或教育系统中在职的或已退休的有较高社会声望和政治权力的领导来校担任一定的职务。这些人的到来，也会把其自身的社会关系网络带进来，为学校带来生存和发展的社会资源。甚至有的民办高校，在人民大会堂这种极富象征意义的地方召开新生入学典礼。

YD 大学创办时，当时的政策是不允许个人办学的，要有个法人单位挂靠才可以申请。YD 大学就挂靠在了当时的一个学会，才得以开办。不久又成立了学校的董事会。成立董事会，主要是拉赞助。

> 这个学会有好多会员，在北京市。成员主要是我们这些人，有孩子在我们这儿念书的有关单位的头头们。董事会本身没有赞助。董事长给我们不少精神上的支持。物质上，应该说也给我们支持了。将近三四年一共给了80多万元。（YD01，2003）

1996 年，YD 大学在评比北京优秀学校时失利，他们总结经验教训，认为是没有名人效应，因此决定请一个名人来做学校的名誉校长。

HD 大学在学校创建之初面临夭折困境之时，也是用这种方式起死回生的。"在整顿干部队伍和教学秩序的同时，我们积极向中央和国家教育行政部门写报告，如实反映情况，澄清事实真相，明辨是非，争取领导的支持和帮助。在我们处境最困难的时候中央领导对我们的报告作了批示，肯定我们整顿的成绩，指示教育行政部门要积极予以支持和帮助，指示我们面向社会，扩大招生，使我们更加坚定了办学信心，努力做出成绩来。"

（于陆琳，1992：23～24）

有的民办高校也看重与国外重要的学术机构和知名人士建立联系，最好是与国外的高校建立长期交流和合作关系。

2. 让社会相信，民办高校也能培养出合格的毕业生

宣传学校的办学宗旨，把自己说成是中国高等教育的一分子。YD 大学的主页上对办学宗旨进行了这样的叙述：学校始终把"培养总体素质好、综合能力强、应用型、职业性的科技和管理干部"作为自己的办学宗旨；同时，将"办自身特色的大学，为振兴中华服务，使国家社会满意，让学生家长放心"作为奋斗目标，为普及我国高等教育做出更大贡献。

> 我们为中国的大众化的高等教育服务，这是可以做到的。促进普及的、大众化的高等教育，我们为这个服务（YD01，2002）。

聘请高质量师资。民众相信"名师出高徒"，民办大学把高质量师资作为一个招牌打出来。YD 大学是这样宣传的：

> 教学的关键是教师，学校把建立和组织一支高水平的教师队伍作为提高教学质量的首要任务。在选聘 BH 大学和气象学院教师的同时，还选聘北大、清华、人大、北外、矿大、科大、财经学院、中医药大学、经贸大学等高校有教学经验、教学效果好的教授、副教授来学校任教。学校现有专职老师 124 名，其中教授、副教授 85 名，具有高级职称的占 68.5%；兼职教师 85 名，其中教授、副教授 61 名，具有高级职称的占 71.7%。（贡秀华、赵博、周佳，2001）

但据我的调查，该校的计算机应用专业，没有一名专职教师。显然，学校所做的宣传与实际相差较大。另外，在兼职的教师中，研究生、博士生也占相当比例，而在宣传中却绝口不提。即便在"办学历史悠久的西安翻译学院，其兼职教师的比例仍然占到了 80% 以上"（郭建如，2003a：8）。

更重要的一点是，宣传学校培养了很多合格甚至优秀的人才，培养出了高质量的毕业生，同时宣传学校的就业率。

所有毕业生均参加了工作，并在工作岗位上取得了很好的成绩，如：1988 级学生陈岩获得日本鸟取大学环保专业博士学位，现在中日环保研究所工作，……（下面还有七位优秀毕业生的例子，本文不再一一列出）办学 15 年来，已经取得了很大的社会效益，6000 余名毕业生中，有数百名出国继续深造或工作，他们当中有取得博士、硕士和学士学位的，有在外资、合资或三资企业中工作、月薪在数千元或万元以上的。还有更多的毕业生自己创办企业或与他人合股办企业（资金在数百万甚至数千万元）。（贡秀华、赵博、周佳，2001）

表 7 - 1 是 YD 大学在网站上提供的近几年毕业生去向统计。

表 7 - 1　YD 近几年毕业生去向情况

单位：%

	全民	三资	集体	深圳、香港	出国深造	自办企业	待业
往届毕业生去向占毕业生比例	12.0	37.5	33.0	4.5	10.5	2.5	0

不可否认，民办高校也培养出很多适合社会需要的合格毕业生，但是，在宣传中仅会提到极小比例、屈指可数的优秀毕业生。就业率只提工作单位性质，而不提工作单位的规模。而且，待业率为 0，这个数字无法让人相信。

3. 让社会相信，民办高校也能"颁发"国家承认的学历文凭

为此，民办高校往往进行一些模糊宣传，甚至有的学校直接打出"颁发国家承认学历文凭"的旗号。YD 大学的招生简章上提到：学生在校学习四年，根据个人基础和在校努力情况，可以分别取得国家承认学历的大专、本科毕业证书，授予学位证书（享受普通高校大专、本科毕业生同等待遇）和××大学写实性毕业证书。

YD 大学在招生简章上对学生获得国家承认的学历文凭的宣传相当模糊，既不讲明这种文凭获取的途径（要通过国家组织的考试），也不说明文凭的性质（不是和普通高校一样颁发的文凭，而是"文考"文凭或"自考"文凭），相反，会拿出国家的相关文件证明高自考文凭与全日制高校"等值"，以及高自考在许多西方发达国家通行的证据。如果不是民办高等

教育界的业内人士，很容易被迷惑。

除宣传学生可以拿到国家承认的学历文凭，还对"文考"或"自考"的通过率进行模糊宣传。YD 大学一份宣传材料中提到：1993 级毕业生取得国家承认学历的占 56%（贡秀华、赵博、周佳，2001）。至 2000 年办学 15 年，只提 1993 年的这个学校历年的最高通过率，对其他各年的通过率却只字不提。

众所周知，"高自考"是一种"宽进严出"的特殊考试，但由于对民办高校而言，通过率是一个十分敏感的数字，因而更多的是对通过率语焉不详。在招生简章中，民办院校一般不会提供准确的通过率数字，少数院校在招生简章上很不起眼的地方含糊地标注一个十几年的综合统计数字，三言两语一带而过。

这种模糊有时是吸引学生的一个非常有效的手段，有的学生就是因为某民办高校的国家考试通过率高而选择到该校就读。

总之，民办高校通过各种正面宣传，向社会证明，民办高校也是名副其实的"大学"，是获得了社会各界的承认的，民办大学也是为国家培养人才的，也是可以"颁发"国家承认的学历文凭的，从而谋求获得社会的信任和承认。

二　集体变通：法不责众

越轨是指社会成员个体或社会群体或社会组织，偏离或违反现存社会规范的行为。借用默顿的正功能和负功能概念，越轨行为也有正功能和负功能。负功能是对既有的社会规范、社会秩序的破坏。而正功能在于，越轨行为的存在说明了个体对制度环境的某种不适应性，集体性的越轨可能使原有的社会规范或制度丧失其存在的合法性，从而为新的规范或制度的建立创造条件。民办高校的集体越轨也有这两方面的功能。

我国的民办教育经过了近 30 年沉寂，在改革开放后才重新出现。政府对民办教育并没有成熟和完善的法规来规范它或为其发展提供良好的条件。甚至，有些人抱着当年敌视私营经济一样的心态和眼光来对待民办教育。一开始，政府主要是想利用社会力量办学这种民办教育形式补充公办教育的不足，对民办高等教育采取了极为严厉的限制政策。在这种情况下，民办高等教育要发展，必须采取一些变通的方式来突破一些政策限制，从而谋取进一步的发展。集体越轨的方式有以下几种。

1. 民办高校更多地使用自己认定的名称

"民办学校的归类和名称上的限制是权力和资源分配的重要方面，体现出包括公办高校在内的中国高等教育体系的权力运作状况。"（郭建如，2003b：54）1990 年之前，国家对民办高校使用什么名字一般是不做限制的，当时办的很多民办高校都命名为"大学"。20 世纪 90 年代，国家开始对民办高校使用"大学"进行严格限制。1994 年，国家教委在《关于社会力量举办的非学历高等教育机构名称问题的批复》有如下规定：其名称可以为：××进修（专修、培训、自修、补习）学院或中心，不称大学；未经国家教育委员会批准，不得冠以"中国"、"中华"和"国际"等字样；按国家教委《民办高等学校设置暂行规定》（教计〔1993〕129 号）审批筹建的民办高等学校，须在校名前冠以"民办"二字，并在校名后加注"（筹办）"字样。1998 年后，国家对民办高等教育的政策开始放宽，但仍然引导民办高校主要办高等职业教育，这样，此后批准的独立颁发学历文凭的民办高校绝大多数被冠以"××职业学院"或"××职业技术学院"字样。

但是，绝大多数民办高校并不是喜欢被冠以"进修（专修）"或"职业技术"的限定。它们觉得，这是对民办高校的歧视性的标记。因此，除了在向政府行文或在其他一些必要的场合不得不使用学校的法定名称外，其他的时候，民办高校对这些限定是置之不理的，更多地使用自己所认定的名称。在学校的招生中更是如此。民办高校一般会打出"××大学"或"××学院"的牌子，这样就比打出"××专修学院""××职业学院"更能吸引考生。

YD 大学于 1986 年成立，当时校名政策还比较宽松，这样学校命名为"北京 YD 大学"，但是后来政策严格后，上级教育行政部门要求 YD 大学改名，所以它的法定名称是"北京 Y 研修学院"。但是，YD 大学方面坚决不改，事情就这样僵住了：

> 曾经要改我们的名字，但好多人反对这件事情。既然已经批了学

校，文件出来之前的是就是了，批了就批了。现在卡住了，你说合法
也不合法，不合法吧也合法。这个名字是在规定出来前批的，我们学
校的名字是1988年批的。规定出来后不给搞，但在这之前批的是有效
的。"中国"不给搞，"大学"应该给搞，民办大学就不是大学了吗？
非要有"研修""专修"，民办和国办的有区别，这个不合适，……国
办的可以叫"大学"，民办的只能叫"学院"吗？互相有个矛盾，上
面解决不了，底下又不干，就卡到这里了。（YD01，2003）

不只YD大学在学校名称上持这种做法，几乎所有的民办高校都这样，
上级教育行政部门也只好采取默认的态度。

2. 颁发学校的毕业证书

虽然国家不承认也不允许民办高校颁发自己的毕业证书，但很多民办
高校仍然会颁发自己的毕业证书。

访谈者：那这种证书和普通大学的毕业证书的区别是怎样的？

K校长：当时不给（让）民办大学发毕业证书，但上面又不好办，
就说你们发写实性的毕业证书吧，上面写上哪个学校的、什么时候进来
的、学什么专业，实际上没有多大区别，但是当时上面规定不给（让）
发，到现在北京市教委还是只准发写实性的毕业证书（YD02，2003）。

为了避开教育行政部门的干预，虽然在形式上，民办高校发的毕业证
书与普通高校的毕业证书没有多大差别，但是它们会说这是写实性的毕业
证书或结业证书。在YD大学，它的学生有两年毕业的，也有三年毕业的，
YD大学就会发给他们两年的毕业证书或三年的毕业证书。除此之外，通
过国家考试的还可以拿到国家承认的学历文凭证书。YD大学自己的毕业
证书在北京中关村一带的一些企业中有一定的知名度，从而获得了一定的
社会承认。

3. 给予投资者合理回报以获得发展资金

国家政策一直是鼓励各方面社会力量"捐资办学"，严格限制以办学
的名义营利。1997年的《社会力量办学条例》中明确规定：不得以营利为
目的。实际上这也否定了投资获得极大回报的可能性。绝大多数民办高校

往往是在没有任何先期资金投入的情况下办起来的，而在我国现阶段，经济实力和人民生活水平还比较低的情况下，真正愿意"捐资办学"的人很少，希望"投资办学"的人多，国家政策也限制了民办高校从银行贷款的可能性，这样，民办高校经常面临办学经费不足的困境。但在实际操作中，学校为了取得生存和发展的资金，不得不采取其他变通手段，如"集资"并给予回报的方式，从社会上获取资金。同时，"许多地方政府在实践中不断地制订各种办法使办学人获得回报以激励办学"（郭建如，2003b：55）。YD 大学在发展过程中，为了建设校本部，在没有投入资金的情况下，只好向教职工借钱，并允诺给予一定的"利息"，实际上，这种"利息"也就是当时政策所不允许的"回报"：

举办者在办学过程中获得"投资的回报"在民办高等教育界已经是普通的现象。

任何一个学校的举办者，根本不担心自己的钱收不回来。因为收回的形式和方式有很多，国家用任何形式都是剥夺不了个人的财产的，学校是我投入的，可以用任何形式把它拿回来。只要我想拿回来，是很容易的事情（LYH01，2002）。

这种方式导致 2002 年通过的《中华人民共和国民办教育促进法》在投资的回报政策上做了较大的放宽："民办学校在扣除办学成本、预留发展基金以及按照国家有关规定提取其他的必需的费用后，出资人可以从办学结余中取得合理回报。取得合理回报的具体办法由国务院规定。"尽管这种回报是属于奖励性的，也是有很大限制的，但毕竟是国家政策的变革，为民办高校资金的筹措提供了法律保障，也为民办高校的发展拓展了空间。

4. 集体越轨何以实现

民办高校之所以有集体越轨的可能，与民办高等教育的管理体制有关，主要是由于政府对民办高校的忽视，管理民办高校的教育行政部门力量很小，没有更多的精力和能力来对民办高校进行管理。除了在一些重大事情上给以监督和管理、对民办学校不按国家规定做给予干预外，基本没有太多干预，因此总体上说，管理得比较松。

国家开会、研讨会会通知我们，招生、有关政策上给我们开会。更大的方面也管不了那么多。直接管我们的北京市教委高教处，就三四个人，民办大学100多所，国办大学好几百所，能管那么细吗？还有规划处，民办学校1000多所，都归他们管，只要学校不出大事，那就行了。出事了，他们才来检查工作，……看看食堂有没有问题，有没有火灾的问题。哪个单位出事，他们都受不了。但正常情况不怎么管的。招生简章要拿到他们那里审批，广告和登报纸的一些东西，他们都要看一看，他们怕你瞎许愿，做不到。做不到不是找学校，会找教育部门。他们就是看看有没有假的。不按国家规定做，他们会干预的，一般来说是不干预的，管得比较松。（YD01，2003）

政府监管的松散，在某种程度上为民办高校提供了生存和发展的社会空间。

第八章 结论与讨论

在比较研究和历史研究中我们看到，美国、日本、我国的民国时期的私立高校在法律地位上和公立高校是完全平等的，虽然在获得这种地位的途径上存在差异。国家也给予一定的监督和管理，但是，国家并不控制"学历证书"的颁发，私立高校的文凭不需要国家予以承认，办学质量和学历文凭得到社会的承认即可。而从 1978 年后我国民办高等教育的发展历史可以看出，虽然国家政策开始放宽，但是国家始终把民办高校作为公办高校的补充，这主要表现在民办高校不能独立颁发自己的学历证书方面。面对这种情况，民办高校有两种选择：一是谋求国家对学历证书的承认，但是这却带来了一个意外的后果，即反而阻碍了学校的发展；二是谋求社会对民办高校的承认，以扩大生存和发展的社会空间。

一 国家对"文凭资源"的控制与民办高校发展的困境

国家完全控制着"文凭资源"，政策上不允许民办高校独立颁发自己的学历证书，它们必须组织学生参加"学历文凭考试"或"自学考试"，帮助学生通过考试拿到国家承认的学历证书，这样，教学工作和学生学习只能围绕着"文考""自考"来实施，没有真正的办学自主权。办学自主权包括课程设置、教学内容、实践实习三方面。

国家考试的课程是必须设置的；国家考试课程的教学大纲是由教育行政部门制定的，教材是由教育行政部门指定的，教学内容偏重于理论且陈旧落后，无法满足不断变化的社会需要；国家考试基本上是笔试，没有相应的学生实践实习的内容。总之，民办高校无法自主地按劳动力市场的需求进行课程设置、安排教学内容和学生的实践实习。国家"文考"与"自考"下的民办高校的教育没有真正的办学自主权，又变成了应试教育，无法培养出适应劳动力市场需求的学生。师资力量、教学设备也是影响学生能力培养的重要因素，但它们只能通过办学自主权的实施才能发挥作用，因而对学生能力的培养不起决定作用。

民办高校毕业生就业主要去向"基层部门、中小企业、私营单位"，这样的"次要劳动力市场"主要看重学生的应用能力、职业技能、实际操作能力。但是民办高校无法培养学生这些方面的能力，从而影响了毕业生的就业。而毕业生的就业对民办高校来说，是生死攸关的关键问题。学生的就业受到很大影响，反而更加刺激了民办高校对"国家承认的学历文凭"的渴求，这样，民办高校的发展进入了一个恶性循环，陷入了它自身无法摆脱的困境。

二 值得进一步探讨的问题

虽然本文花了较大篇幅来讨论国家在民办高校学历文凭上的政策，但作为一个"中立"的社会学的研究，我无意对政策进行评价，也无意探讨政策的走向，因此，本文不是政策研究。本文仅仅是从民办高等教育的发展过程中，看到了民办高校在学历证书问题上所受到的限制，从这个"社会事实"出发，经过分析得出了本文的结论。

但是，本文认为，民办高校的学历证书如何获得社会承认，是一个值得探讨的问题。因为，这既是高等教育学历证书发展的趋势，也是民办高校生存和发展空间得以扩展的一个有利条件。正如一位民办高等教育界的资深人士所说：

> 毕业生是产品，过硬不过硬，产品好不好，不能由政府说了算，应由人才市场来鉴定。不要打上国家承认学历这个字眼，我们动不动就问人家，国家承不承认学历。（LYH02，2003）

社会承认民办高校的学历证书，也就意味着社会认可民办高校的毕业生，认可学生的毕业证书所代表的学生的质量。那么可以提出这样的问题：民办高校能否不必参加"国家考试"，不必帮助学生取得国家承认的学历，只需培养出适合劳动力市场需求的合格的毕业生，培养出学生的能力，以此和公办高校竞争。事情并不这么简单，也有因此而失败的民办高校的案例。

卓达学院有办学资金，但即使创办了这样的民办高校，也会面临生源危机和生源质量的问题。用人单位可以只看毕业生的能力，但一个18岁左右的高中毕业生选择一所大学时，他（她）不会想到大学的学习要培养自己的能力，首先想到的是能不能拿一张国家承认的文凭。

> 学生拿不到文凭，（学校）就招不到好学生。人家家长和学生问我，你能给我什么文凭。很多学生就走了，留下的寥寥无几，因为这样，反而激发了我对生源的渴求，因此，黄瓜茄子全都要了，不分老嫩，这样就参差不齐。只有学生都来报名的时候，我才可以选择。只有三五个，我怎么选择，只能是生源质量下降，不能按我的要求选拔学生。（LYH02，2003）

在当前国家政策的限制下，要想打破国家对"文凭"资源的完全控制、实行学历证书承认的社会化，可以尝试在三个渠道上有实现突破。一是，民办高校实行联合，成立美国式的民间性质的教育评估中介组织，对民办高校的教育质量进行评价，但在目前民办高校各自为战的情况下，可能性很小。二是，民办高校的实力发展到一定的水平，用人单位认可它的学历证书，但当前民办高校的学历要获得社会承认的条件还不具备。三是，通过中外合作办学的形式或者国外著名大学以及其他组织或个人独立办学的形式来打破这种格局。但是，目前的中外合作办学水平不高，国家政策也不允许国外的教育机构或个人到我国独立办学。①

---

① 2003年9月1日起实施的《中华人民共和国中外合作办学条例》第六十二条规定：外国教育机构、其他组织或者个人不得在中国境内单独设立以中国公民为主要招生对象的学校及其他教育机构。

三　本文研究的局限性与不足之处

由于我在没有"关系"介绍的情况下进入本文的调查对象——北京的一所民办高校 YD 大学，遭遇的困难是可想而知的。往往我通过打电话等方式多次联系之后，被访对象才肯答应做一次访谈。2003 年春节后，YD大学的 K 校长一开始工作繁忙、接着生病住院，康复后工作了仅几天，北京就暴发了"非典"，因此我只能通过电话向 K 校长进一步了解一些情况。原本打算通过 K 校长的介绍，与一些班主任、任课教师进行访谈，也未能成行。另外，YD 大学前 10 年的发展均在 BH 大学和其他一些公办高校内，学校的发展尚未进入正常轨道，学校方面也并不注意对有关学校发展资料进行归档和收藏，因此要想获得翔实充分的第一手资料往往是很困难的。客观条件的限制，加之我个人能力所限，仅仅搜集了一个学校个案和两个班级个案，而且资料也有不充分之处，这是本文在调查资料的收集上比较欠缺的地方。

本文研究的客观性也受到一定的影响。K 校长虽然接受了我的调查要求，但似乎更想让我利用这篇论文给他们做些宣传，因此，在访谈中"讲美不讲丑"，这就造成了所得访谈资料被人工地进行了选择。对人家来说，我是一个完全的陌生人，虽然有过多次的接触，但是我觉得，我仍没有获得对方的完全信任，这样，为我提供的材料就可能会有所保留。我从学生那里搜集的资料，也证明了这一点。"我们看到的是什么"和"实际上究竟发生了什么"，这两者之间也许是一致的，也许存在着我无法预料到的甚至是相反的情况。所幸之处，我和该校的一些毕业生建立了较良好的关系，虽然也不能保证学生提供的资料更客观，但相对来说，学生会在更大程度上提供更真实、更客观一些的材料，在与校方提供的不太一致的地方，我的选择是以学生的说法为准。

此外，在访谈的手段上，考虑到更真实、更快速地记录访谈内容，我使用了录音笔，并在现场做了一些笔录，然后回来再整理录音。但是，这会对被访对象的回忆和描述产生影响，他们可能会出于因不够信任带来的自卫或怕负责等心理，有选择性地、有侧重点地向我提供访谈资料，从而影响了所得访谈资料的客观性和有效性。

　　作为一个建立在个案分析基础上的研究，虽然 YD 大学可以代表目前中国民办高校的一般水平，YD 大学和 HD 大学的两个计算机应用专业班级个案也能代表所属学校的水平，本研究能取得"管中窥豹"的效果。但本文中也存在着这一类研究的共同缺陷，即难免在所选个案的代表性上受到质疑。本文对个案的选用主要出于对 YD 大学和 HD 大学的两个班级个案进行比较的目的，通过比较研究得出本文的结论。因此许多不足和缺陷之处还有待今后同类研究的修正和补充。

参考文献

柏士兴、谷贤林，1997，《美国联邦政府对私立高等教育的管理》，《外国教育研究》第 1 期。

鲍健强，2000，《日本私立大学的研究》，《高等教育研究》第 2 期。

北京成人教育局社会教育处编，1989，《北京社会力量办学概况》，教育科学出版社。

别敦荣、郭冬生，2000，《我国民办高等学校产权问题初探》，《高等教育研究》第 1 期。

曹淑江，2002，《解读民办学校所有权》，《教育发展研究》第 3 期。

陈宝瑜，2002，《如何保持民办高校毕业生较高的就业率》，《教育与职业》第 12 期。

陈宝瑜、贾永生，1994，《海大之路》，海淀走读大学（内部资料）。

陈武元，1998，《日本高等教育政策与私立大学的大发展》，《清华大学教育研究》第 3 期。

陈学飞，1989，《美国高等教育发展史》，四川大学出版社。

陈学飞，1993，《美国高教史上若干关键性决策及其影响和启示》，《高等教育研究》第 3 期。

陈永明，1999，《振兴私学：日本教育立国的重要举措》，《教育发展研究》第 6 期。

方光伟，2001，《中国私立教育历史研究》，载全国人大教科文卫委员会教育室、香港大学中国教育研究中心编写《民办教育研究与立法探索》，广东高等教育出版社。

龚怡祖，2002，《学历的社会功能与历史形态初探》，《教育研究》第 2 期。

贡秀华、赵博、周佳，2001，《办一所教科工贸相结合的新型大学——访北京 YD 校长 KFJ》。

顾明远，1998，《教育大辞典》（下），上海教育出版社。

郭建如，2003a，《民办高等教育的市场化与民办高校的组织管理特征研究》，载《"中国民办教育政策与管理"研讨会论文集》，北京大学教育学院。

郭建如，2003b，《民办高等教育地域性发展的三个维度分析——民办高等教育发展规律与发展机制初探》，《民办教育研究》第 2 期。

郝维谦、龙正中主编，2000，《高等教育史》，海南出版社。

胡建华，2001，《日本私立大学的发展特点及其启示》，《教育研究》第 8 期。

胡艳，1994，《中国近现代私立学校》，载张志义主编《私立、民办学校的理论与实践》，中国工人出版社。

黄建如，1991，《美国私立高等教育的兴衰与立法》，《外国高等教育资料》第 4 期。

季啸风主编，1992，《中国高等学校变迁》，北京师范大学出版社。

蒋淑云等，1999，《我国民办高等教育的改革和发展》，《高等教育研究》第 6 期。

教育部，1994，《中国教育年鉴1993》，人民教育出版社。

金以林，2000，《近代中国大学研究》，中央文献出版社。

柯佑祥，1991a，《日本私立高等教育发展的经验教训》，《外国教育研究》第 1 期。

柯佑祥，1991b，《日本现代私立高等教育的发展研究》，《高等教育研究》第 2 期。

克拉克·科尔、玛丽安·盖德，1993，《大学校长的多重生活》，赵炬明译，广西师范大学出版社。

赖德胜，1996，《论劳动力市场的制度性分割》，《经济科学》第 6 期。

李泽彧、史秋衡等，2000，《港澳台高等教育法规与政策研究》，厦门大学出版社。

李泽彧、武毅英，1996，《战后台湾高等教育与经济发展》，厦门大学出版社。

林毓铭，2002，《关注就业：高等教育深化过程的核心问题》，《高等教育研究》第 3 期。

刘莉莉，1999，《发展民办高等教育的意义与思路》，《高等教育研究》第
　　3 期。

卢茨、杰西·格，1987，《中国教会大学发展史》，曾钜生译，浙江教育出
　　版社。

马海泉，2000，《以体制和专业创新见长——访北京海淀走读大学校长付
　　正泰教授》，《中国高等教育》第 18 期。

潘懋元，1988，《关于民办高等教育体制的探讨》，载北京成人教育局社会
　　教育处编《北京社会力量办学概况》，教育科学出版社。

潘懋元，1999，《民办高等教育的若干理论问题》，《高等教育研究》第
　　4 期。

潘懋元等，1999，《走向 21 世纪的中国民办高等教育》，《高等教育研究》
　　第 4 期。

秦国柱，2000，《私立大学之梦——民办高教的过去、现状、未来》，鹭江
　　出版社。

日本私立高校协会，1990，《日本私立大学和学院的发展——日本高等教
　　育的历史追溯》，柯佑祥译，陈晓光校，《外国高等教育资料》第
　　3 期。

日本私立高校协会，1991，《日本私立高校的诞生和成长》，柯佑祥译，陈
　　晓光校，《外国高等教育资料》第 2 期。

邵金荣、张文、张晓东，1994，《美国私立高等教育：历史、现状及启
　　示》，《教育研究》第 6 期。

宋恩荣、章威，1990，《中华民国教育法规选编（1912～1949)》，江苏教
　　育出版社。

孙立平、王汉生、王思斌、林彬、杨善华，1994，《改革以来中国社会结
　　构的变迁》，《中国社会科学》第 2 期。

台湾"教育部"教育年鉴编纂委员会，1974，《中华民国教育年鉴》（第四
　　次），台北：正中书局。

王炳照主编，1997，《中国古代私学与近代私立学校研究》，山东教育出
　　版社。

王利明，2000，《制定〈民办高等教育法〉规范民办高校办学行为》，《高
　　等教育研究》第 6 期。

王伟，2003，《非国有教育发展瓶颈：产权混浊还是营利障碍》，载《"中国民办教育政策与管理"研讨会论文集》，北京大学教育学院。

王宪平、熊庆年，2000，《民办高等教育急需立法》，《教育发展研究》第7期。

温诚华，1995，《结合 HD 的特点抓教学质量》（内部资料）。

吴畏，2001，《强化政府行为，全面落实民办教育的"十六字方针"》，《教育研究》第4期。

小林哲也，1981，《日本的教育》，徐锡龄、黄明皖译，人民教育出版社。

熊明安，1990，《中华民国教育史》，重庆出版社。

鄢波、李文利，2001，《中国民办高等教育发展现状与供需机制初探》，《教育研究》第1期。

阎凤桥，1994，《世界私立高等教育评述》，《高等教育研究》第3期。

杨景尧，1997，《台湾地区私立高校学杂费现况分析》，《上海高教研究》第8期。

永井道雄，1981，《日本的大学》，李永连等译，教育科学出版社。

于陆琳主编，1992，《没有围墙的大学》，中华社会大学（内部资料）。

张家宜，1994，《台湾地区私立高等学校发展状况》，载张志义主编《私立、民办学校的理论与实践》，中国工人出版社。

张念宏主编，1987，《教育学辞典》，北京出版社。

章荣达，1999，《民办大学的科学定位和办学特色》，《高等教育研究》第6期。

郑旦华、所广一，1994，《台湾私立教育》，载张志义主编《私立、民办学校的理论与实践》，中国工人出版社。

郑礼，1996，《日本公、私立大学之比较》，《高等教育研究》第5期。

中华民国教育部教育年鉴编纂委员会编，1948，《第二次中国教育年鉴》，商务印书馆。

中华民国教育部教育年鉴编纂委员会编，1934，《第一次中国教育年鉴》，开明书店。

朱有瓛，1990，《中国近代学制史料》（第3辑上册），华东师范大学出版社。

朱有瓛，1992，《中国近代学制史料》（第3辑下册），华东师范大学出版社。

庄明水等，1994，《台湾教育简史》，福建教育出版社。

Geiger, Roger L. 2003. "Private Higher Education and Public Policy Defining Private Roles in a Modernizing Economy"，载《"中国民办教育政策与管理"研讨会论文集》，北京大学教育学院。

Altbach, Philip G. 1999. "Private Higher Education: Themes and Variations in Comparative Perspective," in Philip G. Altbach, ed. *Private Prometheus: Private Higher Education and Development in the 21ˢᵗ Century.* Center for International Higher Education School of Education, Boston College, Chestnut Hill, Massachusetts, pp. 1 – 16.

Geiger, Roger L. 1987. "Patterns of Public-private Differentiation in Higher Education-an International Comparison," Public and Private Sectors in Asian Higher Education Systems, RIHE Hiroshima University, pp. 7 – 20.

Geiger, Roger L. 1991, "Private Higher Education," in Philip G. Altbach, ed. *International Higher Education: An Encyclopedia*, *Volume* 1, New York & London: Garland Publishing Inc. pp. 233 – 246.

◎ 王传松

「中国民办高校招生：制度约束下的运作机制研究」

第一章　导言

一　问题的提出

在课堂讨论中，马戎教授提出过这样的观点：中国公办高等教育改革的出路有待于民办高校的外在推动。压力在此，动力亦在此。他认为，如同当年乡镇企业和民营企业的全新机制从外部有效地刺激了国有企业的体制改革一样，中国高等教育改革的动力和方向均有待于拥有全新机制的民办高校的发展。当然，不是当前各方面尚处于不成熟阶段的民办高校，而是类似美国私立大学那样在吸纳社会办学资金、师资、招生、就业等诸方面都具有很强竞争力的民办高校。如果我们分析一下 2003 年前后北京大学及其他高校人事改革的发展势态，就会感到这个观点很有道理。

当前，我国公办高校在人事制度、学科与专业设置的调整机制、招生制度、教学管理、教育理念、科研创新机制等诸多方面表现出的问题引发社会广泛讨论。与此同时，虽然民办高校办学规模和社会影响力越来越大，但其发展也受到意识形态、国家制度、经济社会结构、社会观念及其自身条件的多重限制，问题重重。目前学术界对于民办高校的研究多停留在政策建议的层次上，从社会学角度所做的研究——把学校放到社会中，作为整个社会运行体系当中的一个组成部分，从社会与学校之间的联结环节与日常互动的角度开展的、结合了宏观政策环境与微观学校个体的实证研究（马戎，2002：12）——相比之下数量很少。

民办高校与社会之间直接的联结环节主要有两个：一是招生，二是就业。"出口引导进口，就业引导招生"，这是民办高校的普遍共识。就业对于它们的重要意义毋庸讳言。但是，在某种意义上，我们可以认为就业影响的是民办高校的发展，而招生影响的是民办高校的生存。对于大多数民办高校来说，现阶段，应对生存的危机是比谋求发展更为重要的问题。在招生这个环节，教育的营利性和公益性，学校的长远发展和短期利益、规模和质量等之间的矛盾高度汇集在一起。社会舆论对于民办高校的关注也往往集中在其独具特色的招生方式上。招生这一环节，最能够凸显当下民办高校的特点及其境遇。而且，民办高校的长远健康发展也必然发端于招生，这一环节的自主权和选择空间对于民办高校的定位起着决定性作用，而有关的制度设置走向甚至直接关系到整个高等教育的健康发展。

民办高校目前招生采取的是什么样的制度和机制？它和历史上的私立高校、当今的公办高校以及其他国家私立高校所采取的制度和机制有哪些差异？为什么出现这样的差异？其内在的逻辑和理路是什么？今后将会有什么样的走向？对于民办高校以及整个中国高等教育的发展来说，这些问题都是值得深入思考的。但是现有的研究文献却鲜有涉及。我想在这一研究中通过对招生的国际比较和历史比较，把民办高校的招生运作放置于一个更加广阔和长远的时空中，尤其是放置到中国社会转型的结构背景下，在组织理论的框架中探讨民办高校的招生机制，从招生的角度探讨民办高校所面临的约束条件以及某为突破这些约束条件所做出的努力。

二　文献综述

1. 有关理论源流

（1）制度结构与行动主体的关系

制度结构的约制和主体的能动选择之间的关系，或者说社会与个人、宏观与微观、客观与主观之间的关系，一直是社会学研究最为核心的论题之一。长久以来，对于何为主、何为辅的争论一直未曾止歇。涂尔干和帕森斯等坚持社会结构、宏观制度具有根本的决定作用，而库利、米德、霍曼斯等却坚持主体能动性的决定性意义，到后来，亚历山大、哈贝马斯、吉登斯、布迪厄又从多个角度论证两者的统一性，反对二元论的永恒化。例如，亚历山大对社会行动和社会结构做出了重新解释，提出了一个新的分析模型：个体的行动是应变行动（contingent action），它具有解释性和策略性两个基本要素和特征。而行动又总是发生在一定的集体性结构环境之中的，其构成要素有三种：人格、文化和社会。前两者属于行动的内部环境，后者是行动的外部环境。他认为，可以将行动看作在心理、文化和社会环境之间的流动。这样，行动过程便与结构（或秩序）要素连成了一体（杨善华，1999）。布迪厄也希望自己的立场能破解社会学中的各种二元对立，特别是宏观社会结构和微观行动者之间的对立。在他看来，社会是在人的符号性实践即创造的各种象征性符号和意义系统中建构起来并不断地再生产出来的（布迪厄、华康德，1998）。吉登斯提出结构化（structuration）理论，试图用结构的二重性（duality of structure）代替二元论。所谓结构二重性，就是结构既是自身反复不断地组织起来的行为的中介，又是这种行为的结果；社会系统的结构性特征并不外在于行动，而是不断地卷入行动的生产和再生产（Gidddens，1976；吉登斯，1998）。

这些理论对于本文的启示在于：制度结构和行动主体是一个统一的整体。一方面，宏观制度变迁给予行动主体施展能动性的条件和机会，而后者的能动作用又推动了制度的进一步变迁；另一方面，在短期内或在制度变革的间歇之间，制度环境构筑了行动主体发展的约束条件，使得后者只能在此约束条件下，对制度环境进行变通性运作，并寻求新的达成目标的手段。本文中，民办高校被看成一个能动的社会行动者。

（2）交易成本理论

新古典经济学认为市场经济是最有效率的经济组织形式。在充分竞争的市场条件下，消费者和生产厂家通过市场价格的协调来达到需求和供给的平衡。人们只要在理性选择的原则下追求私利的最大化，市场运行就能达到"帕累托最优"①。在这种分析框架中，消费者和生产厂家没有任何的社会性。

科斯对此提出疑问，认为只有在交易费用为零时，市场机制才能发挥这样的作用。而为了进行市场交易，就有必要发现谁希望进行交易，有必要告诉人们交易的愿望和方式，以及通过讨价还价的谈判缔结契约、督促契约条款的严格履行等。这些工作常常是成本很高的，而任何一定比例的

---

① 如果经济中没有任何一个人可以在不使他人境况变坏的同时使自己的情况变得更好，那么这种状态就达到了资源配置的最优化，这种状态也就是"帕累托最优"状态。

成本，都足以使在无须成本的定价制度中可以进行的许多交易化为泡影。所以，在对各种社会格局进行选择时，不管是市场机制，还是科层机制，都必须考虑其运行成本以及转成一种新制度的成本（科斯，1960）。

诺斯则指出，市场经济本身的运行需要制度设施的保障。政治权力、社会文化和历史演变的途径都对经济形态有着重要的制约作用。这意味着市场经济并非一个自行演化的过程。解释各种经济现象的前提是了解其特定的社会制度设施（周雪光，1999）。

威廉姆森从交易成本的角度提出，市场经济并不总是最佳的经济运作形式。在不充分竞争和有限理性的条件下，市场运作的交易成本可能会大于科层组织这一运作形式的交易成本。按照效率规律的经济学原理，科层组织会成为替代市场的经济组织形式（周雪光，2003）。

上述交易成本理论对本文的启示在于：由于宏观的制度环境没有能够为民办高校提供足够的正式组织资源，民办高校几乎没有条件如公办高校那样通过科层制的方式招生。这样，市场机制就成为民办高校招生的一个重要的替代机制。但是，在民办高校发展的初期，由于对招生代理人员的监督和考核成本太高，而社会评估信息又不充分不对称，招生代理人员和某些民办高校的短期行为导致市场机制的缺陷越来越突出。于是，办学层次较高、掌握资源较多的民办高校就逐步开始从市场聘用招生代理向依赖本校师生、再向建构本校专职招生队伍转型，也就是从市场机制到组织机制转型。

（3）制度理论

迈耶在考察教育体制的结构时，注意到制度趋同性的问题，由此提出"合法性"机制的概念。在他看来，组织生存在制度环境里，它必须得到社会的承认，为大家所接受。在这种因果关系下产生的行为和做法，是受到社会承认的逻辑或合乎情理的逻辑制约的。制度环境诱使或迫使组织采纳具有"合法性"的、被人们"广为接受"（taken-for-granted）的组织结构或做法。"合法性"机制就是组织受制度环境的制约而追求社会承认、采纳合乎情理的结构或行为（Meyer，1977；周雪光，2003）。

道格拉斯在《制度是怎样思维的》一文中，提出了代表性的强意义上的合法性概念，即认为制度制约了人，制度影响了组织行为，使组织不得不采取许多外界环境里认可的合法性机制。迪马奇奥和鲍威尔则提出了相反的观念——弱意义上的合法性，认为制度具有激励机制，可以通过影响资源分配或者利益来影响人的行为，使人们采纳那些社会上认可的做法。这种影响不是决定性的，而是概率意义上的（周雪光，2003）。

本文对于民办高校合法性机制的探讨建立在以上理论的基础上。在招生实践中，有些做法带有强意义的合法性要求色彩，如文凭的性质、独立校园、一定的师资等，而有些合法性要求则只具有弱意义上的激励作用，如学校的荣誉称号、学校社会形象的塑造等。本文淡化其弱意义还是强意义的争论，看重的只是民办高校在招生实践中对合法性要求的满足的方式。

（4）社会网络理论

社会网络学派的功利性思路特别强调个人利用社会网络争取社会资源以获得社会地位的意义。科尔曼认为个人通过理性选择而建立社会关系。在普特南看来，一个依赖普遍性互惠的社会比一个没有信任的社会更有效率，正像货币交换比以物易物更有效率一样，因为信任为社会生活增添了润滑剂（张文宏，2003）。

林南认为，社会资本根植于社会网络和社会关系，是从嵌入社会网络的资源中获得的。林南认为，社会资本可以帮助个人摄取和使用嵌入社会网络的资源，从而获得工具性行动中的回报和保持情感性行动中的收益（Lin，1999）。周雪光研究发现，市场经济形式的运作必须通过"非市场"的机制来维持和制约。制度设施（信任、社会关系、社会信息传递方式、法律制度）对防范"投机行为"、选择可靠合作伙伴、解决市场失败等一系列问题起着不可替代的作用（周雪光，1999）。边燕杰关于"关系网"的研究强调了现有的制度设施对资源机会的占有和分配的机制，认为它导致了社会关系网络在中国"工作市场"上的重要性（Bian，1997）。

关系网络是获取资源的一个重要途径，人际关系的亲疏是信任建构的重要初始条件，这在"特殊主义"的中国社会尤为突出。社会网络学派的这些研究为认识民办高校的招生运作提供了很好的解释框架：在资源相对稀缺的民办高校，关系网络的运作对其招生任务的实现起着重要作用。

2. 对民办高校的有关经验研究

民办教育领域越来越吸引学者的目光，如天则研究所、北京大学教育学院、厦门大学高等教育科学研究所的学者们都从不同角度做出了很好的研究。但整体而言，目前大部分有关民办高校的研究仍然处于描述分析和政策研究层面，问题讨论型和"开药方"型的居多。它们主要聚焦于民办高校的"营利性"与"非营利性"问题、立法保障问题、政策扶持问题、平等地位问题、内部管理问题等，也有少量论及民办高校与市场的关系、管理体制中潜在的革新希望等。

张博树和王桂兰将亲历者的感受、批判思考者的冷峻和国际教育研究者的视野结合在一起，根据对国内数十所民办高校的实际考察资料，对当代中国私立高等教育的重建做了全景式的描述和分析研究，对中国私立大学重建所遭遇的体制性障碍做了深层揭示。具体在招生上，他们通过对四川省教委与四川省公安厅在 1999 年联合发布的《关于严厉禁止从事非法招生活动的通告》的分析，详细展示了种种违规、违背道德的招生手段，并通过华文学院和卓达大学两个具体个案，详细描述了招生的全过程。他们发现在当今社会普遍缺乏信任感的氛围中，私立高校之所以还能够招到些学生，实际上是建立在朋友们的个人信誉基础上的。在中国的心理、文化结构中仍然存在"官本位"意识的现实情况下，在中国的私立大学仍不成熟、招生过程仍然存在诸多问题的条件下，利用政府权威做一些有益于私立高等教育发展的事情，乃是适时聪明之举。但这种做法应该是暂时性的。从长远来看，政府的行政职能应更多地让位于服务功能，应通过提供良好的制度环境，让私立大学自己闯出一番天地（张博树、王桂兰，2003）。

郭建如的研究认为，我国民办高校的发展是高等教育市场化趋势的产物，其组织结构与管理行为因受市场因素的影响已出现了一些与公办院校显著不同的特点。从陕西民办高校的情况来看，民办高等教育市场化促使民办高校的发展走硬件先行、规模扩张的跨越式发展道路，这种发展方式对民办高校的领导体制、组织管理和运营方式产生了重大的影响（郭建如，2003a）。

在另一篇文章中，郭建如的研究发现，我国民办高等教育的发展呈现很强的地域性特点。他从地域性环境（社会性构成的条件性空间）分析入手，从社会性发展（社会合法性的获得与社会网络的形成、社会空间的扩展）、市场化经营（对市场机制的应用及对市场的开拓）、教育性（与教育规律的结合）这三个维度对民办高等教育的发展规律和发展机制做了初步的探索（郭建如，2003c）。

鲍威在关注民办高等教育机构的组织内部特性的同时，也将研究焦点对准民办高等教育的需求方。借用"市场"的分析概念，通过对民办高等教育供求双方的对应结构的解析，勾画了民办高等教育机构与外部环境诸要素间的相互关系。鲍威认为民办高等教育机构的发展，一方面受制于政府的高等教育政策的取向、社会经济的结构以及公立高等教育等外部环境因素，另一方面取决于在民办高校与外部环境间存在的两个市场（"升学机会市场"与"高校毕业生劳动力就业市场"）中各个民办高等教育机构与需求方行为个体（学生、就业单位）的需求是否一致，两者间是否形成一种对应关系（鲍威，2003）。

罗守峰在其硕士毕业论文中分析认为：现阶段民办高校发展困难的主要原因是国家不承认其学历证书的合法性；在谋求自身颁发的学历证书的社会合法性还极为困难的情况下，民办学校通过正面宣传、集体越轨等来扩大生存和发展的空间（罗守峰，2003）。

以上研究不同程度地揭示了民办高校与政府、市场、社会结构以及高等教育体系的关系，对本文有许多启发。遗憾的是，他们没有认识到招生环节对于认识民办高校所受的制度约束及其生存策略的重要意义，没有对招生的具体过程做深入的社会学分析。这些研究都涉及了政府、市场、社会观念和人际关系网络对于民办高校拓展生存空间的影响，但是没有进一步分析民办高校在这些方面的具体运作机制，没有注意到这些机制之间相互渗透、相互作用的关系，也没有把民办高校的招生运作放置到一个历史的、动态的互动框架中。而这些方面正是本文要着重探讨的。

三 基本概念、研究思路和整体框架

1. 基本概念的界定

民办高校，我国的民办高等教育目前有6种形式：普通高等教育，高等职业教育，高等教育学历文凭考试，高等教育自学考试，高等教育职业资格考试，与境外教育机构合作办学。本文所言"民办高校"是指《中华人民共和国民办教育促进法》所界定的"国家机构以外的社会组织或者个人，利用非国家财政性经费，面向社会举办"的学校及其他教育机构，但不包括公办高校举办的独立学院（因为其身份争议较大），也不包括招生类型属于高等教育职业资格考试和境外合作办学的部分。另外，如无特别说明，本文所言"民办高校"仅涉及中国内地范围，不包括港澳台等地区。

民办高校的招生。在本文的分析框架中，我将民办高校的招生分为计划内招生和计划外招生。具有独立颁发学历文凭的民办高校有计划内招生的资格和指标，而学历文凭生和自考生的招录属于计划外招生。由于民办高校计划内招生的形式和程序与公办高校基本一致，因此不是本文讨论的重点。如无特别说明，本文所言"民办高校招生"仅指其计划外招生。

市场机制。市场机制指的是民办高校在招生过程中所运用的以效率的考虑为核心的市场运作方式。

合法性机制。本文所用的这一概念是制度学派所界定的概念，指的是组织受制度环境的制约而追求社会承认、合乎情理的结构或行为。

关系网络机制。本文沿袭社会网络学派中的功利性研究的思路，所言"关系网络机制"表达的是民办高校建构和利用社会关系网络争取社会资源以达到招生目标的运作方式。

2. 研究思路

本文通过把民办高校与公办高校以及美、日两国私立高校招生制度做横向比较、与新中国成立前私立高校做纵向比较，来考察在从计划经济到市场经济的社会转型背景下，民办高校独具特色的招生制度和机制。

本文认为，在改革开放的背景下，1949 年之前的中国私立大学和现当代世界各国私立大学对于经济社会发展所起的积极作用日益受到各界的关注和重视。而我国 20 世纪 80 年代以来，在农村和城市的一系列改革稳步推进的同时，一方面，既存的公办高校资源不足以满足经济社会结构变迁背景下民众对高等教育的需求；另一方面，在经济总量快速增长后，民众具备了相应的支付能力，并认可"教育投资"的理念。民办高校由此获得了"诱致性制度变迁"的契机，悄然产生并持续发展。

但在当今中国社会，"拿文凭"对于学生来说，是接受高等教育的最重要目标。由于民办高校的"文凭"基本上不被国家承认，而其硬件设施和学术声望又都无法与公办高校相比，所以，它们很难获得应有的社会认同，生源竞争只能限于落榜生。在既没有实力采取美国、日本私立高校那样的志愿式招生方式，又没有公办高校那样的科层体系依托的情况下，为求得生存和发展的空间，民办高校创新机制并整合各种资源，在招生过程中广泛采用了合法性机制、市场机制和关系网络机制。从发展趋势来看，随着民办高校整体发展水平的提高，社会承认的空间将随着时间的延续而自然扩大；由于市场环境与相关制度的不健全和不成熟，市场机制本身的趋利性对教育公益性的侵害很难控制，部分行为主体投机性的短期行为会给整个行业带来伤害；而关系网络又受理性化趋势的影响。由此可以预见，部分办学层次较高的民办高校将更多地采取科层组织的结构招生，即以纳入科层体系而替代合法性机制扩展社会认同、以相对长期和稳定的组织联系替代短期的市场合同、以正式的科层结构替代非正式关系网络。

3. 整体框架

本文从民办高校萌生的条件和原因开始，先行介绍宏观的社会背景——转型期的政策环境、社会结构和经济体制特点，以及这些方面的特点给民办高校招生带来的空间和约束。接着分析民办高校所经历的曲折历程，从建校时间、师资力量、硬件设施等诸方面描述民办高校的现状，从这些现状中可以探知民办高校在吸引学生方面的弱势地位。这是本文主体的第一个部分。第二个部分是国际比较和历史比较。主要介绍美国和日本的私立大学招生制度及其源流背景，以及我国民国时期的私立大学和新中国成立后公办高校的招生制度。通过比较，试图发现不同招生模式背后的制度、文化支撑和约束条件，剖析当今中国大陆民办高校与它们不同的招生模式的选择缘由。主体的第三个部分是民办高校现行招生机制，归纳其在招生实践中采用的三种机制：合法性机制、市场机制和关系网络机制，详细介绍了不同机制的表现形式及效应。最后，本文概括了几点结论和可能性的贡献与不足。

四 方法论讨论及本文的研究方法

马戎老师认为社会学的方法论的特点是：第一，社会学最核心的精神应当是"实事求是"和"实证研究"，同时反对一切教条主义；第二，微观（个人）研究和宏观（群体）研究相结合；第三，在方法上强调"定性分析"和"定量分析"相结合；第四，强调"比较研究"（马戎，2002：6~9）。边燕杰主张"理论导向的实证社会学研究"，其特点是：第一，提出一个理论问题，这一问题是现象的本质，是抽象的、有内在的理论逻辑；第二，思考一个理论困惑；第三，强调经验证明（边燕杰，2004）。

在此指导下，我选择了定量研究与定性研究相结合、抽样调查和访谈相结合、横向比较与纵向比较相结合的研究方法。

定性研究是根据研究者的认识和经验确定研究对象是否具有某种性质或某一现象变化过程和变化原因，是侧重于研究对象的质的方面的分析评价。其长处在于能有效地处理难以用定量方法描述的因素，从而从总体上掌握研究对象的基本情况。不足之处在于研究者搜集资料中的主观性和结果分析中的经验性会在一定程度上影响研究的科学性和可靠性。定量研究是对事物属性进行数量上的分析，从而判定事物的性质和变化。其优点在于资料客观可靠、统计分析比较科学精确。不足之处是在教育研究过程中，其应用具有一定的局限性。这两种研究方法在本质上不是拒斥关系，在具体研究中完全可以相互补充。

本文定性研究部分的资料主要来自参与性观察和访谈调查，以及所收集的40余所民办高校的2004年招生简章、书报及光盘等和近五年来各平面、网络媒体对于民办高校的相关报道。我在2003年暑假参与了F学院的招生，全程体验了民办高校驻外招生的各个环节。2004年暑假我又到合肥、芜湖和北京的民办高校驻各酒店和火车站的招生点调研。此外，我先后参与了北京大学教育学院和美国马里兰大学合作的"通过政策、认证（评价）和改善管理提升中国民办高等教育的水平"课题、北京大学社会学系和加拿大马尼托巴大学合作的"民办高校与公办高校比较研究"课题。课题组先后在西安、浙江和北京的10所民办高校做了问卷调查，并对相关教育行政部门的负责人、公办高校和民办高校的校领导和招生部门负责人、民办高校在校生做了深度访谈。访谈采用半结构式方法，围绕与问卷相关的问题来进行。这样一方面可以验证问卷的信度，另一方面可以获取更为丰富的资料。本文定量分析的核心数据来源是学生问卷调查。样本学校有西安W学院、西安O学院、北京C学院、北京Z学院、北京P学院和北京 K 学院等。

　　"比较研究"是本文采用的另一个重要研究方法。横向比较主要是比较当今民办高校与公办高校以及美国、日本私立大学的特点及其招生制度的差异，纵向比较主要是比较当今民办高校与我国民国时期私立高校的历史背景、在高等教育体系中的地位及其招生方面的异同。

第二章　制度背景：民办高校招生的约束条件

一　民办高校的缘起

涂尔干认为，"要想真正了解任何一项教育主题，都必须把它放到机构发展的背景当中，放到一个演进的过程当中，它属于这个过程中的一个部分，但只是当前时代的、暂时的结果"（涂尔干，2003：13）。从社会学的角度来说，要想真正了解民办高校的招生，首先必须了解民办高校的发展历程，以及在这一发展历程背后，整个的经济社会结构及其变迁。

在新中国成立初期，全国有高校 227 所，其中私立高校 69 所，占总数的 39%。出于要成立新中国（建立无阶级的共产主义社会）和当时特定的国际背景（全面仿效苏联以及意识形态的建构等）（张博树、王桂兰，2003：45），人民政府大力发展公办学校，对私立高校分步采取回收和改造政策。1951 年全部教会大学被收为国有，1952 年其他私立高校也全部被改为公立。此后，私立（民办）高等教育在中国销声匿迹了三十多年。1978 年，国家开始了经济政治领域的改革开放，对生产资料所有制结构进行了重大调整，逐步形成了以公有制为主体、多种经济成分并存的所有制结构。这就为教育领域里多元的办学体制、为民办高校①的发展奠定了所有制基础。1981 年，政府公布了《高等教育自学考试试行办法》，鼓励人们在没有条件进入正规大学学习的情况下通过自学方式获得学历证书。此

---

① 柯佑祥在《中国私立（民办）大学百年》一文中提及：当时，对"私人"、"私立"和"私营"等字眼十分敏感，"恐私症"依然流行，为避嫌，只好将那些非政府资金办的高校称为"民办"高校，"民办"高校之名称是一种无奈的选择。

后，在一些城市开始出现辅助自考的私立教育组织。1982 年，由老革命家、老教育家范若愚、聂真、于陆琳发起创办了大陆第一所开放性大学——中华社会大学，从此，民办高等教育才又重新在中国大陆出现并曲折发展起来。

可以说，民办高校的重新出现和快速发展，是在政府推进改革开放、把工作中心转移到经济建设上来以后，在中国经济转轨、社会转型的宏观背景下，人民群众对高等教育的巨大需求得不到满足的必然结果。

原因之一是社会、民众对于高等教育的巨大需求。

高等教育由英才走向大众，并进而走向普及，是当今世界高等教育发展不容忽视的事实。第三产业的发展、技术更新和进步的要求，使知识正在取代资本和劳动力的地位，成为促进经济增长的最重要因素。接受高等教育对于个人经济收入和社会地位的提高也都有显著作用。北京大学教育经济研究所的一项研究表明：个人受教育程度与个人经济收入显著正相关，受教育程度每增加一年，收入增加 5.13%。[1] 此外，文凭和学历在就业竞争中的作用越来越大。个人也只有接受更多更好的教育，才能应对信息社会的结构性失业压力。同时，改革以来，经济的发展一方面使许多家庭能够承担相对高昂的学费，另一方面也激发了教育投资观念——与人力资本理论的日渐畅行相对应，把教育视为一种有很高的私人回报率的生产性投资的观念渐入人心。在这种境域下，民众对高等教育产生了强烈的需求。

原因之二是政府在高等教育上的投入不足和高等教育供给不足。

新中国成立之初，中国采取了重工业优先发展的工业化道路，把发展教育事业作为非生产性投资，采取"一工交，二财贸，剩下多少给文教"[2]的投资政策，教育所得到的投资很少，高等教育经费严重不足。我国财政性教育经费支出占 GNP 的比例，20 世纪 80 年代之前一直徘徊在 2% 左右，90 年代初期，我国教育财政性投入占 GNP 的比例在世界排名第 148 位。

---

① 北京大学教育经济研究所，2002 年 12 月，"西部地区基础教育发展"项目"经济和财政分析研究课题报告"。

② 东北财经大学经济与社会发展研究院课题组，2004 年 6 月的课题报告——《高等教育财政的国际比较研究》，http://www.dufe.edu.cn/organization/yanjiujigou/e&s/resources/neibu-wengao/0705.pdf，最后访问日期：2005 年 10 月 5 日。

1991 年为 3.0%，1992 年为 2.94%（世界银行《1992 年世界发展报告》公布的数字为 2.5%），1993 年为 2.76%，1994 年为 2.52%，1995 年为 2.46%，不仅低于发达国家 6.2% 的平均水平，就是与发展中国家 4.0% 的平均水平相比也有较大差距。①

在这样的投入政策下，我国高等教育供给严重不足。根据《中国教育统计年鉴》公布的数字计算，我国中学文化程度人口比重在 1952 年是大学文化程度人口比重的 10 倍，1978 年是 27.7 倍，1985 年是 22.3 倍，1989 年是 20.8 倍。② 迅速发展的义务教育和高等教育供给不足的"卖方市场"现象，为教育资源的重新配置提供了宽广的发展空间。

原因之三在于民间具备了发展高等教育的潜能：师资、资金和办学精英。

改革以来，民营经济、外资经济得到了迅速发展。一部分政府官员、知识分子"下海"，不仅直接壮大了民营经济的力量，而且使民营企业家的素质发生了明显的变化，出现了一批有教育远见的企业家。一方面，高等教育有着毋庸讳言的盈利空间。只要招生达到一定规模，学生交纳的学费就有扣除成本后的盈余，就成为办学者的利润。另一方面，公办高校专业设置与就业市场需求脱节的问题也日益突出，加上公办高校毕业生的身份以及户口、档案等问题不好解决，许多"三资"企业、民营企业难以招到急需的应用型人才。这样，有教育远见的企业家和有企业家精神的教育家开始进入高等教育领域。民办高校作为反映全民所有制以外的经济成分的教育部门，也就有了赖以生存的经济基础和毕业生就业的广阔市场。而公办高校闲置和退休的师资力量则有效地弥补了民办高校无力聘任足够专职教师的不足。

与公办高校显著不同，民办高校从一开始就没有国家的资金支持，完全靠自筹资金和学生所交学费滚动发展。追溯民办高校兴起的背景，可以看出，其生成不是靠政府的计划、法律和指令，而是"由个人或一群（个）人，在响应获利机会时自发倡导、组织和实行的"，是一种"诱致性

---

① 引自国家教委、国家统计局 1990～1995 年发布的历年全国教育经费执行情况统计公告，载《中国教育事业统计年鉴》，人民教育出版社。

② 我根据《中国教育统计年鉴》公布的数字计算得出。

的制度变迁"（林毅夫，1994）。民办高校的产生和发展具有诱致性变迁的典型特征：利益驱动、自主决策、盈亏自负、自下而上推进等，变迁的主导力量不是政府，而是个人或社会组织。在其发展过程中，一系列新的制度安排的产生基本上也都是由民办高校个别"越轨"继而发展到集体"越轨"，最终导致政府做出相应的政策调整，走的是"先发展，后规范"的路。而为这种变迁的完成提供条件的，是社会转型期的特定制度环境。

二 民办高校的制度环境

制度结构和行动主体之间的关系，或者说社会与个人、宏观与微观之间的关系，一直是社会学研究最为核心的论题之一。涂尔干和帕森斯等坚持社会规范、宏观制度的根本决定作用，而库利、米德、霍曼斯等却坚持主体能动性的决定性意义。到后来，亚历山大、哈贝马斯、吉登斯、布迪厄等又从多个角度论证两者的统一性，反对二元论的永恒化。我认同制度结构和行动主体的统一性的观点：任何行动主体都处于一定的制度环境中，与后者之间发生着各种各样的交换和互动。一方面，宏观制度变迁给予行动主体施展能动性的条件和机会，而后者的能动作用又推动了制度的进一步变迁。另一方面，在短期内或在制度变革的间歇之间，制度环境构筑了行动主体发展的约束条件，使得后者只能在此约束条件下，对制度环境进行变通性运作，并寻求新的达成目标的手段。要想深入了解行动主体，就必须把它放置到宏观制度环境当中。要想深入了解民办高校，就必须了解其所处的宏观制度环境，即转型期的社会、经济和政治结构与制度。

1. 城乡"二元"社会结构

从1953年的粮食"统购统销"到1958年的"户籍制"等一系列制度使城乡"二元"结构被固定下来，形成"农业人口"与"非农业人口"两种壁垒森严的身份。占人口少数的"非农业人口"一直享受着由国家提供的比"农业人口"多得多的入学、就业、医疗等各项福利。农村孩子"农转非"、改变"身份"的渠道只有当兵、提干和上大学。然而目前的民办高校却基本上不在此"大学"之列，不能给学生转户口、没有干部指标。农村学生即使从具有独立颁发学历文凭资格的民办高校毕业，也很难进入公务员及其他干部系列。在短期内，废除"身份制"的重大变革，从而根本改变就业市场上的体制内福利待遇，几乎是不可能的。

城乡"二元"结构的一个附带性后果是国家直接面对民众，缺乏中间阶层的作用，社会自治和自组织能力差。政府职能的无限扩张导致本应由社会中间组织提供的公共服务极端滞后。改革之后，在经济迅猛发展的同时，社会结构急剧分化，在"自由流动资源"与"自由活动空间"出现的基础上，新的社会要素得以发育。就教育领域而言，以1994年国务院颁布的《中国教育改革和发展纲要》为契机，教育中介组织开始显现。教育部及上海、江苏、广东等省份开始适当发挥半官方性教育中介组织的作用，如"211工程综合实力评估组"、广东学位委员会、粤西地区高校校长联席会等。近几年也出现了一些民间性的中介机构和全国性或地区性、行业性的学会组织，如中国高等教育学会、中国工程教育协会等。目前，民办教育领域的中介组织和行业协会有中华全国工商业联合会民办高等教育协会、北京市民办教育协会、辽宁省民办教育协会、中国民协民办教育家联谊会、北京绿田民办教育咨询服务中心等，其影响力和影响范围目前都还很有限。它们在一定程度上为民办高校提供服务，起着协调、科研和市场调节等作用，但都不具备权威的评估和认证资格，对于民办高校招生市场上非常重要的"就业前景如何"、"师资力量强弱"、"课程设置是否合理"和"专业是否适应社会需要"等信息还不能做出权威评判，难以改变学校与学生之间信息不对称的状态。

2. 不成熟、不健全、不规范的市场经济体系

民办高校是在市场经济体系下生长发展起来的。改革至今，市场经济体制已经逐步建立起来了，但还很不成熟。市场体系不健全，市场规则不规范。虽然有劳动力市场，但人力资源还不能实现合理的自由流动。虽然高校毕业生就业体制从计划分配改革为双向选择，但在就业市场上由二元结构造成的不公平"身份"待遇并没有实质性的改变。社会中介组织发展的滞后和信息市场的极不完善，导致全社会的信用制度难以建立。

3. "弱能力"的行政管理机构与"强管理"的政策取向

民办高校的管理机构以教育行政部门为主，级别不高、编制不足、多头管理为其特征。中央一级的有高等教育司、职业与成人教育司以及教育

部下设、挂靠在发展规划司的社会力量办学管理办公室，相关管理人员编制极少。省一级的为省级教育行政部门的管理机构，各省区市随着行政机关机构职能的调整而各有不同。截至 2002 年，天津、辽宁、江西和陕西四省市设立了单独的"社会力量办学管理办公室"或"社会力量办学管理中心"，配备相应的编制；北京、吉林、黑龙江、浙江、安徽、山东、湖北、湖南、重庆、四川等十省市设立了"社管办"，挂靠有关处室，形成"两块牌子，一套人马"的管理机构模式。地（市）和县级管理机构与省级类同（教育部发展规划司、上海市教育科学研究院，2003：23）。此外，公安、财政、物价、工商、税务等部门也根据相应法律、法规对民办高校进行监管。

目前，我国有关民办高等教育的法规主要有三类：一是正式法律，由国家最高权力机关人大及其常委会制定和颁布的法律，如《中华人民共和国教育法》、《中华人民共和国高等教育法》、《中华人民共和国教师法》和《中华人民共和国民办教育促进法》等；二是行政规章，既包括国务院制定和颁布的有关民办高等教育的行政法规，如条例、规定、办法等，也包括教育部等部委根据法律法规在本部门权限内制定和颁布的实施细则、命令、指示、通知等；三是地方性法规和地方政府、地方教育部门等制定的规章。除此之外，在我国，与以上法规一样具有普遍约束力的还有管理机关制定的决定、命令及行政措施。它们有些与正式颁行的法律法规不一致甚至相抵触，但在实际执行中，它们的有效性往往更高。以上四类法规、决定等涉及的具体范围包括民办高校的设立、变更与终止、培养模式、专业设置、教育科研和管理体制、校舍建设、经费使用、招生、考试、发证及教师评聘等各个方面。

总体上看，国家和政府对于民办高校的管理，有如下突出特点。

第一，"强管理，弱鼓励"。国家和政府鼓励民办高校的发展，这种鼓励有宪法和其他法律的保证。但是，只有少数民办高校能获得颁发国家承认的学历文凭的资格。在国家不对民办高校提供经费资助的同时，金融和资本想进入民办高校又受到"不得以营利为目的"的限制。有关民办高校的表彰奖励措施大多停留在形式上，实践性不强。

第二，"弱能力"。就民办高校的管理而言，一个突出问题是专职管理部门和专职管理人员不足。这使得对相关法规政策的执行能力有限，而多头管理的结果往往是疏于管理和无力管理，各部门管理标准的不统一和不配套造成一定程度上管理的混乱。这一方面使法律规定的民办高校应该享有的服务难以落实，另一方面又为民办高校创造了一定的政策变通空间，实际上在特定的时期有利于民办高校的发展。

第三，由于目前民办高校大多归省级教育行政部门直接管辖，在教育体制改革导致的地方管理权力相对加大的背景下，中央一级的管理大多是原则性的。地方政府可以制定适合本地实际的教育政策和法规，可以为民办高校的发展发挥更实质性的支持或限制作用。地方政府的态度甚至就直接决定了当地民办高校的发展空间和发展水平。

第四，政府目前对于民办高校的管理，"公办化"倾向明显。绝大部分民办高校属于职业性学院，是培养专业技术人才，而不是发展学生的学术生涯。面向市场、灵活办学、教学为主、机构精简是民办高校办学的特点，甚至可以说是优势。然而，在有些政府管理者看来，民办高校应当"复制"目前公办高校的办学模式。在管理民办高校时，政府继续沿用计划经济时代的观念和管理手段，在招生计划、专业设置、课程及课程内容安排、教学计划等方面对民办高校进行"公办化"管理，也没有研究制定针对民办高校的科学合理的质量评估体系。

在社会转型期，计划经济向市场经济体制转变，总体性社会向自组性社会转轨，社会规范片断化、各种发展潜能和发展方向的共时态存在导致基本的社会安排难以定型（孙立平等，1994）。在充满不确定性和变通性的转型背景下，政策环境并不是刚性、预设性的，而是互动性、生成性的。在一定的相对自主空间里，民办高校的许多运作机制并不是一开始就得到法律和政策的保障或约制，而往往是在其已经获得现实合理性或造成了明显的消极后果后，国家才以法律和政策的形式予以确定、约束，给以进一步完善和规范。这与中国整体上的"摸着石头过河"的渐进式改革思路是相契合的。在这样的制度环境下，民办高校经历了曲折的发展历程。

三　民办高校的发展历程及现状

1. 民办高校的发展历程

1981 年，高等教育自学考试制度试行，对助学辅导的社会需求为民办高等教育提供了发展空间。1982 年《中华人民共和国宪法》规定："国家鼓励集体经济组织、国家企业事业组织和其他社会力量，依照法律规定举办各种教育事业。"民办高校由此获得宪法的保护。1985 年公布的《中共中央关于教育体制改革的决定》进一步提出鼓励各种社会团体和个人办学。在这样的背景下，民办高校经历了一次发展高潮，1984 年到 1986 年三年间，民办高等教育机构建起 250 余所（陈宝瑜，2000：12）。但起步阶段的不规范现象渐渐凸显，为此，国家教委于 1987 年先后颁布了《关于社会力量办学的若干暂行规定》《社会力量办学财务管理暂行规定》等文件，为民办高校的健康发展提供了基本的依据。

此一阶段的民办高校基本上是"三无"（无校舍、无资金、无专职教师）起家，滚动发展；从事高考文化课补习、自考助学及进修、培训等非学历教育的民办高等教育机构居多，可以授予学历文凭的院校只占少数，更没有本科院校；其举办者主要是一批离退休的老干部、老教授。

1992 年以后，随着邓小平同志南方谈话的发表，中国加速了改革开放的进程。同年召开的中共十四大提出"鼓励多渠道、多形式社会集资办学和民间办学，改变国家包办教育的做法"。民办高校由此获得了第二次快速发展的机遇。

1993 年，中共中央、国务院颁布《中国教育改革和发展纲要》，进一步提出发展民办教育的 16 字方针："积极鼓励、大力支持、正确引导、加强管理。"是年 8 月，国家教委发布《民办高等学校设置暂行规定》（以下简称《规定》）。《规定》对设置民办高等学校应具备的校园面积、生均建筑面积、图书仪器设备及专业设置、教师队伍以及校长任职资格等基本条件都做了明确规定。对设置申请手续亦作严格规定：申请筹办，须经省级人民政府批准，正式建校须报国家教委审批。《规定》指出："民办高等学校及其教师、学生享有与国家举办的高等学校及其教师、学生平等的法律地位"，同时规定"民办高校不得以营利为办学宗旨""民办高校由所在地方省级教育行政部门负责管理"。这样，对于民办高校的设立条件和师生权利等开始有了比较明确的规定，这标志着民办高等教育开始走上规范化的轨道。

从 1993 年开始，国家教委先后批准了 18 个省（自治区、直辖市）开展高等教育学历文凭考试的试点工作。1994 年 2 月，国家教委批准黄河科技大学、上海衫达学院等 6 所民办高校具有独立颁发学历文凭资格。1994
年 7 月，第一所民办本科大学——仰恩大学正式成立。同时，企业家创办
高等教育学校风气渐起。比较著名的有温州的浙江东方学院，杭州的文理
专修学院、临海的浙江经济管理专修学院等。

1997 年 7 月，国务院颁布新中国第一个规范民办教育的行政法规——
《社会力量办学条例》。是年 10 月，国家教委发布《实施〈社会力量办学
条例〉若干问题的意见》。1999 年 5 月，全国第三次教育工作会议提出：
"积极鼓励和支持社会力量以多种形式办学，形成以政府办学为主体，公
办学校和民办学校共同发展的格局。凡符合国家有关法律法规的办学形
式，均可大胆试验。在发展民办教育方面迈出更大步伐。"会议决定，在
我国第十个五年计划期间，要基本形成以政府办学为主体、公办学校与民
办学校共同发展的教育格局。依据这一精神，各省区市纷纷制定本地区鼓
励民办教育发展的政策措施，给民办教育带来了新的发展机遇。2002 年 12
月，全国人大常委会通过了《中华人民共和国民办教育促进法》，自 2003
年 9 月 1 日实施。国务院于 2004 年 3 月颁布《中华人民共和国民办教育促
进法实施条例》。这些法律法规为民办高校的进一步规范发展提供了条件。

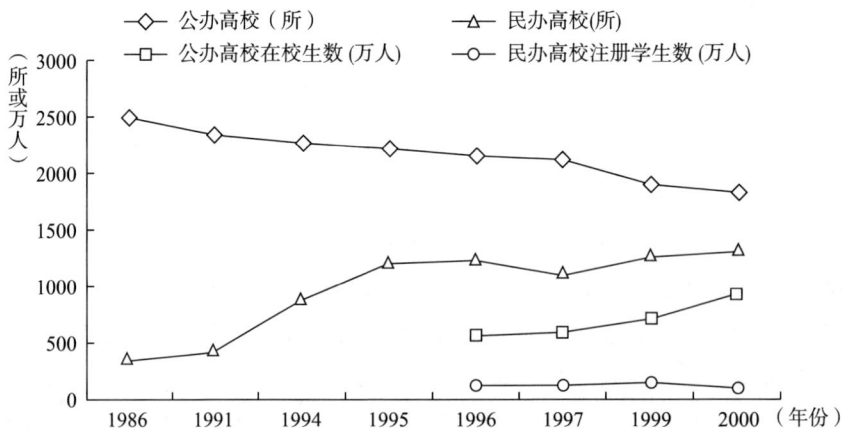

图 2-1　民办高校与公办高校学校数和学生数的比较

资料来源：《全国教育统计资料（1986）》、1991~1997 年《中国教育统计年鉴》、《民办教
育动态》（2000 年第 10 期）、《教育发展研究》（2001 年第 3 期）。我根据以上有关数据绘制。

2. 民办高校的现状

教育部统计资料显示，2003 年全国共有普通高等学校 1552 所，在校

生 1108. 56 万人。民办高等教育学历文凭考试试点学校及其他高等教育机构 1104 所，各类注册学生 100. 40 万人；而具有独立颁发学历文凭资格的民办普通高等学校 173 所（其中本科院校 9 所），在校生 81 万人。[①] 可见，各类民办高校的总数已接近公办高校，但具有独立颁发学历文凭资格的民办高校数只是公办高校的 11. 1%，其学生数只占公办高校学生数的 7%。美国耶鲁大学 Rogger L. Geiger 教授曾根据私立高等教育所占的招生比例将各国分为三种类型：普及型、双轨型、补充型。在普及型国家，私立高等学校学生占全体的 70% 左右；在双轨型国家，私立和公立的招生人数大致相当，各占 50% 左右；在补充型国家，私立高校数量少，招生人数受到国家控制，仅起补充作用（杜作润，1993：39）。据此看来，我国民办高等教育的发展还属于补充型。

从国际比较来看，日本私立高校占 78. 5%，学生占 82. 5%（1997年）；韩国私立高校占 82. 2%，学生占 85. 35%（1994 年）；印度的私立高校约占 73%，学生约占 57%（1988 年）；美国虽然只有 20% 左右的学生就读于私立院校，但其不仅有 1600 多所非营利性的私立高等学校，还有几千所营利性私立高等教育机构（厦门大学高教所，1996）。而在我国，虽然 20 多年来，民办高等教育已经形成了一定的规模、积聚了相当的实力，满足了人们日益增长的教育需求并成为我国高等教育体系的重要组成部分。但是，与公办高校相比，民办高校还处于非常弱势的地位，这反映在建校时间、师资状况、经济状况和硬件设备等诸多方面。

（1）民办高校的建校时间

建校时间是衡量高校的社会声望和办学成就的重要指标之一。一般来说，学校的历史越久远，培养的学生越多，社会声望就越高，社会影响也越大。从民办高校的发展史来看，新中国成立后第一所民办高校——中华社会大学至 2005 年只有 24 年，绝大部分的民办高校成立都不足 20 年。国家教育发展研究中心与教育部社会力量办学管理办公室 2001 年对全国 159所民办高校的调查表明，样本民办高校中，72. 2% 的是 20 世纪 90 年代以来设立的，办学时间在 10 年到 20 年（不含）的有 42 所，占 26. 4%；5 至

---

① 《2003 年全国教育事业发展统计公报》，http://dnbs. e21. cn/e21sqlimg/html_temple/2005 - 04 -03/article_904. htm，最后访问日期：2005 年 4 月 4 日。

9 年的有 56 所，占 35.2%；2 至 4 年的有 28 所，占 17.6%；1 年及以下的有 29 所，占 18.2%。[①] 从调查结果来看，大多数民办高校的知名度不高是有现实根据的。

（2）民办高校的师资状况

据民办高教委"百所民办高校"的调查统计，2/3 的民办高校专职教师人数不超过 40 人，有近 80% 的民办高校没有专职或专职教师人数很少。根据厦门大学高等教育发展研究中心邬大光的调查（见表 2 - 1），即使同时考虑专职教师和兼职教师的话，样本民办高校的师生比，也有一半在 1:20 以下，最低的达到 1:61.7，而教育部同期（2000 年）公布的全国普通高校师生比为 1:16.3。另据中华人民共和国教育委员会计划建设司和发展规划司的统计资料，2001 年全国民办普通高校专任教师学历结构为：博士占 2.2%，硕士占 10.8%，学士占 64.9%（教育部发展规划司、上海市教育科学研究院，2003：87）。可以看出，教师学历整体偏低。这主要是因为目前民办高校教师的社会地位、福利保障，特别是学术发展空间都不如公办高校教师，对高学历青年教师的吸引力不足。

表 2 - 1　样本民办高校师生比

单位：人

学校名称	在校生	教师		师生比
		专职	兼职	
江西大宇专修学院	9000	90	500	1:15
湖南涉外经济学院	5800	400	—	1:14.5
江西航天专修学院	4276	80	105	1:23.1
江西蓝天职业学院	18000	200	980	1:15.3
黑龙江东亚大学	5700	60	140	1:28.5
黑龙江东方学院	2300	60	260	1:07.2
松花江专修学院	580	32	36	1:08.5
西安欧亚学院	11000	130	280	1:26.8
西安亚太学院	2550	40	150	1:13.4

---

① 《我国民办高等教育发展现状分析》，http://www.moe.edu.cn/edoas/website18/info7348.htm，最后访问日期：2005 年 4 月 2 日。

续表

学校名称	在校生	教师数		师生比
		专职	兼职	
西安思源学院	7400	40	80	2：01.7
西安翻译学院	22000	80	750	1：26.5
湖北函授学院	6000	160	—	1：33.3
西安外事学院	15600	120	350	1：33.2

资料来源：邬大光，2001。

（3）民办高校的经济状况

国家教育发展研究中心与教育部社会力量办学管理办公室的问卷调查显示，在样本民办高等教育机构的办学经费收入中，"学费"占79.8%，"杂费"占10.4%，"捐赠"占1.2%，"贷款"占5.6%。可见，其最主要的经济收入来自"学费"。另外，在样本民办高等教育机构的资产来源结构中，来自"举办者投资"的占38.55，来自"办学积累"的占41.60，两项加起来占了80.15%（瞿延东，2002），这与国外私立大学有相当高比例的经费来自社会捐赠和政府补助有明显的不同。

与此一致的另一项调查来自厦门大学高等教育发展研究中心的邬大光，在他调查的30所样本民办高校中，学费收入占全年收入80%～100%的有15所，占50%；学费收入占全年收入100%的有10所，占33.3%；只有5所学校的学费收入占全年收入的80%以下，占16.7%（邬大光，2001）。

（4）民办高校的硬件设备

据国家教委1997年所做的百所民办高校调查，被调查的103所民办高校中只有55所拥有自己的校舍，约占总数的53.4%。在拥有自己校舍的学校中，有23.6%的学校校园占地面积不足15亩，有45.5%的学校校园面积为15～60亩。学校校舍建筑面积多数不足1万平方米。另外，就实验设备的投入来看，43.3%的学校设备资产低于50万元。就图书资料而言，有73.6%的学校累计藏书不足3万册（民办高教委，1997）。

另据，国家教育发展研究中心2002年的统计，样本民办高校的固定资产总值平均已超过2000万元，平均占地面积超过5.7万平方米，平均建筑面积超过1.8万平方米，平均教学仪器设备值达235万元，图书校均4万多册。其中各项指标的最大值是：固定资产 3 亿元、自有建筑面积 18 万平方米、教学仪器设备将近 2700 万元、图书超过 100 万册。可以说，目前少数民办高校的办学条件与公办高校相比也不逊色。但是，调查结果显示，在民办高校之间，存在着办学条件上的巨大差异。比如，最差的学校只有固定资产 1600 元、建筑面积 200 平方米、教学仪器设备价值 5000 元、图书 200 册（国家教育发展研究中心，2002）。可以看出，近年来民办高校的硬件设施有了较大改善，但整体水平还是远远不能和公办高校相比。与此同时，民办高校内部也存在巨大差异，发展水平极不平衡。这是我国民办高校的一个基本特点。

先天不足加上各种制度限制，民办高校能为学生提供的资源非常有限。而以前形成的对"民""私"的歧视性思维仍然根深蒂固。长期以来形成的公立研究型大学的质量观认为民办教育无法达到较高的教育质量，对其抱有刻板的偏见。在国家教育发展研究中心的调查中，前三项影响民办高校学生就业的主要因素分别为"社会用人观念"（67.1%）、"政策环境不健全"（53.2%）和"不承认学历"（42.4%），都是外部环境因素；在调查影响民办高等教育发展的因素时，有 55% 的受访者选择"歧视或偏见"，居第一位（国家教育发展研究中心，2002）。

综上所述，民办高校是在政府实行改革开放的政策后，在经济体制转轨、社会结构转型的宏观背景下，在原有公办高校无法满足民众对高等教育的需求的情况下发展起来的。在社会转型期，市场在资源配置中发挥着越来越大的作用。民办高校面向市场办学，依靠适应市场需求的专业和相关服务吸引学生，而其办学质量又要由市场对其毕业生的检验决定。在社会转型期，政府的民主化进程也在稳步推进，在政府依据法律并通过制定规章制度对民办高校的办学行为进行规范和约制的同时，由诱致性变迁而产生的民办高校也具备了相当的政策变通能力和空间，它们对政策的形成和法律的制定发挥能动性的作用。在社会转型期，因社会结构的变迁而发展起来的各种社会中间力量，如媒体、研究机构以及各种社会中介组织等，虽然目前还很弱小，但也为民办高校的健康运行提供了相应的社会化服务，而民办高校本身的发展又促进了社会中间力量的发育，拓展了公民社会空间。可以说，在社会转型期，民办高校和国家（政府）、市场和社会之间都是一种双向互动的关系。与之相比较，公办高校基本上还处于计划经济体制内，受政府直接控制，自主权和互动空间相对较小。它们与社会的联结并不紧密，对市场需求的反应也没有民办高校灵活，市场竞争的压力也相对较小。图2-2所粗略表述的这种关系成为民办高校招生制度和机制形成的最重要的宏观基础。

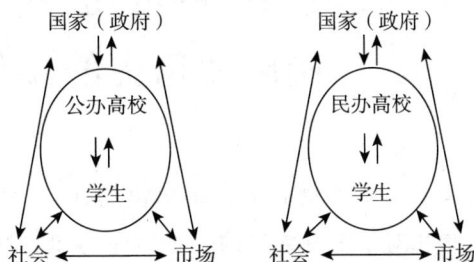

图2-2 高校组织与其环境的关系

但同时，制度环境加之于民办高校的约制也是显而易见的，体现在："二元"社会结构对民办高校学生"身份"的歧视，市场经济体系的不成熟、不健全和不规范以及政府的"强管理"取向。再考虑到民办高校自身条件不足等诸方面因素，就可以理解目前民办高校与学生之间的单向选择关系（学生在民办高校之间选择，而民办高校基本上没有对学生进行筛选的空间）。这一关系成为民办高校招生制度和机制形成的最重要的微观基础这种招生制度和机制几乎完全不同于公办高校，也迥异于世界各国私立大学招生模式。

第三章 高校招生制度比较研究：
国际和历史的视角

比较法和历史法是社会学创始人孔德提出的社会学的基本研究方法。孔德认为，比较法是相对于现有事物的一种横向的和共时性的比较，在社会学研究中占核心地位。其重要性在于它可以直接比较世界各地同时并存的各种社会形式。缺点在于，就其本质而言，比较法是一种对事物的静态的思考，不能揭示社会状态的连续性和事物发展的先后过程。所以还要运用历史法。孔德认为，历史的方法是社会学研究的专门方法，是从事物的先后和连续上考察社会现象和状态的一种方法，是一种纵向的历时性的比较，可以弥补静态比较的不足（贾春增，2000）。

涂尔干认为比较的方法有助于获得教育规律："每个民族都有各自的道德、宗教和经济体系，有各自的教育制度。然而，同样，在有关构成的本质特点上相类似的民族，当然也实践着类似的教育制度。两个民族如在一般组织上相似，那么在教育组织中的重要之处也必然会导致对等的制度。"（Durkheim，1956）他认为用比较的方法能在特定社会类型中总结出相应的教育类型。进而，"通过找出各类型的特征所依存的条件，说明各种类型，就可以获得支配教育制度进化的各种法则"（Durkheim，1956）。

世界各国的私立大学，无论是从国际声誉还是从国内地位来看，均以美国为最，且美国的最好大学中，私立大学占绝对优势，因而研究美国的私立大学具有很重要的意义。中日两国同处亚洲，同属儒家文化圈。在历史上，日本的政治制度、社会文化深受中国的影响，其官学和私学在很大程度上都有中国的印记。自近代以来，两国一样经受西方文化的冲击，虽然反应的方式和结果不太一样，但都经历过与异质文化的磨合。而现在，相对于中国而言，日本的私立教育发展良好、系统完备、法制健全，有许多成型的经验可资借鉴。所以，本文选取了美国和日本作为比较对象，考察两国的私立大学招生制度及其制度背景，从比照的角度来进一步深入探讨我国民办高校目前招生制度和机制的形成逻辑。

就国内而言，在近代社会尤其是民国时期，我国私立高等教育曾经蓬勃发展，对扩大高等教育规模、推进高等教育改革和健全高等教育体系做出了非常重要的贡献。在当时特定的历史条件下，它们积累了很多的办学经验。对于现时代的民办高校来说，这些都是值得参照的。同时，改革开放后发展起来的民办高校，在招生制度上采取了与在高等教育体系里占绝对统治地位的公办高校迥然不同的形式，从比较的角度去探究其原因，对于深入了解民办高校来说也是一个必要途径。所以，本章将从纵向和横向上对不同国别、不同历史和不同形式的私立与公办高校的招生制度做一个粗浅的比较。

一 美国、日本私立大学招生制度

1. 美国私立大学招生制度

美国的教育起源于私立。其私立教育的发展主要经历了这样的路线：私立学校引导公立教育走向→公立教育盛行→公私立教育大发展→公私立教育相互竞争（谢安邦、曲艺，2003：180）。

作为一个多种族、多民族、多文化的国家，美国在政治上是地方分权，在高等教育的管理上也是"分权制"。美国社会在用工及人才招聘中，看学历但更重个人的能力与独立人格，加之美国多数大学对考生没有严格的年龄限制，所以美国人上大学的愿望并不迫切，他们更多的是根据自己的兴趣和能力来选择是就业还是上大学。在美国，无论是教师、家长还是学生都不十分看重分数，学校和家长更不把分数作为评定学生的唯一标准。人们更注重的是学生的创造精神、实际才能及适应社会生活的能力。很多高校的招生不仅仅选拔智商高的学生，更看重情商高的学生，录取新生时将入学成绩、平时成绩、社会服务表现及活动能力等结合起来综合考评，考试成绩只是学校录取学生的众多条件之一。美国没有全国统一的招生和录取标准，没有全国统一的课程设置标准，也没有全国统一的学位颁发标准。无论是公立大学还是私立大学都是自己确定考试方式、提出有关要求。各州、各大学都有较强的独立性和自治性，这在私立大学体现得尤为明显。这种依靠"社会选择"的体制与美国的政治制度、经济制度、民族和历史的文化传统相适应。

（1）管理机构及制度

美国实施和管理教育事业的责任，主要不在联邦政府，而是根据宪法"保留条款"保留给各州，形成以州为主体的州、地方和联邦政府共同负责的体制，教育的管辖权及责任主要在各州政府。联邦教育部的职能是指导与服务性的，对高等教育的控制很少。它们在法律上和事实上对高等学校都没有直接的管辖权。它的主要职责是从国家的目标和利益出发，支持和影响高等教育事业的发展方向和规模。其主要手段是立法、财政资助和提供信息服务。各州基本上都有高等教育管理委员会和协调委员会，其权力和职能因各州而异，主要包括立法、财政资助与预算、进行专业评估和对高等教育进行整体规划等。

依靠社会的评估机构是美国对大学实施管理的一大特色。大学可以自主选择不同的评估机构，但是只有在通过评估机构的评估后，它们才能得到社会的承认，也才能得到联邦和州政府的资助；它们的学生才能申请到联邦和州政府的奖学金和贷款。同时，只有通过评估的大学才能向州政府申请授予学位资格。美国社会评估机构所承担的诸多职能，在我国，实际上是由教育行政部门承担的。

（2）招生制度

美国高校的招生先后经历了四种形式：个别甄选、证书录取、综合选拔和开放考试。在1861年南北战争以前，实行的是个别甄选制度，由各大学独立招生。1870年，自密执安大学始，大学逐渐实行模仿德国的证书录取制度：大学和中学建立"认可关系"，办法是大学每年对中学进行一次视察，审查中学的教学管理状况，审查合格的学校获得认可，被称为"认可中学"。从"认可中学"获得毕业证书的学生，可以不经考试，直接进入大学。之后，由于大学"认可"的不便，"认可"职能从高校分离到了跨地区的专门"认可"组织。

证书录取制的弊端在于中学的自治与大学对质量的要求之间的冲突。改革始自哥伦比亚大学。第一步是成立大学入学考试委员会，实行统一入学考试。第二步是建立综合选拔制度。选拔标准包括：个人在中学和社区中表现出来的能力、兴趣、入学动机和研究潜力及桑代克智商测验成绩等。此外，哥伦比亚大学还要求学生提供推荐信、中学成绩单或中学校长的评语，并与学生面谈。这种录取制度随后被各大学广泛采用。

二战以后，美国成为超级大国，经济的进一步发展使得其对于各级各类人才的需求都大幅膨胀，而各弱势族群对于教育机会均等的呼声日盛。在此背景下，1970 年，纽约市立大学开始实行开放招生制度。之后，其他州立大学和学院也纷纷效仿，而社区学院几乎全部采用开放招生制——"宽进严出高淘汰"。

美国高校招生制度的特点可概括为：采用校外考试机构主办的高校入学考试；各高校单独办理入学申请；招生政策、录取方式灵活多样；高等教育比较普及，入学竞争从总体上说不太激烈。私立大学和公立大学在招生方面没有本质区别，都是依据学校声望和地位的高低而分别采取竞争性、选择性和开放性的招生政策。

（3）考试制度

美国大学的入学考试不是由国家组织，而是由获得普遍承认的专门的私人测试机构来组织。这些机构聘请权威测试专家及各学科专家对测试进行专门研究，编写试题。目前美国主要有两种大学入学考试。

第一种是美国教育考试服务中心（ETS）组织的 SAT（Scholastic Assessment Test）和 AT（Achievement Test）。ETS 成立于 1947 年，是一个非营利的在教育领域内进行测量与研究的组织。ETS 举办大学入学考试 SAT 与 AT。SAT 是语言与数学一般能力测验，测量在校内外学习中发展起来的认知和分析能力，与中学课程的联系极为有限。AT 属于学科性学业成就测验，测量学生学科知识以及运用这些知识的能力。SAT 和 AT 的报告表上还附有自愿填写的学生情况问卷，涉及学生兴趣、活动、计划与其他背景信息，可帮助招生人员做出判断和对考生进行指导。

第二种是美国高校测试中心（ACT）组织的 AAP。ACT 成立于 1959年，是一个独立的非营利机构，为中学、高校、专业社团与政府机构提供各种教育服务。ACT 举办的高校入学考试 AAP 是一种跨学科的组合测验，旨在尽可能直接测量考生进行高校学习的能力与技能，与中学的学习有一定联系。AAP 的报名表上还附有中学所学课程和等级问卷、学生情况问卷以及学生兴趣量表，以帮助高校甄别筛选学生。

此外，美国许多大学还自己出考题。由于美国考生报考的是大学而非专业，学生主修哪个专业，是在入学一年以后根据自己的专长、兴趣和未来择业的需要来选择的，所以考试题目往往只有一个：多是给出一个简短的问题，让考生们自由发挥，写出一篇作文。

（4）高校的招生运作

美国各高校都设有负责招生的职能部门。大多数称为招生办公室。招办属校级部处机关，受教务副校长或学生工作副校长领导。招办主任与各学院院长一样，是大学的重要行政官员。招生办公室承担招生的宣传、申请和录取工作。有些学校还设有招生委员会，负责制定招生工作的方针、政策，确立新生入学条件和资格、入学手续及录取原则等。

各高校都非常重视开展宣传和咨询活动。主要形式有：①向对其感兴趣的学生发招生信件；②召开信息发布会与咨询会，向申请者及其家长宣传学校；③组织参观校园活动。

2. 日本的私立大学招生制度

日本的大学，按办学单位来分，有国立大学、公立大学和私立大学。私立大学无论是在数量上还是在其学生数上，都占压倒性优势。据统计，现阶段日本的私立大学和短期大学约占总数的80%。私立大学在校生占在校生总数的80%（谢安邦、曲艺，2003：15）。就社会总体而言，私立大学培养的精英人才多于国立大学（陈永明，1996：34）。在学位的颁发上，日本的私立大学和其他公立、国立大学一样，都是根据《学校教育法》，由文部省规定学位授予条件和名称，学校根据这些规定来授予学位，上报文部大臣审批。

（1）管理机构及制度

1918年前，日本政府对私立大学的管理以抑制其建立为特征。表现之一是颁布《专门学校令》，对私立学校实行直接的管理；表现之二是实施官吏和各种专门职业人员的考试制度，通过对专门学校的毕业生进行"验收"来对私立学校进行间接的管理。1918年，日本颁发《大学令》，这为私立学校纳入高等教育体系提供了制度保证。政府由此从"压制"式的管理转向"利用"式的管理。《大学令》规定私立大学的设置、经费及教员录用等问题需要文部大臣的认可；文部大臣对私立大学行使监督权。这种管理与日本政府对公立、国立大学的管理完全一样。

二战后，日本重大的教育政策和教育方针都建立在立法的基础上，否定了"敕令主义"。私立大学在财政上和人事上是独立的，作为教育行政管理的最高机构的文部省，只能在学校的设置和校内教学组织的变更上行使批准权。学校一经建立，文部省就很难干预学校内部事务，只具有"对大学管理进行指导和建议"的权力。但实际上，政府以"经济手段"，即以向私立学校发放补助金的方法来贯彻政府的教育方针，部分干预私立大学的内部事务。1970 年，日本国会通过《日本私立学校振兴财团法》。该法规定政府和个人、企业都可以对私立学校进行资助。

日本政府部门设有私立学校审议会。各级审议会主要由私立学校校长和社会贤达组成，是由政府控制但民间色彩很浓的机构，主要职能是为教育行政部门提供咨询，以增强行政管理的科学性。它们拥有对教育行政部门所作决定的审定权，具有相当的权威性。

另外，私立大学还自发组建了各种协会和团体，如私立大学团体联合会等。这些协会和团体经常组织各种交流、评估、培训、资格认定等活动，并保持与政府的密切联系，还承担由政府委托的部分事务性管理工作。它们既是政府和私立大学之间的桥梁，又是私立大学整体利益的代言人，是与政府行为相制衡的一种力量。

（2）招生制度

日本大学的招生，由各大学实施。各大学设有专门处理选拔考生事务的部门，国家和地方政府不设专门的招生机构。考生向自己志愿报考的大学发送入学申请书，大学按照"大学入学考试中心"提供的该生考试成绩、该生参加本校举行的入学考试的成绩以及该生所在高中提供的调查书等进行选拔。由大学的教授会来审查认可，由校长决定最终入学者。

另一种录取方式是推荐入学。这又分两种情况：一是有高中校长的推荐，二是经考核某科目成绩确系优异者。对不同等级的大学来说，这种推荐制度的意义是不同的。对名牌大学而言，"推荐"只适用于具有某种特长的特优生，或照顾少量边远地区的学生入学。对二、三流的大学来说，"推荐"是保证学校完成招生计划的一种手段。选择空间越小的大学，"推荐生"的比例越高。而末流高中的毕业生也大多通过"推荐"的形式被一般大学录取。

（3）考试制度

1877 年，自东京大学始，实行预科考试制度。从二战后的 1947 年开始，日本各大学基本实行考试、复试和档案（调查书）审查相结合的招生形式。

1955年至1965年，日本实行由各大学进行一次性考试录取的办法，但在简化程序的同时又产生了学生过分集中报考名牌大学的问题。1977年，文部省根据《国立学校设置法》的要求成立了"大学入学考试中心"，从此确立了第一次全国统考和第二次大学自主考试相结合的招生考试制度。

大学入学考试中心是主持全国统一考试的机构，其主要任务是组织和研究日本国立大学和公立大学的招生工作。1990年新高考实施后，大学的新生入学选拔，由各大学自主掌握。该中心只为各大学提供选拔新生的基础学力资料。在此意义上，该中心为国立大学、公立大学和私立大学所共有，为各类大学提供服务。各大学根据该中心提供的成绩，结合本校具体情况来考核选拔新生。

"共同学力第一次考试"是全国性的统考，由大学入学考试中心命题委员会命题。统考的目的是考核学生对高中阶段学习内容的掌握程度。报考各国立、公立4年制大学以及部分私立大学的学生，均需参加这项考试。"第二次考试"由各大学自行拟题、自行组织，其目的主要是测定考生的学科专业知识水平和专业学习能力，了解考生是否具备所报考学校和专业要求的特殊能力。考试的内容由各大学根据各自的专业要求和专业特点自行确定，考试方法也由学校灵活掌握。

大多数私立大学不硬性要求考生参加统考，而是自定考试方式、自行主持考试。但在录取时，常常会参照"共同学力第一次考试"的成绩。

3. 美国、日本私立大学招生制度的比较意义

与美国和日本的私立大学相比，我国民办高校在以下方面的差异对其招生制度的形塑造成了影响。

（1）办学地位

与中国相比，美国和日本的私立大学在高等教育体系中占有明显的优势地位，无论是硬件设施还是学术声望，都不逊于公立或国立大学。尤其是在美国，一流大学基本上都是私立大学。它们对准备接受高等教育的学生具有很大的吸引力。而中国的民办高校与公办高校相比，无论是在教学上还是在科研上，目前都处于绝对弱势的地位，与美日两国的私立大学更不可能相提并论。

（2）管理

在高等教育管理上，美国和日本主要是指导与服务型行政，依法管理

的规范性很强。我国的行政管理重在监督检查和控制，现阶段仍然是以直接的行政管理为主、政策引导为辅，相关法制不健全、不完善。

（3）管理机构

美国和日本对私立大学的管理除了教育行政部门外，还广泛依靠咨询机构和行业协会。后者得到国家和社会的双重承认，具有很强的权威性。而我国的民办高校管理机构很单一，只依靠教育行政部门。行业协会和团体的发展非常滞后，能提供的有效服务很少，无论是在国家层面还是在社会层面上都不具备实质意义上的权威性。

（4）办学经费

在办学经费的问题上，经费资助是美国和日本对私立大学实施行政管理的重要方面，是国家调节私立大学发展的一个杠杆。日本以立法的形式明确表明国家对私立大学的经费资助，并以制度化的形式在国家和地方两个层面都表现出来，而且资助的力度非常大。美国联邦政府对私立大学的资助要高于对公立大学的资助。为了在高科技等科研和学术领域使美国保持国际领先，政府特别集中资助具有一流教学特别是研究水平的大学（吴忠魁，1999：118）。同时，美日两国对于私立大学的捐赠制度比较完善，捐资助学蔚为风气。

而我国对民办高校的扶持主要体现在政策上，物质条件方面的扶持很少，经费资助几乎没有。一方面捐赠制度不健全，另一方面捐资助学的历史传统和社会意识也远远比不上美日两国，导致在民办高校的经费来源中，捐赠所占比例极低。

二　民国时期私立大学①招生制度

涂尔干认为，要想把握事物发展的内在力量，就需要观察它们在历史

---

① 民国时期，我国私立大学的发展经历了 1927 年前的初步发展期、1927～1937 年的整顿发展期和 1937～1949 年的持续发展期（宋秋蓉，2003）。私立大学主要包括国人自办私立大学、中外合办私立大学和外资独办私立大学以及教会大学等四种类型。在后三类中，许多大学可以颁发国外大学文凭（如福建协和大学有美国纽约大学学位授予权），它们还聘请了许多外籍教师。它们的招生从最初面向教徒子弟、贫苦儿童到面向渴望学英语的富家子弟，再到立案后的世俗化、与国人自办私立大学趋近，等等，情形较为复杂。因学识能力所限，不作讨论。如无特别说明，本节所言私立大学只涉及国人自办私立大学（以下简称私立大学）。

的进程中是如何运作的。因为只有在历史中，它们才会通过所产生的效果的累积而展现自身。正因此，想真正了解任何一项教育主题，都必须把它放到机构发展的背景中，放到一个演进的过程当中（涂尔干，2003）。追溯民国时期的私立大学对于了解当今民办高校是非常有必要的。

1. 管理机构及制度

民国时期，私立大学的管理权在教育部。教育部拥有批准私立大学设立、立案、变更的权力，监督和指导私立大学的权力，整顿、解散、停办、取缔办理不善或违背法令的私立大学的权力，认可私立大学校长的权力，等等（宋秋蓉，2003：125）。政府的主要管理手段是认可立案政策和视导制度，其管理特点可以概括为"严格规范，积极扶助"和变通性的"人治"管理。

第一，通过制定法规对私立大学进行严格的规范和监督。民国政府在1912年《专门学校令》和《大学令》中，立法确立了私立大学和公立大学的同等法律地位。1928年颁布了《私立学校条例》、《私立学校董事会条例》。1929年颁布的《大学组织法》规定：大学分国立、省立、市立和私立，其"设立、变更与停办须经教育部核准"（宋恩荣、章咸，1990：416）。1929年还颁布了《私立学校规程》和《私立政法学校设立规程》。1933年颁布了《修正私立学校规程》和《私立专科以上学校立案前毕业生追认资格办理标准》。1939年颁布了《私人讲学机关设立办法》。1943年、1947年再次修正颁布《私立学校规程》等。按照上述法规，从1929年开始，政府对私立高等学校进行了严格的整顿、规范。凡不符合《大学组织法》规定者，分别改为独立学院或专科学校。政府要求所有专科以上私立高校必须遵照法令办理，而且都要有相当的基金和设备才能创办，从而使盲目设立私立高校的势头得到遏制，并结束了前期私立高等教育的涣散状态。

第二，采取给予经费、校地、物资设备等物质帮助和政策性、精神性鼓励等方式扶助私立高等学校的发展。民国时期的私立大学自始至终都得到了政府的物质支持，在发展的关键或危难时期更是如此，其主要形式是经费资助。北洋政府时期，资助额度较小，但到了南京国民政府时期，政府对私立大学的经费资助逐步规范化，资助数额增大，资助范围也扩展了。教育部于1934年颁布的《私立专科以上学校补助费分配办法大纲》

规定：给予"立案的私立专科以上学校办理成绩优良而经费困难，未得公私机关之充分补助者"补助费，"总额定为全年七十二万元，约以百分之七十补助扩充设备，以百分之三十补助添设特种科目之教席"；"同时注重理农工医之发展（每年至少应占全部补助费百分之七十），并酌量顾及地域之分配"。① 此外，政府还采取免税、担保银行贷款、表彰捐资助学者和杰出私立大学及其办学人等措施给予私立大学以更多的支持。政府规定，凡在经认可立案的私立大学"修业期满，考试合格，并经教育部复核无异者，由大学或独立学院授予学士学位"。② 准予私立大学毕业生享有与公立大学毕业生同等的资格和待遇。这些措施的实施对私立大学的发展起到了非常积极的促进作用。

第三，在具体的政策执行上实行的是变通性的"人治"管理模式。中国自古以来缺乏"法治"的传统，封建王朝的主要统治手段是"人治"，这种管理观念已经绵延渗透进日常管理的方方面面，私立大学也不例外。政府虽然制定了一系列法律法规，但并不总是能严格执行，其间有很大的变通空间。许多私立大学运用董事会里政要或社会贤达的能量，在立案、教师队伍建设以及招生等方面都以变通的方式获取合法性的支持。

2. 招生、考试制度

根据教育部规定，参加公立大学入学考试者必须是在公立或已立案之私立高级中学、中专师范学校或职业中学的毕业生，具有同等教育程度而无学历的绝大多数学生都不能报考。私立大学则自由得多，还可以招收同等学力学生。私立大学独立组织招生入学考试，独立录取。

根据《第一次中国教育年鉴》的统计数据，在1931年，政府承认的私立大学占全国大学总数的25%，在校生占全国大学在校生的20.5%。私立大学师生比为1∶7，远低于同期公立大学的师生比（1∶3.5），师资条件较差；私立大学设备价值占全国设备总价值的12.7%，校均设备价值26222元，同期公立大学设备价值占全国设备总价值的64.3%，校均设备价值70773元；私立大学图书册数为校均24321册，而公立大学为校均30891册；私立大学年生均经费283.6元，公立大学年生均经费899.4元

---

① 《私立专科以上学校补助费分配办法大纲》，转引自宋恩荣、章咸，1990：418。
② 《私立专门以上学校认可条例》，选自宋恩荣、章咸，1990：424。

[《第一次中国教育年鉴》（丁编），1991：34～39]。从以上指标来看，私立大学在诸多方面都远远逊色于公立大学。

但私立大学本身是分化的。根据主要经费来源的不同，可以把私立大学分为以国省库款为主要来源的以官助学模式、以捐助款和企业拨款为主要来源的以产养学模式以及以学费为主要来源的以学养学模式（宋秋蓉，2003：40）。第一类如在南开中学基础上建立起来的南开大学，其自始至终享受政府的经费扶助，学校有历史累积的声望和丰厚的物质基础，师资水平较高，生源素质较好，实行的是竞争性的招生制度，在校生始终控制在几百人。"南开中学应届毕业生平日学习成绩优秀者，经大学免试审查委员会审查同意，可以免试入学。"（南开大学校史编写组，1989：87）除此之外，其他报名南开的考生都要通过比较严格的入学考试才能被录取。这类私立大学在当时较少。第二类如厦门大学等。1931年，捐助款占厦门大学总收入的61.2%［《第一次中国教育年鉴》（丙编），1991：184］，主要来自陈嘉庚经营橡胶业所获利润。在较为充足的资金条件下，这些学校的师资和生源质量也相对较好，实行的基本上也是一定程度的选择性招生政策。这类私立大学在当时具有一定的代表性。第三类如复旦大学、大夏大学等。据统计，1931年，学费占复旦大学全校总收入的83.3%［《第一次中国教育年鉴》（丙编），1991：87］。这类私立大学主要依靠学费运转，滚动发展，是当时的主流。它们内部分化极大：基础较好的学校也能对学生做一定的筛选；但是大部分学校为了获得充足的资金，对招生规模很少限制，基本上实行开放式的招生政策。大夏大学校长欧元怀曾回忆说"私立大学招生录取标准较低，往往降格以求，收容考国力大学落第的学生"。（欧元怀，1987：149）据统计，1931年，私立大学（此处含教会大学）所招新生中，中学同等学力生占了13%，而公立大学只有8%［《第一次中国教育年鉴》（丁编），1991：59］。

从总体上看，经费短缺是民国时期私立大学遭遇的普遍难题。由于有招生自主权，一般私立大学往往靠广收学生获取学费，从而维持基本的运转，有的把招生标准降到极低的水平。还有一些学校借学敛财，严重影响了私立大学的整体办学质量。为限制私立大学滥收学生，南京国民政府教育部于20世纪40年代初出台了一系列有关私立大学的招生规定：私立大学的招生简章必须经教育部备核，教育部派员监视招生考试并随时抽阅新生试卷，等等［《第二次中国教育年鉴》（第五编），1991：50］。针对私立大学招收学生学力不明的情况，1944 年，教育部特别规定私立大学招收高中同等学力学生的比例不得超过新生总数的 5%［《第二次中国教育年鉴》（第五编），1991：54］。这些措施促进了私立大学的自我分化，淘汰了一部分办学条件过差的学校，在一定程度上促进了私立大学的良性发展。

3. 民国时期私立大学和当今民办高校的比较

我国现今的民办高校与民国时期的私立大学相比，许多方面是相似的：缺乏行业协会和团体等社会自治性组织、整体实力比不上同时期的公办高校、主要是教学型的大学、政府严加管理、办学机制灵活、紧密结合社会发展需要的办学方向等。但也有非常大的区别，主要包括如下几点。第一，现今政府在对民办高校的经费扶助方面很乏力，其他政策性的、精神性的扶持也很不够或者在实践中并没有真正实行。第二，现阶段缺乏一批如南开大学、厦门大学等那样具有较高办学水平的私立名校，就声望而言，现阶段的民办高校在相当程度上全面低于民国时期私立大学的水平。民办高校虽然也是高度分化的，但这种分化整体而言都是在一个较低的层级上，最好的民办高校基本上也不具备与公办高校争生源的实力。第三，一个非常重要的区别在于当时的社会结构不是"二元"的，公立大学和私立大学的毕业生没有先赋性的"身份"差异，处于相对平等的竞争就业机会的地位。

三　新中国成立后我国公办高校的招生制度

新中国成立至 2005 年，我国公办高校招生考试制度大致经历了如下演变过程。

新中国成立之初，我国实行各大行政区的部分高等学校联合招生或单独招生的制度，统一规定报考资格、必考科目等。1951 年，开始实行以各大行政区为单位的统一考试、统一组织命题。1952 年，全国高等学校招生委员会和各大行政区招生工作委员会成立，实行全国高等学校统一招生、统一考试科目、统一组织命题、统一考试时间，全国各地考生可以就地申请报名和参加考试。1958 年，各省、自治区和直辖市的教育行政部门设立了专门的招生办公室，普通高等学校招生考试工作由此形成了全国统一领导、分级管理相结合的体制。

1966 年 6 月 13 日，中共中央、国务院发出《关于改革高等学校招生考试办法的通知》，认为现行高等学校招生考试办法"基本上没有跳出资产阶级考试制度的框框"，必须彻底改革。同年 7 月，中共中央、国务院发出《关于改革高等学校招生工作的通知》，决定"从本年起，高等学校招生工作下放到省市自治区办理"，"高等学校招生，取消考试，采取推荐与选拔相结合的办法"。1970 年 6 月 27 日，中共中央批转《北京大学、清华大学关于招生（试点）的请示报告》，提出"实行群众推荐，领导批准和学校复审结合的办法"，不进行文化课考试。这一招生办法一直沿袭到 1976 年。

1977 年，中共中央做出改革招生制度的决定，废除推荐的制度，恢复文化考试制度，恢复从应届高中毕业生中招生，采用严格考试制度，严格贯彻德智体全面考核的方针。1978 年 6 月 6 日，国务院批转了教育部《关于 1978 年高等学校和中等专业学校招生工作的意见》，提出"实行全国统一命题，由省、自治区、市组织考试的办法"。此后，尽管也有对统一高考制度的一些异议，但是它却稳步发展，延续至今。1984 年，国家试行普通高校接受保送生制度，即由中学推荐、高校审核、学生免试入学的办法。保送生条件是德智体全面发展、一贯优秀或者有特殊才能等，数量控制在高校当年招生计划数的 3% ～ 15%。有些高校还试行"推荐和考试相结合"的招生办法。这两类招生制度都是对全国统考招生制度的补充，所占比例都很低。

1987 年国家教委考试中心成立，负责全国高等学校、成人高等学校、研究生入学考试以及全国性的专科升本科考试、外语水平考试、计算机等级考试等工作。同年，国家教委颁布《普通高等学校招生暂行条例》，规定："国家教育委员会主管全国普通高等学校招生工作。"国家教委负责编制有关招生工作的规章、招生计划，组织高考，指导、检查地方高招工作；"省（自治区、直辖市）、市（地）、县人民政府分别成立普通高等学校招生委员会。……招生办公室是招生委员会的常设机构"；"普通高等学校应设招生办公室"。有关分工是：考生所在学校或单位（未参加国营或集体企事业单位工作的考生由乡、街道办事处）应对考生的政治态度、思想觉悟、道德品质做出全面鉴定。体检工作由招生委员会会同当地卫生行政部门组织实施；国家教委根据全日制中学教学大纲命题，并制订参考答案和评分标准；录取新生工作，由省、自治区、直辖市招生委员会组织有关高等学校分批进行；逐步实行"学校负责、招办监督"的录取体制，条件不具备的省、自治区、直辖市，部分学校仍可实行"根据志愿，按比例（120%）投档"的录取办法。从1990年起，各省、自治区、直辖市政府在原来招生办公室等招生考试机构的基础上成立了考试院、考试局和考试中心等考试机构。

1993年《中国教育改革和发展纲要》提出要"改变全部按国家统一计划招生的体制，实行国家任务计划和调节性计划相结合。在保证完成国家任务计划的前提下，逐步扩大招收委托培养和自费生的比重，这部分调节性计划由学校及其主管部门根据社会需求和办学条件确定"。1998年《中华人民共和国高等教育法》规定："高等学校根据社会需求、办学条件和国家核定的办学规模，制定招生方案，自主调节系科招生比例。"1999年，教育部《关于进一步深化普通高等学校招生考试制度改革的意见》提出：在改革中要始终坚持有助于高等学校选拔人才、有助于中学实施素质教育、有助于高等学校扩大办学自主权的三项原则。积极探索一年两次考试的方案，在试点的基础上待条件成熟时再实施。录取方式的改革重点是实施计算机网上录取。利用中国教育科研网建立全国大学生招生远程录取、学籍学历管理、毕业生远程就业服务一体化的信息系统。

概括起来，公办高校的招生制度是一种非常正式的科层模式，其基本组织办法和一般工作程序是：统一高考，国家确定考试科目及各科的考试日期、时间，区县招生部门具体组织报名和考试，省、自治区、直辖市招生部门组织评卷和录取；高等学校根据招生来源计划，派人到有关省区市确定的录取地点，"集中办公"，按照规定时间和要求进行本校的录取工作。录取的批次安排依次是：提前录取的院校、第一批重点本科院校、第二批一般本科院校、第三批专科院校等。公办高校招生从横向上讲是不同单位、部门密切配合进行的，从纵向上讲是各级教育行政部门和高校紧密衔接而时间要求又非常严格的一项工作。

与美国、日本等其他国家的私立大学和我国民国时期的私立大学以及我国当今的民办高校的招生制度完全不同的是：我国公办高校的招生制度是与就业制度相配套的。

1985 年以前，与计划经济体制相适应，国家对大学生实行的是"准干部"制度：被高校录取的学生有干部指标，入学后有城市户口，享有一定的医疗补助，实行"由国家包下来分配工作，负责到底"的分配制度，以及"统筹安排、集中使用、保证重点、照顾一般"的大政方针。用人单位只是毕业生就业分配的被动接收者，高校也不过是按照政府有关部门的指令开设专业、招收学生，并根据政府制订的就业计划将毕业生分配到用人单位。

改革开放之后，这种高校毕业生分配制度难以适应市场经济体制的要求。因为在市场机制成为资源配置的重要手段时，人力资源的配置就同样受到市场机制的制约。1993 年中共中央、国务院发布的《中国教育改革和发展纲要》提出改革高等学校毕业生"统包统分"和"包当干部"的就业制度："近期内，国家任务计划招收的学生原则上仍由国家负责在一定范围内安排就业，实行学校与用人单位'供需见面'，落实毕业生就业方案，并逐步推行毕业生与用人单位'双向选择'的办法；委托和定向培养的学生按合同就业；自费生自主择业。"改革的长远目标是，随着社会主义市场经济体制的建立和劳动人事制度的改革，除了对师范学科、艰苦行业和边远地区的毕业生实行一定范围的定向就业分配外，大部分实行在国家方针政策指导下，毕业生通过人才劳务市场自主择业的就业办法。

四　我国民办高校招生制度

中国民办高校的招生分两类：计划内招生和计划外招生。具有独立颁发学历文凭的民办高校有计划内招生资格和指标，与公办高校享有同等的招生权，在招生范围上要纳入国家统一招生计划，在招生标准和招生方式上要遵守国家相关规定。学历文凭生和自考生的招录属于计划外招生，由民办高校"依法自主招生"。

对民办高校计划外招生的管理权主要集中在教育行政部门，其管理内容主要包括如下几个方面。①严格审定民办高等教育机构的招生资格，定期向社会公布有关信息。②限定民办高校的招生范围：主要面向本地区招生，确需跨省（自治区、直辖市）招生的，须经教育机构所在地和生源所在地的省级教育行政部门审核同意。③规范民办高校的招生方式：不得将招生工作委托、承包给经营性的中介机构或个人；不得借用普通（成人）高等学校的名义招生；不得干扰基础教育的正常教学秩序。④规范民办高校的招生宣传：招生广告（简章）的内容必须真实、准确。对学校名称、办学类别、办学地点、考试类型、证书名称及收费标准等事宜不得含糊其辞、弄虚作假，不得作不负责任的许诺。

在此前提下，民办高校有相对的招生自主权：民办高校根据其办学宗旨、办学目标和办学条件，在不违背公共道德、不违反法律规定的前提下，自主确定招生的规模，自主确定招生标准，自主确定招生方式。在上述前提下，只要民办高校和受教育者双方自愿，学校即可行使招生权，学生同时可实现受教育的选择权。民办高校可以自主选择网上招生、面试招生、联合招生等方式。

《中华人民共和国民办教育促进法》规定"国家支持和鼓励社会中介组织为民办学校提供服务"，社会中介组织和团体、行业协会等依法可以行使舆论监督权，为民办高校和学生双方提供信息服务。但由于它们的发展还处于相当初级的阶段，在市场经济体系和法律体系还不完善、不健全的当下，其运作存在诸多不规范之处，容易受商业性因素的影响。所以，社会中介组织所能提供的服务非常有限。

民办高校计划外学生入学后要参加自学考试和学历文凭考试，通过才能获得相应文凭。自学考试的命题由全国考委统筹安排，分别采取全国统一命题、区域命题、省级命题三种办法。由省级考委遴选专业师资力量较强的全日制普通高等学校担任主考学校。在高等教育自学考试工作上，主考学校接受省级考委的领导，参与命题和评卷，负责有关实践性学习环节的考核，在毕业证书上副署校名。自学考试的报名几乎完全是开放性的，"中华人民共和国公民，不受性别、年龄、民族、种族和已受教育程度的限制"，均可报名参加考试。相应的，民办高校对此类招生的资格要求非常宽：不仅招收应、往届高中毕业生，还招收应、往届职业高中、中专、中技毕业生和同等学力者。

学历文凭考试是国家对不具有颁发学历文凭资格的民办高等教育机构的一种扶持方式，自1993年开始试点，2005年起停止招生，办学层次限于专科。试点学校的学生学习结束后，参加由国家、省（区市）、学校三方组织的考试（考试科目各占 1/3）。考试合格后，学生就可以获得国家承认的毕业证书（证书由试点省级高等教育自学考试委员会和培养学校分别具印颁发）。这种形式的招生对象主要为未被公办高校录取的应届高中毕业生，录取分数线以当年高考成绩为主要依据，一般在专科录取线下 50 分以内，生源比较紧缺时可以放宽一些。

> （北京人文大学）招生对象：热爱祖国，拥护中国共产党，遵纪守法，身体健康，立志成才的应（往）届高中毕业生及同等学力者（含职高、中专、中技毕业生）均可报名。凡高考分数不低于本省专科录取分数线 30 分者经审查合格后直接录取，其他报名者经学校招生委员会综合测评后择优录取。①

> （北京圆明园学院）招生对象：品行端正、身体健康、遵纪守法、立志求学的高中毕业生及同等学力者。录取原则包括高考成绩在当地最低录取分数线下 50 分以上，中专、技校毕业成绩平均 80 分以上等。特殊情况，有强烈求学欲望，愿遵守我院规章制度者可以提出申请，学院视情况而定。②

各类报名学生名义上都要参加由各学校自行组织的入学资格考试，择优录取。但囿于目前生源市场的巨大竞争压力，除了极少数以外，③ 民办高校基本上都实行免试入学，"宽进严出"，入学后执行淘汰制度。学生各科成绩合格、通过规定级别的考试后，学校对其颁发相应的文凭。自学考试通过率很低，只有 30% 左右。④ 学历文凭考试难度稍小些，但全部课程

---

① 摘自《北京人文大学 2004 年招生简章》。
② 摘自《北京圆明园学院 2004 年招生简章》。
③ 据千龙新闻网报道，西安翻译学院自 2000 年起连续三年都坚持以各省高考专科上线作为报考非统招专业的必要条件，http://www.qianlong.com/3413/2003 - 7 - 29/100@973362_1.htm，最后访问日期：2003 年 7 月 31 日。
④ 根据国家统计局公布的数字，截至 2000 年上半年，全国累计报名参加自学考试的自考生达 10404 万人次，本、专科毕业生 290.05 万人（其中本科毕业生 27.76 万人，专科毕业生 262.29 万人），中专毕业生 40.15 万人。可推算自学考试总体上的通过率为 31.7%。来源于中国教育和科研计算机网官网。

通过同样不易。而对绝大多数民办高校来说，组织学生通过参加学历文凭考试和自学考试而获取"国家承认"的文凭是唯一出路。

《中华人民共和国民办教育促进法》第三十三条规定："民办学校的受教育者在升学、就业、社会优待以及参加先进评选等方面享有与同级同类公办学校的受教育者同等权利。"获得文凭的文考生和自考生应该享受国家规定的高校毕业生的同等待遇。但在社会现实中，这些"平等权利并没有得到认真落实"。① 民办高校毕业的农村学生能否"农转非"得由各地根据实际情况而定。另外，按照规定，符合相应学位条件的高等教育自学考试本科毕业人员，由有学位授予权的主考学校依照《中华人民共和国学位条例》的规定授予相应的学位。在职人员由所在单位或其上级主管部门本着用其所学、发挥所长的原则调整其工作；非在职人员（包括农民）由省、自治区、直辖市劳动人事部门根据需要，在编制和增人指标范围内有计划地择优录用或聘用。工资待遇与普通高等学校同类毕业生相同。② 但在就业市场上，文考生和自考生的文凭并不能获得法律规定的公平权利。也就是说，即使民办高校的学生历经辛苦最终拿到了国家承认的文凭，在就业市场上却仍然得不到与公办高校的毕业生同等的对待，很难拥有"准干部"身份。"国家承认学历"而非"社会承认学历"或"市场承认学历"成为制约学生选择民办高校的重要制度障碍。

比较我国公办高校和民办高校的招生制度，一个最大的区别是：它们处在几乎完全不同的两个系统里，其招生市场是二元分割的。公办高校的招生制度与就业制度密切相连。它们依托国家教育行政部门，从上到下有一套非常严格完整的体系。在整个招生过程中，公办高校的工作只是这个体系中的一个环节，只需按部就班即可。而民办高校的招生基本上是独立进行的，在有相对于公办高校而言更大的自主权的同时，没有教育行政部门科层系统的支持，在就业体系里又处于非常弱势的地位。

---

① "中国民办教育社会贡献与发展政策高级论坛"珠海会议全体代表发布《民办教育珠海宣言》，宣称："《（中华人民共和国）民办教育促进法》明确规定的民办学校与公办学校、民办学校教师与公办学校教师、民办学校学生与公办学校学生之间的平等权利并没有得到认真落实，有越来越多的民办学校正在承受着越来越大的生存压力，中国民办教育正面临着整体走弱的巨大风险。"转引自中国教育先锋网。

② 国务院：《高等教育自学考试暂行条例》，1988 年 3 月 3 日实施。

　　同时，和美国、日本的私立大学相比，我国的民办高校既不能得到一样的政府资助和支持，又不具有一样的办学实力。由于自身能够提供的资源非常有限，对学生的吸引力不强，民办高校只能采取更加积极主动的方式去赢取生源：在招生过程中充分运用合法性机制、市场机制和关系网络机制。

第四章　我国民办高校的招生机制[*]

　　要了解民办高校招生的运作机制，就必须首先了解民办高校在招生市场中占有的空间位置及其大小。

　　1981年，中国的高等教育毛入学率仅为1.8%。经过十几年的努力，到1997年，这一数字上升到9.6%。从1998年开始，高校大规模扩招（见图4-1），但每年仍然有200万左右的考生因录取名额的限制上不了公办高校。到2001年，毛入学率才达到13.2%。[①] 而据世界银行报告，在1994年，经合组织各国高等教育平均毛入学率就已达到51%，发展中国家也达到14%左右（闵维方，2002：92）。高等教育大众化迫切需要更丰富的高等教育资源。但中国政府既肩负着普及九年义务教育的沉重使命，又背负着国有企业转型与改革的重担，国家可支配和可增加的教育经费极其有限。连年的扩招已经使公办高校的教学资源、后勤服务设施都达到了一定程度的饱和状态，接下来的扩招步伐必须放缓，教育部确定2003起每年的增长率控制在5%~10%。[②] 所以，民办高校将不可避免地成为高等教育大众化的重要支撑。

　　但是，由于历史短、资金不足、师资力量薄弱和累积而来的社会偏见等多方面因素，民办高校目前在整体上还远远不能与公办高校相比，差距很大。相对于公办高校，民办高校只能定位于招生的"二级市场"，只是学生在高考落榜后无奈的"第二选择"。除少部分被纳入国家招生计划内、能独立颁发学历文凭的民办高校，大多数民办高校的招生录取工作只能在公办高校统一招生结束后展开。根据香港教育研究资助局对北京、陕西、

---

　　*　本章所涉数据资料，除特别注明的以外，均来自我的实地调研。

　　①　数据来自中国教育和科研计算机网官网。

　　②　周济，2002年第二届全国教育厅长高等教育发展专题研讨会发言稿，转引自《南方日报》2002年12月5日。

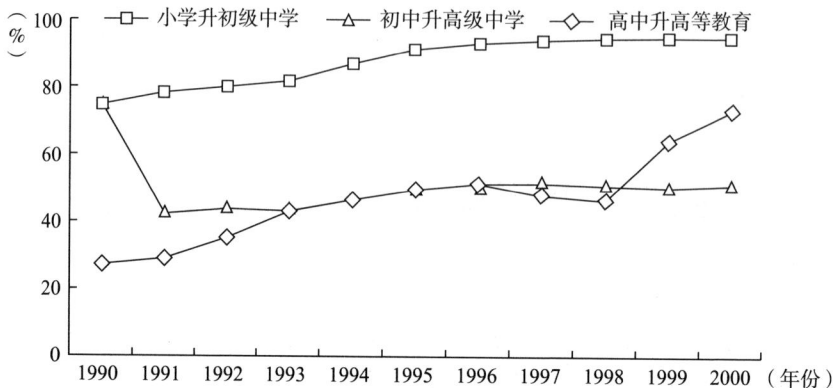

图 4 - 1　各级学校升学率（1990～2000 年）

资料来源：中国教育和科研计算机网。我根据该网上的数据绘制。

江苏、湖北 90 所中学 10513 名高三学生的问卷调查，有 37.6% 的学生表示可以考虑通过民办高校接受高等教育，而 62.4% 的学生则根本不考虑民办高校，只愿意到公办高校就读。对民办高等教育需求较强的学生一般学业成绩相对较差，所在中学的质量也较差（钟宇平、陆根书，2002）。由此可见，公办高校即使只是维持较低的扩招速度，也足以对民办高校的发展造成极大的压力。因此，与公办高校和学生之间双向选择关系不同，就民办高校和学生之间的互动关系而言，在绝大多数情况下，学生拥有选择主动权，而民办高校根本没有对学生进行筛选的空间。

从另一个角度来讲，随着中国人口整体增长趋缓，新出生人口的绝对数量也将下降，高中入学人数由此逐年下降，整个生源蛋糕变小。而且，除此以外，民办高校的生源市场空间还受到其他多重挤压。

首先，独立学院的超常规发展。独立学院，即公办高校创办的二级学院，是一种以财政拨款之外的社会资源为主要经费来源、降低录取分数招生、按民办机制运行、实行高收费、依附于公办大学品牌资源的办学实体。截至 2003 年，独立学院在 25 个省市举办有 300 多所，共有在校本科生 70 多万人。① 由于它的文凭仍以校本部的名义颁发，与民办高校相比，它在招生市场上处于极不平等的优势竞争地位。

其次，大批原来的公办中专、大专升级为高等职业技术学院，招生数

---

① 引自人民网，http://www.people.com.cn/GB/jiaoyu/1055/2316035.html。

量很大，收费又比民办高校低很多，也对民办高校的招生造成极大冲击。

最后，压力来自民办高校自身的竞争。制度环境强加给民办高校的不公平限制造成了一个非常特殊的后果：由于民办高校的生源固定地停留在落榜生的层次，规模的控制并不能提高学生的准入标准，所以一般意义上的规模和质量的相关性失去了意义。在办学层次较低的民办高校为生存而竞争生源的同时，办学层次较高的民办高校对于招生规模的追求同样具有无限偏好。由此导致更加激烈的竞争甚至恶性竞争。部分民办高校在招生中不择手段、坑蒙拐骗，进一步损害了民办高校的整体形象，反过来又置规矩办学的民办高校于不公平的竞争环境中，在一定程度上形成招生市场上"劣币驱逐良币"的非正常格局。

综上所述，可知民办高校不仅只能将生源定位于"二级市场"，而且其招生空间也是非常狭小的，生源市场的竞争非常激烈。据报道，2002年，北京民办高校中因招不到学生，加上生源流失等原因而面临严重生存问题的，保守估计也在 15 所以上。[1] 2004 年，北京 100 多所民办大学招生总数不足 4 万人，平均每所不满 400 人。[2] 其他省区市民办高校的招生情形与此大致相似，或者更差。

从组织社会学的视角来看，在生存和发展的过程中，组织面临着制度环境的合法性压力和竞争压力。在优胜劣汰的自然法则作用下，对制度环境和竞争适应性较差的组织将被淘汰，适应性较强的组织则存活下来并进一步发展。在不同发展阶段，组织所面对的制度环境和竞争压力之间的关系是不同的。创立之初，组织往往面临着较大的制度约束，社会认可程度低，它们要为获得合法性（legitimacy）而付出极大成本，甚至由于组织功能与制度环境不符而被淘汰。但是由于这时组织群体内个体的数量较少，所以内部竞争压力较小，竞争不是影响组织生存的主要因素。随着组织群体的合法性逐步得到社会的认可，组织就会处于一个比较自由的竞争阶段，组织内个体的数量也会增加，这时竞争因素的作用就会上升（Pfeffer，1997：166）。

---

① 引自《北京青年报》，2002 年 10 月 21 日。

② 引自《北京娱乐信报》，2004 年 11 月 1 日。

就现阶段的民办高校而言，生存和发展的压力首先来自制度环境。民办高校吸引生源的一个重要条件就是适应制度环境的合法性要求，所以在招生过程中，民办高校首要的运作机制就是合法性机制。

一　民办高校招生的合法性机制

迈耶在考察教育体制的结构时，注意到了制度趋同性的问题，由此提出了"合法性"机制的概念。在他看来，组织生存在制度环境里，它必须得到社会的承认，为大家所接受。在这种因果关系下产生的行为和做法是受到社会承认的逻辑或合乎情理的逻辑制约的。制度环境诱使或迫使组织采纳具有"合法性"的、被人们"广为接受"（taken-for-granted）的组织结构或做法。"合法性"机制就是组织受制度环境的制约而追求社会承认、采纳合乎情理的结构或行为（Meyer & Rowen，1977；周雪光，2003：71～75）。

"大学声誉的建立是一个长期积累的过程，一个新建立的大学要在短期得到社会的认同是很难的。"（张维迎，2003）前文已经述及，民办高校由于先天不足和制度环境强加的种种约制，社会认同度很低。为了招到足够多的学生，民办高校在招生实践中为维护、满足制度环境的"合法性"要求做出了种种安排。

1. 宣传——对自身"合法性"的彰显

民办高校应对制度环境的合法性要求的第一个手段是宣传——通过宣传来彰显自身与合法性要求相符合的结构和形式。这种宣传主要包括如下几个方面。

一是宣传自身是国家承认的、正规办学的高校。在各校招生简章的学校介绍部分，有的甚至是在简章的封面上，都特别注明这一点。从国际上看，私立高校的办学质量和社会声誉不是以"国家"的承认为标准的，而主要是以其毕业生在政界、学术界和企业界的成就为评判标准的。但是，鉴于中国民办高校历史的短近及其学生的特定基础，这一点很难达到。目前，最具权威性的评价还是国家（政府）的评价。所以，民办高校首先强调的，就是国家对其办学资格和办学层级的承认。如"西安欧亚学院是经教育部批准的陕西首批具备独立颁发国家学历资格证书的综合性民办普通高校"。① 另有一些民办高校还有意模糊"民办"和"公办"的区别，力图把自身放到一个更加平等的位置，以彰显其"合法性"地位。如"北京科技职业学院是经北京市人民政府批准，国家教育部备案，具有独立颁发国家承认学历文凭资格的全日制、综合性普通高等学校"。②

二是宣传学校硬件设施、校园环境。如果单单从效率上讲，民办高校在办学起步阶段，没有必要大规模投资硬件建设。建设成本降低一点，可以降低学费、提高奖助学金的数额和比例，以吸引更多的学生。但是，一方面，国家给民办高校规定了参与招生的相当水平的硬件准入条件，民办高校必须符合；另一方面，社会在对抽象的办学质量无法直接评价的情况下，往往将评价的目标转移到其教学楼、实验室和图书馆等硬件设施上，并以此作为一个相当重要的标准。所以，民办高校在招生宣传中也突出强调其"优越"的硬件条件和"优美"的校园环境。对此的介绍不仅仅是文字性的，更多的是借助精心拍摄和制作的照片、录像。如果硬件设施暂时还不够档次或者不具足够的表现力，则有些民办高校就以校园发展规划图来代替和补充。

（西安欧亚）学院拥有数字化图书馆、卫星数字传输、多媒体计算机网络、多媒体闭路教学网络、电视教学演播室、大型多媒体投影系统、校园网等现代化教学服务体系。设有综合实验中心、电教中心、影视制作中心、汽车驾驶培训中心及各类专业实验室，校内基地50余个。③

（北大资源研修）学院坐落于首都著名风景区颐和园、玉泉山的环抱之中，毗邻人文传统深厚的北京大学、清华大学和科技精英云集的中关村科学城，拥有生态公园式绿色校园，风景秀丽，环境幽雅，是读书励志的理想境地。校园内各种建筑布局合理、风格清新、样式新颖、独具特色，体现在大自然的启发下人的创造性与开拓精神；在

---

① 引自《西安欧亚学院 2004 年招生简章》。
② 引自《北京科技职业学院 2004 年招生简章》。
③ 引自《西安欧亚学院 2004 年招生简章》。

大自然绿色大背景下，建筑色调明快开朗，展现新型大学的青春朝气，与周边气势辉煌的名胜古迹、人文景观融为一体，交相辉映。被誉为"镶在北京西北四环上的一颗校园明珠"。①

三是宣传学校师资力量。一方面，由于资金的限制，民办高校没有能力聘请足够的专职教师；另一方面，在办学实践中，民办高校也觉得没有必要聘请过多的专职教师，甚至把聘请兼职教师看作其机制灵活高效的表现。所以，民办高校的专职教师比同级同类公办高校少得多。但是，在社会认同的逻辑里，学校没有足够的、优秀的教师就不能赢得人们对于其教学质量的信任，所以，在招生宣传中，民办高校都有意模糊专职教师和兼职教师的界限，突出强调的是整体上教师的学术水平和成就，以构建其师资力量雄厚、教学质量过硬的事实。

（西安欧亚）学院拥有专兼职教师 846 人，高级以上职称教师占 42.8%，研究生学历（的教师）占 29.2%。学院专门成立教学委员会和专家委员会，作为教学、科研工作的参谋及决策机构。②

（西安思源）学院率先在全国民办高校中建立了"千名教授资源库"，拥有一批成就卓著的学科带头人。在近千名教师队伍中，教授、副教授占 60% 以上。③

另外，民办高校为了突出其重实践技能、培养应用型人才的特点，还特别强调其外聘教师中的企业精英，以构建其优于公办高校以及其他民办高校、更加贴近市场和社会现实的办学理念，力图赢得更多的社会认同。

我们（厦门南洋学院）的专业课要请大量的企业高层领导、高层主管和社会人士到我们学校讲课。比如讲进出口业务，大学教授没有

① 引自《北大资源研修学院 2004 年招生简章》。
② 引自《西安欧亚学院 2004 年招生简章》。
③ 引自搜学网，http://www.sooxue.com/Html/200452610150 - 1.asp，最后访问日期：2004 年 5 月 26 日。

外贸公司的经理讲得好，我就请外贸公司的经理讲。旅游酒店的管理，讲餐饮、客房服务管理，这些肯定是四星级、五星级的高级主管讲效果会更好一些。所以我们的毕业生为什么受社会的欢迎，就是因为我们请社会人士讲课，而且要会讲。①

四是宣传其毕业生的就业。在目前公办高校就业形势日益严峻的情况下，作为高等教育体系中处于弱势地位的民办高校，就业率不高是正常的。同时，能找一份合适的工作是家长投资于高等教育、学生接受高等教育的一个主要期望目标，所选学校就业率高是一个普遍的社会期待。在招生市场上，带有一定质疑的高就业率比确信的低就业率具有更大的信号意义。在此情况下，民办高校几乎都夸张地宣传其一般在95%以上的极高就业率，并尽力为这种高就业率创造和寻找现实性的依据与合理性的逻辑。

第一，强调其与知名企业的密切联系：实行的是"定向培养""订单教育"，其毕业生将是某些企业优先录用的人才，等等。如在招生简章上，北大资源研修学院宣称其是"北大资源集团、首旅集团、美亚商贸集团等企业的人才培养基地和人才储备库"。② 北京京大在其招生简章上重点说明其学生"毕业时均由北京新北高教育科技有限公司按普通高校毕业待遇全部录用"。③ 西安外事学院的招生简章上强调其"先后与全国6300余家大中型企业建立了长期人才输送关系"。④

第二，强调学校完善的就业指导体系、服务体系和毕业生推荐体系，以及学校独具特色的就业方案。如欧亚学院的就业办事处和实习基地制度及其独特的"人才超市""人才竞拍"招聘模式；北京科技职业学院的"学子创业工程"——每年拿出400万元支持学子创业、引入世界五百强企业"成功学"培训、与国内500家企业签订实习就业协议等。⑤

---

① 《北京人文大学厦门南洋学院　两院长访谈实录》，转引自中国招生考试在线，http://www.yuloo.com/mbgx/gx-xwdt/2003-11/1069824248.html，最后访问日期：2003年11月26日。
② 引自《北大资源研修学院2004年招生简章》。
③ 引自《北京京大2004年招生简章》。
④ 引自《西安外事学院2004年招生简章》。
⑤ 引自《北京科技职业学院2004年招生简章》。

（西安 O 学院就业办 R 老师：我们学生的就业）借助当地的人才机构。因为沿海的就业形式已经非常规范化了。他们所有的需要人，毕业和就业都通过人才机构中来办。我们借助这种机构，和我们学校建立长期稳定的关系。并且加强"售后"服务，跟踪服务。建立校友会，跟踪学生。把企业用人信息反馈回来，带到学校来，我们组织学生面试，办应聘手续。第二个就是每年定期都有大型的人才交流会。比如我们去年（2003）搞的社会上沸沸扬扬的竞聘，就是"拍卖"。（OC01，2004）

第三，强调民办高校独特的就业理念："先就业，后择业，再创业"，以此解释其宽松的就业统计方法。

（北京 K 学院 W 老师：）我们对学生的就业指导不一样，和公办学校要求不一样。我们对学生讲，要先就业，后择业，再创业，先找地方蹲下来，在实践中去锻炼，去闯，然后才有大的发展。（KC01，2005）

（西安 O 学院 L 老师：）这个我跟你们说个实际情况。我们说的就业呢，是只要你有路子走了，就算就业了。比如有的学生，他专科念完了，还想念书，也算就业。（OC02，2004）

类似以上的说明使民办高校既达到了宣传目的，又为其宣传的真实性提供了合理预期的依据。

2. 模仿——对"合法性"结构的接受、学习和借用

迈耶和罗恩提及，在制度环境的"合法性"要求下，组织不断采纳制度环境中具有合法性的形式和做法。这一方面使组织趋同，都采用类似的结构和做法，另一方面使组织之间相互模仿（Meyer & Rowen，1977；周雪光，2003：76～77）。迪马奇奥和鲍威尔则提出，模仿的趋同机制有两种：一种是竞争性的模仿，是对自己的竞争对手的模仿，是在竞争压力下的模仿；另一种是制度化模仿，类似于迈耶和罗恩的观点，即合法性压力导致的模仿（DiMaggio & Powell，1984；周雪光，2003：88）。

迪马奇奥和鲍威尔的这种观点很具启发意义，但一方面，我认为竞争性的模仿同样可以从合法性的角度去理解，可以把它看作合法性压力下的另一种模仿形式。因为被模仿的结构形式或做法肯定只有在被模仿方和同领域里更多的其他竞争者认同为"合理"时，一定意义上也就是被"广为接受"时，才具有激发模仿的动力。区别只在于这种结构形式或做法是被"新"接受而已。另一方面，迪马奇奥和鲍威尔在另一篇文章中提出了一个观点：一个组织对于其他组织的依赖程度越高，该组织的结构和行为与所依赖的对象就越相似（Powell & DiMaggio，1991）。与此相对应，我认为还有一种模仿区别于竞争性模仿和制度化模仿，那就是对其他领域的有关组织的模仿——借用其他领域里被广泛承认为合理有效的结构形式和做法，以拓展自身的社会认同空间。暂且称之为借用性模仿。制度性模仿可以看作是组织被动接受，竞争性模仿可以看作是组织主动学习，而借用性模仿可以看作是组织对其他领域具有合法性的结构形式和做法的借用。"借用"与"学习"的不同之处在于前者是试用性的：合适则长期采纳，不合适则不再采纳。

在民办高校的招生实践中，这三种模仿都可以见到。竞争性的模仿表现在许多方面：如西安一些民办高校创造出来的就业办事处制度就为各校所学习和借鉴；如在民办高校的招生培训会上，总会有外校的招生人员以伪装身份进入，学习、吸取其成功的招生经验。另外，民办高校也组织或参加招生研讨会，互相学习模仿。如浙江大学教育学院民办教育研究中心和中国教育先锋网组织召开的"民办学校招生政策与策略高级研讨会"、中国青年报社主办的"百所高校 2005 年招生趋势研讨会"、由《大众科技报》和《农村科技周刊》主办的"首届民办高校招生人峰会"等。

制度性模仿涵括了前述民办高校各种宣传策略。民办高校是在空白基础上建立起来的，高等教育系统中已完全符合"合法性"要求的公办高校在制度和技术方面都对民办高校产生了很大影响，甚至公办高校在专业课程、教学方式、行为规范等诸多方面的标准就代表加诸民办高校的"合法性"要求。所以，民办高校在许多方面模仿公办高校。同时，部分办学层次较高、自觉意识较强的民办高校还把自己归属于世界私立高校系统中，在标志自身与公办高校的定位差异的同时，也向国际知名私立高校看齐，模仿其办学模式和理念。典型的例子是黄藤对西安外事学院的展望："凤凰城大学是美国第一所明确宣布赢利的大学，30 万生源。它吸纳师范的生源，不断收购公立大学，它是上市公司。它是我的榜样和楷模。……在我的任期内，我们的第一个目标是迈向凤凰城，这是产业经营的理念。"（张立勤，2004：178）

借用性模仿也被民办高校广泛应用：例如对其管理方式的宣传——借鉴中学、军队和企业的成功管理经验。

对于高校的学生管理，制度环境并没有规定严格的模式，一般以有利于学生身心健康以及学业的顺利完成为宗旨，比中学宽松。但民办高校在招生宣传中非常突出地强调其对学生的严格管理：如北大资源研修学院"实行以'教育管理目标责任制'为核心的全员、全程、全方位管理体制，学生辅导员定期向学生家长汇报学生的学习生活情况。校园实行封闭式管理，……辅导员、生活老师全天候服务于学生"；北京科技职业学院实行"全程三段式精细严管"：优秀教师授课，班主任跟班管理，生活老师、后勤人员全天候照顾学生；北京京桥大学实行"半军事化管理"；西安翻译学院实行"准军事化严格管理"；[①] 西安 O 学院和西安 W 学院里也引进了相当比例的军队转业人员和退伍人员担任学生的班主任和管理辅导员，采用封闭式管理或者半封闭式管理。[②] 这种类似中学和军队的管理方式在民办高校里广泛存在。究其原因，主要是民办高校的学生绝大多数是落榜生。从整体上看，民办高校学生不仅学习成绩比较差，而且在学习习惯和自律能力的养成上也比不上公办高校学生。无论是从学校的教学管理上还是从学生的学习生活上考虑，中学"保姆式"的看护和军队严格的纪律要求对于民办高校都有很好的借鉴意义，于是被其广泛借用和模仿。

> 你看我们（北京 K 学院）这里的管理是，早晨有寝室老师叫学生起来，起来后洗脸刷牙吃饭。食堂有食堂的规定，吃完饭，七点四十到班里面，八点上课，上课的时候，班主任在后面跟着，讲课老师只管讲你的，班主任在后面坐着，都得坐着，班主任必须得进班。然后

---

① 引自《北大资源研修学院 2004 年招生简章》、《北京科技职业学院 2004 年招生简章》、《北京京桥大学 2004 年招生简章》和《西安翻译学院 2004 年招生简章》。

② 引自我对西安 W 学院和西安 O 学院学生处老师的访谈录音。

呢，任课老师讲完了，到十一点二十下课，中午这一段后回寝室了，寝室老师还管着呢，下午两点钟上课，到三点四十。然后呢，这一段休息时间，谁也不许出去，星期一到星期六，都不准出去，出去得有请假条。再一个就是到晚上七点到九点，自习课，自习课老师跟着，回到寝室，十点半熄灯，有寝室老师跟着。有一套的管理方法，这种管理就是封闭式的，全日制的，这样进行管理。（KC02，2005）

除此之外，民办高校还模仿企业的成功管理模式。如陕西国际商贸学院引入 ISO9001 国际质量认证体系，西安欧亚学院引入 ISO9002 国际质量认证体系。在考虑到培养学生和生产产品的差异性而不机械套用的同时，这些学校着重借鉴其重规章、讲效率的管理理念和核心精神。在民办高校的招生实践中，这些模仿以创新的或成功的经验的名义被广为宣传，成为民办高校提高其社会认同的重要工具。

3. 形塑——应对"合法性"要求的形象建构

民办高校在尽力满足制度环境对其"合法性"要求的同时，还通过社会形象塑造来提升和改善其社会认可度。主要途径有如下几种。

第一，组建科研学术机构、自发召集或者参加行业研讨会。在总结办学经验、探索民办教育规律的同时，其更重要的目的是通过对话语权的掌控来发出自己的声音，抵制和消减社会偏见，拓展社会认可空间。目前较有代表性的民办高校学术研究机构是西安外事学院七方教育研究所。它定期召集学术界、教育行政管理部门以及民办高校办学者参加研讨会，研究民办教育问题，出版研究期刊。目前较有影响的民办教育会议有中国企业评价协会主办的"民办高等教育可持续发展研讨会"，浙江大学教育学院民办教育研究中心、上海市教育科学研究院民办教育研究所和北京市教育科学研究院民办教育研究所主办的"中国民办教育社会贡献与发展政策高级论坛"，由扬子晚报举办的连续两届"全国民办高校校长论坛"，等等。

（西安外事）学院每年平均列支 100 万元科研经费，以保证各项科研活动的正常开展。2001 年设立"七方教育研究基金"，面向全国高校、科研院所举行学术招标活动，已资助科研课题 13 项。主办

"中国民办教育高层论坛""七方民办高等教育国际论坛"等学术活动，拓展了我国高等教育的研究领域，为民办教育持续健康发展，提供了丰富的理论和实践探索。①

第二，积极参加由媒体或其他社会中介组织举办的评比活动，接受政府的评审，努力争取各种荣誉称号。教育行政管理机构会对民办高校进行办学资格和办学质量的审查，党团系统和卫生、综合管理等部门也会对民办高校做一些评估。但总体而言，政府相关部门的这些认证评估在体系上是不健全、不完善的，服务相对滞后，使有关民办高校的权威鉴别信息相对缺乏。在这种情况下，建校时间普遍不长的民办高校为增加自身的社会认可空间，扩大影响力，纷纷积极参加由媒体、社会中介组织举办的各种评比，将评比中获得的种种荣誉称号作为招生中的重要宣传点，广而告知。

评比的可信度是建立在评估机构的专业性、独立性、公正性和权威性以及科学合理的评估指标体系的基础上的，但中国目前的社会中介组织并不具备这些条件，其评比虽然也会有看似公平合理的一定标准，但一般并不公开。而且，许多评比实际上不可避免地受到商业因素的干预，其公信力并不高。② 对此，绝大多数民办高校的对策是"模糊化"——在宣传中并不注明评奖单位，而是把教育行政部门和其他政府部门的各类评估与社会中介组织的各种评比结果杂糅在一起。学生及其家长一般也不会追问这些评比活动的具体细节。所以，这些荣誉称号还是具有相当的信号作用的。③

北京人文大学所获荣誉：国家高等教育学历文凭考试试点院校（北京市教委），全国民办高校先进单位（中国成人教育协会民办高等教育委员会），中国民办高校优秀就业指导单位（中国青年报社、中央委员会学校部、全国高校学生信息咨询与就业指导中心、民办教育

---

① 引自西安外事学院网站，参见 http://www.xaiu.com/general/index.asp。
② 搜狐公司展示的"十大优秀民办高校"就受到强烈质疑。信息来源：人民网。
③ 鉴于这些评比的弄虚作假成分，教育部于 2004 年 11 月发布《关于严格控制社会力量办学评比活动的通知》。

工作者联谊会），全国爱国主义教育示范学校（未知），北京市社会力量办学优良学校（北京市社会力量办学评估领导小组），北京市首批教育教学综合评估合格学校（北京市教委），京城民办高校五大新贵（未知新闻媒体），北京市民最满意的民办大学（中国教育电视台和中国求学资讯网），中国民办高校综合实力二十强（中国青年报社），中国企业家联合会远程教育示范基地（未知），教育部留学服务中心HND项目示范中心（未知），北京十大著名品牌民办高校（搜狐网），中国最具影响力民办高校（"中国招生考试在线"网站等），首都著名万人规模民办高校（未知）。[①]

第三，积极参与组建行业协会或者准行业协会，开展行业自律活动，维护民办高校整体声誉形象。在品牌还未形成、信息极端不对称的市场背景下，单独行动的民办高校在激烈的竞争中往往处于两难困境。要么坚持规范办学、诚信招生：这样在和其他弄虚作假的学校相比，就处于办学条件的劣势地位，被学生选择的机会小；要么也跟着一起弄虚作假，夸张宣传、违规操作：这样在短期内可能会有表面的繁荣，但会给自身带来长期的信誉损害。行业自律的重要性由此凸显。2002年，17家民办高校共同签署《诚信宣言》，承诺诚信规范招生（阎建立，2002）。2003年，北京37所民办高校组建"首都优秀民办高校招生公约"组织，承诺杜绝招生工作中的虚假宣传，面向学生设立监督举报电话，积极接受社会监督。[②] 2004年，北京城市学院、吉利大学、北京培黎职业大学等十余所民办高校联合发起"北京求学放心工程"。[③] 针对民办高校在火车站接站招生的混乱状况，北京民办教育协会在2004年采取了相应的规范措施。[④]

第四，积极参加社会公益事业，彰显自身社会责任意识，借以提升其

---

① 引自《北京人文大学2004年招生简章》。括号内有关颁证单位或者颁奖单位名称为我后加。

② 《北京37所民办高校承诺遵守诚信 杜绝虚假宣传》，http://news.anhuinews.com/system/2003/06/16/00364053.shtml，最后访问日期：2020年4月8日。

③ 《首都一批民办高校联合发起"求学放心工程"》，http://www.people.com.cn/GB/jiaoyu/1053/2508763.html，最后访问日期：2020年4月8日。

④ 引自长城在线，http://www.xibaipo.gov.cn/node2/node22/node541/userobject1ai253870.html。

社会形象。如吉利大学设立"宏志班"，对井冈山革命老区的学生实行学费全免，还对在防治 SARS 中殉职的医护人员的孩子优先录用，并给予十万元的抚恤金；① 北京工商管理学院对"抗非"一线医护人员的子女免收一切费用，并负责在他们毕业后为他们推荐工作；② 北京圆明园学院宣布义务资助 30 个革命老区的 1000 名学生；③ 等等。

4. 分离——对"合法性"要求的变通性满足

制度理论认为，组织所处的环境可以分为两类，一类是技术环境，另一类是制度环境。这两种环境都会对组织结构产生影响。技术环境要求组织追求"效率"，制度环境则要求组织服从"合法性"机制，采用那些在制度环境下被"广为接受"的组织形式和做法，而不管其是否有效率。在两种要求相冲突的情况下，民办高校采取的是迈耶所谓的"loose coupling"的策略——把组织内部运作和组织结构"分离"开来（Meyer & Rowen，1977；周雪光，2003：77）。在不损害效率的同时，变通性地满足合法性的要求。这一变通策略突出表现在民办高校的党团组织建设上。

民办高校在某种意义上就是私立高校，党性在私立的性质下往往被压抑表现，但调查中的多数民办高校不仅在规章制度上积极响应上级党委对于党团组织建设的要求，而且把学校的党团系统作为一个重要的宣传点。如北京科技职业学院在其招生简章上有专页"党建引领品行正"，多角度介绍其"以党建为引领的德育工作体系"。在我所做的访谈中，西安 O 学院领导也特别突出地强调了其党团组织。不过，所调查的民办高校的党委系统的影响力远没有公办高校的大，其在组织结构和组织活动方面都不像公办高校那么正式规范。如西安 O 学院党员专职干部只有一个党办主任，党委的职能只在于三个方面："一是把好方向，二是管好党员，三是维护稳定。"

访谈者：原来讲到民办院校里啊，应该要少一点约束，要自由一点。我们民办院校为什么非常重视党团的工作？

① 《高招在线咨询：北京吉利大学招办主任作客新浪》，http://edu.sina.com.cn/l/2004 - 06 -28/74240.html，最后访问日期：2020 年 4 月 8 日。
② 引自《北京青年报》，2003 年 5 月 25 日。
③ 引自北京圆明园学院网站，http://www.ymyu.com/show.php? id =2131。

W 老师：因为在民营单位建党组织，中组部有文件，包括民办院校。

访谈者：是民办院校自己要成立的呢还是上面有要求？

W 老师：当时中组部通知过的，有要求。……为啥要成立党组织？一个，最直接的，和学生分不开的。学生要入党哪，而且还非常积极。现在一些单位招聘学生的时候，要党员。……另外（一个），你（要保证）民办院校的办学方向，是吧？……这是方向问题。还有一个稳定的问题。稳定的工作一直是很重要的。……大概是这样几个因素。我们陕西民办院校是先组建，后规范，再提高。去年（2003）按党章规定，成立正式党委。目前处于规范阶段，采取的方法是结队。

访谈者：结队？就是跟教工委联络？

W 老师：不是跟教工委联络，我们受教工委直接领导。他们只是帮助你规范。原来（他们）是要驻在这。

访谈者：那后来采取的是什么方式？

W 老师：后来提出（结队）这种形式，咱就可以接受。这样也就半个月来一回，待一上午，布置些任务，就走了。

访谈者：那民办院校的学生党员的活动和公办院校的有什么不一样？

W 老师：活动比较少。整个是学生自己独立活动的很少。……（OC03，2004）

二 民办高校招生的市场化机制

除了制度环境的合法性压力，组织生存和发展的另一个压力就是竞争的压力。对于民办高校来说，竞争性压力集中体现在招生环节上，这也是其必须面对的非常严峻的现实问题。

前文已经述及，一方面，民办高校的招生空间受到公办高校扩招、中专院校升级和独立学院大量兴起等外部多方挤压；另一方面，虽然在整体上民办高校分化明显，但还没有出现几家占据优势地位的民办高校垄断市场的局面。民办高校的品牌意识开始形成，但品牌还没有真正树立，即使有的民办高校已经有了很高的声誉，但其"品牌"地位并不稳固。从总体上看，民办高校还处在"群雄逐鹿"的激烈竞争时期。

迪马奇奥和鲍威尔认为大学是目标模糊不清的组织，这类组织提高其生存能力的手段是模仿（DiMaggio & Powell，1984；周雪光，2003：90）。Levy（2003）从相反的角度对此做出了新的解释。他认为目标模糊不清并不必然导致组织间的模仿，也可能导致创新，导致私立高校制度设计多样化。对此，强调理性和效率的理论更有解释力。

与 Levy 的分析相符，在民办高校的招生实践中，"模仿"只是其应对合法性压力的一个策略。除此之外，民办高校还在制度设计上做出了诸多创新，突出表现在其招生的市场机制上：引入市场经济成本概念，以效率为核心，几乎采用了所有的市场营销要素，如广告、宣传、包装、品牌、形象、专业定位策略、定价策略、促销策略、渠道策略等，要一切按照市场的需要来运作。

1. 市场化的组织结构

与公办高校一样，民办高校设有专门的招生办公室或招生就业办公室，有相对固定的编制和工作人员。但其"编外"人员的数量要远远超过"编内"人员。总体而言，民办高校招生人员的组织结构与公办高校的招生办存在显著差异：不是典型的科层结构，而是一种松散联结的网络结构。其联系纽带主要是经济利益和社会关系。具体而言，这种差异表现在以下方面。

第一，民办高校主管招生的负责人身份特殊，他们基本上都是校领导通过非正式的关系网络搜寻到，以相应的"市场价"聘请过来的，很少来自校内直接提升。他们要么是具有非凡关系资源的政府相关部门的退休人员，要么是深谙营销策略的企业精英，要么是具有丰富招生经验的特殊人才。他们一般享有秘而不宣的高薪资，并享有与招生业绩密切相关的高额奖励。如果目前的待遇与其"市场地位"不相符，他们就可能流动到其他出价更高的民办高校。他们在学校有着几乎仅次于学校核心领导的高地位，或者本身就兼任副校长（副院长），权力很大，在招生时节几乎有权调用包括教职员工在内的全校一切资源。

今年（2005 年）省内一些名气较大的民校的招生主管纷纷"跳槽"，而引人关注的是，不但民校在省内相互"挖墙脚"，有的甚至从西安名校引进专门人才担任学校招生副院长。……济南另一所民校今年出 50 万元年薪聘请了西安一位校长来做"常务副校长"，据了解，他的主要工作指标就是确保今年学校的招生指标实现两位数增长。①

优秀的招办人员正在成为各民办高校"猎取"的目标。西安籍的招办人员尤得北京高校的青睐。……北京的吉利大学专门去西安挖"墙脚"。……有趣的是，这些"高人"的"高招儿"甚至对自己的校长也是保密的。校长们对此并不"深究"，他们认定，"不论黑猫、白猫，招来学生就是好猫"。②

第二，民办高校招生部门的划分基本上是随市场的分类而定的，和市场要求相适应。各部门与市场的联系不同，市场价值不同，相关人员的待遇也不同。比如，在北京 Z 学院，负责招生咨询的人员大多是本校高年级学生，每个工作日有 30 元的补贴；驻外省市的招生老师和学生享受的补贴则要高些，每天 60 元。驻外省市的招生老师的业绩奖金和校本部招生办老师的业绩奖金幅度是不一样的，在有些学校，这种差别非常大。

这个是招生咨询部。我们（北京 K 学院）的体系就是招生办，有招生办公室，有招生咨询部，就是我们，还有招生的管理部，还有计划内办公室。咨询部主要负责的是电话咨询，网上咨询，来人接待，对学生家长、代理的接待。管理部主要负责对我们这些省办主任、地方人员的考核，日常工作的管理，市场的调研。……招生办公室负责考勤、学校的公章、我们发的宣传品（的制作等）。招生办公室内含的还有后勤的工作，比如供水供电呀，简章、材料发放、会议布置这些。
……有奖励政策呀。去年（2005 年）光奖不罚。去年我们做大做

---

① 引自《齐鲁晚报》，2004 年 4 月 28 日。
② 引自《北京晨报》，2002 年 6 月 10 日。

强，奖励政策是奖房子，今年说奖汽车。你比如说，江苏的，你完成了七百八百（人的招生），完成了指标，省办就奖励他一套房子，完了还有奖金。十万（元），九万（元），八万（元），这样子。（我们招生办咨询部也）有相应的奖金。但奖励的幅度比他们小得多，哪能比呀？我们就几千块钱。（KC03，2005）

第三，民办高校的招生办是动态扩张的，有着为数众多且变动不居的临时在编人员——驻各省区市招生人员。他们少则二三十（人），多则三四百（人），最多的能超过一千人。其中一部分是本校专职老师，一部分是在三四月份由人才市场筛选而来，或者通过比较可靠的非正式关系推荐而来。学校对他们的选择标准一般是：专科以上学历，应届毕业生也可以，有过工作经验的优先，最好来自教育系统，有过招生经验、了解民办教育、表达能力和交际能力突出的优先。有些学校还将综合素质较好的在校生也纳入这支队伍。学校对他们进行为期半个月到一个月的封闭式培训及模拟演练，内容涉及学校概况、招生类别、招生技巧和方法等，培训内容详尽、细致。本校师生以外的人员与学校签订简单的书面协议：明确工资待遇，确定招生指标及相应的奖惩机制，等等。学校为他们统一印制名片："某校驻某省（区市）招生办某老师。"也就是说，他们对外的统一身份是学校招生办人员——某省区市招生办主任或主管老师，但实际上是临时编制。他们以出差的形式被派驻外省区市，时间长达 3～4 个月。招生工作结束后，对于外聘人员，学校会选择性地留下小部分业绩突出的，其他大多被辞退或主动离职。第二年招生时节，学校可能再次聘任他们，也可能不再与他们有任何联系。

山东英才学院今年面向 17 个省份招生，他们一口气从西安引进了 30 多名招生主管。[①]

（北京 Z 学院:）今年学校总共有九十多个点，有四个（是本校）老师，其余的都是招聘来的。……（过了这个阶段以后，让他们）择优竞岗……就是看他们顺利完成任务了，综合素质提高了，就聘任上

---

① 引自《齐鲁晚报》，2004 年 4 月 28 日

岗。今年（2005 年）留了将近二十个（人）呢。（剩下的就没联系了）……他们有的自己也不愿意，有的达不到要求。（ZC01，2004）

（西安 W 学院：）计划外的学生是怎么个招法呢？首先就是建立招聘队伍。招生办选择沟通能力强的教工和学生组成招生队伍，严格选拔、严格培训，进行很专业的培训，每个招生队伍都要进行培训，要进行三四次培训，至少是三次培训。然后再根据招生省份有多少县市区选择设立招生点，一般是在大区、大县，也就是地市以上设招生点。2003 年，在全国设立了 360 个招生点。每个招生点上再派人员去。学院的教职工派到该省份作为总负责人。派往招生点的不一定全是老师，也可能选择学生干部、高年级的学生，他们可以（把这）当作勤工俭学，工作一天有一天的报酬，算是临时工。最少是每个招生点有一个老师负责，一个招生点至少是 2 个人。这样算下来，每年在招生时候要派出去 1000 多人。（WC01，2004）

（西安 O 学院：）到了七八月份的时候，我们是全体动员，行政人员全部下去招生，学生也参加，学生参加算是社会实践活动，对于他们来讲也是勤工俭学，我们有 400 多人，近 200 个招生点。（OC04，2004）

第四，有一个非常特殊的编外群体参与民办高校的招生工作——招生代理。他们几乎完全属于"无编"人员，但对外也自称学校招生老师。学校办学层次越低、办学时间越短，代理人员的组成就越复杂：除一部分是本校老师和高年级学生，这些尚且涉及各个年龄层次、各种学历，其他大部分是通过本校师生"介绍"的亲戚、朋友、乡亲、同学，也有一小部分是通过人才市场和各大高校校园 bbs 招聘的。除了一般要求有一定的信任纽带外（在放大的"熟人"圈内），学校对于应聘者所设门槛极低，基本上不作筛选。在对他们做很简单的一两天培训，使其大致了解学校情况后，校方就与他们签订统一的代理招生协议，登记其招生代号（用以标记各自所招学生）。代理招生协议上，主要是简单地规定代理的薪资报酬——没有最低招生数的要求，每招到一个学生，学校一般给付其 300～

3000 元的代理费。① 代理费实行累进制，例如，如果底价是每个学生 1000元，则 10 人以上每人 1100 元，20 人以上每人 1200 元，30 人以上每人1300 元，依此类推。对于在校生招生，有的学校还给予学分奖励：每招到一个学生，加 0.5 个学分。② 受访的北京 Z 学院招生办 W 老师说在校生招生可以以代理费冲抵学费。

> 访谈者：我们招了外面的代理吗？
>
> W 老师：招呀。而且今年（2005）我们不是特别成立了一个代理组嘛。……像去年是，等于说代理来找我们，我想，我看中北京 Z 学院这块牌子，我来做代理。而且，我们信誉特别好。我们每年结代理费，……基本上只要我和你签了，我就能给你兑现，特别讲信用。这样，在北京，代理们主动来找我们签。去年的 6 月份，就这个时候嘛，我签了 300 多个代理。
>
> …… ……
>
> W 老师：我跟你说吧，就是现在这种"铁杆"代理太少了。
>
> 访谈者：呵呵，就是说代理是没有忠诚度的？
>
> W 老师：哎，没有。他往往会觉得，就是你的代理费给得高哇，怎么样，就给你做。
>
> …… ……
>
> W 老师：在代理这一块，我们每年都鼓励学生勤工俭学。
>
> 访谈者：高年级的学生？
>
> W 老师：低年级的学生也可以。也就是说，只要你愿意参加招生，你可以把你以前的校友呀什么，你家里的亲朋好友的孩子呀，介绍到学校来上学。
>
> 访谈者：这个好像非常普遍。
>
> W 老师：对，然后呢，我们跟其他学校不同的地方在于，我们不是给学生直接返钱，我们是用这个呢，直接给学生抵减学费。……

---

① 除了中外合作办学部分的招生代理费超过 2000 元，国内学历文凭生和自考生的招生代理费一般在 1000 元左右。
② 引自《检察日报》，2004 年 9 月 7 日。

1200 元一个……去年（2004 年）抵减学费是 1100 元，然后如果你要领取现金的话，去年是 800 块钱一个。校外的就是那种普通代理，付现金。

访谈者：那跟校内的学生不需要签什么合同吧？

W 老师：需要签。就是代理协议书。……（比外面的代理）多一些条款。就是对学生更有一些保障。

访谈者：协议书主要是哪些内容？

W 老师：主要是双方的权利义务、代理费的确认和付费方式，违约条款，等等吧。（ZC02，2005）

与学校签订协议的代理人员，从学校免费领取有关招生材料，即学校统一印制的招生简章、宣传手册、校服、招生代理证明以及学校办学资格证明文件的复印件等，然后分赴各地独立工作，可以亲自招，也可以发展自己的二级代理甚至三级代理，代理提成费由自己确定，学校不干预。他们可以独立做广告，学校可以提供相应证明材料，但不承担广告费用。如果说一级代理还亲自到学校熟悉了一下环境，二级和三级代理则基本上只能通过文字介绍了解学校，在其招生宣传过程中，不实之处仅仅在客观上也难以避免。[1]

代理费并不是在学生报到时就可以领取，一般要等到入学一两个月后，学生基本稳定下来了，学校才会支付。因为民办高校的学生报到率很低，报到后流失率却很高。[2] 如果学生要求退学，学校按规定必须退还其相应学杂费。这样，学校就要扣除相应的代理费。在媒体对于民办高校的负面报道中，围绕代理费产生的纠纷占相当高的比例。

第五，还有一类组织，对外也常常以民办高校招生人员的名义招生，这就是招生代理机构——中介公司。为了拓展生源，部分起步不久、影响力较小的民办高校往往与中介公司合作招生，与之签订简单的招生代理协议。中介公司可以说是组织化的招生代理。由于实行的不是对有能力的代

---

[1] Z 学院招生办 B 副主任说，招生代理夸大宣传的"太多了，80% 左右"。

[2] 据 2002 年 10 月 21 日《北京娱乐信报》报道："在记者走访的几所北京较有名气的民办高校中，流失率最高达到 57.7%，最低的也有 22.3%。"

理机构进行资质认证的政策，而是明令禁止中介公司招生，所以从事招生的中介公司基本上都是非正规成立的，甚至只是皮包公司，其活动绝大多数是"地下"或"半地下"的。但由于市场的存在和政府监管能力的不足，这些公司广泛存在并活动踊跃：往往是一帮人组织起来，以公司的名义到全国各地去招生，然后把学生转交各民办高校，他们从中提成，每个学生500～1500元，学校在学生入学一个月后付清。他们与多所民办高校有"业务"联系，但关系很弱。他们以拿回扣为唯一目的，普遍存在哪个学校给的提成高就把学生交给哪个学校的倾向。在招生过程中，他们几乎都会作夸张不实宣传，甚至打着名牌院校的招牌，假称招的是普通专科生、本科生。他们基本不在民办高校和考生的哪怕是"放大的'熟人'圈内"，因而无须承担道德成本。同时，因为他们对自己的公司并没有长远发展的期望，也无须考虑公司声望，所以基本上不用付出信任危机的代价。有一定声望的民办高校一般很少与之合作，即使有的民办高校与之合作，也不会公开，对外更是否认其代理关系。

> （Z学院招生办J老师：）与中介签合同，你招来多少人按照合同来算。对人数没多大约束，你爱招多少招多少，在交通费、劳务费上有一些折扣。现在学校招生都有经验了，不可能把学校的招生都交给哪个中介公司。能招多了更好，你招不到也没什么关系。占的份额极少。另一个呢，许多机构更不讲诚信，（认为）没有必要遵守学校的制度。家长就更慎重了，自己会到学校里考察，看硬件、师资等。这样很好，对我们是有利的，（家长）不至于被别的一些学校蒙蔽。（ZC03，2004）

2. 市场化的宣传策略

斯彭斯（Michael Spence）在其博士学位论文《劳动市场的信号》中，提出信号传递模型。其基本思想是：在信息不对称的市场上，知情的经济代理人可能有动机采取可观察的、有成本的行动把他们的私人信息可信地传递给不知情代理人，从而改进他们的市场结果（Spence，1974）。例如，在广告市场上，广告主对广告商品质量的了解通常比消费者多，而消费者对产品需求及价格分布的信息的了解比公司多。在不同质的情况下，如果较高质量产品的卖主能够寻找到某种途径向买方传递自身产品质量的"信号"，而为此付出的成本比低质量产品的卖方低，使劣质品卖方因模仿成本太高而不具有模仿的动机，这样优质品卖方就可以从传递信号中获益；在同质的情况下，花巨资广而告之的商品因为比不做广告或少做广告者提供了更多的信息，所以它们更容易为消费者接受。

民办高校在创办初期因历史原因和自身的不完善，很难被社会认可，知名度大多也很低。在招生市场上，对于学生及其家长来说，其对有关民办高校的信息是高度缺乏的，信息是不对称的。学校的真实情况如何，不实地考察，他们往往不敢下结论。但实地考察的成本太过高昂，学生及其家长往往就只能选择不信任。在此情况下，民办高校只有充分利用现代通信手段和各类新闻媒体，宣传本校的办学现状和发展前景，才能逐步提高知名度和社会、家长与考生对它的认可度。所以，广告成为确保民办高校招生市场有效运转的信号传递手段。而中央电视台等权威媒体的广告，就更具有显著的"信号"作用。据统计，全国民办高校每年招生宣传总费用在 10 亿元以上，北京的每年也突破了 2 亿元。如果招一个学生所需的费用是 1 万元，那么其中 3000 元投放在了招生宣传上。[1]

> （西安 O 学院）每年的招生费用是 300 万（元）到 400 万（元），整个费用占到学生费用的 10%～20%，我们的费用还不算很多，西安 F 学院和 W 学院招生经费都在千万元左右。招生主要是加大宣传、做形象，我们这方面做得还是比较差的，我们的一些学生反映，"你们的广告不如你们的实际好"。（OC05，2004）

> （西安 W 学院）在经费方面，每年的投入是巨大的。W 学院每年的广告费用在 5 位到 10 位数，也就是好几百万（元）。在招生中，除了投入大量的资金，W 学院还体现出"以人为主"的思想，对学生进行全体教育，以学校的硬件、知名度、美誉度来吸引学生，也以较高的自学考试通过率吸引学生。（WC02，2004）

---

[1] 引自《北京娱乐信报》，2004 年 11 月 25 日。

民办高校的宣传包括宏观的行业宣传和具体对本校的招生宣传。行业宣传主要是利用各种新闻媒体，组织参加各种研讨会，广泛深入地宣传民办教育的意义、地位和作用。[①] 而其市场化的宣传策略主要体现在各民办高校的招生宣传上。对现阶段民办高校来说，这种宣传是至关重要的，其效果直接关乎招生的成果。

根据形式的不同，可以把民办高校的招生宣传分为硬宣传和软宣传两类。

硬宣传主要指广告宣传。办学层次较低的民办高校，囿于资金的限制，往往没有能力在媒体上做广告，其宣传形式主要是聘用人员在闹市街头人群密集处散发招生资料。有一定实力的民办高校就在各地方性媒体上做广告。而实力相对雄厚的民办高校则整体策划、精心布局，不但利用全国性的媒体，也注意利用地方性的主流媒体，并综合利用路牌、平面媒体和网络媒体等多种形式，展开全方位、多角度的宣传攻势。

> 只要你一走出北京火车站站台，映入眼帘的全是铺天盖地的北京民办大学的灯箱广告牌，北京吉利大学便是这里的常客；而当你走进北京的地铁，北京人文大学的形象广告则随处可见。据悉，他们每年为此支出的广告费用达到数万元。一些较为活跃的民办高校还积极参与国内主要门户网站的聊天活动，其主要形式是由校长出面，在各网站会客室详细介绍自己的学校，并现场解答学子的相关问题。如在不久前，西安翻译学院和北京吉利大学的负责人就参与了国内某门户网站组织的民办高校招生聊天，其目的很简单，无非通过这一全新的现代途径吸引更多的生源，提升学校的形象。[②]

> 在中央电视台《新闻联播》之后的天气预报节目中，各省区市的画面广告中有 16 个被民办高校占据。根据中国气象局广告机构的报价，晚七点半天气预报中画面广告的每年费用最高为 840 万元（北

---

① 对民办高校来说，努力建构自己的话语空间是其拓展社会空间的重要手段，对其长远发展非常重要。对此，前文已经述及，此处不再讨论。
② 引自《中国经营报》，2003 年 9 月 18 日。

京），最低为 660 万元（西宁、拉萨等市）。这种只有学校校舍图片及名称的广告出现在中央电视台，起到了此时无声胜有声的作用，无形中提高了学校的可信度，提升了学校的层次。[①]

还有，就是直接面对面的宣传：招生人员进校进班。有的招生人员索性到高中毕业班上旁听课程，和学生交朋友。有的招生人员努力疏通与中学的校领导和班主任的关系，利用学校组织的家长会等做宣传。北京 K 学院招生办 W 老师谈到了这一点。

> 访谈者：您自己曾经下去招过生呵，能介绍一下您的具体操作吗？
> W 老师：到各地方去后，首先是把办公室弄好，然后要进学校、进班。在学校里要把班主任抓住。在学校宣传一下只是形式而已，最主要是到班里去，亲自和学生见面。（KC04，2005）

硬宣传的费用过高，相关成本过高。对于大多数处于起步阶段的民办高校来说，各种软宣传更为切合实际，这包括各种媒体上的"软广告"、事件炒作等。

为了提高学校的知名度，民办高校充分利用和创造机会，以吸引媒体和社会的注意。比如 2002 年，山东外事翻译学院（宣传中，其简称为"山译"）发布公告：100 万元年薪招聘常务副院长，哈佛博士陈琳应聘并签订协议。山东外事翻译学院的宣传材料把"哈佛博士年薪百万落户山译"当成了一个亮点，介绍常务副院长陈琳"曾供职于哈佛商学院、美国联邦储备委员会及新加坡国立大学等"，宣布"'山译—哈佛'筑路工程正式启动""将在山译 2002 级新生中，通过选拔办一个'哈佛班'"。后在媒体质疑陈琳学历的风波中，山东外事翻译学院又以陈琳与学校师生不易沟通、理论有余行动不足为由，与陈琳解除协议。[②] 这样一个轰动一时的新闻使得该校一度成为舆论关注的焦点，大大提高了学校的知名度。又如西安欧亚学院以"拍卖"的形式举办学生竞聘会、推介就业，也以其颇富争

---

① 引自《中华工商时报》，2004 年 9 月 9 日。
② 引自《中国青年报》，2002 年 7 月 16 日。

议性的用语引起媒体的广泛关注。

民办高校招生宣传的真实性常常遭受诸多质疑。从我参与招生的亲身经历来看，学校对于自身的诚信形象是非常在意的。校领导在培训会上虽然强调回答咨询的一些策略性技巧，但也严格要求招生人员不得做虚假宣传和不实承诺。受访的各民办高校老师都谈到了这一点，如北京 K 学院招生办 W 老师说：

> 你得说清楚，实打实地说，不要弄假。你本来是民办，你搞个公办，本来是计划外，你说是计划内，到时候一看不是这样子。你说清楚，我们是民办就是民办，但是我们有雄厚的力量，什么样的力量？软件，硬件，老师，啥情况你要说清楚，教学质量咋样，就业啥情况，你要跟学生说清楚。让学生信任你。这个说话呀，要有分寸的，不能随便吹的。
>
> ……讲真话，讲实话，这样也让学生信任你，是吧？所以，一个学生来不来上学呀，这个招生人员的口碑，有很大的影响。你这个招生人员的口碑不好，你说不出来，或者说你说的一听就是假的，谁来？谁也不来。所以说，招生招生，招学生的心、家长的心。（KC05，2005）

我们对西安和浙江的六所民办高校的实地调研结果也印证了这一点：从统计结果来看（见表 4-1），样本民办高校的学生认为学校的"真实情况比所宣传的更好"的占 7.1%，"与宣传基本一致"的占 53.6%，两项加起来占总数的 60.7%。由此可见，民办高校的宣传基本上还是比较符合实际情况的。学校积极主动的宣传对于其招生起到了非常重要的作用。

表 4-1 入学前后感受

	频数	百分比（%）
真实情况比宣传的更好	255	7.1
与宣传基本一致	1935	53.6
不如宣传的好	1422	39.4

资料来源：北京大学教育学院"通过政策、认证（评价）和改善管理提升中国民办高等教育的水平"课题组数据库。

3. 规模化的市场运作：拟联合招生与联合招生

（1）拟联合招生：酒店宾馆招生和火车站招生

从每年的五月份开始，最早的从四月份开始，民办高校就派招生人员进驻各省区市，建立招生办公室，一般设在当地某家中上等酒店宾馆。一个有趣的现象是：往往几十所民办高校都聚集在同一家酒店或宾馆。酒店几层楼的客房全部改装为招生办公室，间间相挨。酒店外墙上有序地悬挂着各校的横幅——"某校驻某省某区市招生办"，酒店大厅则摆放、张贴着各校的招生展板和简章及其他宣传材料，有的酒店还设有专门放置招生手册的报架。

酒店或宾馆并不主动联系各民办高校，各校也不预先互相约定，这样的聚集完全是自发形成的，是效率机制作用的必然结果。其一，这些酒店或宾馆的地理位置比较适合招生：处于市中心或其他闹市区，而且一般靠近当地高校或知名中学。而酒店或宾馆也意识到个中商机，希望与各民办高校长期合作。因此，他们不仅仅在住宿费上提供优惠，还积极主动地提供各种相关服务，如提供专用电话线、网线以及各种办公用具等。其二，集中招生有利于节约信息成本。一个时间上相对固定、空间上相对集中的招生场所，对于学生及其家长来说，可以节约搜寻成本，有利于其联系民办高校。另外，"搭便车"心理普遍存在。最早入住的民办高校一般办学层次较高，入住后会立即在当地媒体上投放广告，或者到各高中、各居民区散发招生简章。这样，该酒店或宾馆已经在学生及其家长中有一定的知名度。后来的民办高校如果入住同一酒店或宾馆，就可以无成本地吸引前来咨询报名的学生及其家长。其三，与单独设点的民办高校相比，众多民办高校的招生代表住在一起，有利于提高社会对其的信任度。前来咨询的学生及其家长也有机会对各个学校的信息进行比较鉴别和考证。其四，在长达两三个月的时间里，虽然各校招生人员都有自己的机密信息，但在日常生活中，他们并不刻意相互隔绝，不仅相互串门，在一起休闲娱乐，也在旁敲侧击的试探中相互沟通、相互学习、交流信息。[①]

当然，这种酒店或宾馆"联合"招生既没有统一的组织管理机构，也

---

① 一个意外的结果是：相互了解之后，招生能力强的人员有可能会通过办学层次较高的学校的招生人员流动到该校。

没有正式的合作协议的约制和规范，还有少数自认为独具优势的民办高校有意选择不同的酒店，以与别的"低档"学校相区别。所以，这种"联合"更多的只是一种形式上的、表面上的联合，可以视为一种"拟联合"。

另一种形式的"拟联合"招生，是火车站招生。与酒店或宾馆招生不同，这种招生是由新生接站演变而来的，是为政府明文禁止而又对其宽松管理的另一种极具特色的招生形式。首先，它有明文公示的管理规章——如《北京市教育委员会关于 2003 年民办高校（教育培训机构）迎新接站有关问题的通知》（以下简称《通知》）。其次，它有专门的管理机构——高校新生接站办公室，配有专门管理人员。再次，它有统一的组织形式，虽然这些组织形式是为新生接站而不是为招生而设置的：火车站统一设置"新生接待站"（不是"招生站"），统一提供帐篷、桌椅等；统一规定"接站"时段（不是"招生"时段）。最后，它有一套正式的程序：各民办高校应持有经审核备案的招生广告（简章）审批备案表（应注有接站时间和地点）到车站地区管理部门办理相关手续。车站地区管理部门负责对申请迎新接站的民办高校和教育培训机构进行资格审核和接站管理工作。学校凭车站管理部门的批准证明领取相应接站设备，到指定位置布点。

但这里有很多表面上难以解释的矛盾。以北京站的情况为例，第一，《通知》规定：任何单位和个人不得在接站范围外进行各种招揽生源的接站活动。但实际上几乎所有的学校都有学生到出站口，甚至到站内出口通道里，高举校牌接人招人。第二，《通知》规定"民办高校迎新接站工作从 8 月 20 日到 9 月 10 日，各校在此期间可以申请一到两次接站，但接站时间总计不超过 5 天"。但实际上，"接站"时间从八月初一直延续到 8 月底 9 月初。在此期间，各民办高校都是一直驻扎，有的甚至 24 小时值班，完全不受规定的限制。第三，《通知》规定"学校参与接站的工作人员必须是学校专职教职工，并由一名校级领导到岗带队。不得安排学生或雇用其他校外人员接站。在站接站人员不得多于 4 人，并佩戴统一标志（含带班校级领导）"。但实际上，校级领导到岗带队的几乎没有，参与"接站"的绝大部分是学生，甚至还有临时雇用的人员。"接站"人数也远远超出规定，一般在 10~20 人。学校给予他们每天 30~70 元的补助。对于招揽到学生的，学校还将按人头给予 100 至 500 元不等的奖励。第四，《通知》规定："接站期间禁止在车站地区滥发招生宣传材料，不得从事招生活动，一经发现将由车站地区管理部门停止其接站活动。"但实际上，所有的"接站"学校都积极招生，甚至以招生为主、接站为辅。车站管理部门最多也只是没收学校违规物品，如校牌、横幅、校旗、简章等，并不撤销学校摊点。第五，《通知》规定："各单位在接站现场展示的学校招牌名称要与所持办学许可证的注册校名一致，不得一校多名。"但实际上，许多学校都将校名中的"职业""研修"等字样去掉，或者以括号附注。还有一些学校在显著位置大字标注"中国人民大学""北京师范大学""首都师范大学"等字样，旁边小字写着"合作办学""兼职教授任教"等。

民办高校在车站的聚集是一种有组织的联合，目的本来是为新生提供接站服务，但最终却成为变相招生。火车站是首都的窗口单位，政府部门为维护正常秩序而加强管理本为职责所在。而对民办高校来说，只有多招生才能扩大学校规模、增加学校硬件投入，才能生存和发展。学生数量多少也是国家考核民办高校是否合格的一项重要标准。在竞争的压力下，违规招生也是迫不得已。车站管理人员严重不足，又没有真正合适而有效的处罚措施，对违规招生只能睁一只眼闭一只眼。而对民办高校来说，不参与招生非但没有声望上的收益，反而面临新生被别的学校抢走的风险。据报道，2003 年，北京人文大学等北京市 24 所合格民办大学曾经向社会承诺不到火车站摆摊抢生源，但是很多刚到北京的外地学生分不清谁优谁劣，不遵守此规则的民办高校到处抢生源，遵守此规则的反而招不到学生，也只好加入车站招生的队伍中。[1] 在多种因素的综合影响下，车站"拟联合"招生也就成为民办高校追求效率的必然选择。

（2）联合招生：网上招生

还有一类招生是由网络媒体发起组织的商业性联合招生。这些网络媒体有中国高校联合招生网、首都高校网、中国招生网、北京招生在线等。它们与民办高校的合作方式一般为：民办高校支付给网站一定的加盟费用，按照其要求提供相应宣传材料和资格证明，网站统一设计招生网页，提供相应服务；或者按照代理的方式结算。受访的北京 Z 学院 W 老师谈及到了这方面的情况。

---

① 引自《北京娱乐信报》，2003 年 8 月 24 日。

访谈者：我们和网站的合作是一种什么样的形式？

W 老师：有几种形式。一种形式就是说，前期我给你一个投入。然后你后面就没有任何条件地给我送各种报名信息。然后另一种呢，就是前期我不需要你任何费用，然后后期你给我结代理费。

访谈者：各个网站不一样，是吗？

W 老师：不一样。我们要充分考虑到这个网站什么情况。它如果确实做得很大很好的话，我们会给一些前期投入。

访谈者：前期投入一般需要多少钱？

W 老师：前期投入一般就要两三万（元）。一做就是一年。

访谈者：哦，那我们如果按照代理费的方式，一个学生是多少钱？

W 老师：就一样的。也是 1000 块钱一个。要是前期投入这种吧，就没有代理费的问题。要是前期没有投入，后面就是一样的，都是按代理费来计算。

访谈者：那网报的流失率如何？

W 老师：它成功率很低。应该这么说。你像我们去年（2004）网上就做得比较好，它那个报名的报到率是 4%，像（以前）每年的报到率不足 1%。就是一百个人里面能来一个就不错了。（ZC04，2005）

网络不仅仅在学生、家长和学校之间搭建了一个双向交流的平台，更以其速度快、信息量大、节省时间而成为学生报名的一大手段。例如，新浪教育频道和择校网合作推出民办高校招生服务项目——"中国优秀民办高校网上联合招生"。其招生网页上，第一部分是民办高校的介绍，包括六七十字的院校简介和分类指南，包括具有颁发学历文凭资格的民办普通高校、学历文凭考试试点院校、自学考试助考院校。校名与各院校主页或招生网页建立链接，点击可查看更详细的信息。还有各专业热门高校推荐。第二部分是服务信息，如填报志愿技巧、择校必读、政策导航、就业趋势等。第三部分是服务行动，如开通择校热线；为来京求学的学生提供免费乘坐的择校大巴，实地考察北京地区会员学校；开通维权热线，由北京天星律师事务所律师担任求学维权顾问，为求学者维权提供咨询服务和法律援助；开设择校课堂，由权威专家和大学校长为考生家长答疑解惑。[①]

网上报名无须缴纳报名费，学生填写报名资料后，学校很快就会寄送录取通知书，方便快捷。但从各校统计数字来看，网报学生的报到率极低。各民办高校对于网站报名的态度是：积极参加，但不抱过高期望。其往往更多地把它视为宣传学校的一种途径，而不是招生的主要途径。

4. 对考生的市场激励：招生促销

商战中最常见的价格战也出现在民办高校的招生争夺中。上海东方文化职业学院喊出了"收费最低"的口号。北京吉利大学的入学奖学金最高可达5万元，其对地市级以上的三好学生、优秀学生干部、特长生、特困生实行学费减免制度和勤工俭学制度。北京同颐研修学院对2005年高考分距公办大学最低录取分数线20分以内者还可减免5%~20%的学费。[②] 京桥大学推出报名有奖活动。活动一是"10000份精美礼品赠考生"，凡报名均有机会获赠。活动二是"大礼馈赠考生"：特等奖一名，获赠四年大学学费全免，获赠人为本校高考状元；一等奖二名，二等奖五名，三等奖十五名，分别获赠笔记本电脑、手机、MP3等奖品；报到期间根据录取通知书编号，公证处公证，现场随机抽取。[③] 还有一些学校则承诺，资助考生学开车，同时，考生还可免费参加一项职业技能培训等。有的学校甚至还推出了试学制，即学生入学一个月内，对学校教育质量、教学管理、教学环境不满意者可退学，学院全额退费。[④]

市场化的运作机制给民办高校带来了至少是短期内的知名度和广大的生源。但在实践中，也带来了很多负面的影响。

新古典经济学认为市场经济是最有效率的经济组织形式。人们只要在理性选择的原则下追求私利最大化，市场运行就能达到帕累托最优。科斯对此提出疑问，认为只有在交易费用为零时，市场机制才能发挥这样的作用。而为了进行市场交易，有必要发现谁希望进行交易，有必要告诉人们交易的愿望和方式，以及通过讨价还价的谈判缔结契约，督促契约条款的严格履行，等等。这些工作常常是成本很高的，而任何一定比例的成本都

① 引自新浪教育频道，http://edu. sina. com. cn/l/mbgx. html。

② 引自《中华工商时报》，2004年9月10日。

③ 引自《京桥大学2004年招生简章》。

④ 引自《北京日报》，2002年9月3日。

足以使许多在无须成本的定价制度中可以进行的交易化为泡影（科斯，1960）。诺斯认为，市场经济本身的运行需要制度设施的保障。政治权力、社会文化以及历史演变的途径都对经济形态有着重要的制约作用（周雪光，1999）。威廉姆森从交易成本的角度提出：在不充分竞争和有限理性的条件下，市场运作的交易成本可能会大于科层组织这一运作形式的交易成本。按照效率规律的经济学原理，科层组织会成为替代市场的经济组织形式（周雪光，2003）。

在转型期，保障市场有序规范运行的制度设施并不能完全起到应有的作用。首先，法律法规体系是不健全的，相当多的边缘性违法违规行为并不能得到有效的界定和约束。即使是明显的违法违规行为，由于执法能力的不足，也常常得不到有效及时的惩处。其次，相关的信息服务极端不发达。政府没有能力提供足够的相关评估信息，而社会评估机构的发展还很不成熟，没有建立起足够的信用。这就诱发了少数办学目的不端正甚至纯粹就是以营利为目的的民办高校的短期市场行为，如夸大宣传、虚假承诺等。因为只要第一轮利润高于其支出，低质量的民办高校也可以通过广告给民众制造高质量的印象以牟取暴利。根据科尔曼的研究，一般说来，当可能获得的利益明显大于可能遭受的损失时，人们容易过高估计受托人值得信任的概率；当可能遭受的损失超过可能获得的利益时，人们往往过低估计受托人值得信任的概率。所以，人们通常较难与他人建立信任关系而容易轻信骗子（科尔曼，1992：124）。一个合乎逻辑的结果是，在短期内，少数弄虚作假的学校反而可能更具有竞争优势，相伴随的结果是整体的行业声誉遭受损害。

另外，对于绝大多数严谨办学的民办高校来说，它们所能控制的也仅仅是其校内老师及学生。对于招聘的校外招生代理，学校并不能有效控制——没有有效手段来约束利益驱动下代理们的虚夸行为，对于中介公司就更是这样。[1] 学校的目标是在不损害学校声誉的前提下招到足够的学生，对过程和结果同等关注。而招生代理只关注结果，其唯一目标是招到尽可能多的学生，以实现报酬的最大化。学校可以行使控制权指导代理的行动，但是监督和控制本身的成本非常大。所以，办学层次较高的学校，相

---

① 受访的北京 Z 学院招生办 B 老师说，中介和代理中夸张宣传的大概占 80%。

对较少或者完全不对外招聘代理，而是充分调动本校的老师和学生。调查发现，在规模较小、硬件设施较差、办学时间较短的北京Z学院，校外代理所招学生大约占其当年招生总数的15%，[①] 而规模较大、硬件设施较好、办学时间也较长的北京人文大学，其招生就主要是利用本校教职员工，基本上不用校外招生代理。[②]

市场机制在民办高校的招生中发挥着重要作用，但我们也看到了其负面效应：短期行为与信任难题。为克服这些问题，民办高校越来越重视发动本校师生资源，逐步建立并扩大专职招生队伍。这一趋势在办学层次较高的民办高校日益凸显。从交易成本学派的视角出发，可以解释为：在市场交易成本过高的情况下，组织的机制开始替代市场的机制。当然，这一转变不仅仅是因为对招生代理的监督成本太高，更与作为一个组织的学校自身成长的科层化趋势有关。

对于大部分民办高校来说，短期内还做不到以本校师生完全替代校外招生代理。但在选择招生代理时，为尽可能克服其负面影响，它们非常重视信任纽带的联结——"熟人"关系在这里发挥着重要作用。而实际上，在转型社会的背景下，关系网络也成为民办高校招生的一个重要运作机制。

三 民办高校招生的关系网络机制

社会网络学派的研究思路之一是强调个人利用社会网络争取社会资源以获得社会地位的意义。

科尔曼认为个人通过理性选择而建立社会关系（科尔曼，1992）。格兰诺维特强调在市场经济体制下弱关系对于人们寻找工作机会的作用：具有弱关系的人分属于不同的群体，异质性较强，因而弱关系可以作为传递信息的桥梁（Granovetter，1973）。沿着他的思路，边燕杰对华人社会里关系在求职中的作用进行了研究，得出的结论是：在华人社会里强关系比弱

---

① 引自对Z学院招生办主任的访谈录音。
② 《北京人文大学王图强、厦门南洋学院鲁加升做客TOM访谈实录》，引自中国招生考试在线，2003年11月24日。

关系更为重要（Bian，1997）。

相对于格兰诺维特，博特的创新之处在于他认为重要的因素不是关系的强弱，而是它们在已经建立的关系网络中是否重复。在他看来，正是联系的相对缺乏（"结构洞"）推动了个人的流动、信息的获得和资源的获取；网络是工具性的，可以传递信息，可以得到更快捷、更丰富的信息，具有推荐作用，可以帮助控制局势，提高讨价还价的地位（张文宏，2003）。

林南从社会资本的角度同样强调了关系网络的重要作用。他认为社会资本是从嵌入社会网络的资源中获得的，它具有以下多种功能。第一，促进信息的流动。通常在不完善的市场条件下，处于某种战略地位或等级位置中的关系人，由于较好地了解市场需求，可以为个人提供以其他方式不易获得的关于机会和选择的有用信息。同样的，这些关系会提醒处在生产或消费市场中的一个组织及其代理人甚至一个社区关于在其他方面未被意识到的个人的可用性和利益。这些信息可以降低交易成本。第二，社会关系人可以对代理人（如组织的招募者或管理者）施加影响，这些代理人在有关行动者的决定（如雇用或提升）中发挥着关键性作用。第三，社会关系资源及其被确认的与这个人的关系，也被组织及其代理人视作这个人的社会信任的证明（Lin，1999；张文宏，2003）。

关系网络在中国社会的运行中起着非常重要的作用。费孝通先生的"差序格局"论形象地概括了中国传统社会的社会结构和人际关系的特点：以己为中心、逐渐向外推移，实际上是以家族血缘关系为中心；在此基础上形成的人际关系，具有排他性（费孝通，1998）。人们越靠近家族血缘关系——"己"的中心，就越容易被接纳，也就越容易形成合作、亲密的人际关系；越是远离"己"的中心，就越容易被排斥，越容易形成疏淡的人际关系。台湾学者高承恕基于差序性的思想，认为中国组织背景下的人际关系模式是一种信任格局：由"亲"而"信"。所谓的"亲"并不局限于"血亲"或"姻亲"，只要是好朋友、好同事、好部属，都可能由"疏"而"亲"、由"远"而"近"（梁建、王重鸣，2001）。从国外学者的研究来看，福山认为中国与意大利和法国同属于"低信任度社会"（福山，2001）。韦伯认为"中国人之间存在着明显的不信任，这与基督教文化中人们普遍的信任和诚实构成鲜明的对比"（韦伯，2002）。他区分了"特殊信任"和"普遍信任"，认为中国人的信任行为属于"特殊信任"，其特点是只信赖和自己有私人关系的他人，而不信任外人（韦伯，2002）。

以上研究表明，关系网络是获取资源的一个重要途径，而中国社会是一个特殊主义的社会，人际关系的亲疏是信任建构的重要初始条件，非正式的社会关系网络更是社会资源分配的重要方式。这一特点在中国渐进式的市场化改革的背景下尤为突出。

中国社会20世纪80年代以来所进行的改革，使原有的依靠国家行政权力分配社会资源的方式在相当程度上丧失了效力，而市场配置方式又没有完整地建立起来，中国的社会转型出现了体制断裂或"体制洞"（边燕杰、张文宏，2001）。在这种情况下，人们必定要找到弥补经济关系和行政权力关系不足所需的替代物，以建立社会交往所必需的基本信任预期（科尔曼，1991）。郭于华的研究发现，在农村新的经济结构启动和发育过程中，亲缘关系是信任结构建立的基础，也是实际获得资源的重要途径。一旦成为"自己人""熟人""圈内人"，便亲近起来，各种事情的解决就可以循人情而定了，各种利益的获得也就不难了（郭于华，1994）。非正式的社会关系网络便成为建立和维护信任关系、进行交换和寻求支持的基本形式。对于拥有较多社会资本的人来说，它甚至是一种更方便、更有效的获得社会资源的形式，也有助于避免不完善的市场和不规范的国家行政权力给自身可能带来的损害。

Lawrence和Lorsch（1967）研究发现，组织在面对快速变化的环境时会采用非规则协调机制，在面对稳定的环境时会采用规则协调方式。而社会转型期的一个重要特点就是经济社会结构的诸多构成部分都在经历快速的变迁，环境是很不稳定的。民办高校面临的是行政管理的压力和市场的压力。市场配置方式没有走上正轨，市场机制不健全、不完善，导致其对资源的需求难以得到确定性的满足，甚至基本的信任预期也难以通过国家或者市场的途径达到。在此背景下，非规则的协调方式——关系网络的运作便成为民办高校在激烈的竞争中求得生存和发展的一个重要手段。

民办高校的校长大多有过政界、学界或企业界从业经历，有的担任过重要职务，在这些领域积累了丰富的关系网络资源。这些关系网络为学校的发展提供了直接的帮助，并建构了进一步扩展社会资本的平台。我在对多个民办高校的校长的访谈中发现，他们几乎都认为自己的一个重要工作就是"跑关系"：利用兼任职务和社会头衔参加各种峰会，广交朋友，寻求理解、支持和合作。如 W 学院院长、O 学院院长就谈及他们会利用自己的全国人大代表和省政协委员身份，在"两会"期间向教育行政部门领导诉苦讨政策、向学界精英寻求合作、向企业家寻求赞助和支持。就招生而言，民办高校的关系网络运作有如下几种方式。

1. 寻求"庇护"——聘请"名誉领导"

民办高校普遍聘请政界权威和社会贤达人士担任名誉职务，以其社会资本为学校寻求"庇护"。这些"名誉领导"都有显而易见的权力和威信，虽然大多数并不参与学校的日常教学管理活动，但他们除了能直接给学校带来声誉、管理经验，还能把他们的关系网络带进来，使之成为学校可以运作的资源。对于创业阶段的民办高校来说，他们的在场具有显而易见的重要意义：有"名誉领导"在位，教育行政部门在招生方面的管理上就会加以"考虑"；有"名誉领导"挂帅，就可以赢得学生及其家长的更多信任；"名誉领导"的影响力可以使民办高校与体制内招生相关单位的合作更容易建立和开展；必要的情况下，有些事情还可以请"名誉领导"帮忙协调解决。

我们在 O 学院调研时，对于学校邀请的"名誉领导"，受访的教务处 L 老师强调"他们在办学整体思路，以及跟社会交往方面起的是别人起不到的作用"。受访的某省高招办原主任 W 顾问还详细地谈及了在省外招生遇阻时，他运用个人资源解决问题的过程。

> 从招办的管理上说，也不能说人家有啥错，只能来沟通。后来，我就跑到西南，一个人跑了 8 个省，8 个都比较成功。当时退休的时间不长嘛。……基本上都比较成功。（OC06，2004）

2. "借势"——邀请政治、社会和文化名人到校视察或参加活动

与社会声誉较高的人或机构建立联系，借助他们的声誉以提高自己在招生市场上的社会声誉和信誉，进而构建社会支持网络，是民办高校的一个重要策略。在中国，社会信誉度较高的主要是政府官员、学界名流和社会名人。除了前述的邀请他们担任"名誉领导"，民办高校还努力通过以下方式与他们建立联系。

首先，民办高校尽量邀请中央和省里的主要领导到学校视察或参观指

导，并将领导的题词、活动照片或者录像等放在其招生简章或招生光盘的首页或显要位置，作为向学生及其家长宣传其影响力、信誉度的重要证明。有的学校在这方面资料缺乏的情况下，还会把领导与和学校关系密切的个人或单位在一起的活动照片借用到其宣传材料上。

其次，民办高校也尽可能多地邀请知名学者、演艺界名人等，到学校参观、做学术报告或参加其他活动，这些活动也以文字、图片或影像的形式，放置在其招生宣传材料里，作为学校影响力的一个证明。

3. "找熟人、套近情"——驻外招生人员的关系运作

张博树和王桂兰详细地描述了华文学院的招生过程，发现其最有成效的招生方式是"委托可靠的朋友，在外地建立招生点"。在书中，他们感慨地说："在今天这样一个社会普遍缺乏信任感的大气氛中，私立高校，尤其是一所新建立的私立高校之所以还能招来一些学生，实际上是建立在朋友们的个人信誉基础上的。说得再透彻些：朋友们是在以自己乃至全家的名誉来担保为私立大学招生！"（张博树、王桂兰，2003：157）

在我 2003 年随 F 学院的老师一起去安徽招生时，也切身感受到"熟人"的重要作用。出发之前，我们一百多人都相互告知自己在各省各地区的有关亲朋好友，特别是在媒体、有关部门和学校的亲朋好友的联系方式，为前往招生的老师提供帮助。在我们招生的过程中，几乎每一个环节都只有托"熟人"才能顺利有效地开展工作。比如在打广告的问题上，安徽电视台和合肥电视台为我们提供的广告策划方案，最低的是一次十秒内的插播，一万元左右。《新安晚报》、《江淮晨报》和《合肥晚报》的策划方案也都在 2000 元以上。后来，我们找到了 F 学院一个老师在某广告代理公司的朋友，结果竟然以 6000 元做了一个刊例价 15000 元的"套餐"，涵盖了合肥电视台两个频道和《新安晚报》《合肥晚报》两大晚报以及《安徽广播电视报》。我们在繁华路口设咨询点，大多数路人要么不屑一顾，要么一笑置之，甚至不接我们递上的传单。来咨询的家长几乎都用怀疑的眼光审视着一脸诚恳的我们和我们精致的简章。去各中学介绍情况时，也频遭冷遇。只有上一年来的招生老师曾经联系过的少数中学的领导比较热情。在当地发展招生代理，我们基本上找的都是各自的老同学、老朋友。正是由于老交情的存在，他们才非常信任我们对学校的宣传，然后他们又帮着一起向各自的同学、朋友宣传。而我们也才能相信他们不会做虚假夸

张的宣传，才能相信他们会负责任，不会坑蒙拐骗，不会损害学校声誉。F学院某副院长和安徽大学某系系主任是老同学，在后者的帮助下，我们得以将F学院的招生简章和安徽大学的招生简章搭配在一起，由他们同时发到各个中学的宣传点。如果仅仅凭借手头的那些办学资格证明，则是很难做到的。据后来了解，派驻其他省区市的F学院招生人员和我们的情况差不多。

当然，有些在社会上已经有一定知名度的学校，其招生老师在外的情况可能要好些。但仅仅通过广告宣传和招生老师的介绍，学生和家长一般还是不能下定决心报名。即使报了名，流失率也非常高。通常有同学、朋友或者同学、朋友的同学、朋友在该校读书，学生及其家长才能信任。而招生老师在介绍学校的时候，也是尽量拉近与咨询的家长和学生的感情距离。如老乡关系、某个亲朋好友也在当地工作学习，所认识的某个在校学生也是和咨询人是同一个学校毕业的或是同一个地方的人，等等。有的学校还鼓励学生发动自己的同学朋友一起来报名，实行"团体优惠"。如北京自修大学在其招生简章封面特别注明"同一所学校同学结伴而来优惠学费"。

从学生的角度来说，一些研究结果也印证了我们的体验。在从民办高校在读生中回收的3488份有效问卷上，在对"通过什么途径了解、选择学校"的回答中，选择"老乡或校友推荐"的有1408人，占40.4%，远远高于"报纸介绍"（26.4%）、"网上宣传"（21.4%）和"新闻媒体宣传"（26.1%）。黄河科技学院招生办公室主任刘景涛总结说"我们学校70%~80%的学生是通过本校学生从他们的亲戚、同学、朋友中招来的"（李健，2005）。可见，在学生选择学校时，起重要作用的还是民办高校的老师和学生的关系网络资源。学校的硬件设施、师资力量当然是重要的，但是在信息严重不对称而整个社会信用体系还非常不健全的情况下，非正式的关系网络在信任的建立上起着不可替代的作用。

第五章　总结与讨论

在当今世界各国，私立高等教育都是高等教育体系里举足轻重的重要组成部分，并以其独具的灵活性和适应性弥补了公立和国立高校的不足。在中国近代，一大批私立大学也因其成功的办学实践和在人才培养上做出的卓越贡献而声誉卓著、彪炳史册。但长久以来，对民办高校的社会关注往往都集中在其不规范甚至不合法的种种行为上，以及政府对其的管理和约制上。就民办高校的招生而言，广为流传的是种种的骗局和谎言，很少有人能从民办高校的发展历程以及其制度背景的框架中，对民办高校招生做理性的分析，这正是本文写作的动因所在。

如果说贡献的话，本文也许可以在以下方面的梳理上对于民办高等教育的研究添只砖片瓦。

第一，从社会学的角度来看，民办高校的发展是与宏大的社会背景相对应的。中国改革开放以来经济结构的转轨和社会结构的变迁为民办高校的发展提供了条件。但同时，管理上的顾虑和长期以来社会观念上的歧视，使民办高校拓展社会空间非常艰难。在没有政府经费资助、社会捐赠极少，甚至连银行贷款都很困难的情况下，民办高校基本停留在以学养学滚动发展的阶段，招生对于民办高校来说不仅仅是人才培养的问题，更多的是生存延续的问题。

第二，政府承认了民办高校的招生自主权，但民办高校正常行使自主权的各种制度条件却是不具备或者不完善的。现时期民办高校与美国和日本等国的私立大学境遇显著不同的是：身份制等制度在就业市场造成的民办高校和公办高校毕业生待遇上的先赋性不平等。"国家承认的文凭"成为民办高校吸引学生的重要制度障碍。加上民办高校自身在硬件设施、师资力量等方面比较薄弱，民办高校只有综合利用多种手段、多种资源：以合法性机制努力争取和拓展社会承认和认同的空间、以市场机制调用组织外的多方行动主体参与招生、以关系网络机制整合各种资源建构信任和权威。这些机制的运用与其说是民办高校办学灵活性的表现，还不如说是在招生的科层制度不可为的制约下，民办高校一个无奈的应对策略。

第三，这三个机制在目前民办高校招生实践中，是共存互补的关系。但从长期趋势来看，又是相互竞争和替代的，而最终，科层化的制度将取代它们的位置，成为民办高校招生的主要依托。首先，在几千年传统浸润下，"关系"的运作不可能退出。在转型社会里，它仍将是一个重要的资源分配的手段，对于民办高校的招生仍有重要意义。但无论是从"差序格局理性化"的角度来说，还是从工业化、市场化对于人际关系的冲击来讲，对于民办高校这样一个组织的信任的建立来说，血缘关系、地缘关系和亲缘关系等初级关系的作用会慢慢淡化。其次，随着民办高校的稳步发展，其社会承认空间将随着其办学业绩的日益显现不断扩大，合法性机制在招生中的地位也将下降。而民办高校"业内"的生源竞争将进一步上升。最后，在竞争的过程中，随着民办高校自身的规范化发展和品牌知名度的提升，以及政策、法律的日益成熟和完善，外聘代理的作用会慢慢减弱，相对成本的增加将使正式组织结构对代理结构的替代不可避免。市场化机制，尤其是聘用的校外招生代理的作用将因其交易成本的相对增加而下降，办学层次较高的民办高校将更多地调用本校的师生资源，进而将建构自己专职的招生队伍，科层化的规章制度和结构形式也将被逐步建立起来并发挥主要作用。

第四，从国际比较来看，我国政府对民办高校的管理理念亟待转变，社会自组织能力的不足更是一个非常突出的问题。提供服务而不是或者说不仅仅是严格管理，对于私立大学的健康发展非常重要。另外，一些发达国家的社会中介组织在私立大学的招生中发挥了巨大的作用，突出表现在社会评估、舆论监督及各种相关服务的提供上。在转型期政府能力不足的前提下，更应该在实质意义上促进社会中介组织的发育和发展，为民办高校的自我规范和自我提高提供更多的服务。

本文的不足之处很多，一方面，由于个人理论知识的积累不够，对于文中涉及的理论的整体把握并不娴熟，生搬硬套难以避免；另一方面，由于招生的相关资料在目前的民办高校属于机密范围，"外人"很难获取。虽然，我有一段时间的参与性观察，有两个课题资料的支持，以及

所收集的近 5 年来媒体对民办高校的有关报道资料和 40 多所民办高校
2004 年招生简章等资料，但有效资料还是难免欠缺。特别遗憾的是，没
能获得完整的个案资料。这给研究带来了很多限制，使有关分析有偏误
的可能。

参考文献

艾尔·巴比，2000，《社会研究方法》，邱泽奇译，华夏出版社。

爱弥尔·涂尔干，2003，《教育思想的演进》，李康译，上海人民出版社。

安东尼·吉登斯，1998，《社会的构成》，生活·读书·新知三联书店。

鲍威，2003，《中国民办高等教育供求结构的分析》，载孙宵兵主编《中国
　　民办教育组织与制度研究》，中国青年出版社。

北京大学教育经济研究所，2002，"西部地区基础教育发展"项目《经济
　　和财政分析研究课题报告》（铅印材料）。

北京大学教育学院民办教育研究课题组，2002，《中国民办教育发展现状
　　研究报告》（铅印材料）。

边燕杰，1999，《社会网络与求职过程》，载涂肇庆、林益民主编《改革开
　　放与中国社会——西方社会学文献述评》，香港：牛津大学出版社。

边燕杰，2004，《实证社会学研究专题五讲》，2 月 23 日在中国人民大学所
　　做的报告。

边燕杰、张文宏，2001，《经济体制、社会网络与职业流动》，《中国社会
　　科学》第 2 期。

陈宝瑜，2000，《跨世纪中国民办高等教育探及》，中国财富出版社。

陈学飞主编，1995，《美国、日本、德国、法国高等教育管理体制改革研
　　究》，教育科学出版社。

陈永明，1996，《当代日本私立学校》，山西教育出版社。

《第二次中国教育年鉴》（第五编），1991，台北：宗青出版社。

《第一次中国教育年鉴》（丙编），1991，台北：宗青出版社。

《第一次中国教育年鉴》（丁编），1991，台北：宗青出版社。

杜作润，1993，《高等教育的民办与私立》，上海科学技术文献出版社。

费孝通，1998，《乡土中国·生育制度》，北京大学出版社。

弗郎西斯·福山，2001，《信任：社会美德与创造经济繁荣》，彭志华译，海南出版社。

谷贤林，1999，《美国私立高等教育管理体制成因探析》，《外国教育研究》第 3 期。

郭建如，2003a，《民办高等教育的市场化与民办高校的组织管理特征——以陕西民办高等教育为例》，《高等教育研究》第 4 期。

郭建如，2003b，《我国民办高等教育发展的地域性与地方政府的作用分析》，《黄河科技大学学报》第 3 期。

郭建如，2003c，《民办高等教育地域性发展的三个维度分析——民办高等教育发展规律与发展机制初探》，《民办教育研究》第 2 期。

郭于华，1994，《农村现代化进程中的传统亲缘关系》，《社会学研究》第 6 期。

国家教育发展研究中心，2002，《我国民办高等教育发展现状分析》，载《2001 年中国教育绿皮书——中国教育政策年度分析报告》，教育科学出版社。

国家教育委员会高校学生司、中国高等教育学会高校招生研究会编，1996，《1994 年普通高等学校招生工作年鉴》，人民教育出版社。

胡建华，2001，《日本私立大学的发展特点及其启示》，《教育研究》第 8 期。

贾春增，2000，《外国社会学史》，中国人民大学出版社。

教育部发展规划司、上海市教育科学研究院，2003，《2002 年中国民办教育绿皮书》，上海教育出版社。

瞿延东，2002，《关于民办学校的资金自筹》，《民办教育动态》第 9 期。

瞿振元，2004，《世纪之交的中国高等教育——高考、招生与就业》，高等教育出版社。

李健，2005，《百所高校招生论坛预测 2005 年招生风向》，《中国青年报》1 月 11 日。

梁建、王重鸣，2001，《中国背景下的人际关系及其对组织绩效的影响》，《心理学动态》第 2 期。

林毅夫，1994，《关于制度变迁的经济学理论：诱致性变迁与强制性变迁》，http://wenka.baidu.com/view/67g7f3731edgad51f01dfzb2htm/，最

后访问日期：2020 年 4 月 12 日。

罗纳德·科斯，1960，《社会成本问题》，原载《法律与经济学杂志》第 3 卷。

罗守峰，2003，《民办高校何以陷入困境——关于我国民办高校合法性的个案研究》，硕士学位论文，北京大学。

马克斯·韦伯，2002，《儒教与道教》，王容芬译，商务印书馆。

马戎，2002，《社会学的应用研究》，华夏出版社。

民办高教委，1997，《工作简报》（内部材料），12 月 30 日。

闵维方主编，2002，《高等教育运行机制研究》，人民教育出版社。

南开大学校史编写组，1989，《南开大学校史资料选（一九一九－一九四九）》，南开大学出版社。

倪志伟、丽卡·马修斯，1998，《国家社会主义改革中的市场过渡与社会转型》，《国外社会学》第 6 期。

欧元怀，1987，《大夏大学校史纪要》，上海市政协文史委编，《上海文史资料选辑》第 59 辑，上海人民出版社。

皮埃尔·布迪厄、华康德，1998，《实践与反思——反思社会学导引》，李猛、李康译，中央编译出版社。

盛冰，2002，《教育中介组织：现状、问题及发展前景》，《高教探索》第 3 期。

宋恩荣、章咸主编，1990，《中华民国教育法规选编》，江苏教育出版社。

宋秋蓉，2003，《近代中国私立大学研究》，天津人民出版社。

孙立平、王汉生、王思斌、林彬、杨善华，1994，《改革以来中国社会结构的变迁》，《中国社会科学》第 2 期。

滕大春，1994，《美国教育史》，人民教育出版社。

王秀卿编著，1990，《高等学校招生考试理论与实践——兼谈应试准备与录取办法》，航空工业出版社。

邬大光，2001，《中国民办高等教育发展状况分析》，《民办教育动态》第 8 期。

吴忠魁，1999，《私立学校比较研究——与国家关系角度的分析》，北京师范大学出版社。

厦门大学高教所编，1996，《亚太地区私立高等教育国际会议论文集》。

谢安邦、曲艺，2003，《外国私立教育》，中国社会科学出版社。

阎凤桥，1994，《世界私立高等教育评述》，《高等教育研究》第 3 期。

阎建立，2002，《北京 17 所民办校签署〈诚信宣言〉》，《北京青年报》12 月 23 日。

杨善华、侯红蕊，2000，《血缘、姻缘、亲情与利益》，《社会学》第 3 期。

杨善华主编，1999，《当代西方社会学理论》，北京大学出版社。

袁方等，1998，《社会学家的眼光：中国社会结构转型》，中国社会出版社。

詹姆斯·S. 科尔曼，1992，《社会理论的基础》，邓方译，社会科学文献出版社。

张宝泉，1998，《美·苏·英·德·法高等学校管理比较》，东北师范大学出版社。

张博树、王桂兰，2003，《重建中国私立大学：理念、现实与前景》，教育科学出版社。

张立勤，2004，《等待哈佛》，中国社会科学出版社。

张维迎，2003，《关于〈北京大学教师聘任和职务晋升制度改革方案〉（征求意见稿）及第二次征求意见稿的十四点说明》，6 月 18 日，引自北大网站。

张文宏，2003，《社会资本：理论争辩与经验研究》，《社会学研究》第 4 期。

中国战略与管理研究会社会结构转型课题组，1998，《中国社会结构转型的中近期趋势与隐患》，《战略与管理》第 5 期。

中华民国教育部教育年鉴编纂委员会编，1948，《第二次中国教育年鉴》，商务印书馆。

中华民国教育部教育年鉴编纂委员会编，1934，《第一次中国教育年鉴》，开明书店。

周雪光，1999，《西方社会学关于中国组织与制度变迁研究状况述评》，《社会学研究》第 4 期。

周雪光，2003，《组织社会学十讲》，社会科学文献出版社。

钟宇平、陆根书，2002，《"高等教育需求研究"课题报告》，香港研究资助委员会（RGC）资助。

Bian, Yaniie and Soon Ang. 1997. "Guanxi Networks and Job Mobility in China and Singapore," *Social Forces* 75: 1981 – 1006.

Bian, Yanjie. 1997. "Bringing Strong Ties Back in: Indirect Ties, Network Bridges, and Job Searches in China," *American Sociological Review* 62: 366 – 385.

David, L. 1996. "The Institutional Process of Market Clientelism: Guanxi and Private Business in a South China City," *The China Quarterly* 147: 820 – 838.

DiMaggio, Paul and Walter Powell. 1984. "The Iron Cage Revisited: Institutional Isomorphism and Collective Rationality," *American Sociological Review* 42: 726 – 743.

Durkheim, E. 1956. *Education and Sociology.* New York: Free Press.

Giddens, Anthony. 1976. *New Rules of Sociological Method: A Positive Critique of Interpretative Sociologies.* New York: Basic Books, Inc. , Publishers.

Granovetter, Mark, 1973. "The Strength of Weak Ties," *American Journal of Sociology* 78: 1360 – 1380.

Granovetter, Mark. 1985. "Economy Action and Social Structure: The Problem of Embeddedness," *American Journal of Sociology* 91: 481 – 510.

Lawrence and Lorsch. 1967. *Organization and Environment: Managing Differentiation and Integration.* Boston, M. S. : Harvard University Press.

Levy. Daniel C. 2003. *How Private Higher Education's Global Growth Defies the New Institutionalism.* PROPHE Working Paper #4, March, 2003.

Lin, Nan. 1999. "Social Networks and Status Attainment," *Annual Review of Sociology* 25: 467 – 487.

Meyer, John W. and Brian Rowen. 1977. "Institutionalized Organizations: Formal Structure as Myth and Ceremony," *American Journal of Sociology* 83: 340 – 363.

Nee, Victor. 1989. "A Theory of Market Transition: From Redistribution to Markets in State Socialism," *American Sociological Review* 54: 663 – 681.

Pfeffer, Jeffrey. 1997. *New Directions for Organization Theory: Problems and Prospects.* New York: Oxford University Press.

Pfeffer, Jeffrey and Gerald Salancik. 1978. *The External Control of Organizations: A Resource Dependence Perspective.* New York: Harper and Row.

Powell, Walter and Paul DiMaggio. 1991. *The New Institutionalism in Organizational Analysis.* Chicago: The University of Chicago Press.

Spence, A. Michael. 1974. *Market Signaling. Cambridge*, M. A. : Harvard University Press.

Zhou, Xueguang . 1993. "The Dynamics of Organizational Rules," *American Journal of Sociology* 98 : 1134 – 66.

附录1 北京 Z 学院委托招生协议书 （校外代理）

协议编号：

甲方：北京 Z 学院招生办公室

乙方：

根据《中华人民共和国民法通则》《中华人民共和国合同法》等的有关规定，甲乙双方为做好 2005 年度招生工作，本着平等、自愿、协商一致的原则，就委托招生事宜达成如下协议。

一、甲方的权利和义务

1. 甲方委托乙方在_____省_____市_____区（县）开展招生宣传及报名咨询工作。甲方向乙方提供经教育主管部门审批的办学许可证复印件、招生简章以及委托书等有关招生宣传资料及证明文件。

2. 甲方为乙方提供《北京 Z 学院委托招生授权书》以便乙方在实际工作中证明身份。《北京 Z 学院委托招生授权书》作为本协议附件，与协议同时生效。委托关系终止，乙方需停止上述身份证明文件使用，并交还甲方，未按时或未交还者不予结算劳务等所有相关费用。

3. 甲方有权监督乙方按甲方规定开展招生工作，了解乙方招生进展情况。必要时，甲方派专门人员到乙方招生区域进行检查和指导工作。

4. 甲方负责整体媒体广告的统一管理，如在当地发布广告时，乙方可申请公布联系方式以便招生，甲方在审批同意后可根据广告情况酌情刊登。凡由乙方出资所发布的所有形式广告内容，必须经甲方负责此项工作人员签字确认，外地及不便到校者，可通过传真签字确认。否则一切责任由乙方承担，并保留追究乙方法律责任的权利。

5. 根据乙方招生的范围和预计人数，甲方向乙方提供一定数量的招生简章和带有统一编号的新生报名表及报名费收款收据。

6. 新生报到、注册、缴清费用一个月后，凭《北京 Z 学院委托招生授权书》、新生报名表、报名费收款收据存根，向乙方按标准一次性支付代理招生费；新生入学一个月以后，符合甲方就读条件未退学，乙方可凭《北京 Z 学院委托招生协议书》、新生报名表、报名费收款收据存根等向甲方按标准收取劳务费。

二、乙方的权利和义务

1. 乙方应向甲方提供真实有效的身份证明及复印件并签署招生代理协议，同时填写《北京 Z 学院招生代表登记表》，确定固定通信地址及联系方式等。未签署招生代理协议的，原则上不予办理兑付手续。

2. 乙方严格按照甲方提供的宣传资料介绍甲方的情况，不得承诺宣传资料和学校招生政策以外的其他任何内容。乙方在当地以甲方招生办公室人员名义开展招生工作，有责任和义务自觉维护甲方的良好形象和声誉，不做任何有损甲方声誉和利益的言行。

3. 乙方在被委托招生期间，一切费用自负。要遵纪守法，注意安全。如违法乱纪或遇到意外，一切后果由乙方承担。乙方不得私自印刷各种宣传品，不得私自刻制任何形式的、带有甲方名义的印章，如有违反，甲方有权终止执行本协议，并追究其法律责任。

4. 乙方要及时将新生报名表用特快专递、传真等形式寄发给学院招生办公室代理招生负责人收，以便准确无误确认乙方招生成果，落实劳务推荐费用。甲方在收到报名表后经核实在此之前未报名的，两天之内给予乙方书面确认。

5. 乙方除收取学院规定国内学历教育各专业 30 元报名费、中外合作专业 100 元报名费外，不得收取任何其他费用。

6. 乙方应根据甲方统一的工作安排，协助或代为发放甲方有效的《录取通知书》及新生入学登记表，并保证最终送达考生手中。同时提前向甲方传真或电邮来京报到或参观学生人数、姓名、性别，所乘车次和抵京时间，并根据规定的报到日程，周密安排组织好已报名学生集体乘车来京报到，直至抵达甲方报名地点正式注册交费。

三、招生成果的确认及付酬方式

1. 兑付依据：以甲乙双方签订的《北京 Z 学院委托招生协议书》及甲方《北京 Z 学院委托招生授权书》为准。当未签署协议者所推荐学生名单与已签署者名单重复时，则以已签署者名单为准，而未签署代理协议者原则上不予兑付。

2. 报名确认：以乙方在新生入学前提供的新生详细报名信息或传真为准；学生尚未及时填写上述表格的，代理人必须先到招生办公室索取正式报名表填写，并由招生办公室出具《新生报名确认书》，否则，不予兑现劳务费；一名新生被多个代理人介绍，甲方和按第一时间提供新生准确、详细报名信息（原始报名表、传真报名表或电子报名表）的代理人结算；最终不能提供正式报名表和报名费收据的不予确认。

3. 网络招生：通过网络招生的代理商，必须在新生入学前提供新生详细的报名信息，只提供人名单者，不予兑现。

4. 兑付方式：新生缴齐一学年费用的，甲方按协议给乙方一次性付清劳务推荐费；新生入学一个月后未交齐至少一学期费用的，不予结算代理费；新生如按学期交费的，则代理劳务费按学年劳务费的一半支付，其余部分将待学生交齐第一年学费后补发。学生入学后至第二年3月底仍未完清全年学费或减免学费的，第二学期不再给付招生代理费。考生因成绩优秀享受奖学金或助学金的则不在此列。学校鼓励招生代表为学院推荐优秀考生。

5. 领取办法：乙方提供正式发票，可以领取招生劳务费用。否则，甲方按照国家个人所得税的相关规定代扣、代缴乙方的个人所得税。

6. 招生奖励：甲方按照下列规定支付乙方招生代理劳务费。

国内学历教育专业招生代理劳务费标准和计算办法

（包括经济管理系、医学工程系、汽车系、文法系、计算机系、管理学院等）

招生人数	1～5人	6～15人	16～25人	26人及以上
计算方式	1～5人	1～15人	1～25人	1～26人（及以上）
人均标准	1200元/人	1500元/人	1800元/人	2000元/人

中外合作专业招生代理劳务费标准和计算办法

（包括国际学院的国际酒店管理HND、国际旅游管理HND、与加拿大北阿尔伯塔理工学院合作的信息技术专业和工商管理专业、德语汽车维修与检测专业、与亚洲国际公开大学合作的高等工商管理专业、信息学院、数字传媒学院等）

招生人数	1～5人	6～10人	11～20人	21人及以上
计算方式	1～5人	1～10人	1～20人	1～21人（及以上）
人均标准	1800元/人	2000元/人	2500元/人	3000元

四、有下列情况者，不支付乙方劳务费用

1. 乙方有欺诈行为。

2. 乙方将双方合作细节和招生运作方式透露给任何第三方的，视为违约。

3. 在学校附近和校园内拦截新生填写报名表的推荐人。

4. 甲方发给乙方的报名费收款收据、《录取通知书》及相关法律文书没有交回学院的（包括用过的存根和没用过的收据、通知书原件、办学许可证等）。

5. 虽在乙方协议区域内，但未到乙方招办咨询报名，且不在乙方最终提供的名单内者。

6. 招生期间有其他违规操作行为或违约的。

五、其他未尽事宜，由甲乙双方协商解决。

六、本协议一式两份，双方各持一份，具同等法律效力。自双方签字之日起，产生法律效力。2005 年 12 月 31 日止，过期自动终止。

甲方：北京 Z 学院招生办　　　　　　　　乙方：

　　　　　　　　　　　　　　　　　　　　身份证号：

　　　　　　　　　　　　　　　　　　　　家庭住址：

通信地址：北京市××区××路××号

学校地址：北京市××区××路××号　　　通信地址：

邮编：100×××　　　　　　　　　　　　邮编：　　　　邮箱：

电话：010－×××××××　　　　　　　电话：

传真：010－×××××××　　　　　　　传真：

代表（签字）：　　　　　　　　　　　　代表（签字）：

　　年　月　日　　　　　　　　　　　　　年　月　日

附录2 北京Z学院委托招生协议书
（学生团）

协议编号：

甲方：北京Z学院招生办公室

乙方：

根据《中华人民共和国民法通则》《中华人民共和国合同法》等的有关规定，甲乙双方为做好2005年度招生工作，本着平等、自愿、协商一致的原则，就委托招生事宜达成如下协议。

一、甲方的权利和义务：

1. 甲方委托乙方在_____省_____市_____区（县）开展招生宣传及报名咨询工作。

2. 甲方向乙方提供经教育主管部门审批的办学许可证复印件、招生简章以及委托书等有关招生宣传资料及证明文件。

3. 甲方为乙方提供《北京Z学院委托招生授权书》以便乙方在实际工作中证明身份。《北京Z学院委托招生授权书》作为本协议附件，与协议同时生效。委托关系终止，乙方需停止上述身份证明文件使用，并交还甲方，未按时或未交还者不予结算劳务等所有相关费用。

4. 甲方有权监督乙方按甲方规定开展招生工作，了解乙方招生进展情况。必要时，甲方派专门人员到乙方招生区域进行检查和指导工作。

5. 甲方负责整体媒体广告的统一管理，如在当地发布广告时，乙方可申请公布联系方式以便招生，甲方在审批同意后可根据广告情况酌情刊登。

6. 凡由乙方出资所发布的所有形式广告内容，必须经甲方负责此项工作人员签字确认，外地及不便到校者，可通过传真签字确认。否则一切责任由乙方承担，并保留追究乙方法律责任的权利。

7. 根据乙方招生的范围和预计人数，甲方向乙方提供一定数量的招生简章和带有统一编号的新生报名表及报名费收款收据。

8. 新生报到、注册、缴清费用一个月后，凭《北京 Z 学院委托招生授权书》、新生报名表、报名费收款收据存根，向乙方按标准一次性支付代理招生费。

9. 当年 10 月 8 日起开始兑付，至 12 月底兑付完毕。如因乙方原因未办理结算的，逾期不再办理兑付。

二、乙方的权利和义务

1. 乙方应向甲方提供真实有效的身份证明及复印件并签署招生代理协议，同时填写《北京 Z 学院招生代表登记表》，确定固定通信地址及联系方式等。未签署招生代理协议的，原则上不予办理兑付手续。

2. 乙方严格按照甲方提供的宣传资料介绍甲方的情况，不得承诺宣传资料和学校招生政策以外的其他任何内容。乙方在当地以甲方招生办公室人员名义开展招生工作，有责任和义务自觉维护甲方的良好形象和声誉，不做任何有损甲方声誉和利益的言行。

3. 乙方在被委托招生期间，一切费用自负。要遵纪守法，注意安全。如违法乱纪或遇到意外，一切后果由乙方承担。乙方不得私自印刷各种宣传品，不得私自刻制任何形式的、带有甲方名义的印章，如有违反，甲方有权终止执行本协议，并追究其法律责任。

4. 乙方要及时将新生报名表用特快专递、传真、信函等形式寄发给学院招生办公室代理招生负责人收，以便准确无误确认乙方招生成果，落实劳务推荐费用。

5. 乙方除收取学院规定国内学历教育各专业 30 元报名费、中外合作专业 100 元报名费外，不得收取任何其他费用。

6. 乙方应根据甲方统一的工作安排，协助或代为发放甲方有效的《录取通知书》及新生入学登记表，并保证最终送达考生手中。同时提前向甲方传真或电邮来京报到或参观学生人数、姓名、性别，所乘车次和抵京时间，并根据规定的报到日程，周密安排组织好已报名学生集体乘车来京报到，直至抵达甲方报名地点正式注册交费。

7. 乙方承诺在甲方授权区域内开展招生工作，不得参与其他任何民办高校的招生工作，一经发现或从我校向其他民办高校推荐生源的，则本合同自动终止，甲方保留追究其法律和其他责任的权利。

8. 乙方必须每两周将所收集的生源信息和招生工作进展情况汇报甲方（按固定格式），接受甲方统一工作指导。两周以上与甲方中断联系、无工作进展及下一步工作计划者，本协议自动解除。

三、招生成果的确认及付酬方式

1. 兑付依据：以甲乙双方签订的《北京 Z 学院委托招生协议书》及甲方《北京 Z 学院委托招生授权书》为准。当未签署协议者所推荐学生名单与已签署者名单重复时，则以已签署者名单为准，而未签署代理协议者原则上不予兑付。

2. 名额确认：以乙方在新生入学前提供的纸质报名表等档案或传真为准，即乙方给甲方寄发或传真的原始新生报名表或复印件、收款收据存根为准则；学生尚未及时填写上述表格的，代理人必须先到招生办公室索取带编号的新生报名表填写，并在招生办公室注册登记，否则，不兑现劳务推荐费用。

3. 网络招生：通过网络招生的代理商，必须在新生入学前提供新生详细的报名信息，只提供人名单者，不予兑现。

4. 兑付方式：新生缴齐一学年费用的，甲方按协议给乙方一次性付清劳务推荐费；新生入学一个月后未交齐至少一学期费用的，不予结算代理费；新生如按学期交费的，则代理劳务费按学年劳务费的一半支付，其余部分将待学生交齐第一年学费后补发。学生入学后至第二年 3 月底仍未完清全年学费或减免学费的，第二学期不再给付招生代理费。考生因成绩优秀享受奖学金或助学金的则不在此列。学校鼓励招生代表为学院推荐优秀考生。

5. 领取办法：乙方提供正式发票，可以领取招生劳务费用。否则，甲方按照国家个人所得税的相关规定代扣、代缴乙方的个人所得税。

6. 名单确认：一名新生被多个代理人介绍，按第一时间提供新生纸质的（含传真）准确、详细报名信息的代理人结算；不能提供报名表和报名费收据的不予确认。

7. 招生奖励：甲方按照下列规定支付乙方招生代理劳务费。

学历教育专业招生代理劳务费标准和计算办法

（包括经济管理系、医学工程系、汽车系、文法系、计算机系、管理学院等）

招生人数	1~5 人	6~15 人	16~25 人	26 人及以上
计算方式	1~5 人	1~15 人	1~25 人	1~26 人（及以上）
人均标准	1000 元/人	1400 元/人	1700 元/人	1900 元/人

中外合作专业招生代理劳务费标准和计算办法

（包括国际学院的国际酒店管理 HND、国际旅游管理 HND、与加拿大北阿尔伯塔理工学院合作的信息技术专业和工商管理专业、德语汽车维修与检测专业、与亚洲国际公开大学合作的高等工商管理专业、数字传媒学院等）

招生人数	1~5 人	6~10 人	11~20 人	21 人及以上
计算方式	1~5 人	1~10 人	1~20 人	1~21 人（及以上）
人均标准	1500 元/人	1800 元/人	2400 元/人	2800 元

8. 学院为鼓励本校学生团招生和勤工俭学，学生如将招生奖金充抵学费的，则奖励标准如下：

国内学历教育专业招生代理劳务费标准和计算办法

（包括经济管理系、医学工程系、汽车系、文法系、计算机系、标业管理学院等）

招生人数	1~5 人	6~15 人	16~25 人	26 人及以上
计算方式	1~5 人	1~15 人	1~25 人	1~26 人（及以上）
人均标准	1200 元/人	1500 元/人	1800 元/人	2000 元/人

中外合作专业招生代理劳务费标准和计算办法

（包括国际学院的国际酒店管理 HND、国际旅游管理 HND、与加拿大北阿尔伯塔理工大学合作的信息技术专业合工商管理专业、德语汽车维修与检测专业、与亚洲国际公开大学合作的高等工商管理专业、数字传媒学院等）

招生人数	1~5 人	6~10 人	11~20 人	21 人及以上
计算方式	1~5 人	1~10 人	1~20 人	1~21 人（及以上）
人均标准	1800 元/人	2000 元/人	2500 元/人	3000 元

四、有下列情况者，不支付乙方劳务费用。

1. 乙方有欺诈行为。

2. 乙方将双方合作细节和招生运作方式透露给任何第三方的，视为违约。

3. 在学校附近和校园内拦截新生填写报名表的推荐人。

4. 甲方发给乙方的报名费收款收据、《录取通知书》及相关法律文书没有交回学院的（包括用过的存根和没用过的收据、通知书原件、办学许可证等）。

5. 虽在乙方协议区域内，但未到乙方招办咨询报名，且不在乙方最终提供的名单内者。

6. 招生期间有其他违规操作行为或违约的。

五、其他未尽事宜，由甲乙双方协商解决。

六、本协议一式两份，双方各持一份。自双方签字之日起，产生法律效力。2005 年 12 月 31 日止，过期自动终止。

甲方：北京 Z 学院招生办　　　　　　　乙方：

　　　　　　　　　　　　　　　　　　　身份证号：

　　　　　　　　　　　　　　　　　　　家庭住址：

通信地址：北京市××区××路××号

学校地址：北京市××区××路××号　　通信地址：

邮编：100×××　　　　　　　　　　　邮编：　　　　邮箱：

电话：010－××××××××　　　　　电话：

传真：010－××××××××　　　　　传真：

代表（签字）：　　　　　　　　　　　代表（签字）：

　　　　年　月　日　　　　　　　　　　　　年　月　日

附录 3　北京 Z 学院招生办工作人员岗位职责

招生办主任工作职责：

1. 在院长、副院长领导下，贯彻有关国家法规，全面负责并组织实施学院的招生工作，完成当年的招生计划。

2. 全面负责各类媒体的招生宣传工作，编写招生简章和宣传材料。负责学院招生网站的建设，有效而多方位地开展招生工作。

3. 负责拟定招生办工作人员的岗位职责、薪酬和绩效考核等制度。

4. 参与拟定招生工作人员的招聘、选拔、培训、管理及考核工作。

5. 拟定年度招生和培训工作计划以及规章制度。

6. 负责招生办工作的全面安排、检查和总结。

7. 协调各部门关系，广泛开展招生合作。

8. 负责组织毕业生就业和招生生源市场的调研，为学院增设和调整专业提供可靠依据。

9. 拟定招生问答录、招生代理协议书等与招生有关的资料和文件。

10. 拟定招生经费预算及相关资料。

11. 负责具体招生策划。

12. 负责招生队伍的建设、培训招生技巧并落实。

13. 认真完成院领导交给的其他工作。

招生干事、信息系统管理员工作职责：

1. 负责招生办公室文件资料的编写、打印。

2. 负责办公室文档的管理。

3. 建立并管理新生报名信息系统，保证系统的安全性和保密性。

4. 及时录入各种方式的报名信息并随时检查系统的信息情况，保证信息录入及专业归类的准确性。

5. 负责网上咨询信件的回复。

6. 负责新生报名信息准确性的审核，并及时安排发放录取通知书。

7. 负责代理报名信息的核对，完成代理结算并兑现。

8. 负责新生高考成绩的统计，及时为新生返还奖励金额。

9. 做好招办安排的其他工作。

直属联络员工作职责：

1. 负责编写、打印招办文件和资料；准备直属、需要的招生材料。

2. 负责招办资料的整理、建档和归档。

3. 保管、领取、发放招生用品。

4. 联络招生大区招生人员，收集直属的招生进度和信息，并详细记录

5. 及时准确地把直属点学生报名线索录入电脑。

6. 负责联系各地高考咨询会的时间、地址、参加范围和定价。

7. 负责对大区及直属工作人员的联络和监督工作。

8. 做好招办安排的其他工作。

代理管理员工作职责：

1. 负责招办传真的接收和发放。

2. 负责招生期间代理协议的签订和管理。

3. 负责和代理人沟通。

4. 负责招办与代理人信件、资料的速印；资料的邮寄、运输，并登记造册。

5. 负责代理提供的新生信息的管理并及时转交给信息管理员备案。

6. 招生期间协助招办开展日常工作。

7. 负责学院的生源基地的联系和学院大代理的沟通和信息的管理。

8. 做好招办安排的其他工作。

广告媒体管理员工作职责：

1. 配合招办主任做好广告的宣传策划、广告计划的制订等工作。

2. 负责广告资料的收集统计。

3. 了解各地招生宣传广告活动及动态信息。

4. 负责广告的发布及办理签收，付款等事宜。

5. 负责招生广告的整理和归类。

6. 做好招办安排的其他工作。

招生办公室

2005 年 3 月

◎ 王卫城

「政府、市场和社会网络：民办高校毕业生就业研究」

第一章　导论

一　问题的提出

今天的中国让我们感觉到的是一个充满变动和不确定的社会，新事物、新现象从各自力量的源头不断涌来。在高等教育领域，随着公立高校的持续扩招和民办高校办学规模的迅速扩大，我国高等教育体系正处在从精英化高等教育向大众化高等教育迅速转变的过程中。中国民办高等教育在经受了改革开放以来方方面面的检验和洗礼之后，虽然在办学主体和办学模式上千差万别，但影响民办高校发展主要因素的相似性，却使其慢慢沉淀出一种独特的气质。在诸多影响民办高等教育发展的因素中，主要有以下几个。

第一，政府体制改革。中国政治体制改革的过程，实质上是一个政府管理体制改革和放权的过程。较计划经济体制下政府对社会资源的全权控制，政府体制改革也是一个政府逐步释放社会资源的过程，而这一过程为民办高等教育的复苏和发展提供了政治上的可能性。

第二，市场经济的发展。市场经济发展的一个直接结果是带来了国民经济的长足进步和人民物质生活水平的提高。这一方面为民办高等教育的举办者提供了资金和物质基础、为求学者提供了资金支持，另一方面也为民办高校毕业生就业创造了空间。

第三，高等教育适学人口急剧增加。我国高中教育普及率近些年是逐年提高的，今后若干年内，全国高中毕业生还将以每年80万至100万人的速度递增（胡瑞文，2004）。公立高校无力满足所有高等教育需求者的受教育需求，因此，高等教育需求规模的急剧扩展，为民办高等教育的发展奠定了生源基础。

民办高校在自身曲折迂回不断发展的过程中，慢慢积累着存在于社会空间里的各种资源，不断发展壮大，从而使自身在社会空间里的姿态和形象逐渐丰富起来。但是，民办高校在发展过程中也遇到了一些问题。其中，决定民办高校是否能够实现可持续发展、能否经受住历史和现实的双重考验的是民办高校能够为学生提供什么样的教育以及这种教育在多大程度上帮助学生在社会上做出业绩。而学生从学校毕业到竞争性的劳动力市场上做出一番成绩，存在着学生适配到一定工作岗位上的过程，即学生的就业过程。民办高校"出口畅"才能"进口旺"，就业是牵扯到学校办学成败极为关键的一环，只有其毕业生能够实现顺利就业，学校才能形成从招生、教学和就业上的良性循环，也才能够继续生存和发展。拨开宣传和文字的迷雾，民办高等教育艰难地走到今天，现实社会中民办高校毕业生就业的途径有哪些、这些就业途径是什么力量推动的、存在几种就业机制以及这些就业机制的作用方式是什么，都直接关系到民办高等教育的办学绩效和持续发展。而这些问题，也正是本研究试图解答的问题。

二　相关研究和相关理论

（一）相关研究

1. 国外相关研究

高等教育是全球性的研究课题，正如高等教育在全球范围内的扩展。马丁·特罗（Martin Trow）在对高等教育进行研究时把高等教育的发展划分为精英型（Elite）、大众型（Mass）和普及型（Universal Access）三种类型，并认为美国是第一个进入高等教育大众化阶段的国家，正处于向高等教育普及阶段转换的过程中（Trow，2001：110－143）。而一种类型高等教育体系向另一种类型的转变，主要包括高等教育的规模、功能、课程标准、管理方式以及学生进入高等教育体系接受高等教育的进入方式和数量等因素的变化（Trow，1973）。

（1）不同私立高等教育发展类型的研究

大学，终究深植于自身所处的政治、社会、经济和历史现实中（Altbach，2001：16）。从公立高校和私立高校的角度来看，随社会的政治体制、经济体系和技术水平的演变而发生的高等教育从精英化到大众化在世界范围内的转变是广泛而普遍的，但是在不同的社会结构里呈现不同的特点。在全球范围内，某些教育体系里公私立高校并立，尤其是在相对多元化的社会里，私立高校发展较好；而在某些教育体系内，私立高等教育的发展则处于边缘地位。对于私立高校在不同教育体系里发展状况的不同，R L. 盖格（Roger L. Geiger）教授从国际比较的视角对不同类型国家的高等教育私有化进行了深入而系统的研究。在福利国家中，如澳大利亚、英国、比利时和瑞典，盖格教授认为虽然这四国作为福利国家存在诸多不同，但是在高等教育体系方面具有相似性。虽然这些国家的教育体系从非中心化、多元化的源头成长起来，但是在 1945 年之后，它们几乎全部接受政府资金的支持。而当福利国家遭遇经济困境时，这些国家的高等教育立即遭受到巨大影响（Geiger，1988）。所以，这些国家高等教育体系受政府限制太多，私立高等教育的发展空间有限。在以法国、意大利和西班牙为代表的拿破仑式教育（Napoleonic Educational）体系中，由于其相对集权的政治体制和中心性的社会结构，形成了政府对高等学位的垄断，因而只有4%～7%注册的学生进入私立机构就学（Geiger，1988）。因此，在拿破仑式高等教育体系中，私立高等教育只能起到辅助性作用，只能处于高等教育体系的边缘；在私有部门占主导地位的社会结构中，诸如巴西、哥伦比亚、波多黎各和日本这些国家，其高等教育体系带有很强的庞大私有部门的痕迹，私立高校和公立高校发展在数量和质量上都出现了平行发展的情形（Geiger，1988）。同时，盖格教授认为美国多元化的社会结构、联邦制的政治体制、税收制度以及高等教育的组织方式促使其成为世界上私立高等教育发展最好的国家。质量上，美国私立高校占有绝对优势，1982年全美前十五名的大学有十名是私立高校。虽然私立高校在校生数量在总体上从 1950 年的 50% 下跌到 1975 年的 22%，但私立高校在校生人数总量上并没有减少，所占比例降低只是私立高校限制招生规模、提高入学标准和保证学生质量的结果，私立高校仍然保持着美国高等教育领头羊的地位（Geiger，1988）。据此，盖格教授在其另一本重要著作中将八个国家的高等教育体系划分为庞大私立型（Mass Private）、公立和私立并行发展的类型和私立高校处于边缘的类型，并把美国私立高等教育发展作为一个单独类型进行研究（Geiger，1986）。

伯顿·克拉克认为有些国家私立高等教育发展取得长足发展而有些国家则不然的原因在于国家内部政府和市场之间非此即彼的互动（Clark，1986）。这样，在各国推动高等教育从精英化到大众化转型的过程中，就出现了有些国家政府起主导作用，有些国家市场起主导作用，有些国家则是政府和市场并行推动高等教育大众化的模式。因此，公立高等教育和私立高等教育在从精英化到大众化转型过程中在不同国家具有不同的表现，呈现不同的特点。私立高等教育发展较好的国家通过增加公立高等教育的入学人数来实现高等教育的大众化；公私立高等教育并行发展的国家则由公私立高等院校共同推进其高等教育大众化；在公立高校占主导地位的国家中，私立高校在推动该国高等教育大众化的阶段则扮演了辅助性角色。因而，公立高校和私立高校在不同国家的高等教育中心—边缘序列中的位置是不同的。在高等教育体系的扩展过程中，处于中心位置的大学得到绝大部分比例的研究资金，拥有以研究为取向的院系等，并领导着高等教育发展新的潮流。正如法学和商学教育已经发生的变化，由处于中心位置的精英高校发起，边缘性高校紧随其后（Altbach，1998：30–31）。而扮演领导整个高等教育体系进步角色的，在美国更多是私立高校，在欧洲大陆国家中，则主要是公立高校。

（2）美国、欧洲公私立高校比较研究

首先来看美国。美国高等教育体系的确立是从私立高等教育发轫的，在1860年以前建立的264所大学中，私立大学占247所，带有强烈的私立教育传统，其老牌名牌大学也大多是私立高校，且私立高校在人力、物力、财力以及社会声望上长期居优势（陈学飞，1995：64~65），相当数量的私立高校处于美国高等教育的中心位置，领导着美国高等教育发展的潮流。近年来，随着美国高等教育的大众化和普及化，美国私立高校，尤其是名牌私立高校仍然秉承精英化教育的路线，限制招生规模，提高入学标准和保证教育质量，高等教育大众化和普及化的实现更多由公立高校承担。出现这种状况除了高等教育自身的传统，还主要与美国的政治、经济和社会结构有关。

在高等教育的管理体制上，美国沿袭了政治体制分权的特点，实行地方分权制，在招生、课程设置、教师聘任和管理上实行各州、各学校的独立和自治（陈学飞，1995），即使是公立大学，一般也由各州的教育委员会进行管理和协调，联邦政府无权直接向一个大学发出任何指令，私立大学的独立性和自治性则更大；在学校财政上，美国高等教育的资助体系是去中心性的，资金来源多元（Barr，1993）。尽管 80 年代州财政资助占比上升很快，但来自私有领域的资金（包括学费、捐赠和捐款）大体上占到了公立学校收入的 20%（Levy，1986：18－22）。进而，这些捐赠者通过参与学校董事会，尤其是通过参与对校长的任命，参与到学校的管理事务中。私立高校的大部分资金来源于私有领域，私人通过对校董会更为全面的控制对学校进行管理。同时，民间性质的地区性、专业性以及全州范围的理事会在管理私立高等教育相关事务中的作用也日益增强（Levy，1986：18－22）。此外，在学费的收取上，美国采取公私立高校差别收费的制度，私立高校收费高出公立高校很多。同时，公立高校由于其资金来源地方化的特点，实行了对州内学生收费较低，而对外州籍或外籍学生收费较高的差别收费制度。就高等教育入学而言，美国在精英化高等教育阶段，尤其是在其高等教育发展的早期阶段，私立大学占绝对主导的地位。这个阶段大学招生名额有限，获得高等教育的机会几乎全部由这些精英大学的预科学生占有，大学的入学程序和标准并没有兼顾社会不平等带来的影响（Trow，1973）。因此，这一阶段的美国高等教育在入学和就业上更多的是完成社会上层结构再生产的功能，给社会中下阶层提供的机会有限。在美国高等教育从精英化到大众化、从大众化向普及化转变的过程中，美国高等教育逐渐注意通过增加社会中下阶层的入学机会来削弱社会不公平对高等教育造成的影响。高等教育大众化慢慢腐蚀着传统的社会关系、地位、等级和特权对精英职业的垄断（Trow，1973）。但是，美国私立大学与公立大学所培养学生的差异，不在于教学目标和教学方式的不同，而在于选择了不同背景、期望的学生及其家庭（闫凤桥，2003），美国高等教育类型和层次的多样化、开放招生和综合选拔入学制度的实施以及不同类型、层次的大学收费制度，都在限制着美国社会中下阶层大学选择的范围。马丁·特罗认为，普及高等教育的目标就是实现群体成就的平等而不仅仅是实现个人机会的平等（Trow，1973），进而实现高等教育在社会各个群体和阶层中的平等。当前，这项任务更多由公立高校通过扩大招生和提高教育质量来承担。

再来看欧洲。欧洲高等教育体系和美国具有不同的传统。与欧洲大陆中央集权的政治模式和中心化的社会结构相关，欧洲大陆高等教育体系带有强烈的国家色彩。考虑到时间和地点的差异，欧洲大陆的大学在构成上是"相对纯粹的国有大学"，除了少数几所古老大学外，由国家创立的大学充当着欧洲大陆高等教育体系的典型（Levy，1986：18－22）。在经费上，欧洲大学办学经费几乎全部由政府负担；在管理体制上，政府扮演关键性角色，具有绝对的力量，而外部私人机构通常只扮演一个极为有限的角色。对于学校的管理，政府在对学校校长进行任命之后，才委托教授治校。同时，大学讲座教授（chaired professor）是公务员，并且国家通过教授委员会实施对学校的影响。欧洲大学很长时间以来秉承的是精英教育路线，办学目标主要是培养专业人员，政府机构一直是其大学毕业生的主要雇主（Levy，1986：18－22）。在入学机会上，即使在现代也存在很大的不平等。布迪厄通过分析法国、波兰、匈牙利等国的高等教育入学问题，发现各国高等教育机会在不同社会阶层中悬殊。这些国家中高级职员儿子进入大学的机会，是农业工人儿子的 80 倍，是中级职员儿子的 2 倍（布迪厄，2002：5~6），高等教育完成的更多是社会结构的"再生产"。随着高等教育大众化时期的到来，公立高等教育无力满足私有部门对人才的需求，欧洲大陆国家的私立高等教育开始发展起来。但是由于欧洲大陆国家公立高等教育发达的传统，私立高等教育在这些国家只能起到辅助性作用（Geiger，1988）。

2. 国内相关研究

较美国和欧洲的私立高等教育模式，中国则呈现另外一些特点。中国高等教育体系在新中国成立前有一大批声名赫赫的私立高等院校，以教会大学居多，与美国私立高等教育模式颇为相似。但由于后来的抗战、内战以及高等教育政策的调整，私立高等教育日渐衰落、中断并形成了公立高等教育大一统的局面（黄志岳，2003：41~42）。20 世纪 80 年代初，随着高等教育大众化时期的到来，我国民办高等教育开始复苏和壮大起来，但其在高等教育体系中所处的边缘性地位则与欧洲的高等教育模式比较靠近。民办高等教育发展至 2005 年，面对我国民办高校在高等教育体系中的重要地位以及民办高校在推动高等教育大众化、提高民族素质过程中的独特作用，尤其是面对民办高等教育发展过程中存在的问题，我国学者从多种确定的研究角度和路径进行了多方面的深入系统的研究。这些研究主要集中在民办高校与政府的关系、民办高校的市场化运营以及学校内部的教学和管理机制诸方面。但是，就民办高校学生就业这一问题而言，所进行的研究并不多，只有一些散见各处的文章。这些文章主要分析了民办高校毕业生的择业心态、就业空间和学校促进学生就业的努力等问题（宋斌、冯淑娟，2004；陈宝瑜，2002；任万钧，2004）。而关于民办高校毕业生就业的专题研究很少见，只有曹迎侠以民办高校学生就业为主题写过的一篇硕士学位论文（曹迎侠，2000）。此外，罗守峰关于民办高校合法性的个案研究，也涉及民办高校毕业生的就业问题。近年来，关于民办高校学生就业的文字多散落在报刊和一些门户网站上，而且基本上都是些感性而现实的零散描述，缺少系统而深入的讨论。因此，面对民办高等院校学生就业这一关系到民办高校生存和发展的重大课题，有必要进行全新而理性的探讨。

（二）相关理论述评

劳动力市场是生产要素市场的重要组成部分，按照价值规律和竞争规律，通过劳动力供求双方自愿进行劳动力使用权的转让和购买活动，是实现劳动力资源合理配置的机制（莫荣，2003：250）。劳动力市场机制的核心是以劳动力的供求关系所决定的劳动力市场信号，其引导劳动力在社会生产各个领域中配置的过程和结果。劳动力市场和其他生产要素市场一样，也有其自身的载体和实现形式，是内在机制和外在机制的统一。劳动力市场机制包括劳动力供求机制、劳动力流动机制、工资决定机制等。劳动力市场机制本身具有自己独立的体系，包括市场交易双方主体地位的确立、劳动力市场服务、职业技能开发与培训、劳动关系调整、宏观调控体系等。可以看出，劳动力市场最基本的功能是通过劳动力使用权的转让和购买，实现劳动力资源的合理配置。在劳动力市场的诸多理论中，西方经济学中的劳动力就业理论，极大突破、丰富了古典经济学的理论范畴，人力资本理论、工作竞争模式理论、筛选理论以及双重劳动力市场理论等异彩纷呈。人力资本理论认为，在宏观上，人的智力增长是促进宏观经济增长的一个重要因素；在微观上，通过对人进行投资，可以提高一个人的劳动生产率，进而提高个人劳动的工资水平和增加社会收益。与本研究相关，本文将主要介绍西方教育经济学中的信号筛选理论和分割劳动力市场理论。

1. 信号筛选理论

信号筛选理论的灵感来自信息经济学对新古典经济学完全信息假设的突破和信息论的发展。在信息经济学那里，信息是指各类信息源所发出的各种信号和信息经过释放和传递或转换而被人们所感知、接受、认识、理解和利用之内容的总称（夏业良，1997）。在该领域做出卓越贡献的经济学家主要有乔治·斯蒂格勒、肯尼思·阿罗、迈克尔·史潘斯和詹姆斯·莫里斯等。经济学家从解决经济学中存在信息不完全的视角出发，对信息的经济价值进行了广泛研究。其中，就业市场是他们的一个主要研究领域，他们还从信号的角度提出了筛选理论。

信号筛选理论主要是从求职者的角度，从解决就业市场上求职者和雇主的信息不对称、雇主选择雇员的角度发展出来的，认为信号浓缩了求职者的大部分信息，并认为劳动力市场的失业率、空缺率和工作率等也是一类信号系统。

该理论假设，雇主在雇用雇员之前不可能直接看到他的边际产品，他看到的是雇员个人的看得见、摸得着的特征、属性和个人的信息资料（包括人们的教育、经历、种族、性别、犯罪和服务记录等），而雇主最终必须根据这些资料来估价他们所购买的"彩票"（史潘斯，1990）。假定教育提供了有用的信息以确定个人是否具备更高的预期生产能力，雇主根据受教育程度，将雇员有效地分配到不同的工作岗位（罗格特、哈特戈，2000）。在一定程度上，教育状况可以成为生产能力的信号，从而缓解劳动力市场中的信息不对称问题（刘世定，2004）。筛选理论把求职者为获得信号的代价称为"信号成本"，包括受教育的花费和机会成本等。要让教育起信号作用，获得信号的成本和真实生产率必须是负相关的，即技术水平较低工人的（信号成本）成本高于技术水平较高的工人。在这种情形下，技术水平较低的人可能要用更长时间完成大学，或者他们可能发现精神成本太高（霍夫曼，1989：214）。

关于对求职者的信号进行筛选，存在着三种机制，斯蒂格利兹将之称为"筛选机制"。

A. 教育机构对人的选择：入学要求和评分。个人被教育体系分配到某个群体。

B. 教育成绩：同一教育计划中，标准化考试提供的信息。

C. 个人的自我选择：个人发挥自我特长，在自我特长上进行专业化，这也为就业市场提供了信息。

当雇佣关系发生一段时间以后，雇主将认识到这个人的生产能力，根据以往市场中的经验和该雇员在工作中的表现对雇员的生产能力做出条件概率评价。而雇主在面对其他的就业申请者时，如果存在新的资料，则他根据对求职者做出的基于生产效率方面的条件概率分布对求职者进行评价。随着求职者的不断涌入和雇主不断根据雇员生产效率的状况对求职者做出概率分布评价，信号筛选理论发展出了信息反馈和均衡的理论模型。该模型认为，对雇主来说整个期间一直存在着信息反馈。当新的市场信息通过雇用及随后对信号有关的生产能力的观察而到达雇主手中时，就要对雇用条件概率进行调整，于是，新的一轮循环又开始了。史潘斯指出，随着新的求职者不断涌入市场，我们可以想象得到，围绕这个网络将出现一次又一次的循环。雇主的条件概率信条将被修正，工资支付表将得到调整，求职者对信号的选择态度将发生变化，在雇用后，雇主又获得了新的可用资料。因而，每一次循环都导致了下一循环（史潘斯，1973）。

信号筛选理论抓住了就业市场上信息不完全的弊病，从信息角度提出了信号筛选的理论模式，有很强的理论分析力。但是，这一模型也是有其自身的不足之处的。首先，在信号反馈和均衡的过程中，在存在失业率的状况下，最后的选择权更多地掌握在雇主手中，而存在失业则几乎是全世界的普遍现象，雇主不可能仅凭自己看得见、摸得到的信号而决定录用与否。因此，信号对求职者求职成功的作用是有限的，不能盲目迷信信号。其次，信号所浓缩的个人信息是有自身局限性的，它往往会忽略掉个人的性格、见识、品位和社会关系网络这些内容。最后，浓缩之后的信号与信号所涵盖的内容相符合，可以称为真实信号；如果不相符合，则就成为虚假信号，所以，信号只能是一种个人特点的表征。雇主还必须发展出来一整套的笔试、面试方法来挖掘求职者信号背后更丰富的个人潜质。

在信号筛选理论模型中，一方面，由以求职者为主体组成的信号系统，由于教育系统的多层次、多类别也呈现多层次、多类别的特征，不同信号所携带的求职者信息和隐含的生产能力是存在差异的；与之相对的，雇主集合体则提供了就业的职位系统。从信号的角度，我们也可以认为，雇主在提供关于工作职位信息的时候，也提供了一个关于职位的信号系统。职业寻找是雇主们筛选求职者信息、信号的过程，也是一个求职者筛选雇主的过程。一方面，求职者的信号系统是一个包含不同层次、不同类别的系统。雇主系统也是一个多行业、多层次的职位系统，不同行业、不同种类职位的工资水平和社会身份是存在差别的。因此，存在两个系统匹配的问题。在信息相对充分的条件下，如果两个系统匹配良好，我们就可以说就业形势良好，能够在总体上实现人尽其才，实现生产效率的优化。如果匹配不良，则可以说出现了结构性失业、过度教育或者其他的问题。

2. 分割劳动力市场理论

分割的劳动力市场来自劳动力市场的划分。迈克尔·赖克等给市场划分下的定义是：由于历史的演进，在其过程中的政治、经济力量推动劳动力分化为分散的而又各有市场特征和行为规则的分市场或分割部分（赖克、戈登、爱德华兹，1990）。而分割的劳动力市场，是劳动力市场划分过程的产物。分割的劳动力市场可能是横向的，也可能是纵向跨越职业等级的。他们把劳动力市场状况看成四种划分过程的产物：①主要和次要市场的划分，这种划分灵感来自双重劳动力市场；②主要市场内部的划分，把职业分为"依附"和"独立"两种类型；③种族引起的划分；④性别引起的划分（赖克、戈登、爱德华兹，1990）。

劳动力市场的划分，既产生于自觉的战略需要，又产生于制度本身的力量，双重劳动力市场理论在这方面的研究为这一研究主题做出了卓越贡献。1971年，在《内部劳动力市场和人力分析》这本书中，在对内部劳动力市场分析的过程中，美国的两个经济学家P. 多林格和M. 皮奥里提出了双重劳动力市场理论。他们认为内部劳动力市场是一种像制造业工厂那样的管理单位，在这一市场中，劳动力价格的确定和分配由一系列管理规则和管理程序所控制（多林格、皮奥里，1990），而内部劳动力市场提供了某些外部劳动力市场工人无法享受的权利和特权。外部劳动力市场价格的确定、分配和培训方案受经济变量直接控制。他们认为，在各个行业和工种中存在的内部劳动力市场的范围和结构是千差万别的，但是进行分析还是有迹可循的，能够找出某种模式来。在分析逐渐深入的过程中，他们提出了双重劳动力市场模型。

两位学者认为，有理由把劳动力市场划分为两个不同的部分，因而称之为"双重劳动力市场"模型，或者称之为劳动力市场的主要部分和次要部分（霍夫曼，1989）。主要部分的工作稳定、工作条件好、工资高、有许多的提升机会，同时提供广泛的在职训练。与此相反，次要部分往往工资高、福利好、工作条件差、劳动力流动多、提升机会少，而且往往受专横任性的监督（多林格、皮奥里，1990）。进一步的，多林格和皮奥里指出，两个部分劳动力市场的结构是明显不同的，次要部分实质上是个竞争市场，工资倾向于低于均衡水平，在给定的低技术和缺乏训练的情况下，它常常是很低的。同时，他们认为内部劳动力市场通常就是就业市场中的主要部分。最后，他们认为从次要部分到主要部分，存在着有限的工作流动性。穷人被困于次要劳动力市场，要摆脱贫困，他们就得进入主要部分就业，而主要部分严刻的资格条件将次要市场的工人拒于主要市场的大门之外（皮奥里，1990）。与次要市场有关联的行为特征，通过使这种就业类型工人的生活方式适应于次要市场中的工作而得到强化，反过来则使他们更多丧失了进入主要部分工作的机会。

综合起来，分割劳动力市场理论是把一个整体的劳动力市场分成不同的"方框"，然后把各个市场里的劳动者划分成单个就业群体，单个就业群体和即将进入的群体之间存在一种有形无形的阻隔，使各个群体固定下来。这种阻隔包括制度、受教育水平和技术技能水平等。在固定就业的"方框"之间，工资、待遇和升迁等各个方面差别巨大。分割劳动力市场理论侧重描述，对描述现实很有力度，简约而形象，但这一理论也存在不足。首先，分割劳动力市场理论主要是从雇主角度提出的，对求职群体的分析则不够；其次，这一理论对于如何打破这种相对固化的劳动力市场模式和群体模式、如何实现更合理的社会流动、如何更好地实现经济增长等问题则相对缺乏解释力。

三 基本概念和研究思路

（一）基本概念

1. 民办高校

《中华人民共和国民办教育促进法》（以下简称《民办教育促进法》）

第二条规定"国家机构以外的社会组织或者个人，利用非国家财政性经费，面向社会举办学校及其他教育机构的活动，适用本法"（教育部，2002）。这就从教育举办者、资金来源的角度对民办教育的范围做了界定。本文认为民办高等学校系所有非国家、非政府性的组织和个人自筹经费举办的高等教育实施机构。从办学主体来说，有企事业单位、社会团体、民主党派和公民式法人等。截至 2013 年 6 月 21 日，教育部统计的普通民办高校共有 424 所，[①] 并且其办学层次大多停留在专科层次，本科层次院校仅有 25 所。截至 2005 年，我国经教育部批准的民办高校和其他各种类型的民办高等教育机构，共有 1200 多所。这些民办高等教育机构，根据颁发文凭的不同，大致可以分为四类：一是可以颁发国家承认学历的本科院校，二是专科层次的民办高校，三是国家文凭考试试点民办高校，四是毕业生只有通过自学考试才能获取相应学历和毕业证书的自学考试助学民办高校。[②] 在我国高等教育体系中，相对于公立高等院校的核心地位，民办高校则处于这一体系的边缘。

2. 民办高校毕业生

民办高等教育存在不同学历层次和学生类型。在学历层次上，主要包括专科和本科两个层次，并以专科层次为主。在学生类型上，当前在校生主要分为"计划内"学生和"计划外"学生，其中，"计划外"学生又可分为"自考生"和"学历文凭"学生。此外，民办高校毕业生获得的证书也存在差异，主要有学位证书、毕业证书、写实性学业证书、结业证书等几种。[③] 同时，国家、学校和社会对这几种证书的承认度也存在差距。因此，考虑到不同学生类型和学历层次的民办高校的毕业生名目繁多、所获证书名称和效力不一，而民办高校毕业生在就业过程中更多呈现的是相同特征，因此本文就从整体上排除差异，而把民办高校毕业生定义为：那些结束了学校规定学制的学习，达到了相应规格要求，获得了毕业证书和相应学历的人。

---

① 《全国民办普通高等学校》，网址：https：//baike. so. com/doc/6734281 - 6948648. htm/，最后访问日期：2020 年 4 月 12 日。

② Daguang, Wu, 2000, The Development of Private Higher Education in China, 厦门大学高教所2000 年 1 月（未公开发表）。

③ 参见北京教育咨询与投诉中心编《教育消费者维权实用手册》（内部材料）。

3. 民办高校毕业生就业

就业，指的高等学校的毕业生在一定的时期内找到了工作，或者落实了工作岗位、与用人单位签订了协议（瞿振元、谢维和、陈曦，2002：5）。在这个问题上，民办高校毕业生与用人单位签订的除了传统的就业协议，还有很大一部分是就业意向书，甚至存在毕业生不需要签订任何书面协议，通过与用人单位达成口头协议就直接上岗的情况。因此，本研究把民办高校毕业生在一定时期内，与用人单位达成书面或者口头协议，顺利实现上岗，并能持续工作三个月以上的情形视为民办高校毕业生实现了就业。由于民办高校在高等教育体系中的边缘性地位，同公立高校毕业生相比，民办高校毕业生在就业市场上也处于边缘地位，只能实现边缘性就业，其就业竞争力相对于公立高校毕业生明显不强，就业过程中出现很多不规范的现象。

（二）研究思路

民办高校一方面受到政府的管制和引导，一方面身处市场环境的激烈竞争中。因而，在政治、经济等各种力量和利益的博弈中，民办高校如何在各种平衡和协调中整合有利于自身发展的资源，是其存在和发展的根本，也是影响其毕业生就业的根本条件。同时，在中国的社会背景下，家庭社会网络运作在促进毕业生就业方面也起到了重要作用。因此，我以民办高校毕业生就业作为论文的选题。围绕民办高校毕业生就业这一主题有一系列问题需要澄清，在这些问题逐步澄清的过程中，我基本上厘清了本文的研究框架。有几个方面的因素必然包含在这一可能框架内：政府以政策法规等形式表现出来的政府力量，民办高校、毕业生和用人单位蕴含的市场力量以及学生家长运作社会网络表现出来的社会网络力量（见图1-1）。

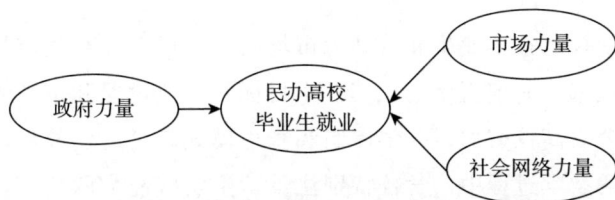

图1-1　本文研究框架

1. 民办高校毕业生就业的相关政策法规为表征的政府作用

民办高等院校发展从根本上说是国家政治体制变迁的产物，政府颁布的就业政策、有关大学毕业生的就业政策和劳动法规，尤其是有关民办高校的相关规定，直接给民办高校毕业生就业提供了一个制度背景、为民办高校的产生和发展并最终为民办高校毕业生就业圈定了一个制度空间，体现了政府的力量。政府通过各种途径、方式为民办高校毕业生创设的就业环境，对民办高校毕业生就业是有利的还是不利的，将是本文试图回答的问题。

2. 市场力量主导下的民办高校毕业生就业

本文把分割劳动力市场对民办高校毕业生就业的推动作用、民办高校及其毕业生在就业市场上的努力等与市场相关的因素统称为市场力量。

首先，劳动力市场是每个毕业生都要面对和到达的场所，也是所有高等教育机构都不得不慎重考虑进行调查和研究的空间。就中国的现实而言，有学者总结为制度性分割的劳动力市场，现有的制度、政治经济运行模式再生产了原有的社会结构。同时，在宏观的社会经济转型过程中，社会空间里也逐渐释放、生长出新的就业机会，提供了社会结构变化和社会流动的机会。这是民办高校毕业生、所有高校毕业生都必须面对的现实就业背景。现实社会为民办高校毕业生群体提供了一个什么样的就业前景？这种背景提供的就业岗位的构成情况，就业岗位对劳动者知识、技能素养提出的新的要求如何将是本文需要厘清的问题。因此，本研究拟从信号筛选理论和分割劳动力市场理论入手，重点分析分割的劳动力市场和分割的高等教育毕业生供给体系。一方面是分割的就业需求体系，另一方面是民办高校所在的高等教育就业供给体系，民办高校毕业生如何穿越就业的供给体系在分割的劳动力市场中寻找到适合自身特点的工作岗位将是本研究的重点。

其次，学校承接毕业生和劳动力市场两极。民办高校从市场的沃土上生长、发展起来，一定程度上，其办学目标、专业设置和市场领域相关产业的结合较公立高校密切，办学体制和管理模式较公立学校灵活多样。并且，在具体的教学过程中，学校特别注重学生实践能力的培养。从信号筛选理论的角度，本文认为民办高校为其毕业生在学校层面上提供了学校信号、在专业层面上提供了专业信号、在个体层面上为毕业生提供了个人信号。在教学和管理过程中，民办高校通过各种途径强调了学校信号、专业信号和学生个人信号，并通过宣传等手段试图达到一定程度上的信号均衡，以此积极主动地推进就业。更为重要的是，民办高校在推动其毕业生就业的过程中作用巨大。民办高校从其毕业生自身特点和学校实际出发，加强对学生的就业教育，并通过各种方式试图与就业单位建立制度化的联结，以此推动毕业生就业。现实社会情境中每所民办高校都有自己独特的思路和做法，这中间存在的就业类型和途径、作用力量和作用机制将是本研究着重分析的问题。

3. 在民办高校毕业生努力寻找工作的过程中，其家庭社会网络的力量显现了出来

家庭及扩展家庭、家庭朋友关系在实现民办高校毕业生就业过程中的作用，也是本研究必须展开的分析。

最后，我试图得出自己的一点浅见，把这几个方面的讨论结合起来分析。在改革开放过程中，开放的政策和新兴产业的发展使中国社会结构里涌现了一些新机会、新行业，并且这些新机会、新行业和新的经济空间确实在改变着我们这个古老的国家。这些新机会是现代化过程所诱发出来的，对这些机会的把握需要一定的知识和技术条件。尤其是民营经济的崛起，提供了更多具有技术和知识含量的工作机会，而这也恰恰对劳动者素质、教育提出了新的要求。公立教育无法满足多样化教育需求的情况，为民办教育的发展提供了空间，民办高等教育正是顺应这种需求发展起来的。本研究在从就业角度对这一问题进行深入研究的过程中，将试图建立一个分析民办高校毕业生就业的分析框架，并试图通过这个框架观察我们所处时代的变化和特点。

四 研究方法和研究意义

（一）研究方法

民办高校毕业生就业是理论性、现实性和针对性都很强的研究问题，以此为题有很大难度。首先，目前，国内外关于民办高等教育、关于劳动力市场、关于就业的文献质量不一、层出不穷。从浩如烟海的文献中挑出

对本研究有价值的定量和定性资料，是我所需要做的第一步工作，必须借鉴前人成果、在前人成果的基础上开展自己的研究工作。其次，由于资金、时间和个人学术能力的局限，在感性材料和现实资料的获取上，本文主要采取访谈和参与观察的研究方法，并试图在一定程度上运用定量方法，结合现有定量研究进行分析。同时，散落在网页、报纸、学术性期刊中关于就业，尤其是关于民办高校学生就业的文字资料都在本研究搜集资料的范围之内。此外，我也试图去附近的人才市场，以民办高校毕业生的身份切身感受民办高校毕业生面临的就业环境。

（二）研究意义

1. 现实意义

民办高等教育发展至 2005 年，已经走过了 20 多年的发展历程，要实现其自身的可持续发展和在现有基础上实现新的突破，在经历了规模过张之后，以质量求发展无疑是今后的必由之路，而毕业生的质量无疑是学校办学质量最为根本的体现。同时，民办高校质量的发展、围绕就业所开展的工作，在整体层面上，影响到社会流动的机制和社会群体的地位升迁；在个体层面上，一方面影响到办学者办学目标和抱负的实现，影响到学校教职员工养家糊口的饭碗，另一方面则关系到千千万万民办高校学生的前程。因此，对民办高校毕业生就业所进行的研究，可以理性而系统地厘清民办高校和劳动力市场的关系、了解劳动力市场的需求、从毕业生的角度帮助我们更清楚地看到民办高校的办学得失，试图发现民办学校今后的办学方向，进而为促进民办学校的发展提供智力支持。

2. 理论意义

国内外关于就业和劳动力市场、关于大学生就业、关于民办高校的研究卷帙浩繁，但是对中国民办高校学生的就业进行的专题研究则不多。所以，首先，本文的研究意义在于从政策法规、劳动力市场和社会网络运作的角度对中国民办高校毕业生就业进行系统研究。其次，本文拟为研究民办高校毕业生就业提出一个类型分析的框架。最后，本研究拟总结出一个影响民办高校毕业生就业的政府力量、市场力量和社会网络力量综合作用的分析框架。

第二章　民办高校学生就业相关
政策法规

在社会转型、经济转轨的时代背景下，我国的政治经济制度经历了重大转变。这种以市场为取向的经济体制改革必然要求建立完善的市场体系，而完善的劳动力市场是这一市场体系的重要组成部分。新中国成立以来，我国就业政策大体上经历了"市场化—计划化—市场化"的演变过程（胡鞍钢、程永宏，2003）。当前，在政府进行职能转换和对就业实行宏观调控的过程中，就业制度变迁的总体目标是建立城乡统筹、规范有序的劳动力市场制度。这种劳动力市场制度着重于淡化求职者身份，又在个人特征的基础上重新进行劳动力配置。个人的受教育背景、能力状况和性格特征在有序竞争的劳动力市场的平台上起到越来越重要的作用。

高等院校毕业生就业制度作为国家就业制度的一部分，在就业制度整体变迁之下，基本沿着相同的路径演变，而国家对民办高校毕业生就业的态度和相关政策也随之经历了一个嬗变的过程。这一过程对于民办高校的生存和发展、对于民办高校毕业生就业，都具有根本性影响。因此，这是本研究必须厘清的问题。

一　高校毕业生就业制度变迁

新中国成立后，政治、经济制度的改变导致了高校毕业生就业状况的变化。从20世纪50年代初期开始，我国逐步建立和健全了与计划经济体制相适应的、以"统招、统包、统配"为特征的高校毕业生招生分配制度。改革开放以来，几十年一贯制的毕业生统配制度越来越不能适应发展社会主义市场经济的需要，从而引出了高校毕业生就业分配制度的改革问题。

新中国成立后很长一段时间内，我国的高等教育都是一种精英式教育，这种教育从全国吸收人才，集中在城市进行培养。学生学有所成以后，也基本上都留在了城镇地区，为城市经济社会发展服务。一定程度上，这是一种城镇导向型的精英式教育。只是在随着我国高等教育从精英化向大众化过渡的过程中，才慢慢出现了一些大学生自愿到西部、到偏远地区和农村去工作。因此，一个方面，高校毕业生就业制度遵从国家整体经济、就业制度变迁的基本轨迹；另一方面，高校毕业生就业制度基本上沿着城市优先的路线演进。

1. 1951～1983 年：统分统配制度的确立和成熟

在计划经济体制下，国家把所有资源当作国有资源对待，进行计划配置。人是生产力中较为活跃的因素，因此，国家也通过一系列政策对高校毕业生进行配置，对招生就业进行统分统配。1949 年 10 月与 1951 年 10 月，政府关于高校毕业生就业分配的基本政策是，对毕业生一般地应说服争取他们服从政府的分配，愿自找职业者，可听由自行处理。1951 年 10 月 1 日，政务院发布《关于改革学制的决定》，明确规定"高等学校毕业生的工作由政府分配"；1952 年 7 月和 1954 年 2 月，政务院分别发文强调了统配制度的必要性，确定了"地方分配、中央调剂"的分配原则，从而基本确立了政府统筹分配高校毕业生工作的制度（魏新、李文利、陈定芳，1997）；从 1954 年一直到 1983 年，政府基本上沿用了这种"统包、统分、统配"的大学毕业生就业制度。虽然经历了整风运动和"文革"，但这一制度甚至在 1977 年高考恢复后，都没有动摇。

2. 1984～1993 年：实行局部的市场化，进行"双向选择"

1984 年，经济体制改革在城市铺开，高校毕业生就业制度改革开始起步。1985 年，《中共中央关于教育体制改革的决定》明确提出："要改革大学招生的计划制度和毕业生分配制度。改变高等学校全部按国家计划统一招生，毕业生全部由国家包下来分配的方法。"大学招生分为三类：①国家计划招生；②用人单位委托招生；③在国家计划外招收少量的自费生。相应的，在毕业生就业分配上，第一部分学生的毕业分配在国家计划指导下，由本人选报志愿，学校推荐，用人单位择优录用；第二部分毕业生按合同规定到委托单位工作；第三部分毕业生可由学校推荐就业，也可自谋职业

（刘英杰，1990）。同年，国家在全国范围内选取了清华大学和上海交通大学进行试点。在这两所学校取消统包统配制度，实行学生选报志愿，学校推荐，用人单位择优录用、双向选择就业的办法。

3. 1993～2005 年：努力构建有序竞争的高校毕业生就业市场

1993 年 2 月 13 日，中共中央、国务院发布《中国教育改革和发展纲要》，提出高校毕业生就业分配的长远目标是，随着社会主义市场经济体制的建立和劳动人事制度的改革，除了对师范学科、艰苦行业和边远地区的毕业生实行一定范围的定向就业制度，对大部分毕业生实行在国家政策指导下，通过劳动力市场自主择业的就业办法。双向选择办法在全国高校普遍推广实行后，多种形式的高校毕业生就业市场开始逐步形成。同年，并轨招生、缴费上学制度也开始在部分高校试行。1997 年，全国高校招生最终实现了并轨，免费接受本、专科高等教育在中国成为历史。这意味着，数年后高校毕业生就业将陆续实行少数由国家安排就业、大多数自主择业的制度。这就对在全国范围内进一步建立和健全多层次、多形式的高校毕业生就业市场提出了新的要求（魏新、李文利、陈定芳，1997）。

1999 年初，中共中央、国务院按照"科教兴国"的战略部署，做出了高等教育大扩容的重大决策。当年，大学本科生在校生规模达到 320.8 万人，比 1998 年净增 63.2 万人，而 2001 年甚至比 2000 年净增 123.8 万人。高校扩招在促使高等教育从精英教育模式向大众教育模式转型的同时，也出现了一个必然需要解决的问题，即学生的出路问题。一方面，政府机构改革压缩用人总量、国企改革深入裁减冗员；另一方面，外资、个体、私营企业却提供了广阔的就业空间。因此，运用就业市场的力量配置高校毕业生就业是必然选择。这样，政府就必须实现在就业职能上的转变，集中更多的精力发展经济，提供足够的职位，帮助建立完善的高校毕业生就业市场，从根本上解决就业问题。

2000 年，教育部发出《关于做好 2000 年全国普通高等学校毕业生就业工作的通知》，规定自 2000 年起停止使用"全国普通高等学校毕业生就业派遣报到证"和"全国毕业研究生就业派遣报到证"，启用"全国普通高等学校本专科毕业生就业报到证"和"全国毕业研究生就业报到证"。毕业生在自行联系到工作单位后，学校为其开具毕业生就业报到证，在规定时间内到用人单位报到，用人单位则凭报到证办理接收手续。这项毕业生报到制度的改革，无疑将更有力地推动毕业生走向市场竞争就业的道路。2002 年 2 月 8 日，教育部、公安部、人事部和劳动保障部联合下发《关于进一步深化普通高等学校毕业生就业制度改革有关问题的意见》，明确指出，"要抓紧调查研究，认真研究分析未来几年高校毕业生的就业形势，把高校毕业生就业工作纳入当地经济和社会发展的整体规划，提出深化改革、妥善解决高校毕业生就业问题的具体措施"，并着重指出"进一步整顿和规范高校毕业生就业市场秩序"。教育部 2004 年 2 月 10 日发布《2003～2007 年教育振兴行动计划》，进一步指出，"完善有利于毕业生就业和创业的政策框架体系，进一步拓宽就业渠道，推进毕业生就业市场与各类人才市场的联网贯通，进一步发挥市场在毕业生人才配置中的基础性作用"。这样，国家就通过一系列关于就业的政策规章，逐渐推进统一有序的高校毕业生就业市场的建设，用市场手段推动大学毕业生实现就业。

二　民办高校毕业生就业相关政策法规

关于民办高校毕业生就业，政府并没有颁布专项的政策文件。但政府颁布了有关民办高校专业设置、课程设置以及涉及民办高校毕业生的法律法规，这些法律法规涉及民办高校的办学质量和地位，因而直接影响了民办高校的就业工作。同时，政府在相关政策法规中，也有针对民办高校毕业生就业的专项条款。因此，通过对民办高等教育发展的制度变迁和政府相关政策进行分析，我们基本上能够把握民办高校毕业生就业的政策逻辑。

1. 民办高校发展政策

一定程度上，我国民办高等教育是市场经济催发出来的，是在我国经济转轨、社会转型的历史背景下，由多种因素促成的，是民间自下而上努力的结果。当然，政府的允许、支持、引导和管理的一系列政策也是促使其发展的重要因素之一。

国家对民办高等教育的总政策，基本上沿着"取消—补充—组成部分—公私共同发展"的方向变化。1978 年经济政策放开以后，教育领域开始允许设立民办学校。1982 年《中华人民共和国宪法》正式确立了民办学校的法律地位，规定"国家鼓励集体经济组织、国有企业事业组织和其他社会力量依照法律规定举办各种教育事业"，但是这些支持政策还是比较隐晦的。1993 年《中国教育改革和发展纲要》提出"积极鼓励、大力支持、正确引导、加强管理"的十六字方针。1998 年的《国民经济和社会发展"九五"计划和 2010 年远景目标纲要》提出："到 2010 年，基本形成以政府办学为主，社会各界共同参与的办学体制及公立学校与民办学校共同发展的格局。"1999 年，《面向 21 世纪教育振兴行动计划》提出"今后3~5 年，基本形成政府办学为主体、社会各界共同参与、公立学校与民办学校共同发展的办学体制"，把原预定在"2010"年实现的目标缩短为"今后 3~5 年"内实现。2003 年 9 月 1 日开始实施的《民办教育促进法》第五条规定"民办学校与公办学校具有同等的法律地位，国家保障民办学校的办学自主权"。同时，该法提出"国家对民办教育实行积极鼓励、大力支持、正确引导、依法管理"的方针，仍然沿袭了以往的民办教育方针。可以看出，政府虽然强调了民办高校的法律地位，但基本态度并没有太大变化，仍然重在强调法律的规范作用，"正确引导、依法管理"的条款多，而"积极鼓励、大力支持"的条款少。同时，《民办教育促进法》的一些措辞相当模糊，比如多次出现"可以"这样的用语，说明政府对民办高等教育的未来发展仍然持比较谨慎的态度。

2. 民办高校专业设置的相关规定

民办高等教育的生长空间来自经济体系中相关产业的兴起与发展，来自高等教育体系对新的市场需求的反应乏力，民办高等教育就是在这种双重力量的推动下迎合经济体相关产业的用人需求发展起来的。这种迎合是通过民办高校设置专业体现出来的。因此，政府对民办高校专业设置的相关规定对民办高校的发展来说意义重大。

民办高校以适应社会需要的非学历职业培训教育为主，面对强大的公立高校，民办高校普遍采取了回避与公立高校直接竞争的办法，通过寻找公立高校的空缺点、更积极主动地迎合社会对人才的需要来拓展自己的发展空间。但是，首先，这一空间要在国家教育政策的框架之内。《中华人民共和国教育法》第五条规定"教育必须为社会主义现代化建设服务，必须与生产劳动相结合，培养德、智、体等方面全面发展的社会主义事业的建设者和接班人"。此外，民办高校的市场化运作使民办高校除了考虑政府所设定的前提，还必须考虑所办专业的收益以及受教育者的就业前景和未来发展（袁振国、周彬，2003：188～190）。《社会力量办学教学管理暂行规定》第五条规定"学校均应根据经济建设和社会发展对人才的实际需求，制定明确的培养目标。对培养目标不符合实际需要的学校或专业，教育行政部门应停止其招生"，第六条规定"社会力量举办的各类高等层次学校的专业设置，应报批准办学的教育行政部门备查；开设的专业应参照国家教育委员会公布的专业目录以及自学考试的开考专业办理；确需开辟新专业，应经过充分论证"。《中华人民共和国民办教育促进法实施条例》（以下简称《民办教育促进法实施条例》）第二十二条规定"实施高等教育和中等职业技术学历教育的民办学校，可以按照办学宗旨和培养目标，自行设置专业"。这样，就从法律上确立了民办高校专业设置的权利空间。一般而言，民办高校在设置二级学院的时候，论证、审批的程序和要求很多，但是在设置二级学院下设具体专业的时候，则拥有较大的自主权。这样，民办高校在专业设置上拥有的自主权使学校的专业设置能够适应社会需要，变中求新，办特色专业，以特色促发展。实践中，民办高校也都是通过设置国际、国内急需的专业来赢得招生、办学和就业方面的优势。截至 2005 年，民办高校发展二十多年来，基本上形成了包括理科类、文科类、语言类、医科类、农业类和金融类等特色学校、特色专业。这些大类专业下面包括计算机应用、信息管理、税务贸易经济、证券交易、涉外会计、导游、饭店管理、食品营养学、时装设计、室内装潢设计、摄影等几百个专业，也就是通过这些专业，民办高校在招生、办学和就业上逐渐拓展出自己的发展空间。

3. 关于民办高校课程设置的相关规定

民办高校从市场环境中生长出来，其办学目标多定位在应用型高级技术人才。所以，在教学过程中，民办高校从学生特点和自身办学特点出发，更多注意对学生社会实践和动手操作能力的培养。因此，在课程设置上除了在国家相关法律法规框架下考虑之外，更加注重实践课程和实习课程的开设。面对民办学校的这一特点，《社会力量办学教学暂行规定》第七条规定："学校应根据培养目标和专业设置制订教学计划和各门课程的教学大纲，并报批准办学的教育行政部门备查。教学计划和教学大纲应包括学制、课程设置、使用的教材、总学时数、周学时数、实验和实习内容以及课时数等；应指明各教学环节的衔接关系。"并规定教学计划和教学大纲一经确定，不得随意改动。确需改动者，除经批准办学的教育行政部门同意，还应向任课教师以及学员讲明，并允许学员退学。在保证完成相应课时数的同时，该《社会力量办学教学暂行规定》第十条和第十一条规定"学校均应根据培养目标、教学计划和教学大纲编写或选用教材以及辅导资料，并报批准办学的教育行政部门备查"，"学校自行编写教材，应成立编审组织，应由学科专家担任主编。各类教材或辅导资料均应保证质量。对于质量低劣的教材或辅导资料，教育行政部门应责令学校予以调整或停止使用，直至销毁"。《民办教育促进法实施条例》第二十二条规定"开设课程，自主选用教材。但是，民办学校应当将其所设置的专业、开设的课程、选用的教材报审批机关备案"，"实施以职业技能为主的职业资格培训、职业技能培训的民办学校，可以按照国家职业标准的要求开展培训活动"。

这些法律规定了民办高校在开设课程过程中的主体地位，给了民办高校一定的办学自主权。有了课程设置的自主权，民办高校就能够在教学中结合学生特点和办学目标重点培养学生某一方面的能力，从而有利于学生就业。但是，我们也应该注意到，在课程结构中，"文凭"考试中"国考""省考"的考试科目和"自考"规定的科目，都一定程度上限制了民办高校课程设置的自主权，使教学工作和学生学习一定程度上必须充分考虑到"国考"、"省考"和"自考"的要求。因此，民办高校不能充分自主地按劳动力市场的需求进行课程设置、安排教学内容和学生的实践实习（罗守峰，2003：53）。2004 年 7 月 2 日，教育部考试中心发布消息，将取消高等教育学历文凭考试，从 2005 年起民办学校将停止招收学历文凭考试学生，直接宣布了学历文凭考试的终结。学历文凭考试标准以普通高等学校相同专业、相同课程的结业水平为取舍标准，因此，从课程设置的角度讲，这有利于民办高校更多走出公立高校的"阴影"，在课程设置上拥有更大的灵活性。

4. 关于民办高校毕业生就业的相关规定

政府并没有就民办高校毕业生就业颁发相应的政策法规，只是在关于民办高校的相关规定中对民办高校毕业生就业做出了规定。1993 年国家教委颁布的《民办高校设置暂行规定》第六条规定"民办高等学校及其教师和学生享有与国家举办的高等学校及其教师和学生平等的法律地位。民办高等学校招收接受学历教育的学生，纳入高等教育招生计划。学生毕业后自主择业，国家承认学历。民办高等学校应对毕业的学生提供就业指导"。1997年10月1日施行的《社会力量办学条例》第三十条规定"教育机构应当按照国家有关规定，建立并执行学籍和教学管理制度"；第三十一条规定"经批准实施学历教育的学校的学生，完成学业，考试合格的，由所在学校按照国家有关规定颁发学历证书。其他教育机构的学生完成学业，由所在教育机构发给培训证书或者其他学业证书，注明所学课程和考试成绩，并可以按照国家有关规定参加职业资格考试或者技术等级考试，考试合格的，取得相应的职业资格证书或者技术等级证书"。可以看出，政府在一定范围内允许民办高校颁发相关证书。在民办高校毕业生就业的问题上，《社会力量办学条例》第四十九条规定"社会力量举办的教育机构的学生在升学、参加考试和社会活动等方面，依法享有与国家举办的教育机构的学生平等的权利。教育机构的学生就业，实行面向社会、平等竞争、择优录用的原则，用人单位不得歧视"。

2002年12月颁布的《民办教育促进法》第二十五条规定"民办学校对招收的学生，根据其类别、修业年限、学业成绩，可以根据国家有关规定发给学历证书、结业证书或者培训合格证书。对接受职业技能培训的学生，经政府批准的职业技能鉴定机构鉴定合格的，可以发给国家职业资格证书"。这一规定从法律上确立了民办高校颁发文凭的地位。在学籍管理方面，《民办教育促进法》第三十二条规定"民办学校按照国家规定建立学籍管理制度，对受教育者实行奖励或者处分"。但是，由于民办高校招生以专科层次为主，本科招生所占比例不高，并且只有少量计划内本科招生的学生才需要转户口和粮油关系，因此《民办教育促进法》并没有对此做出明确规定。

2002年，教育部、公安部、人事部、劳动保障部《关于进一步深化普通高等学校毕业生就业制度改革有关问题的意见》指出："切实解决非公有制单位聘用高校毕业生的有关问题。到非公有制单位就业的高校毕业生，公安机关要积极放宽建立集体户口的审批条件，及时、便捷地办理落户手续。用人单位要按照国家有关规定与所聘高校毕业生签订劳动合同，为其办理社会保险手续，缴纳社会保险费，保障其合法权益。从事个体经营和自由职业的高校毕业生要按当地政府的规定，到社会保险经办机构办理社会保险登记，缴纳社会保险费。鼓励和支持高校毕业生自主创业，工商和税收部门要简化审批手续，积极给予支持。上述人员的档案管理，按国家现行有关规定执行。"对于民办高校毕业生来说，不管这一规定在实践中落实如何，都是一个福音，有利于民办高校毕业生的劳动权益得到保障。2004 年《民办教育促进法实施条例》以法律的形式规定"民办学校的受教育者在升学、就业、社会优待、参加先进评选、医疗保险等方面，享有与同级同类公办学校的受教育者同等的权利"，从国家法律的高度，对民办高校毕业生的劳动待遇做了规定。

三 相关政策的社会学分析

国家整体就业政策的目标是建立城乡统筹、全国统一的劳动力市场，运用市场手段对劳动力资源进行配置。市场进行劳动力资源配置的手段是工资和供求。在信息足够充分的前提下，可通过价格与供求相互平衡进行劳动力资源的配置。劳动力市场发育的标志是劳动力的充分流动，以及工资由市场上劳动力的供求状况决定。在社会分工的背景下，要根据劳动者个体所蕴含的专业知识在社会分工体系中的稀缺程度，依靠个体实际的工作经验、工作能力、在专业领域内创造价值的能力以及可替代劳动力数量对劳动力进行定价。在这种劳动力市场上，用人单位在招聘过程中就会在一定程度上淡化求职者的就读学校，而更加注重求职者的专业背景，更加注重应聘者能为自己创造价值的可能性。从这个角度来看，民办高校设置专业和课程的灵活性、在教学过程中着重培养学生实践能力的教育模式，在发育成熟的劳动力市场上更有利于民办高校学生就业。但是，政策本身存在一些阻碍因素消减了民办高等教育政策的有利方面。

首先，在政策制定的层面上，政策制定者主要站在公立高校的角度设想民办高校，更多照顾到公立高校毕业生就业的情况和特点，对民办高校的特点考虑不够，使相关政策在民办高校毕业生就业方面缺乏针对性。

其次，就政策内容而言，这些相关规定基本上停留在整体的层面上，还不够完善，不够深入和细致，因而缺乏必要的约束力，政策内容本身也存在一些缺失。各省区市由于地方情况存在很大差别，地方政策之间差异也很大。此外，相关政策之间还存在不配套的现象，政策之间难以协调。

最后，在政策执行的层面上，存在的问题更多。由于计划经济体制的长期影响和劳动力市场发育不完善，大学生就业市场还存在一些问题。在毕业生就业过程中，国家为了控制城市人口规模，规定用人单位需要到人事局申请用人指标，申请下来才能够帮毕业生解决户口、档案以及社会保险等问题。而能够解决这些户口、档案问题的基本上都是机关事业单位、国有企业等体制内用人单位。从城镇劳动力市场的需求状况来看，个体、私营和股份制企业提供的就业岗位已经占60%以上（莫荣，2004）。而不少中小型私营、股份制企业急需大学水平的管理技术人员，却因没有申报用人指标的权利，解决不了大学生的派遣、落户和接收档案等问题。因为存放档案所需费用的缴纳主体、社会保险的缴纳主体是单位和个人，国家给予一定补贴。所以，基层就业单位从控制成本的角度不愿意或者自己没有能力帮毕业生解决这些问题。高校扩招、大学生就业难的就业形势，用人单位不愁招不到人，所以在政府监督不到的地方，中小企业在雇用人员过程中存在着很多不给职员解决户口、档案，也不解决社会保险的情形。民办高校毕业生在高校毕业生供给体系中处于边缘地带，较公立高校毕业生缺乏竞争力。虽然相关政策规定他们享受和公立高校毕业生同样的就业待遇，但现实中用人单位很少帮助他们解决户口、档案，就业过程中很难享受政策规定的劳动待遇，存在很多不规范现象。

因此，虽然政府劳动政策的改革方向有利于民办高校毕业生就业，但是政策内容的不完善、政策之间不配套、实施不彻底等不利因素抵消了国家政策的有利作用，使得现行政策法规呈现不利于民办高校毕业生就业的整体特征。民办高校毕业生配置到社会结构的相应职位系统实现就业是毕业生自身实现社会流动的基本途径，是实现社会结构调整的通道。在社会结构调整、社会流动的过程中，民办高校毕业生就业过程中存在的这些问题很可能演化为社会问题，损害民办高校毕业生就业整体上的公平和有序，从而不利于实现良性的社会流动。

第三章　分割的劳动力市场与
高等教育体系

我国既存在劳动力市场的分割，也存在高等教育服务、提供信号质量上的分割。本章将从高等教育劳动力市场对劳动力的需求和供给两个方面对民办高校在整个教育体系中的位置、民办高校毕业生就业所对应的劳动力市场以及两者之间的关系进行探讨。

一　分割的劳动力市场

城乡差别、地区差别和脑体差别是我国当前以及今后相当长一段时期内的基本国情。在就业的层面上，同样也存在城乡、地区和脑体差别，具体表现为工作环境、工资水平、福利待遇、工作稳定性以及升迁机会诸方面的差别。改革开放以来，国家政策调整、经济转轨和社会转型都直接影响着劳动力市场的分割状态。人才流动的基本趋势是：在区位上，向大城市、向东部发达地区流动；在工种上，非技术性劳动者减少而技术性劳动者增加。这股潮流基本上主导着中国就业问题的整体变动，并作为一种基本的力量决定着中国劳动力市场的未来走向。从导致劳动力市场出现分割的因素出发，可以将劳动力市场分割做出以下划分。

1. 行政性分割

劳动力市场的行政分割指横向的区域分割和城乡分割以及由此延伸的单位分割和部门分割（杨宜勇，2002）。行政性分割的机制主要有城乡体制、财政机制，并通过管理部门执行国家政策的形式表现出来。一方面，行政性分割是国家长期制度演变的产物；另一方面，其在一定程度上反映了行政分割的部门和单位之间发展的不平衡，并通过具体单位和部门对自我利益的追逐固化了这种分割。从制度的角度，赖德胜把改革后劳动力市场分为体制内劳动力市场和体制外劳动力市场（见图3-1）。

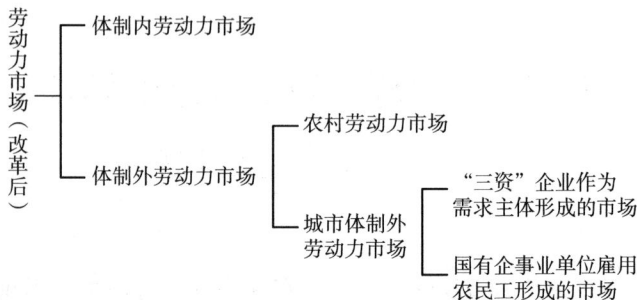

图3-1　改革后劳动力市场划分

资料来源：赖德胜，1996。

2. 行业性分割

在经济结构转变和优化、产业结构调整和升级，新技术、新工艺的应用过程中，行业分割是一种必然现象。宏观上，不同行业在经济体系中的作用、地位以及工作性质差别巨大。其中，不同行业的边际产出率和劳动收益率的差别最为显著。微观上，不同行业提供的职位对劳动力素质提出了不同的需求，而不同职位在工作环境、工资水平和升迁前景上差异巨大。岳昌君利用2000年国家统计局城镇住户调查数据，运用明瑟收入函数方程对我国收入差异进行了分析。他将15个行业划分为"高收益行业"、"中收益行业"和"低收益行业"，进而从行业收益差异的角度解释了为什么高校毕业生在求职过程中会出现"有业不就"和"无业可就"并存的矛盾现象（岳昌君，2004）。

行业分割的手段主要来自受教育背景和技能水平。单个行业职位对技术和劳动者素质的要求为广大的职业群体设立了一堵无形的屏障，使单个人只能按照自己的受教育路径和技术技能水平寻找自己的发展路径。所以，如果说行政性分割的力量来自显性的制度和政策，行业性分割的推动力则来自各种具体工作对教育、培训及技术的隐含需要。

3. 技术性非技术性分割

技术性非技术性分割主要基于我国现实的职业类型，把现存的技术性劳动和非技术性劳动差别视为一种分割。就本研究而言，这种分割所做出的粗略划分，一个明显的好处是把劳动者分为两类，可以从整体上更清楚地看到占人口多数的非技术性劳动者在努力使自己或者自己后代成为技术性劳动者的趋势。技术性劳动和非技术性劳动诸方面的差异在中国是显而易见的，在当前的中国社会经济背景下，完成从非技术性劳动者向技术性劳动者转变的最佳途径就是接受高等教育。对于民办高校毕业生来说，他们中的一部分人，尤其是从农村来的学生，当初选择民办高校也是他们从非技术性劳动者转变为技术性劳动者的努力。

总体而言，行政性分割、行业性分割和技术性非技术性分割是交织在一起、共同延续着职业分类的。行政性分割和技术性非技术性分割在中国社会的分割力度是基础性的，随着市场力量的崛起，行业性分割在当代社会中的作用日益显现出来，即受教育背景和技术技能水平对于突破分割的劳动力市场从而实现个人职业变动越来越重要。伴随城市化步伐的加快，非技术性劳动者数量和技术性劳动者数量将此消彼长。在过去的十几年中，就业形势越来越严峻。在"九五"期间，城镇就业的岗位需求总规模平均每年只增加436万人（周天勇，2002）。而在就业的需求结构上，向服务业行业的转变趋向于对劳动力教育需求的增加。因此，民办高等教育在实现这种职业类型的转换过程中具有自己存在的独特价值。

二　分割的高校毕业生就业市场

高等院校毕业生就业市场是分割劳动力市场体系中重要的一部分，这个市场中存在的是接受过基本素质训练和专业训练的高素质人才。从高等院校毕业生就业市场需求角度来看，在当代中国，接受过高等教育一定程度上意味着成为技术性劳动者，能够拥有干部身份、城市户口、体面的工作、较高的薪水以及升迁前景，能够拥有进入代表就业主流方向的城市体制内劳动力市场和高薪的"三资"企业就业的机会。在我国从农业社会向工业社会转变的过程中，高等教育从精英化向大众化转型，虽然高等教育文凭在理性化、市场化的浪潮中，同级同类教育文凭的价值在降低，在实际工作中文凭的作用在淡化，但高等教育作为一种生产信号系统的机制，依托其获得的高等教育文凭仍然是进入相应就业市场的敲门砖。

同样，高等院校毕业生市场内部呈现一种分割状态。在美国，接受过中等或更高教育的妇女和黑人可能更多地处在竞争的劳动力市场中，而不是有组织的垄断劳动力市场，表现的是一种基于性别和种族的划分（卡诺，1990）。在中国，则更多表现为户籍制度和劳动人事政策、地区和行业划分。

首先，当前，根据国家关于高等院校毕业生就业户籍制度和劳动人事制度的相关规定，在现实操作的层面上，可以把就业分为解决户口、档案并提供"三险一金"，不解决户口和档案但提供"三险一金"，以及既不解决户口、档案也不提供"三险一金"三种类型。对于高校毕业生来说，机关、事业单位和国有企业一般会按照《中华人民共和国劳动法》的要求执行。但是一些基层部门、中小企业和多种经济成分的用人单位，由于自身发展不规范或者没有能力解决等，则不提供这样的用人条件。

其次，高校毕业生就业市场的地区分割是地区经济发展不平衡的直接体现。东部用人单位提供的薪水、工作环境和发展机会远远超前于中西部地区；同时，大城市和中小城市之间各个方面的工作条件也存在巨大差别。因而，这就造成高校毕业生就业市场的地区分割。

最后，行业分割实质上是一种行业收益上的分割。而不同行业的工作性质和对从业人员的素质要求、不同行业的工资水平则直接导致了行业分割。根据《中国统计年鉴》的数据，岳昌君在研究中划分出 4 个"高收益行业"、4 个"中收益行业"和 6 个"低收益行业"（岳昌君，2004）。1990~2000 年，4 个"高收益行业"和 4 个"中收益行业"的从业者平均每年增加 26 万人和 55 万人；而同一时期，6 个"低收益行业"的从业者平均每年增加 235 万人。值得关注的是，进入 21 世纪的头两年，"高收益行业"和"中收益行业"的从业者的年增加数量更少了，2001 年分别只增加了 11 万人和 14 万人；2002 年分别只增加了 15 万人和 18 万人，两者相加只有 33 万人，2002 年高校毕业生人数却超过 134 万人。但 2002 年"低收益行业"的从业者数量增加迅猛，特别是制造业的从业者增加很多（岳昌君，2004）。可以看出，政府机构改革和产业结构调整直接导致了就业结构的变化。"高收益行业"和"中收益行业"对就业的吸纳能力不强，欲进入这些行业就业，高校毕业生之间势必存在激烈的竞争。

整体而言，高校毕业生就业市场是一个技术性劳动者的市场，并且这个市场主要以城市为依托存在着。国家户籍和人事制度、地区差别以及行业分割的综合作用，对高等院校毕业生就业市场进行了分割。处于这一分割就业市场高端的是高工资水平、多升迁机会、有优良工作环境，并且能够解决户口和档案问题的用人单位，以上层部门、大型企业和国有单位为主，实现的主要是体制内就业；处于这一劳动力市场低端的则是工资低、待遇差、工作不稳定的用人单位。他们不帮助解决户口和档案，甚至不提供"三险一金"，多是一些基层部门、中小企业和多种所有制部门，以实现体制外就业为主。

三　分割的高等教育体系

从高等教育劳动力市场的供给角度来看，高等教育体系的分割可以分为学校、专业和教学三个层面上的分割，这几个方面综合塑造了不同学校的信号体系。

1. 等级性的学校体系

分割的高等教育劳动力市场的形成是从高等教育体系的分割开始的。不同类型和发展水平的高校、不同类型的专业和训练本身形成了高等教育体系的分割，为高等教育劳动力市场的分割提供了事实性基础。

我国高等教育体系由于历史积淀和地域差别的影响，存在着办学水平和层次上的巨大差异。北京、上海和南京等城市高等教育体系发达，在中国高等教育体系中占有举足轻重的地位。在国家高等教育资助体制上，1993 年 7 月，国家教委决定设置"211 工程"重点建设项目，即面向 21 世纪，重点资助建设 100 所左右高等学校和一批重点学科点。1998 年教育部决定实施"面向 21 世纪教育振兴行动计划"，重点支持北京大学、清华大学等部分高等学校创建世界一流大学和高水平大学，简称"985"工程。在国家重点建设大学之下，各个省、自治区和直辖市均设有重点建设大学，然后才是各个市级支持建设大学。区域之间经济发展水平、各级行政单位财力的差异，直接导致了公立高等教育体系内部接受资助力度的差异。在改革开放后的一段时期，地区经济发展不平衡、地方对高校的资助力度和办学能力的差异，则直接导致了高等教育发展速度的差异，更是加剧了高等教育体系内部的分化。

民办高校在政府教育资助体系中处于低端，不享受政府财政性资助。在整个高等教育体系中，由于国家政策、办学资金、办学机制以及学校招生等因素的影响，民办高校在高等教育竞争体系中也处于低端的位置。同时，在办学层次上，民办高校一般停留在专科层次上，少数学校可以开设本科专业。与公立高校致力于研究型大学的创办、大力拓展研究生教育相比，民办高校则多把办学目标锁定在高等职业教育上。

2. 就业待遇差距较大的专业体系

就专业分布而言，高等教育体系内部同样存在严重的不均衡。一方面，各级各类高校的学校性质和办学目标不同，历史传统积淀下来的办学优势不同，导致学校之间，甚至学校内部各专业之间存在巨大的差别；另一方面，经济结构和产业结构的调整、不同性质专业在社会分工中的重要性和社会需求存在的较大差别，更是加剧了专业之间的差异程度。不同专业的受教育收益存在差别，在吸引优秀教师从教和优秀学生就学上存在差别，一定程度上，也拉大了不同专业间的差别。

由于计划经济体制的影响，多年来我国公立高校专业和课程的调整与改革滞后于产业结构变迁，专业调整跟不上行业需求的变化，公立高校只是按照政府的规划进行专业设置。而民办高校由于其灵活的办学体制和管理机制，在专业设置上灵活多变，更能紧贴社会最新需求调整专业设置。

3. 有差别的教学质量

影响教学质量的因素多种多样。首先，学生在学习特点上存在差异。我国推行的高考制度按照分数的高低把学生录取到不同层次的高校，因而不同大学学生的学习成绩、学习习惯存在很大差别，在高考分数上呈现一个从公立重点大学、普通本科院校到民办高校的等级序列。其次，教师教学和学生学习氛围存在差别。高等教育系统内部的教师也是分层次的，这通过教师对教职和学术的竞争进入不同学校就职就可以体现出来。同时，学校的学习氛围是影响教学质量的重要因素，而民办高校学生身上沿袭的学习特点使民办高校的学习氛围差是教育领域的一种共识。最后，学校的培养目标和课程安排也对教学质量产生重要影响。当前，公立高校更注重学生基础理论和素质的培养，民办高校则瞄准学生文化课基础差、学习习惯不良的特点，重点训练学生的动手实践能力，试图使其培养的学生直接与用人单位的现实需要对接，从而直接减少企业接收民办高校毕业生的用人成本。

历史积淀、国家高等教育政策和投入体制、专业设置以及教学质量共同促成了高等教育体系的分割状态。因此，通过这种分割的高等院校体系提供的高等教育服务必然也是分割的。一方面，公立高校体系内部的高等教育服务差别巨大；另一方面，公立高校和民办高等教育机构提供质量不同的高等教育服务（刘泽云，2003），在历史积淀、国家政策和投入机制、招生和教学等方面差距巨大。教育教学质量的检验是一个长期过程，不是短期内就可以测量出来的。公立高校在多年办学的基础上，在招生、教学、就业以及科研等方面都有了一定的基础，形成了各个环节的良性循环，建立起了品牌知名度。而民办高校办学时间短、办学不稳定因素多、生源质量堪忧、毕业生受到社会的广泛接受和认可还需要时间，远没有建立起良性循环的运作模式。从信号筛选理论来看，公立高校已经建立了良好的学校品牌信任度，学校信号在社会上得到极大认可。同时，在专业领域，一些专业建设成绩斐然，培养的人才在专业领域为社会贡献巨大，专业信号也较强。而民办高校在学校信号上毫无优势，更多地通过灵活的办学自主权，避免与公立高校直接竞争，通过调整专业和开发实践课程强化专业信号，靠近社会职位系统的实际需要，尤其是贴近基层、中小企业和个体私营企业的需求开设特色专业，进而试图以专业信号促进招生和就业工作，建立良好的学校信号，从而发展自己。

四　本章小结

中国劳动力市场是一个呈明显分割状态的市场。整体上，一方面是人口基础庞大的非技术性就业市场，另一方面是技术性就业市场。高校毕业生就业市场是技术性就业市场的一部分，但是其内部也存在严重的分割。一端是以上层、大型企业、国有单位组成的"上、大、国"为主体的高端市场，另一端则是基层、中小企业、多种经济单位组成的"基、小、多"就业市场（陈宝瑜，2002；罗守峰，2003）。为高等教育毕业生市场提供毕业生的高等院校，也是一个分割的体系。从公立重点大学、普通院校一直到民办高校呈现一个清晰的序列。

分割的高校毕业生就业市场体系和分割的高等院校体系之间是一种对应关系，但绝不是简单的对应，而是充满竞争和变化的对应过程。毕业生从高等院校体系走入相应的就业市场，存在着政治的、经济的等各式各样的影响因素。民办高等院校处于高校等级体系的低端，其毕业生也多数去"基、小、多"用人单位就业（陈宝瑜，2002），民办高校毕业生进入的劳动力市场主要是体制外劳动力市场，很少有进入体制内劳动力市场的机会。到2005年，民办高校在校生达500万人，约占我国高校学生数的30%（刘尧，2005）。他们如何进入一定的工作岗位，这中间存在何种就业渠道和机制，将是第四章关注的焦点。

第四章 民办高校就业的类型研究[*]

就业是民办高校毕业生的"出口",对民办高校而言,是牵一发而动全身的事情,牵扯到学校的生存和发展。民办高校也注意到这一点,举全校之力做好就业工作,从专业设置、教学、管理和就业指导等各个方面推进学校的就业工作。全国范围内,民办高校由于自身所处区域和办学特点的不同,在就业工作上既存在很大差异,也存在一些共同点。在差异和共性之间,我们可深入民办高校体系内部进行考察。

一 民办高校就业模式的交叉分类

我国民办高等教育在发展过程中,在分布上向一些地区、城市集中。这些地区、城市在中国经济发展水平上的差异,尤其是当地中小企业发展水平的差异,使民办高校在招生、学校所在地和其毕业生就业地区上呈现一定模式。在民办高校的地区分布问题上,2005 年,鲍威在对浙江、福建、上海和辽宁四省市进行 2500 份问卷调查的基础上,结合其他数据运用回归分析方法对民办高校的地域做了划分。[①]

从鲍威对民办高校地域发展的划分可以看出,单就地区民办高校发展层次而言,地域之间差距显著。北京、上海、浙江和西安等地民办高校发展水平较高,而其他地方民办高校发展水平则普遍较低(见图 4 - 1)。在民办高校毕业生就业的地域分布上,曹迎侠的问卷调查也显示出较强的集中性,毕业生普遍到沿海发达地区就业(曹迎侠,2000)。综合民办高校

[*] 本章大量资料来源于对北京、浙江部分民办高校进行的调查以及散落在网络上的民办高校资料。具体来源未能全部列出,在此致谢。

① 2005 年 4 月 7 日鲍威在北京大学教育学院所做讲座的课件。

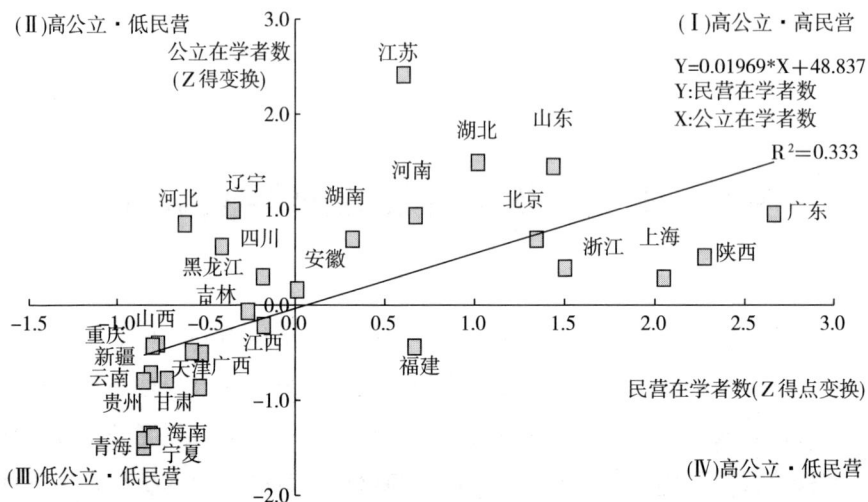

图 4 - 1　民办高等教育区域划分

资料来源：2005 年 4 月 7 日鲍威北京大学教育学院讲座课件。

地区发展差异和毕业生就业实现地分布的特点，以生源地为一维，以毕业生就业所在地为一维，考虑到学校所在地经济发展水平和民办高校自身发展水平，本研究把民办高校交叉分为四种类型（见表 4 - 1）。

表 4 - 1　民办高校毕业生就业交叉分类

	以在学校所在地就业为主	以在非学校所在地就业为主
本地生源为主	以北京、上海，广东和浙江、等地部分民办高校为代表	以安徽、河南、黑龙江等地民办高校为代表
外地生源为主	以北京、上海、广东等地部分民办高校为代表	以江西、福建、西安等地民办高校为代表

1. 以本地生源为主、以在学校所在地就业为主的民办高校多处在经济发达地区

这些地区较高的经济发展水平和发达的经济实体为民办高校毕业生就业提供了广阔空间。民办高校对就业市场反应敏感、贴近社会需求设置专业以及民办高校毕业生自我定位较低、有较强社会实践能力等特点，尤其是家庭社会网络的运作都有助于毕业生在学校所在地实现就业。这一类型民办高校中，以坐落于北京的诸如北京城市学院、北大方正软件技术学院等民办高校和浙江、广东以及上海的一些以本地生源为主的民办高校为代表。

2. 以外地生源为主、以在学校所在地就业为主的民办高校就业模式

这一类型在就业上则表现出另外一些特点。一方面，这些民办高校紧紧抓住本地就业资源，更加注重与毕业生潜在就业单位建立稳定联系，在可能的情况下按照企业的需求进行"订单式"教育。这一类型民办高校以北京、上海和广东等地以外地生源为主的民办高校为代表。

3. 以外地生源为主、以在非学校所在地就业为主的民办高校就业模式

这一类型以企业办学、以江西、西安和福建等地的民办高校为代表。企业办学不但在办学资金上依靠企业力量，依靠产业办专业，在就业问题上也依托集团力量，毕业生在集团内部或者相关行业内实现就业。比较突出的有北京吉利大学、陕西国际商贸职业学院等。而西安、江西等地发展较好的民办高校在就业上更注重走出去，到经济发达有就业需求地区设立实习基地或就业办事处，注重与当地用人单位建立联系，通过实习促就业。

4. 以本地生源为主、以在非学校所在地就业为主的民办学校就业模式

这一类型多分布在我国中西部省区市，以安徽、河南、黑龙江以及江西等省份发展水平不高的民办高校为代表。这一类型中，学校所在地的经济发展水平或者与学校所设专业相关产业的发育程度不足以吸收这些民办高校培养的学生，毕业生更多在经济发达地区实现就业。

需要说明的是，这种交叉分类并不是严格的划分，只是一种描述性特征的类型化。但这样做有利于我们从经济发展水平、民办高校的地区分布和办学水平上看出民办高校在推进就业上的不同之处，有助于我们看到民办高校整体上所处的市场化环境，识别出他们不同于公立高校的共性，进而有助于剖析推动民办高校毕业生就业的内部机制。就业工作在差异和相似之间，每个民办高校都要根据自身特点做出选择，组织各种教学、社会资源，开辟多种就业渠道实现学生就业。本章将对不同类型的民办高校就业模式展开具体分析。

二 民办高校就业模式的类型研究

（一）以本地生源为主、以在学校所在地就业为主的就业模式

让我们从北京城市学院（本部分在叙述时会简称为"学院"）的具体

案例开始考察。北京城市学院前身为海淀走读大学，成立于1984年，是新中国第一所具有颁发国家承认学历资格的民办高校。至2005年，该学院为社会各界输送了近万名合格人才，为首都经济社会的发展做出了重大贡献。2005年，该学院有大约2.7万名在校生，其中80%以上属专科层次。从2003年开始，学校开始招收本科层次的学生，所以我们所讨论的基本上是北京城市学院专科层次的毕业生就业。近年来，北京城市学院每年除了15%左右的学生从专科升入本科继续接受教育外，余下约85%的学生都走向了工作岗位。在生源结构上，北京城市学院90%以上的学生是北京生源，毕业生几乎全留在北京工作。因此，北京城市学院属典型的以本地生源为主、以在学校所在地实现就业为主的民办高校。

1. 贴近社会需求，调整专业和课程设置

北京城市学院在多年的教育教学实践中，清楚意识到社会对人才的需求是学校生源的最终推动力，也是学校开展教育教学的出发点和归宿点。因此，为了推进就业，北京城市学院在教育教学工作中坚持就业优先的指导方针与管理目标，即以能不能保障就业、是否有利于就业作为衡量学校教育教学质量工作如何的标准，始终把就业当作学校发展中优先保障的目标。在专业设置与管理上，有就业需求是开办专业的前提，学校变"有什么教师办什么专业"为"社会需要什么学校办什么专业"，办学方向跟着就业市场走，紧密围绕社会需求设置专业，根据就业需求变化不断调整专业格局。

为提高专业设置的科学性，学校建立了一套完整的专业设置论证制度。在学校层次上，学院设立了研究室，其一项专门工作就是研究北京地区就业需求，收集与各个学部有关的专业需求信息，进而对学校的专业设置进行规划。学院从首都经济走向来把握北京市就业趋势，从1996年起先后开设了计算机网络、多媒体技术、数字通信等紧跟科技产业发展的前沿专业。当前，学校1/3的专业是高新科技类的专业。同时，学校密切关注发达国家与国内发达地区职业发展变化情况，从而预见北京未来就业趋势。比如，通过对美国、中国香港服务业从传统行业到现代领域的演变进行调研，学院先后开设了注册会计师、税收代理、物业管理等一系列新专业，很好地适应了北京发展现代化服务业的需要。学院的领导和教师均有一种深刻的危机感，市场运行的逻辑使他们随时注意抓住产业结构和行业结构的变化，抓住新产业、新行业对人才素质产生的新需求，并根据这种需求设置专业，力求做到"人无我有、人有我精"，办紧贴用人单位需求的特色专业。同时，每年冬季，学院都会举行一个大规模的供需见面会。在招聘会上，北京城市学院组织在校生进行问卷调查和访谈，了解用人单位对以往毕业生的反应和对毕业生的最新需求，并据此进行专业调整。学院以单个专业的就业率为标准，把专业大致分为容易就业、易于就业不易于招生和不容易就业三种类型。容易就业的专业在学院的专业结构中占到80%。新设专业由于紧紧瞄准就业市场需求，基本上是容易就业的专业；对于易于就业不易于招生的专业，学院通常会调整专业名称或者课程设置；而对于不容易就业的专业，比如文物专业，学院则采取了隔年招生或者停止招生的策略。

2005 年，北京城市学院设有生物技术学部、经管学部、国际语言文化学部、现代技术服务学部、理工学部、信息学部、应用技术学部、艺术学部和软件工程学部。在学部层面上，专业设置要经过北京市教委批准和统一调控；在学部内部，具体专业的设置则是学校按照企业、行业对人才需求的调查和预测，广泛咨询各界人士后设立的。此外，学部这一级普遍成立了由行业专家、用人单位、骨干教师组成的专业指导委员会，其主要工作就是对学部的专业设置进行调整，对专业、课程实行动态管理。专业指导委员会下设一名专业秘书，专职负责搜集与本专业变动有关的产业和行业变化信息，协调专业委员会的运作。

学院课程分为专业理论课和专业实践课两部分。在专业理论课程开发的基础上，学院试图缩小学生入学成绩较公立院校存在的差距，更加注重专业实践课程的开发，使实践课程占到了50%左右。学院针对北京生源学生占多数，考试分数不高，但是动手能力、人际协调能力等比较强，而用人单位也需要能踏实做事、善于沟通的雇员的特点，有意识地加强对学生专业实践能力和实际动手能力的培养。为了提升学生的实际动手能力，专业授课教师每年寒暑假基本上没有节假日，而是充分利用首都经济发达、行业齐全的特点，借助各种力量联系用人单位，带领学生进行专业实习，让学生在具体工作场景中体会、学习，明白自己的优势和不足，进而调整自己的学习方向。可以看出，这种课程设置更能贴近就业市场对毕业生素质提出的要求，从而有利于学生就业。

学院授课教师分为专职教师和兼职教师两部分，除了本校的骨干教师外，新设专业专职教师缺少经验，学院就借助北京市丰富的教育资源，从附近大学或者公司临时招聘该领域的专家或者实践家进行授课。长期在学院兼职的教师中，清华、北大、人大、北航、北京科大、北京外国语大学等全国重点大学的教授、副教授占到50%以上。这样，学校通过教师资源的组合，有力保证了开设课程的教学水平。

此外，学院还注意为学生提供互相学习的机会，刻意为学生营造一种课外生活学习的氛围。除了院级、学部级以及班级建制的学生组织之外，还散布着很多大大小小的学生社团，学院通过这些学生组织举办丰富多彩的社团活动及社会实践活动。这样，学生们能够通过这些活动和实践实习形成良好的集体意识和团队合作精神。而这种团队合作的意识也是用人单位极为看重的毕业生的素质之一。

这样，学院通过专业和课程迎合市场的"对口"设置，一方面避开学生文化课水平较公立学校低，而着重培养学生的实际动手能力，另一方面也更能迎合中小型企业在招聘过程中比较现实的用人心理。在毕业生专业和工作的"对口"问题上，该校就业指导中心的一位老师介绍说："我们的毕业生就业后的工作和专业基本上是对口的。"另一位老师则告诉我："我们80%左右的学生工作是对口的。"通过对学院理工学部2004年5个专业122名毕业生专业和公司名称的对应分析，初步估算该学部当年毕业生工作和专业的对口率为72%。[①]

2. 健全就业指导的努力

以促进就业为主轴，学院构建了学院、学部、班级三级塔形管理体系，层级之间分工不同，各有侧重，但重心在下。在班级一级普遍设立了专职班主任。班主任对学生就业的全过程进行动态跟踪、积极指导，开展推荐服务，办理就业手续，并成为学校、学生、用人单位之间快速联系的通道，大大提高了信息传递的速度与利用率。这样，学院、学部二级就业办就得以摆脱事务性工作，集中精力抓管理、抓就业信息收集、抓稳定客户源建设。

民办高校所处的市场化环境，使学院上下都有公立高校所没有的忧患意识。"出口畅"才能实现"入口旺"，学院清晰地意识到了这一点。职业指导是教育教学的必要内容，是更广意义上的就业指导。在北京城市学

---

① 资料来源于北京城市学院理工学部2004年就业统计资料。

院，学生入学即被视为准就业工作者，从第一学期开始就接受各种职业指导教育。学院将这种职业指导贯穿学生在校学习的全过程，针对各个年级的学生的指导方式和侧重点各不相同。针对一年级的学生，就业指导主要侧重于对就业形势和就业政策的讲授，以增加学生的就业危机感，进而培养学生主动学习的精神。针对二、三年级学生的就业指导逐渐转向组织学生进行行业就业调查、举办就业专题讲座以及教学生如何做个人简历、如何着装和进行模拟面试上。下面详细列出了北京城市学院理工学部学生科和分配办公室关于就业指导课的安排，从中我们可以窥见一斑。

关于 2003 级就业指导课的安排

一、内容

（一）讲座

1. 就业形势与政策（丁翠云　分配办　2005 年 3 月 16 日　下午 1∶30~3∶00）

2. 就业形势与政策（丁翠云　分配办　2005 年 3 月 24 日　下午 1∶30~3∶00）

3. 职业生涯设计（外请）

4. 助你启航－求职金钥匙（丁翠云　分配办　2005 年 4 月 7 日　下午 1∶30~3∶00）

5. 座谈：请本专业已毕业的学生谈就业体会（由各班安排）

（二）以班为单位的实践活动

（三）自学参考书目

《挑战人性的弱点》《白领职业教程》《规划生涯之路》《学会生存》《成功素质激励训练》《形象魅力学》《怎样学会办事儿》《人际交往技巧》《面试成功的艺术》《第一次见面的艺术》《面谈学全书》《怎样让别人赞美自己》《最新青年处世交际指南：礼仪篇》《应用写作》

二、具体安排

1. 讲座由学校统一安排。

2. 座谈以班级为单位，由班主任组织，学生科、分配办协助安排毕业生。此项内容在本学期内完成。

3. 以班级为单位的实践活动可组织模拟招聘会，也可创造性地开展其他形式的活动。要求：

（1）能够对学生就业有直接帮助的实践性活动；

（2）全班同学都参加到活动中来，不要留"死角"；

（3）活动要面向全院公开，活动前要提前出宣传海报；

（4）2005 年 10 月中旬前完成；

（5）请院领导、学生科、教务科、分配办及专业秘书参加。

三、考核办法

1. 结合以上活动写一篇小论文（占 80%）

2. 自我设计毕业生推荐表（占 20%）

四、论文参考题目及要求

（一）参考题目

1. 我的择业观；

2. 对高校毕业生就业制度的思考；

3. 学习就业指导课的体会；

4. 择业与成才；

5. 对毕业生就业"双向选择"的思考；

6. 就业的心理准备；

7. 对就业指导课的建议；

8. 应聘时用人单位可能提出的问题及自己如何回答。

（二）要求（优秀论文将装订成册）

1. 文字为 1200～1500 字；

2. 观点明确，说理清楚；

3. 字迹工整（手写），无错别字；

4. 结合实际，有较好分析，有一定创见；

5. 用稿纸书写或者用 A4 纸打印；

6. 小论文及"自我设计毕业生推荐表"（定稿）务必于第五学期报到注册时交班主任。

理工学部学生科、分配办

2005 年 3 月

鉴于民办高校毕业生在整个高等教育毕业生就业市场上的地位，就业指导课上教师有意识地灌输"先就业、再择业"的观念，教导学生在寻找工作的过程中"定位要准确"，要"进单位再学习"。学院往届获得大专学历的毕业生试用期内初始工资为每月 1000 元左右，在开展就业教育的时候，学院也有意识地教育学生对初始工资的预期不要过高，要实事求是。

就业指导课之外，学院还通过职业调研、岗上实训、毕业实习等多种形式提高职业指导的针对性与有效性。学校每年都组织学生进行就业方面的调查，以增加学生的就业危机感，并且这种就业调查是记入成绩的，学院给这种实践课设置了学分。同时，学院还从机制入手，实施了一系列保障就业优先的管理措施。如，实行招生计划与就业情况挂钩制度，以就业作为重要指标来考核干部、评定职工奖金等。在北京城市学院，一个专业就业好不好直接涉及该专业管理人员、教职工的切身利益，由此形成了全员重就业、保就业的良好氛围。

在促进就业的具体操作层面上，学院一方面巩固原有的就业单位、开发新的就业单位，另一方面对毕业生择优推荐，将他们引荐给用人单位。班主任会帮助学生一遍遍修改简历，直到相对完善为止。同时，为了加强学生对就业形势和前景的深切感受，学院提倡学生提前一年参加招聘会，让学生在体验的基础上紧贴用人单位需要调整自己努力的方向和定位。

3. 社会网络促进就业的作用

关于学生的就业，最为着急的是学生家长。据学院毕业生就业的主管老师介绍，学院毕业生通过家长的社会资源找到工作的大约占到全部毕业生的50%。由于学院学生基本上是北京生源，在新生入学后不久，学院会举行家长会，向家长介绍学校的专业设置、课程体系、管理模式以及培养目标等。在学生最后一学期，学院还将召开毕业生家长会，向家长说明就业形势和学院开展的就业工作，请家长们帮助毕业生找准定位，和学校、毕业生一起，共同推动毕业生的就业工作。家长在实现毕业生就业中的作用，不仅表现在就业率上，也表现在就业质量上。"通过家庭关系实现就业的毕业生找到的工作一般比在招聘会上找到的好"，该校一位负责就业的老师如是说。

4. 联系用人单位实现就业

最终做出是否接受毕业生的决定的是用人单位，用人单位的具体用人需求才是学院一切工作的立足点。北京城市学院除了教育教学紧紧围绕这一点，还致力于与用人单位建立良好的互动关系，注重树立学院毕业生的品牌。每年岁末，学院都会请用人单位过来，举行一场学院层面的大型人才招聘会。同时，还经常性地按照公司需要举办各种小型的人才招聘会。

用人单位从自身实际需求出发，更多关注的是新招募员工是否能够为单位带来价值，更多看重毕业生的实际动手能力。北京城市学院的人才培养模式恰恰是冲着用人单位的这种用人心理，培养的实用型人才在实际工作中逐渐树立了北京城市学院的品牌。2004年，北京城市学院共有毕业生4022人，均为专科层次的学生。截至2004年7月2日，毕业生中有26人出国、342人升入本科阶段继续学习，余下的3651人寻找工作。寻找工作的毕业生中实际就业人数为3499人，152人待业。在实现就业的地域分布上，3280人留在了北京，去西部省份的毕业生只有16人。在就业单位的性质分布上，三资企业和其他企业占到32%，国有企业、事业单位、政府部门等国有单位占到了20%（见表4-2）。

表 4 - 2　2004 年北京城市学院 4022 名毕业生工作单位性质统计

单位：人，%

	三资和其他企业		国有单位			不就业	
	三资	其他企业	政府部门	国企	事业单位	专升本	待业
人数	43	1233	115	515	181	342	152
总计	1276		811			494	
占比	32		20			12	

注：1. 所占比例为占 2004 年该学院 4022 名全体毕业生的比例；
2. 统计范围之外 36% 的毕业生的毕业状况未知，误差来自该校统计资料，原因未知。
资料来源：北京城市学院招生就业办公室。

在对该校理工学部 5 个专业 134 名毕业生的统计分析中，毕业生就业单位性质的分布基本上呈现了相同特征，其他企业占到 66%，国有单位占到 25%（见表 4 - 3）。

表 4 - 3　2004 年北京城市学院理工学部 5 个专业 134 名学生毕业去向

单位：人，%

	其他企业	国有单位			不就业	
		国企	科研单位	其他事业单位	专升本	待业
人数	88	29	4	1	8	4
占比	66	25			9	

资料来源：北京城市学院理工学部分配办公室。

北京城市学院是以本地生源为主、以在学校所在地就业为主这一类型民办高校的典型。虽然这一类型学校内部存在差别，但是他们的生源构成和毕业生在学校所在地实现就业的共性使其在就业模式上呈现类别性。如果把学校的专业、课程设置、就业指导、招聘会和向用人单位"推销"毕业生等推动毕业生就业的力量视为市场的力量，那么家庭起到的独特作用则是一种来自社会网络运作的力量。而运作社会网络来实现毕业生就业则是这一类型就业模式的主要特点。对北京、浙江、上海以及广东等实体经济发展较好地区的一些民办高校进行的调查，基本上印证了这一点。

（二）以外地生源为主、以在学校所在地就业为主的就业模式

让我们通过对北京科技职业学院的个案考察和分析具体展开对这一类型民办高校就业模式的研究。北京科技职业学院（为叙述简便，本部分以下简称学院）是经北京市人民政府批准、在教育部备案的具有独立颁发国家承认学历文凭资格的全日制、综合性普通高等学院。多年来，学院坚持"就业工作不是一个孤立的职能服务，而是贯穿于教育的全过程"，明确提出了深化学院就业制度改革，建立以市场为导向的运行机制，坚持立足北京、面向行业、服务全国的原则，并建立了一整套的就业工作体系。当前，北京科技职业学院在校本、专科学生 2 万余人，来自全国二十多个省、自治区、直辖市。其中，北京生源占到总人数的 10% 左右。学院历届毕业生就业的大致情况是 70% 左右的学生留在了北京，20% 左右的毕业生去了其他经济发达地区，余下的则基本上回到原籍就业。通过对该校 2003 年 1100 名毕业生就业单位性质分布的统计，可以发现当年该校到外企和民企就业的毕业生占到总体的 64.0%，到国有单位就业的比例则为 7.9%，而且基本上是回毕业生原籍就业者（见表 4 - 4）。

可以看出，北京科技职业学院作为以外地生源为主、以在学校所在地就业为主的民办高校，其毕业生就业模式和以本地生源为主、以在学校所在地就业为主的民办高校相比，呈现更多不同的特征，尤其是在就业单位性质的分布上。

表 4－4　北京科技职业学院 2003 年 1110 名毕业生就业单位性质分布统计

单位：%

	外企和私企		国有单位		其他	
	外企	民企	机关和事业单位	国企	继续学习	其他
占比	1.0	63.0	6.7	1.2	7.0	21.0
总计	64.0		7.9		28	

注：1. 该校去国企、机关和事业单位就业的大多数是回原籍就业者；

2. "其他"项目中"继续学习"所对应的 7.0% 指自考没有通过仍坚持继续学习者，"其他"所对应的 21.0% 指军队、专升本、出国、待业等的人数。

资料来源：北京科技职业学院就业指导办公中心。

1. 面向就业市场设置专业和课程

北京科技职业学院成立了专业建设联合会，其任务主要是进行市场调研，并通过举办大型高等教育专业建设研讨会开展调研成果交流，决定新专业的设置和已有专业的改革。学校二级学院的设立要经过北京市教委批准，但每个学院的具体专业则由学校自行决定。专业设置的相对自主权，一方面有利于招生工作，另一方面让学生在选择专业的时候就瞄准了就业岗位，更具针对性，以专业设置促就业。毕业生毕业后所从事的工作和在学校所学专业"基本上是对口的，但是也存在个别情况"，该校就业指导中心的鲁老师介绍说。[①]

在学生培养上，北京科技职业学院实行"三结合"教育模式，即专业教育、职业技能教育和就业教育相结合，组合校内、校外各种优质教育资源。专业教育由学院专职骨干教师和北京一些名牌大学的兼职教师组成的教师授课；在职业技能教育上，学院成立了职业技能教育部门，专门负责全校学生的技能教育，保证学生一入学就开始接受各种技能教育；就业教育则聘请了从事就业指导和职业生涯规划的资深教师对学生进行就业教育，重点抓就业指导和职业生涯规划，就业指导和学生的学业设计、职业生涯设计相结合，培养学生的主体意识、明确学习目标和激发学习动机相结合，帮助学生树立正确的择业观和就业理想。同时，学院还特别重视德育，抓住毕业生就业时的功利性特点，发挥就业指导和教育对学生的直接

---

① 北京科技职业学院访谈资料。

导向作用，将道德教育的导向性与学生就业的期望值结合起来提高学生的道德水准。总体上讲，"三结合"的教育模式和课程设置有利于学院培养的人才更能适应社会对人才素质的要求。

2. 增强学生个人信号的努力

学院严把学生质量关，除了看重就业率，学院还特别强调"就业力"的概念，提出了"四力九证"的人才培养模式。"就业力"指一个人在就业市场中参与竞争并取得实际成效的能力。学院副院长一再强调"就业力"并非就业率，强调学生的就业能力是教育质量的试金石。学院领导认为，一段时间以来，全社会的目光盯上了就业率，国家甚至明令高校毕业生就业率到9月1日必须达到70%，采取这样的严厉措施是必要的。但就业率只是表征，就业力才是实质。着力提高大学生的就业力，是解决大学生就业问题的根本出路所在。从就业率到就业力，一字之差，体现了学院教育思路的转变，教育理念的升华。

"四力九证"人才培养模式认为，就业由四个基本方面构成。一是会不会做人，主要指有没有诚信，有没有礼貌，能不能互相合作，能不能服从大局，这可以概括为"人格人品力"。二是会不会学习，主要指有没有掌握工作所需要的最基本的指示，特别是有没有具备持续学习的动力和有没有具备创新的意识和方法。学院把这些内容概括为"学习创新力"。三是会不会从事实际工作，指有没有掌握开展工作所需的职业技能，这被称为"职业技能力"。四是会不会在社会中活动，指善不善于与人交往，善不善于与人沟通，善不善于发挥组织的力量，学院把这些内容概括为"社会活动力"。"人格人品力"、"学习创新力"、"职业技能力"和"社会活动力"四个方面构成了就业能力的最主要内容。

"九证"指用九张证书具体造就学生的就业力，包括毕业证书、职业技能（资格）证书、诚信证书、团队互助合作证书、英语等级证书、计算机等级证书、创新能力证书、驾驶证和普通话证书。学院试图通过这九种能力证书的获得具体考察学生的就业能力，引导学生为获得"九证"而努力学习、提高自己。一般情况下，学生求学期间能够获得四张证书。

自1997年学院创办以来，学院始终将"培养现代社会所需要的应用复合型人才"作为学院发展的基准点，并为了提高学生的就业能力提供五大保障：

第一个保障，与 600 家企业结盟提升就业竞争力；

第二个保障，面向市场因材施教，15 个专业特色鲜明；

第三个保障，建设十大实训基地，帮助学生突破就业壁垒；

第四个保障，设立 400 万元创业基金，扶持学院学生建功立业；

第五个保障，实施 6 项放心满意工程，确保学生满意、家长放心。

从学院提出的"四力九证"和五大保障措施可以看出，学院在积极主动地通过各个方面的工作，致力于培养学生的就业能力，"举全校之力做就业"。同时，通过"四力九证"制度，学院一方面着力于提高学生素质、提高学生实际动手能力，另一方面通过这些概念和做法在就业市场上、在学生家长和学生中造就一种学习氛围。更重要的是，推行就业力的九种证书提供了学院毕业生就业能力的信号，从而有利于毕业生就业。

3. 健全机构，广泛开拓择业空间

北京科技职业学院 2005 年有毕业生的专业为计算机工程学院、艺术设计学院、外语学院、新闻传播学院、法学院、商学院和生命科学系。学院充分意识到就业形势的严峻性，以就业指导中心为龙头，动员全院齐心协力做好就业工作。就业指导中心与招生就业办公室在一起，但是办公地点分开、业务上独立。就业指导中心有 6 名老师，负责就业指导中心主任室、办公室、就业信息网和创维协会四个部门的工作。同时，学校下设的各个二级学院也设立招生就业办，负责搜集招生就业信息，以及维持与就业单位的关系，巩固现有、开发新的校企关系，也负责学生管理和招生就业的方案策划。同时，学院给各个二级学院下达任务，规定该学院成功外联的用人单位数与该学院当年毕业生数的比例达到 3∶1，并且这些单位对学院要有明确的用人意向。

为了拓展就业渠道，学院做了以下几个方面的努力。第一，学院健全了指导中心推荐为主、全员参与的推荐制度。就业指导中心经常派专职教师走访各用人单位，进行友情联系，为毕业生创造高质量的就业空间，并为用人单位提供人才选拔指导和全程招聘服务，与用人单位建立长期的合作伙伴关系，为学生和单位提供最大的便利。第二，学院利用媒体、合作单位、教职工、校友、学生等共同宣传学院新形象，以吸引更多的用人单位来学校选才，为毕业生广开就业门路。此外，学院通过校园宣传栏、报纸、电视台、就业信息网等渠道为学生发布就业服务信息。就业信息的内容包括用人单位介绍、单位特点、需求职位以及需求人数等。同时，学院还在就业指导中心开设了就业资料阅览室，供毕业生查阅就业资料，相互交流、学习经验。第三，学院每年都会于三月底针对毕业生举办一场有160家以上单位参加的大型校园招聘会。以后平均每10天举办一次小型招聘会，参会单位规模在30家左右，涉及各个行业。由于学校地处北京市郊区，为了吸引用人单位前来，这种招聘会对用人单位均是免费的。在就业方面，学院比较有特色的工作有以下几个方面。

（1）就业信息网建设

学校筹建了就业信息网，将之作为就业信息交流的平台，为学生和用人单位提供就业新闻、就业指导、政策咨询、职场导航等服务。目前，就业信息网实现了在线投递简历、在线约定面试时间和面试地点、在线应邀公司、在线与就业指导中心老师短信求职、在线参与发表求职心得和提出建议等五大在线功能。这既方便了学生求职，也方便了用人单位招聘，并极大地提高了就业信息传递的速度、减少了就业所需要的时间和精力。

（2）北科校企联盟

北科校企人才战略联盟是北京科技职业学院为倡导就业教育理念，发展、壮大就业教育队伍而创建的一个组织。其总体目标是：打破观念限制、实现校企联盟、架起企业与人才之间的稳固桥梁、搭建人才培养新平台、实现资源共享、创立人才培养新模式、促进大学就业教育新发展、缓解社会就业压力。

当前，北科就业联盟大约有600个会员，每个会员都是有人才需求的企业。企业希望能够直接吸收一批"熟练工"，而往往刚毕业的大学生都欠缺实际工作经验，不能直接进入状态，这就需要企业耗费一定的人力、物力培养，对企业来说就"很不划算"。为此，学院每年不定期组织联盟成员会聚一堂，由院长亲自主持，探讨行业现状、市场需求，为学院的就业教育更好地指明方向，以培养出适合市场需求的优秀人才。

在逐年的探索过程中，北科校企人才战略联盟本着在"实用型、复合型"人才培养方面进行探索和实践的原则，通过对企业各个岗位的人才需求调查，总结出一些适合行业需要的合作项目。这些合作项目主要有以下几个。

①定向委培：学院根据会员单位的人才需求制定全套教学课程和学

制，招生施教。学生经考核合格毕业后，会员单位依据"委托培养书"的相关条款全部安排上岗。

②企业定向专业人才储备：会员单位根据自身未来发展的人才需求状况，向学院提出人才需求标准，在学生中择优选拔储备人员，并和学院共同对学生进行业务技能和企业文化教育，为学生提供各种积攒实际工作经验的机会（如企业观摩、企业文化讲座、勤工俭学岗前培训等）。学生毕业时达到会员单位的标准，即可上岗。

③企业在岗人员提升培训：根据会员单位需求，学院利用自身教育资源优势为会员单位量身定制管理、诊断、咨询、策划、员工培训等服务。

④毕业生提前优先选拔：学院每年举办多次毕业生供需见面会，会员单位优先免费入内招聘。此外，会员单位可随时根据自身需求发函招聘，学院根据学校情况安排场地、组织毕业生应聘。

⑤联合打造优秀毕业生带薪试用基地：学院根据教学内容制订学生实习计划，会员单位配合安排学生进企业带薪试用，试用期工作业绩突出的学生，会员单位可优先录用。

⑥就业教育研讨：学院聘请会员单位的人力资源专家为学院的客座教授，他们长期深入教学现身说法；学院每年定期举办就业教育研讨会，会员单位人力资源专家提出合理化建议；对学院的教育教学提出建议，学院会根据企业需求发布岗位素质需求报告。

4. 加强就业指导和模拟就业

就业指导教育是学校"三结合"课程体系的重要组成部分。学院在学生入学后第一学期开设思想稳定课程，从第二学期开始就由就业指导专职老师进行就业教育。一般情况下，就业指导课两周一次，授课内容从帮助学生了解公司的运作模式和人事管理制度，到帮助学生找准定位、认清形势、设计职业生涯规划，再具体到帮助学生修改简历，让学生学习着装、学习社交礼仪以及教授学生面试技巧等。同时，学院还经常对学生进行有针对性的就业培训。为了更加具有针对性，给学生自己锻炼的空间，经学院就业指导中心批准，2003 年 10 月成立了隶属于就业指导中心的创维学会。创维学会是一个学生社团，通过心理素质、口才、应变能力等方面的锻炼，开发会员能力，进而提高学生就业过程中的实战能力。

创维学会下设一个模拟公司——北京青旸模拟有限责任公司（以下简

称模拟公司）。模拟公司以公司模式架构组建，设有人力资源部、企业策划部、教育培训部、事业发展部、总经理办公室 5 个部门。公司内部实行模拟工资和绩效考核制度，并以公司的管理模式进行管理，目的是让在校生提前融入社会，不用踏出校门便可增加工作经验。同时，模拟公司与多家企业签约合作，并借助就业指导中心的平台及在模拟公司培养的综合素质，尽力把即将毕业的"职员"推向新的工作平台。2004 年，模拟公司的第一批将近 70 名毕业生都找到了比普通同学相对好一些的工作。2005 年，模拟公司又通过面试新招了一批新人，继续保持运转。

此外，学生走出校门踏上工作岗位之后，学院的就业工作还是没有结束。一方面，用人单位多数不给毕业生解决档案存放的问题，而由学院把这部分毕业生的档案放在人才交流中心；另一方面，学院还对毕业生跟踪调查，研究毕业生的就业情况和跳槽比例等，试图从中发现问题，改革教育教学制度。此外，学院还注意对工作表现优秀的毕业生进行宣传，从而提升学院影响力。

在推动毕业生就业工作的过程中，北京科技职业学院一边学习、一边摸索，逐渐形成了自己的特色，有力推动了毕业生就业。在所有关于就业工作的设计中，并不是每个工作环节都能够得到具体落实，但是这至少代表了学院正在努力或者是将来努力的方向。学院就业工作努力的成果是，每年的毕业生中，当年六七月份能落实单位的占毕业生总数的 60% 左右，九月份达到 85% 的比例，十月份这一比例就升到 90% 多，学生基本上实现了就业。在顺利实现就业的毕业生中，通过招聘会和学院推荐渠道实现就业的占到 70% 左右，余下 30% 左右的毕业生则通过校企的委托培养和其他模式走上工作岗位。

学院在推动就业的工作中成绩卓著，但是也深深感到国家制度和政策还不利于民办高校的学生就业，深感社会的关注和支持太少，还存在一些不公平对待的现象。用人单位一般也不帮助毕业生解决户口和档案、不愿上"三险一金"，初始工资也基本在每月 1000 元左右。学校出了很大力气，但学校能解决的也只能是委托人才机构帮助解决档案的存放问题。在学院响应教育部和北京市教委大学生下基层的活动中，有很多学生报名，但是被批准者较少。可以看出，北京科技职业学院这类以外地生源为主、以在学校所在地就业为主的民办高校在推进就业工作中更加注重的是和用人单位建立制度化的链接，通过劳动力市场和校企结合的方式推进就业，更加注重依靠市场力量实现毕业生就业。而这正是与以本地生源为主、以在学校所在地就业为主的民办高校的不同之处。当前，这一类型的民办高校广泛存在于北京、上海和广东等经济发达地区。

（三）以外地生源为主、以在非学校所在地就业为主的就业模式

以外地生源为主、以在非学校所在地就业为主的民办高校主要分布在民办教育发展较好、本地实体经济发展对人才吸纳能力有限的地区，包括江西、西安和福建这些省市和地区。此外，由于企业办学的特殊性，其毕业生很大一部分去了办学企业就业，所以这种类型的高校的毕业生的就业地区围绕企业而分散地分布在各地。比较突出的有北京吉利大学等民办高校，虽然校址在北京，由于企业主体在浙江，很多毕业生去了浙江就业。

这一类型民办高校的发展水平使得它们能够实现在全国范围内招生，把学校做大做强，但与以在学校所在地实现就业为主的民办高校相比，学校所在地提供的就业机会不足以解决全体学生的就业，因此，这些学校必须从全国各地经济发展水平出发，实行"走出去"的战略，到经济发达地区设立实习基地和就业办事处，以推动毕业生就业。从这个角度来看，在就业工作的市场化运作方面，这类民办高校呈现了自己的特点，在依靠市场机制实现就业的道路上走出了新模式。

江西高校的在校生中，有近2/3来自省外（赖大仁等，2001）。江西渝州电子工业学院是这类民办高校的典型代表，有不少成熟的做法。该学院坐落于江西省新余市，在生源结构上，外省学生占比较高。在就业工作中，除了民办高校在专业设置、课程设置、招聘会和校企结合等形式的普遍做法外，学院就业指导中心1991年就成立了深圳、东莞就业办事处。2001年，在昆山成立华东办事处，全面负责毕业生在该地区的就业工作。至2005年，该学院每年通过各种途径向社会输送3000多名各类专业人才，累计输送了6万名毕业生。同时，学院又摸索出与厂家"订单包销"式推荐就业的模式，通过与深圳一些制造业厂家联合，按计划名额招生，与学生签订《包教保业就业合同》，该计划内毕业生全部送往厂家工作。

西京职业学院在就业工作中也形成了一套成熟的做法。学校注重在全国大中城市建立就业实习基地，与当地政府部门的人才交流中心建立供需

合作关系，进而形成就业网络。在这项工作中，学校提出了拓宽就业渠道的"二二二"工程，即建立20个就业实习基地，与200家用人单位建立长期业务合作关系，通过就业实习基地解决2000名毕业生的实习与就业问题（任万钧，2004）。2002年，学校先后在广东东莞、浙江台州、上海昆山及北京中关村等制造业和加工业、商业集散地，人才需求量大的大中城市、地区建立了毕业生就业实习基地。就业实习基地设有专门的办公室和工作人员，负责学校在该地区的毕业生就业工作。以实习带动就业的做法主要是在工商业发达地区设立就业实习基地，采取"先投入、后收获"的办法，先付给用人单位实习费，将毕业生送进企业，然后实习基地派专职老师对学生进行引导和管理，开展实践教学。在提高学生实际工作能力的同时，加强与用人单位的联系，争取就业机会。同时，就业实习基地积极与当地政府部门的人才交流中心合作，共同推进就业。通过努力，2003年学院就向各就业实习基地推荐毕业生18批，使2120名毕业生实现了就业。其中，浙江台州一次性实现就业300余人（任万钧，2004）。

北京大学教育学院"民办教育绩效研究"课题组2004年在对西安欧亚学院进行调查的过程中，发现该校"在全国设立沿海办事处。珠江，珠三角，长三角，我们设了八个，一年四季在工作"。[①] 分别设在深圳、东莞、广州、中山、台州、无锡、宁波、温州等。据西安欧亚学院就业指导中心的老师介绍，这些办事处的主要工作是：

> 借助当地的人才机构。因为沿海的就业形式已经非常规范化了。他们所有的需要、学生毕业和就业都通过人才机构来办。我们借助这种机构，和我们学校建立长期稳定的关系。并且加强售后服务、跟踪服务。建立校友会，跟踪学生。把企业用人信息反馈回来，带到学校来，我们组织学生面试，办应聘手续。第二个就是每年定期都有大型的人才交流会。比如我们去年（2004）搞的社会上吵得沸沸扬扬的竞聘。

总体上看，这一类型民办高校毕业生就业的特点是学生主要的就业地

---

① 北京大学教育学院2004年"民办高校绩效研究"课题组调查资料。

远离学生家庭社会网络运作的范围，也远离学校所在地。所以，学校为了从整体上推进就业采取了"走出去设点"的策略，在建立学校和用人单位的制度化联结上走得更远。江西、西安以及其他地区发展较好、上规模的民办高校一般都采取了这种模式。此外，办学模式是企业出资办学、企业实体离学校所在地较远、出资企业是毕业生接收单位的民办高校，其毕业生就业也呈现了类似的特征。如北京吉利大学，校址设在北京，毕业生就业除了民办高校普遍采用的招聘会等途径外，学校主要通过吉利集团及其相关产业的用人需求推动毕业生就业。企业出资办的民办高校在就业上与用人单位有着更为稳固的制度化联系。

（四）以本地生源为主、以在非学校所在地就业为主的就业模式

以本地生源为主、以在非学校所在地就业为主的民办高校多分布在经济发展不是很好，学校所在城市、上游城市和下游地区就业吸纳力不足的地区，包括安徽、河南、黑龙江、江西和西安等地。同时，这类民办高校受自身发展水平的约束很大，不具有在全国范围内进行招生和设立就业实习基地推进就业的能力，只能更多依靠学生个体参加招聘会、毕业生去经济发达地区寻找机会、学校与外来企业签订用工合同，以及通过家庭社会网络运作等渠道实现其毕业生的就业。在办学过程中，这些学校也开始注意与外界沟通，通过互联网等各种途径对外联系，逐渐意识到"就业实习基地"的重要性，积极主动地走出去"推销"毕业生。譬如安徽万博科技职业学院。其主要面向省内招生，面对安徽省民营经济发展水平和学校自身发展水平的约束，其毕业生大多选择在经济发达的长三角、珠三角等经济发达地区的民营企业实现了就业。①

三　本章小结

围绕毕业生生源地、是否在学校所在地就业两个维度，综合考虑学校所在地区经济发展水平和学校自身发展水平进行的交叉分类凸显了不同类

---

① 参见 http://www.job9151.com/college/a1/index.asp? id = 302，最后访问日期：2005 年 5 月 1 日。

型民办高校在就业工作中的特点。通过对不同类型民办高校的具体考察，可以发现民办高校在就业的差异之间，也存在一定的共性，主要有以下几点。

1. 注重学校在推进学生就业工作中的主导地位和作用

学校通过各种途径试图与用人单位建立制度化的联系以提升学校的就业率。所以，学生寻找工作的竞争在这个意义上就成为学校之间的竞争（Rosenbaum，kariya，& Takehiko，1989）。学校普遍的做法有定期举办招聘会、与企业联合建立实习基地和校企联盟、推行"订单教育"以及设立实习就业基地等形式。

2. 注意信号系统的营造

在民办高校毕业生就业过程中，学校有意识地创设了三种信号系统：学校信号、专业信号和学生个人信号。学校信号主要靠民办高校自身办学和宣传来创造。一方面，民办高校注重吸收各种有利于自身发展的资源，更加积极主动地组合社会资源，为学校创品牌；另一方面，它们自我宣传的意识较公立院校强，包括学校办学条件、教学管理和学业就业诸方面的宣传。学校不但强调自己的就业率，还通过联合举办"民办高校就业之星"① 等活动宣传优秀学生所取得的成绩以强化学校信号。专业信号是民办高校在发展过程中着意营造的一种信号，依靠专业设置和课程设置的相对灵活性避开与公立高校的直接竞争，而拉近自己与就业市场的关系，通过专业促就业，试图通过加强专业信号的影响来减弱学校信号在就业中的不利影响。在专业的设置上，民办高校实行的是"对口"设置的策略，通过对准某类岗位需求的口而设置某一专业。在职业需求变动的情况下，民办高校还通过改专业、改课程甚至仅仅修改专业或者课程的名称而跟上职业需求的变化。在个人信号的创设上，民办高校普遍注重通过各种证书加强其毕业生的品牌宣传。很多民办高校在学生培养过程中实行"双证书"制度，通过毕业证书加专业资格证书的方式扩大学生信号的影响以及增强其合法性。同时，民办高校所营造的信号系统，直接与用人单位的用人偏好相配合，更多迎合了中小企业生产、管理、设计和营销等方面对员工素质的要求。

---

① 参见《10 人在京当选中国民办高校"就业之星"》，http://www.southcn.com/edu/zhuanti/minban/news/200208300153.htm，最后访问日期：2020 年 4 月 8 日。

3. 更加注重就业教育

就业指导课贯穿民办高校学生求学过程的始终。这种课程的开设注重与用人单位的需求直接结合，注重培养学生的职业精神、求职技巧以及教育学生找准自己的定位。民办高校毕业生就业的普遍去向是近年发展势头强劲的民营企业，而这种经济实体由于自身发展阶段和水平的限制，其在员工各个方面的待遇和稳定性与国家体制内就业单位相比还存在很大差距。因此，学校注意教育学生就业期望值不要过高，倡导"先就业、再择业"。

4. 更加强调"对口"就业

"对口"就业指的是高等院校人才培养与劳动力市场中各种工作岗位之间直接的结合或对接机制。它的特点是以工作岗位的实际需要为主，注重技能的培养以及当前就业市场的需要。与此对应的是"适应"性就业。"适应"性就业指人才培养和劳动力市场之间相对而言一种更加宽泛和间接的结合或对接机制（谢维和，2004）。民办高等教育实施的主要是高等职业教育，人才培养目标主要是培养高级应用型人才。应用型人才的特点就是与特定职业的直接匹配，因此，整体上看，民办高校毕业生就业的对口率普遍较高。

通过对不同类型民办高校毕业生就业特征的剖析，本文发现有几种力量综合起来对民办高校毕业生就业起推动作用，包括民办高校办学水平、地区经济发展水平和社会关系网络。其中，民办高校本身就是市场化过程的产物，办学水平受到学校整合资源的能力、办学质量、专业与市场的贴近程度以及在就业市场上的表现等条件的约束。因此，可以粗略地把促进就业的机制分为市场机制和社会网络机制，市场机制是主导机制。一定程度上，民办高校推进就业工作的努力，营造学校信号、专业信号和个人信号的努力和就业指导课的开设，都可以视为民办高校推进毕业生就业工作的市场化行为。北京城市学院90%以上的学生生源地是北京、90%以上的毕业生留在北京工作，进入国有单位就业的毕业生占到了25%；北京科技职业学院约90%的学生是京外生源，约70%的毕业生留在北京工作，而该校2003年7.9%进入国有单位就业的毕业生基本上是回到原籍就业者。把这两种类型民办高校与其他类型民办高校进行比较，我们可以认为，民办高校一部分毕业生在家庭所在地区实现就业，家庭社会网络的运作使这部分毕业生具有了进入国有单位就业的机会。

第五章　学生及家长的作用

对于民办高校毕业生而言，政府、劳动力市场和学校只是为他们的未来职业设计铺设了一种背景，而最终走上工作岗位、在现实中有所作为还要靠自己的天分和勤奋。如何在学校的起点上，选择一条自己的就业途径，在分割的劳动力市场找到自己的位置，则主要靠毕业生自己的努力。在这一过程中，家长期望子女成才心切，会在尽可能的范围内运用社会网络的力量，给子女就业提供各种便利条件，帮助子女实现就业。

一　学生的无奈和努力

民办高校毕业生在就业过程中，从来不是被动地接受就业市场的挑选，也不是学校为就业所付出努力的被动接受者。毕业生是就业的承担者，他们所经受的压力、努力、失落和兴奋，对切身利益和美好前程的关注，都驱使他们全身心地投入到寻找工作的滚滚洪流中。在分割高等教育毕业生就业的供给市场上，在个人信号、学校信号上，民办高校毕业生处于这一体系的底层，而专业信号并没有多少优势可言。民办高校毕业生在自我定位、求职心态和求职途径等方面也表现出不同于公立高校的特点，这些民办高校毕业生身上所携带的主客观特点直接影响了其求职结果。

1. 就业心态

在学生求职过程中，民办高校毕业生的自我认知和择业心态直接影响到他们的择业行为，并进而影响到他们的择业结果。曹迎侠 2000 年对黑龙江一所和福建三所民办高校 97 届、98 届和 99 届毕业生开展的 360 份问卷的抽样调查显示，民办高校毕业生对自己不同方面的素质表现出不同的态度。他们对自己的知识掌握缺乏信心，但是对自己在人际交往、实践操作以及组织管理等方面的能力充满信心（见表 5 - 1）。

表 5 - 1　民办高校毕业生自我能力认知调查

单位：%

	很好	好	一般	差	很差
人际关系与人际交往能力	18.2	54.4	25.5	1.8	0
知识广度与深度及运用能力	3.6	27.3	52.7	13.6	2.7
操作技能与实践能力	14.7	41.3	39.4	3.7	0.9
组织和管理能力	10.8	48.1	37.6	3.5	0
发现、分析和解决问题能力	17.3	45.5	34.5	2.7	0
创新能力	12.6	37.8	43.2	6.3	0
自学能力	27.9	43.2	22.5	4.5	1.8
语言表达能力	12.6	34.2	39.8	10.8	2.7

资料来源：曹迎侠，2000。

　　而一项在浙江树人大学开展的调查揭示，与公立高校学生相比，民办高校学生在对待就业上显得有点儿信心不足、过于自卑（见表 5 - 2）。

表 5 - 2　浙江树人大学学生信心调查

单位：%

	信心状况	占比	信心状况	占比
与公立大学同学交往时	有自卑感	41.9	比他们强	9.8
与公立大学同专业学生竞争同一岗位时	没信心或试试看	66.8	有信心	33.2
民办与公办专业设置	没有优势	56.2	民办更贴近市场	13.8

资料来源：宋斌、冯淑娟，2004。

　　在招生、教学和就业过程中，民办高校一般强调自己在专业设置上的优势，但是在对浙江树人大学的调查中，半数多学生认为民办高校在专业设置上并没有优势，只有 13.8% 的学生认为民办高校专业设置更贴近市场，占有专业设置上的优势。曹迎侠对毕业生开展的调查其实也显示了几乎相同的结论，民办高校毕业生对专业的就业前景整体上并不怎么看好（曹迎侠，2000）。对此一个可能的解释是，相对于公立高校的专业设置，民办高校的专业设置只是更适应就业市场上的某一行业，从而使民办高校毕业生在就业时避免和公立高校相关专业的毕业生直接竞争。我们也应该认识到，虽然行业发展为民办高校毕业生就业提供了广阔空间，但并不是说行业发展为民办高校毕业生提供的发展前景和工资水平能达到和公立高校毕业生一样的状况或相同的水平。所以，民办高校所具有的并不是专业设置上的绝对优势，而是专业更贴近某一行业需要的相对优势，虽然这一行业未必是"高收益行业"。

民办高校存在着办学水平上的分化，不同办学水平的民办高校学生对待就业的心态也存在很大差异。即使在同一所民办高校内部，也存在毕业生就业心态上的分化。这方面的研究数据缺乏，但我在对浙江和北京两地民办高校进行调查的过程中，能够清晰地感受到这一点。北京一所民办高校就业办公室的负责人说"学生内部两极差距大，有些学生对自己前途表现出漠不关心的态度"。我认为，民办高校在开展就业教育的过程中要逐渐增强这方面的意识，注意帮助学生树立自信心和消除就业心态上的两极分化，帮助所有学生提高就业能力。

2. 学生特点

总体而言，与公立高校毕业生相比，民办高校毕业生在就业问题上主要有以下三个方面的特点。

第一，更为极端的心态。在我国，政府、社会对民办高校的态度一般站在与公立高校对比的角度，民办高校一直在公立高校的影响下生存和发展，民办高校的学生同样也生活在公立高校学生的"阴影"下。总体上，民办高校学生总感觉较公立院校学生"矮"一截，对于他们来说，"民办"或"公办"已经成为一个信号，而改变这个信号的途径就是工作。但是一个潜在的后果是民办高校毕业生内部的两极分化，一些人努力进取，另一些人则容易自暴自弃，认为看不到未来。在心态上，民办高校毕业生较公立高校毕业生显得过于乐观或者过于悲观。

第二，接受更加注重实践的教育。针对学生学习能力较公立高校弱的特点，民办高校偏向于注重学生实际动手能力的培养。民办高校专业设置瞄准某一行业，课程设置也几乎遵循了同样的原则。所以，几乎所有的民办高校的课程设置都突出对学生实际动手能力的培养，注意训练学生直接进入工作情境的素质。因此，民办高校毕业生与就业市场对接起来更为容易。同时，民办高校毕业生对自己定位不高，在就业市场上多从自己实际情况出发，本着"先就业、再择业"的理念，把就业的目标单位定位在基础部门、中小企业和多种所有制企业。他们对用人单位提供的待遇要求不高，对用人单位解决户口、档案几乎不抱有什么想法，同时，对用人单位解决"三险一金"的要求也较公立高校学生弱很多。因而，在某些行业，同等条件下民办高校毕业生更容易就业。

第三，更加贴近劳动力市场的职业道德训练。民办高校自身所处的市场化位置，使其在教学过程中更加注意按照市场运作的逻辑和要求教育学生。因此，民办高校非常注意培养学生的求职技巧、礼仪和职业道德。而在现实中，这种课程对民办高校毕业生寻找工作的具体过程同样很有帮助。

3. 求职途径

求职过程中，民办高校毕业生的就业途径对求职结果有着最直接的影响。求职途径是求职者与用人单位的接触方式。一定程度上，求职途径决定了毕业生求职的结果。曹迎侠的实证研究表明，在民办高校毕业生的各种求职业途径中，劳动力市场、学校和媒体等的作用显著，通过这三种途径实现就业的毕业生占到总数的74%（曹迎侠，2000）。这体现了市场在推动民办高校毕业生就业的主导作用。毕业生通过各种途径了解用人信息，通过奔赴大大小小的人才市场，依靠自己的努力，向用人单位展示自己的学习成果和个人素质以实现就业。这是一种通过就业市场配置劳动力资源的方式，体现的是市场的力量。学生在求职过程中着意于强化其专业信号，而淡化学校信号，求职去向也多是中小企业。民办高校通过实习、校企联合和"订单教育"等各种途径为毕业生落实就业单位，强调学校的人才培养模式和用人需求的直接对接，基本上也是按照劳动力市场逻辑运作的结果，强调专业信号。而依靠亲朋力量实现就业的毕业生，则是社会网络运作的结果，在曹迎侠（2000）的调查中，通过亲朋实现就业的占到了样本总量的22.9%。

二 来自家庭的力量

1. 社会网络的运作

运作社会网络求职，在社会学领域，理论、个案和统计分析都得到了发展。社会网络学派的一个重要思路是特别强调个人利用社会网络争取社会资源以获得地位的意义（周雪光，2003：111～128）。这一思路由科尔曼的社会资本概念发展而来，注重从个人出发研究个人如何利用、发展和得益于这个网络。经林南、边燕杰的发展和倡导，这一理论范式在对中国人求职进行的实证研究中得到了运用。

社会网络理论认为社会关系一直在运作，只是我们没有检验到，或者没有计量到（林南、马戎，2003）。边燕杰、张文宏对天津的实证研究表明，从1956年到1999年的44年中，社会网络机制的作用呈现持续上升的趋势（边燕杰、张文宏，2001），他们把朋友和亲属关系界定为强关系。在358名使用社会网络渠道实现职业流动的被访者中，有13.11%的求职者使用了相识关系，有49.17%的求职者使用了朋友关系，有37.12%的求职者依靠亲属关系找到工作；后两项合并，计有86.19%的求职者使用了强关系。与1988年相比，强关系的使用比例上升了15.9个百分点（边燕杰、张文宏，2001）。同时，他们认为社会网络发挥作用的形式以提供人情为主，以传递信息为辅，国有单位关系人在经济转轨时代更可能提供人情（边燕杰、张文宏，2001）。

在民办高校毕业生就业过程中，虽然我们缺乏民办高校毕业生通过社会网络运作实现就业的具体数据，但从理论分析和现实经验上，仍然可以做出家庭社会网络运作对实现毕业生就业起着巨大作用的论断。但是与边燕杰、张文宏的研究不同，他们的样本来自当地居民和外来人口的随机抽样，而民办高校毕业生则是一个独特群体。他们只是一群即将踏入社会的年轻人，还不拥有帮助自己实现就业的社会关系网络，他们运作社会网络的能力还达不到这一层次，运作社会网络实现民办高校毕业生就业的只能是学生家长及其亲属、扩展亲属和朋友。

2. 家庭在民办高校毕业生就业中的贡献

学生的家庭背景对学生的一生都会产生影响。在民办高校学生的求学过程中，家庭的支持必不可少，尤其是在学费和生活费方面的支持方面。目前，国内从民办高校学生家庭背景进行民办高等教育研究的并不多，特别是实证的研究还很少，比较突出的有鲍威2001年对浙江民办高校的问卷调查。鲍威通过对浙江省7所民办高校430名学生的调查分析发现，浙江民办高校学生大多来自"个体工商户、私营企业主"家庭。样本学生中将近 70% 来自城市，农村学生中只有 10% 的学生的父亲是从事农业活动的，更多的是农村"个体工商户、私营企业主"（鲍威，2003）。北京大学教育学院对陕西民办高校 3600 名学生进行的问卷调查发现，有 23.6% 的学生，其父亲职业为个体户或私营企业经营者，有 47.1% 的学生的父亲职业为技术管理人员、公务员和工人，而父亲职业为农民或渔民的占到 22.6%。[①]郭建如认为，民办高校的社会支持层由中小城市、县镇的传统中间阶层构成，学生群体出现了一定的同质性（郭建如，2003）。他在对陕西民办高校开展的调查中发现，该省民办高校面向全国招生，外省学生占到 60%，甚至 70% 或 80% 以上，考虑到学校的收费水平，来自农民阶层的子女会多一些，但大多数也是经济条件较好的农村家庭的孩子。现实中，中小城市和城镇的经商群体的子女成为普通民办高校的生源主体（郭建如，2003）。事实上，各地民办高校学生来源均呈现这一特点。譬如北京的民办高校，无论学生生源地是北京还是其他地方，民办高校较公立高校高昂的学费和生活费，即使缺少严格的统计数字，我们也可以断定，民办高校学生多来自家庭有一定经济基础者。我在对浙江和北京部分民办高校的调查中，也印证了上述观点。据此，我们可以认为民办高校学生主要来自社会阶层中的中等收入家庭。

对民办高校毕业生就业最为关心的是学生家长。考虑到家长在社会阶层中处于中间位置以及家长运作社会网络的可能，在学生求职过程中，除了学生自己的努力，家长的支持和努力对求职结果的影响也非常大。在曹迎侠（2000）对四所民办高校各种就业途径的统计调查中，通过亲朋解决工作的占比为 22.9%。在第四章，从招生、学校所在地和就业所在地对民办高校进行的交叉分类可以看出，以本地生源为主、以在学校所在地就业为主的民办高校通过社会网络实现就业的，在四种类型的民办高校中所占比例最大。从逻辑上分析浙江民办高校的就业模式，我们也可以发现，学生多来自个体工商户和私营企业主之家，而学生的主要就业去向也是中小企业。据此可以认为，浙江民办高校毕业生求职过程中，家长作用巨大，甚至有些毕业生直接回到自家开办的企业就业。在交叉分类中其他类别的民办高校则主要依靠劳

---

① 资料来源于北京大学教育学院 2004 年"通过政策、认证（评价）和改善管理提升中国民办高等教育"课题组调查资料。

动力市场和学校努力实现毕业生就业。但是对于那些回到原籍实现就业的学生，也可以说，他们中很大一部分人是通过社会网络实现就业的。

民办高校毕业生中存在一批毕业生进入城市体制内劳动力市场以及一批毕业生毕业后出国留学的情况。学生毕业之后出国，这需要家庭资金上的鼎力支持。从学生毕业去向的角度，这也可以视为一种民办高校毕业生实现就业的途径。在中国当前经济社会背景下，就业竞争激烈，群体处于弱势的民办高校毕业生要实现体制内就业必须寻找到一种力量削弱自身所处弱势地位带来的不利影响，而家庭社会网络的强关系正是这种力量的源泉。比如北京城市学院，其北京生源约占90%，50%左右的毕业生通过家庭社会网络运作实现就业，2004届毕业生中进入国有单位就业者占到全体毕业生的20%。而北京科技职业学院，京外生源约占90%，2003年该校毕业生进入国有单位就业者占全体毕业生的比例为8.9%，而且进入国有单位就业的毕业生基本上全是回原籍就业者。家长通过亲属关系、朋友关系为子女就业寻找契机，并在适当的时候从经济上为强关系的运作提供回报。此外，民办高校存在一些家境较好的学生，他们就读民办高校的原因并不是就业上的压力，而是自己在应试教育背景下进入不了公立高校，家庭能够帮助他们进入一定的职位系统，但需要一个文凭，而民办高校则提供了解决途径，所以他们选择了民办高校。当然这种情况在民办高校只是极少数，但是这体现了家庭运作社会网络、通过人情解决子女就业的一种极端现象。这样，社会网络的运作使部分民办高校毕业生真正享受到相关法律规定的与公立高校毕业生同等的就业待遇，实现了体制内就业。

三　小结

在民办高校毕业生实现就业的过程中，从选择专业、学习理论知识和技能以及最终实现就业，是他们人生的重大选择和转折。在民办高校毕业生整体就业路径的背景下，他们在无奈中，在或冷漠或积极的心态中寻找自己的未来。相较于他们中的大多数进入"基、小、多"用人单位就业，家庭社会网络关系的运作则帮助他们中的少数人进入了更高级的劳动力市场，从而实现了就业，家庭社会网络成为这部分毕业生就业的主导力量。

第六章　总结和讨论

在分割的高等教育毕业生供给体系中，民办高校毕业生处于这一体系的低端。在就业单位的层面上，民办高校毕业生"避开中央，占领四方"[①]，主要到分割劳动力市场中的基础部门、中小企业和多种所有制经济实体实现就业，其中，小部分毕业生进入主要劳动力市场并实现了就业。在毕业生就业地区的分布上，主要分布在东部经济发达地区、民办高校所在地或者学生家庭所在地。在这种毕业生就业背景下，民办高校毕业生就业的渠道主要有招聘会、学校推荐就业和亲朋协助实现就业三种形式，又可分为市场机制和社会网络运作机制。考虑到相关政策法规在引导民办高校毕业生就业过程中的独特作用，通过对民办高校毕业生就业的制度环境、市场环境、民办学校推进就业工作的类型以及毕业生及其家长就业努力的研究，本文认为存在着政府、市场和社会网络三股力量共同推动着民办高校毕业生就业。

一　推动民办高校毕业生就业的三种力量

（一）推动民办高校毕业生就业的三种力量

1. 政府力量

社会主义市场经济作为配置资源的基本经济制度，使影响高等教育资源配置的制度环境发生了质的改变（康宁，2004）。对民办高校而言，制度环境的改变为其提供了一个发展的空间。政府对民办高校毕业生就业的作用方式通过政策法规的方式、通过国家权力的规定性要求体现出来。反

[①] 民办高校相关人士的说法。"避开中央，占领四方"，其中"中央"是指党政机关、大中型国有企业，"四方"是指中小企业、基层企业、乡镇企业和个体私营企业。

映在就业问题上，就是政府给了民办高校一定的办学自主权，包括设置专业和课程、组织教学、组合优质教育资源以及在一定程度上对民办高校颁发学历证书的许可权。更为重要的是，1993年8月17日，国家教委发布《民办高等学校设置暂行规定》提出："民办高等学校及其教师、学生享有与国家举办的高等学校及其教师、学生平等的法律地位，招收接受学历教育的学生，纳入高等教育招生规划，参加全国高等学校招生统一考试，学生毕业后自主择业，国家承认学历。"这些相应的政策和法规很大程度上为民办高校毕业生就业创设了一个平台。但是我们也应该看到，政府政策法规体系中还存在一些不利于民办高校毕业生就业或者不利于民办高校毕业生高质量就业的规定，民办高校毕业生就业的福利和权益很多时候缺乏保障。在当前中国就业的职位等级系统中，政府的力量不足以帮助民办高校毕业生实现体制内就业，对现实中存在的民办高校毕业生就业权益被损害的现象也缺乏监管和治理。所以，整体而言，现行政策法规对实现民办高校毕业生就业还存在许多的阻碍。

2. 市场力量

在私人领域，市场力量占主导地位，所以私立学校的人事决策趋向非正式化和自主化。反过来说，这种制度形式的不同给学校造成了深远影响——这些影响几乎涉及学校组织的方方面面（丘伯、默，2003：60）。民办高校毕业生就业的目标单位是基层部门、中小企业和多种所有制经济体。民办高校的组织和活动处处显示着这种私人领域里市场力量的影响。同时，民办高校只有在其毕业生能够基本实现就业的情况下才能够实现可持续办学。而民办高校也充分意识到这一点，其办学目标、专业和课程设置及其就业策略，都力求贴近用人单位需求、贴近相关产业对员工素质提出的要求，努力创设一套有利于民办高校就业的信号系统。同时，民办高校通过招聘会和用人单位建立不定期的联系、通过校企联合与企业建立制度化的联结，甚至依托远程就业实习基地试图与企业结盟以推进学校就业工作。本研究发现，不同类型民办高校就业的实现途径都显示出市场是推动民办高校毕业生就业的主导力量，对于在非生源地就业的学生所起的作用更为显著。但我们也发现通过这种方式实现就业的民办高校毕业生更多流入到了基层部门、中小企业或者多种所有制经济体中就业。此外，民办高校毕业生通过劳动力市场、自己努力寻找工作，很少拥有进入机关事业单位、国有企业这些体制内职位系统就业的机会。

3. 社会网络力量

社会网络运作在促进民办高校毕业生就业过程中具有重要作用，对以本地生源为主、以在学校所在地就业和回到原籍就业的学生尤其重要。通过这种方式实现就业的毕业生占毕业生总量的比例不会很高，也不会很低。但社会网络的运作使民办高校毕业生具有了超越分割劳动力市场的需求体系和高等教育毕业生就业体系对其就业造成的双重不利地位，具有了到机关事业单位和国有企业这些体制内劳动力市场就业的可能。在当前情况下，通过这种方式实现就业的民办高校毕业生的整体就业层次要高于通过市场机制实现就业的毕业生。

把三种推进民办高校毕业生就业的因素综合起来分析，我们可以发现，它们的作用方式和作用力度存在很大差异。以毕业生就业质量为纵轴，以毕业生就业数量为横轴，把这三种促进民办高校毕业生就业的力量组织到同一体系中进行分析，我们可以得到如图6-1所示的关系。

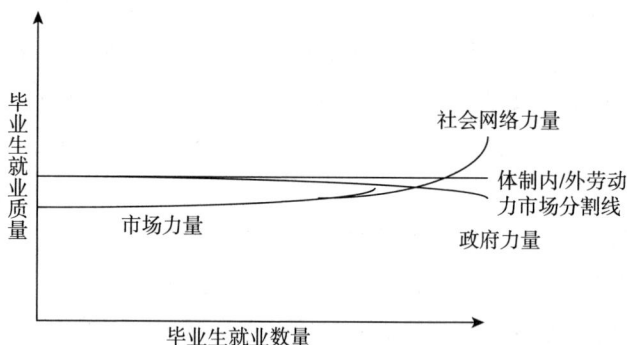

图6-1 三种力量曲线关系

综上，本研究认为，政府对民办高校毕业生态度明确，承认其享有与公立高校毕业生相同的就业待遇，但是对民办高校办学自主权的规定、对专业和课程设置的限制以及相关劳动政策的惯性，政策法规为民办高校勾画的是一条稍微向下倾斜的作用曲线。市场力量是促进民办高校毕业生就业的主导性力量，民办高校围绕就业市场需求设置专业和课程，其大部分毕业生是通过人才招聘会、校企结合、就业实习基地等市场途径实现就业的。但是通过这种形式实现就业的层次不高。如果以体制内和体制外就业为分界线，通过市场方式实现的就业则普遍在这条线的下面。但民办高校毕业生的就业层次在社会的职业等级中还是处于中层偏下或者中层的位置，以从事技术性劳动为主。而且，随着市场化进程的加快，市场机制在促进民办高校毕业生的就业上表现得更加强劲，使市场力量曲线呈现向上倾斜的趋势。通过运作社会网络实现就业的毕业生在数量上不占多数，但通过这种方式实现就业的单位层次较高，相当一部分是机关事业单位或者国有企业。所以，在三种力量曲线关系图中，社会网络的力量曲线一部分在体制内/外劳动力市场分割线之下，一部分处于体制内/外劳动力市场分割线之上，也就是说，通过社会网络机制实现就业的毕业生中，一部分进入了体制内劳动力市场，一部分仍然徘徊在体制外劳动力市场。考虑到民办高校学生主要来自社会的中间阶层以及民办高校毕业生的就业层次，本研究认为，民办高校毕业生就业实现的是社会中间阶层的"再生产"、少数社会上层子女的向下流动和社会底层子女的向上流动。在这个意义上，民办高校成为社会阶层再生产和阶层流动的装置。

（二）民办高校毕业生就业过程中的问题

同时，我们也应该看到民办高校毕业生就业过程中存在的问题，而这些问题正是民办高校毕业生就业过程中需要解决的，为的是更好地实现民办高校毕业生就业。概括起来，主要有以下几个方面。

1. 政策法规不配套、贯彻不彻底

这主要表现为教育法规内部的缺失、教育法规之间及教育法规与劳动人事制度的不协调。同时，这些政策法规贯彻还不够彻底，民办高校毕业生的相关劳动权益还得不到有效保障。因此，距离为民办高校毕业生就业创设一个公平、有序的制度环境还有一段路程。

2. 市场力量运行不完善

在民办高校的招生、教学以及就业等层面，民办高校自身还存在一些不规范行为。同时，劳动力市场对民办高校毕业生的态度和观念还需要改变。此外，市场分割严重制约了民办高校毕业生向上流动的空间和机会，市场自身发育的不规范也在一定程度上导致民办高校毕业生就业权益得不到应有保障。

3. 社会网络机制运作合乎情理，但不利于劳动力市场的健康发展

民办高校毕业生通过社会网络运作实现就业的方式主要是依靠家庭的强关系冲破分割劳动力市场的限制、越过其不利影响而充分享受政策法规规定的劳动待遇。但是这种方式一个直接的后果是不利于统一、有序的劳动力市场的建立和完善。

因而，在民办高校毕业生就业的整体层面上，政策法规将继续沿着构建统一有序的劳动力市场的逻辑演进，积极主动地为民办高校毕业生就业创造良好的外部环境，着力于提供制度化的就业环境。市场力量和社会网络力量在推进民办高校毕业生就业的过程中是互为替代、互相渗透的，两者之间关系的总体状况和趋势是民办高校毕业生就业主要受市场力量的影响，市场力量将主导着民办高校毕业生就业的未来走向；社会网络力量在当前的社会背景下对民办高校毕业生就业还将继续产生作用，随着市场力量的持续壮大以及政策的逐渐理顺和落实，社会网络在实现民办高校毕业生就业过程中的作用将逐渐减弱。

二 本研究取得的进展

本文从政策法规角度、劳动力市场角度、民办高校角度和毕业生及其家长角度对民办高校毕业生就业这一主题展开的研究，主要有以下几点贡献。

第一，本文从政策法规的角度系统分析了民办高校毕业生就业的制度背景。政府政治经济体制改革是民办高校产生、发展的前提，政府通过促进统一劳动力市场的建立和相关政策法规的颁布，或直接或间接地为民办高校毕业生就业创造了制度背景，本文对此进行了系统研究。

第二，本文结合信号筛选理论和分割劳动力市场理论，分析了民办高校为促进毕业生就业创设的学校信号、专业信号和个人信号。同时，从分割的劳动力需求系统和分割的毕业生供给系统两个方面分析了民办高校毕业生的主要就业流向。

第三，本文以生源地和毕业生是否在学校所在地就业两个维度为依据，结合地区经济发展水平和民办高校自身发展水平对民办高校毕业生就业进行了类型研究。本文认为主要是市场机制和社会网络机制推动着民办高校毕业生就业，而市场机制内部也呈现不同特点。

第四，本文通过对不同类型民办高校就业模式特点的剖析，分析了推动民办高校毕业生就业的政府、市场和社会网络三种力量，并绘制了三种力量的作用关系图，把三种推动民办高校毕业生就业的力量综合起来进行研究。

三　不足之处和需要进一步研究的问题

1. 不足之处

本研究存在的不足主要来源于研究资料。首先，第一手资料较难拿到。民办高校分布在全国各地，且进入调查较难，关于就业的统计资料尤其缺乏。其次，关于民办高校毕业生就业的专题研究较少，所以相关研究资料还不够充分。同时，所得资料大多来自报纸和各个学校或者各个网站，由于民办高校出于自身利益的考虑有虚假宣传的可能，所以这部分资料的可信度存在一定问题，而只能在具体调查中求证和对资料内部的统一性进行考证。

2. 需要进一步研究的问题

本研究以民办高校学生生源地和毕业生是否在学校所在地就业为维度、结合地区经济发展水平和民办高校自身发展水平进行的类型划分和研究还略显粗糙，对民办高校就业的类型研究和统计分析还不够深入、规范，需要进行更为深入系统的研究。

在我国推动从精英化到大众化高等教育转型的过程中，在各种推动民办高校毕业生就业的力量之间，民办高校艰难前行。在对民办高校毕业生就业进行研究的过程中，我深感民办高校在发展过程中受到方方面面因素和力量的影响，民办高校毕业生更多时候被社会所遗忘。作为一个群体，他们被社会承认和关注的程度还不够；作为一个个体，在政府力量、市场力量和社会网络力量之间，民办高校毕业生表现出来的更多是困顿、不屈和努力。在民办高校毕业生就业趋向市场化的演变过程中，期待他们顺利越过不利于自身就业的重重障碍，在具体的工作岗位上开辟出属于自己的一片天地！

参考文献

鲍威，2003，《中国民办高等教育供求结构的分析》，载孙霄兵主编《中国民办教育组织与制度研究》，中国青年出版社。

边燕杰、张文宏，2001，《经济体制、社会网络和职业流动》，《中国社会科学》第 2 期。

布尔迪约、帕斯隆，2002，《继承人——大学生与文化》，邢克超译，商务印书馆。

曹迎侠，2000，《民办高校毕业生就业现状与问题研究》，硕士学位论文，厦门大学高教所。

陈宝瑜，2002，《如何保持民办高校毕业生较高的就业率》，《教育与职业》第 12 期。

陈学飞，1995，《美国、日本、德国、法国高等教育管理体制改革研究》，教育科学出版社。

郭建如，2003，《中国民办教育发展的多样性与趋同性研究》，载孙霄兵主编《中国民办教育组织与制度研究》，中国青年出版社。

胡鞍钢、程永宏，2003，《中国就业制度演变》，《经济研究参考》第 51 期。

胡瑞文，2004，《高等教育还应适度超前发展》，《瞭望新闻周刊》第 52 期。

胡卫、丁笑炳主编，2001，《聚集民办教育立法》，教育科学出版社。

黄志岳，2003，《兴衰之间——中国近代私立大学生长机制研究》，硕士学位论文，北京大学社会学系。

瞿振元、谢维和、陈曦，2002，《2001～2003 年中国高等学校毕业生就业形势分析与预测》，北京师范大学出版社。

康宁，2004，《我国高等教育资源配置方式转换与制度环境》，《北京大学教育评论》第 2 卷第 4 期。

赖大仁、秦良、罗坚、吴维真、汪东平，2001，《关于江西民办高校发展的考察报告》，《江西教育学院学报》第 2 期。

赖德胜，1996，《论劳动力市场的制度性分割》，《北京师范大学学报》第 10 期。

林南、马戎，2003，《漫谈社会学与社会发展》，《社会学研究》第 4 期。

林小英，2003，《民办教育制度与政策》，载孙霄兵主编《中国民办教育组织与制度研究》，中国青年出版社。

刘英杰，1990，《中国教育大事典：1949～1990》，浙江教育出版社。

刘世定，2004，《相对地位和高等教育》，《北京大学教育评论》第 4 期。

刘尧，2005，《我国民办高等教育的现状、问题与发展趋势》，中国教育和科研计算机网官网。

刘泽云，2003，《从分割的高等教育市场看民办高等教育的发展》，《江苏高教》第 2 期。

罗守峰，2003，《民办高校何以陷入困境？——关于我国民办高校合法性的个案研究》，硕士学位论文，北京大学社会学系。

马丁·卡诺，1990，《教育和劳动力市场的划分》，载《西方教育经济学流派》，曾满超等译，北京师范大学出版社。

迈克尔·赖克、戴维·戈登、理查德·爱德华兹，1990，载《劳动力市场划分的理论》，载《西方教育经济学流派》，曾满超等译，北京师范大学出版社。

迈克尔·史潘斯，1990，《筛选假设——就业市场信号》，《西方教育经济学流派》，曾满超等译，北京师范大学出版社。

M. 皮奥里，1990，《双重劳动力市场的理论及其对人力投资决策的意义》，《西方教育经济学流派》，曾满超等译，北京师范大学出版社。

莫荣，2004，《2003～2004 年中国就业报告：中国积极就业政策的实践》，中国劳动社会保障出版社。

莫荣，2003，《2002 年中国就业报告——经济体制改革和结构调整中的就业问题》，中国劳动社会保障出版社。

P. 多林格、M. 皮奥里，1990，《内部劳动力市场的形成》，载《西方教育经济学流派》，曾满超等译，北京师范大学出版社。

任万钧，2004，《以就业市场为导向　提升民办高校竞争力》，《中国高等教育》第 24 期。

萨尔·D. 霍夫曼，1989，《劳动力市场经济学》，崔伟、张志强译，上海三联书店。

宋斌、冯淑娟，2004，《民办高校学生择业心理特征及对策》，《绍兴文理学院学报》第 9 期。

魏新、李文利、陈定芳，1997，《当前我国高校毕业生就业分配机制探析》，《高等教育研究》第 1 期。

夏业良，1997，《论信息经济学的形成、发展及其研究对象》，《世界经济文汇》第 4 期。

W. 罗格特、J. 哈特戈，2000，《筛选模式和教育》，载 Martin Carnoy 主编《教育经济学国际百科全书》，闵维方等译，高等教育出版社。

谢维和，2004，《对口和适应——高校人才培养与劳动力市场的两种关系模式》，《北京大学教育评论》第 4 期。

闫凤桥，2003，《美国私立高等教育特征分析》，《黄河科技大学学报》第 3 期。

杨宜勇，2002，《中国转轨时期的就业问题》，中国劳动社会保障出版社。

袁振国、周彬，2003，《中国民办教育政策分析》，社会科学文献出版社。

约翰·E. 丘伯、泰力·M. 默，2003，《政治、市场和学校》，蒋衡等译，教育科学出版社。

岳昌君，2004，《大学生就业选择的行业因素分析》，《北京大学教育评论》第 3 期。

周天勇，2002，《究竟怎样才能扩大就业》，《财经科学》第 3 期。

周雪光，2003，《组织社会学十讲》，社会科学文献出版社。

Altbach, P. G. 1998. *Comparative Higher Education: Knowledge, The University, and Development.* Comparative Education Research Center The University of Hong Kong, pp. 30 – 31.

Altbach, P. G. 2001. "The American Academic Model in Comparative Perspective," in *Defense of American Higher Education*, edited by Altbach, P. G. Patricia J. Gumport & D. Bruce Johnstone, The John Hopkins University Press, p. 16.

Barr, Nicholal. 1993. "Alternative Funding Resources for Higher Education," *The Economic Journal*, Vol. 103, No. 418.

Clark, Burton R. 1986. Foreword of *Private Sectors in Higher Education: Structure, function, and Change in Eight Countries*. Ann Arbor: The University of Michigan Press.

Geiger, Roger L. 1986. *Private Sectors in Higher Education: Structure, function, and Change in Eight Countries*. Ann Arbor: The University of Michigan Press.

Geiger, Roger L. 1988. "Privatization of Higher Education: International Trends & Issues," Princeton: International Council for Educational Development.

Levy, Daniel C. 1986. *Higher Education and the State in Latin America: Private Challenges to Public Dominance*, The University of Chicago Press, pp. 18 – 22.

Rosenbaum, James. Kariya, E. Takehiko. 1989. "From High School to Work: Market and Institutional Mechanisms in Japan," *The American Journal of Sociology*, May, Vol. 94, Iss. 6. p. 1334.

Trow, Martin. 1973. *Problems in the Transition from Elite to Mass Higher Education*. Paris: OECD, pp. 8 – 11, 23 – 26.

Trow, Martin. 2001. "From Mass Higher Education to Universal Access: The American Advantage," in *Defense of American Higher Education*, edited by Altbach, P. G, Patricia J. Gumport & D. Bruce Johnstone. The John Hopkins University Press, pp. 110 – 143.

◎ 邹汉歌

「制度环境中民办高校的组织转型：过程、机制与实践逻辑」

第一章 导论

一 问题的提出

改革开放以来，中国社会的各个层面都发生了巨大的变迁。在改革以前的"总体性社会"中，国家几乎是一切重要资源的垄断者，并以此为基础，对几乎全部的社会生活实行严格而全面的控制（孙立平等，1994）。改革使国家在各个领域有了不同程度的退出，也为社会力量的激活与运作提供了机会，让渡了空间。正是在这种大背景下，民办高校应运而生并得到蓬勃发展。

然而，从一方面来看，尽管说民办高校的出现适应了高等教育市场化的趋势，弥补了公立高等教育资源的不足，满足了社会民众日益增长的教育需求，但其发展的道路并不是一帆风顺的。纵观民办高校发展的历史就会发现，政府对待民办高校的态度与导向直接决定着后者的发展速度，而由于多方面的原因，与公立高校相比，民办高校始终处于相对较低的发展阶段。可以说，民办高校所迈出的每一步都充满了艰辛。

从另一个方面来看，民办高校在资金来源、办学规模、形式和内容等方面表现出了较强的地域性特征，不同地区民办高校的发展模式和水平存在着一定的差别。有学者就从地域性环境（社会性构成的条件性空间）分析入手，从社会性发展（社会合法性的获得与社会网络的形成、社会空间的扩展）、市场化经营（对市场机制的应用及对市场的开拓）、教育性（与教育规律的结合）三个维度对此进行了深入的研究（郭建如，2003a）。而由教育部政策研究与法制建设司承担并委托北京大学教育学院和上海教育科学研究院具体实施的世界银行项目"中国民办教育发展状况研究"则在报告中明确指出，在中国现有的教育管理体制下，政府政策对民办教育仍然具有较大的影响，地方政府比中央政府对民办教育发展有更直接的影响。在中央政府的统一政策下，各地政府制定的针对本地民办教育的特殊政策，是各地民办教育发展不均衡的主要原因之一（孙宵兵，2003）。

在对北京市的民办高校进行实地调研时，我们通常都会向学校的领导者提出这样一个问题："在你看来，影响民办高校发展的最大因素是什么？"几乎没有例外，我们得到的回答总是那样不假思索但又语气肯定的："是政策。"这样的回答固然凸显了政策法规等制度环境对于民办高校发展的极其重要性。由于北京所具有的特殊政治与文化地位，政府在对待民办高校的发展上一直较为慎重，对民办高校的审批、考核和管理等也往往采取更为严格的标准。然而另外一个不可忽略的事实是，北京市的民办高校发展虽然相对较为平缓，但仍然呈现了复杂性、多样化、多种办学模式并存等这些中国民办高校发展所具有的一般特征。疑问由此而生：政策法规都是统一的，那么，在相同的地域条件和制度环境下，民办高校为何仍然呈现了不同的发展形态；为什么有的民办高校发展相对较快，有的民办高校发展则较为缓慢甚至遭到淘汰。

从组织社会学的角度来考量，以上疑问可以归入一个更为根本的范畴，即民办高校的组织转型。从某种意义上可以说，那些成功实现了组织转型的民办高校通常更为适应外在的制度环境，从而为持续的快速发展铺平了道路；那些难以完成组织转型的民办高校则或多或少地与外在环境不相协调，因而在激烈的竞争中成为弱者。那么，民办高校如何才能实现自身的组织转型？影响民办高校实现组织转型的主要因素有哪些？在实现组织转型的过程中，民办高校会采取什么样的策略？这些就是本文所要研究的主要问题。

二　理论基础

1. 组织社会学理论

斯科特将组织研究总结为三种理论视角：理性系统视角把组织视为寻求特定目标的、高度形式化的集合体；自然系统视角把组织视为由一致或冲突而产生的，但始终寻求生存的社会体系；开放系统视角则将组织视为在环境的巨大影响下，有着不同利益关系的参与者的联合（斯科特，2002：27）。在这三种不同的视角下，涌现出了众多的理论流派以及试图综合三种视角的努力。

应该说，对组织转型（organizational transformation）的研究是 20 世纪 60 年代伴随着组织发展（organizational development）的产生与兴起而开始的，它被作为组织变革（organizational change）的一种手段而加以研究。然而，在上述理论视角和理论流派下，与组织转型直接相关的研究并不多见。1976 年美国社会学家威廉姆·艾宛（William Evan）提出了"转组理论"（Trans-organizational Theory），从文化和社会结构的角度来分析组织转型，并将其与"群体生态理论""资源依附理论"等其他理论相提并论，但该理论在后来并未得到学者们的广泛承认，在主流组织理论学派中也没有它的位置（钱平凡，1999：3）。

不过，如果我们将组织转型定义为组织为寻求与环境的最佳匹配与动态平衡而在目标、结构等基本构成要素上的变化以及这些构成要素之间关系的重组，我们仍然能够从一些经典的组织理论中获得许多有益的启示。例如，由劳伦斯和骆奇（Lawrence & Lorsch，1967）首创的权变理论（Contingency Theory）认为，不同的环境对组织有不同的要求，特别是市场条件下或技术中以不确定性及快速变化为特征的环境，更会对系统提出不同的要求，包括限制和机会。权变理论强调设计有赖于环境因素，是权变性的，其基本立场是：最佳的组织方式有赖于组织环境的特质。而资源依附理论则主要着重于单个组织，从组织优势来考察环境。它认为，如果不了解组织运作的环境，就无法了解其结构与行为。没有任何一个组织是自给自足的，所有的组织都必须为了生存而与其环境进行交换。获取资源的需求使组织产生了对其外在单位的依赖性，资源的重要性和稀缺性则决定了组织依赖性的本质和范围。权变理论和资源依附理论都强调了组织与环境之间的重要关系，从而为我们全面考察组织的结构与行为提供了更为开放与多元的视角。但其共同的不足之处是对于组织的结构与行为本身缺乏充分的关注，因而难以对组织转型的过程与机制提供令人信服的解释。

与权变理论和资源依附理论相比，组织社会学中的新制度主义理论不仅进一步凸显了环境因素的重要性，更重要的贡献则是对组织环境重新进行了界定。制度学派指出，组织面对的是两种不同的环境——技术环境和制度环境。组织不仅在一定的技术环境中运作，而且在一定的制度环境中生存。所谓的技术环境是这样一种环境，即企业组织的产品或服务在其间的一个市场上进行交换，组织通过对其工作流程进行有效益和有效率的控制而获利（Scott & Meyer, 1991）；而制度环境则是这样一种环境，即其特征是规则和规定的精心安排，其间的单个组织要想从环境中获得技术和认可，就必须服从这些规则和规定（钱平凡，1999：197～198）。这两种环境对组织的要求是不一样的，甚至常常是相互矛盾的。技术环境要求组织有效率，即按最大化原则组织生产，制度环境则要求组织要服从"合法性"机制，采用那些在制度环境下"广为接受"（taken-for-granted）的组织形式和做法，而不管这些形式和做法对组织内部运作是否有效率。组织正是在不同环境条件的多重压力下活动的。追求对技术环境的适应常常导致对制度环境的忽视；而对制度环境的适应又常常与组织内部生产过程争夺资源。这两者之间的矛盾冲突和组织的相应对策导致了林林总总的组织现象（周雪光，2003：73）。

新制度主义组织理论对于技术环境和制度环境的区分为我们考察民办高校的组织转型提供了重要的理论基础。在民办高校的组织转型过程中，技术环境和制度环境究竟如何发挥作用？效率机制与合法性机制分别产生哪些后果？民办高校又如何应对效率机制与合法性机制的不同要求以实现自身的组织转型？我们将在后文对这些问题做进一步探讨。

2. 布迪厄实践理论

为了超越社会学研究中长期存在的个体与结构、主观与客观之间的二元对立，布迪厄提出并积极倡导他的社会实践理论，力图通过场域、惯习等基本概念来探讨社会生活中实践的奥秘。

在布迪厄的实践理论中，实践具有以下重要特性（杨善华，1999：276）：首先，实践具有紧迫性，在社会实践当中，行动者与思考这些实践的旁观者之间非常重要的一点不同就是，行动者需要在有限的时间范围内迅速"做出决定"，采取行动，这就预先排除了许多在理论上完全可能的行动路线和方式；其次，行动者在实践中还面对许多不可或缺的经济条件的限制，不可能随心所欲地采取各种行动方式，分析实践必须充分考虑这些约束对实践的重要影响；再次，实践具有模糊性，它是前认知性的、模糊不清的，因而实践理论需要竭力通过各种富有弹性的概念，来处理这些模糊的实践；最后，实践具有总体性，因而社会学应该也必须构建维持人类实践基本统一性的"总体性社会事实"，通过将经验性研究和理论性探索结合起来，来分析作为总体的实践。布迪厄认为，要把握实践的上述特性，就要从对规则的过度关注转向对策略的重视，从对立模型的机械力学转向勾勒策略的辩证法。

作为一项具体的实践活动，民办高校的组织转型同样符合布迪厄所说的实践特性；为了顺利实现组织转型，民办高校非常注重对于各种策略的运用。我们在研究民办高校的组织转型时引入布迪厄的实践理论，就是为了在这一理论的观照下，通过对各种策略的分析，深刻把握民办高校组织转型的实践逻辑。

三　分析框架

本文试图综合组织社会学的制度理论与布迪厄实践社会学的相关理论，考察制度环境中民办高校组织转型的过程、机制与实践逻辑。从分析的角度，可以将民办高校的组织转型界定为民办高校办学层次的升级以及由此带来的结构变化。现阶段，可以把我国的民办高校划分为四种类型：培训班性质的、自学助考性质的、学历文凭试点性质的[①]、有独立颁发文凭资格性质的。它们构成了合法性程度由低到高的四个阶梯，任何一个希望长期发展的民办高校都会沿着这个阶梯往上努力，直到成为自主性较强的、有独立颁发文凭资格的学校（孙宵兵，2003：147）。而民办高校在这一阶梯上所处的位置，就成了衡量民办高校发展程度的核心指标。因此，将民办高校的组织转型界定为办学层级的升级及由此带来的结构变化，是切合民办高校的实际情况的。

本文的基本思路和分析框架如下。

---

① 2004 年 7 月，教育部宣布取消学历文凭考试试点，从第二年起民办高校停止招收学历文凭考试学生。当前民办高校大致可以分为独立本科院校、独立二级学院、高职院校和其他高等教育机构四种类型。其中，公办院校举办的独立二级学院不在本文的讨论范围之内。

首先，民办高校的组织转型发生在一定的制度环境中，制度环境对于民办高校组织转型的过程、机制与实践逻辑具有直接的影响。第二章将对民办高校所处的制度环境进行简单的讨论。

其次，从组织社会学关于效率机制与合法性机制的经典问题出发，本文拟从这两个角度来讨论民办高校组织转型的过程。从效率机制来看，民办高校实行组织转型是追求效率的结果，是按照最大化原则运行的必然要求。这一视角主要涉及民办高校的"技术"层次和管理层次，着眼于民办高校为完成组织转型而进行的自身能力建设。从合法性机制来看，民办高校实行组织转型是为了谋求充分的合法性，合法性对于民办高校组织转型既是动力又是压力。这一视角主要涉及民办高校的制度层次，它将民办高校的组织转型视为从合法性的构建到合法性的再生产的过程。在这两种机制下，如果说合法性机制使民办高校的组织转型呈现某种趋同性，那么效率机制则使民办高校表现出更多的差异性。对于效率机制与合法性机制下组织转型的讨论，分别构成了本文第三章和第四章的内容。

值得强调的是，无论是为了谋求更大的合法性还是为了打造更高的效率，民办高校在组织转型的过程中都必须注重对各种策略的运用。其实，正是这种对策略的运用真正体现了民办高校组织转型的实践逻辑。因此，本文在第三章和第四章的分析中，还将对民办高校为完成组织转型而运用的各种策略进行简单的勾勒。

最后，我们将在第五章中对以上内容进行简单的总结与讨论。

四　资料与方法

本文使用的分析资料主要来自我所参与的两个研究课题：一个是由北大社会学系与加拿大罗尼托巴大学合作进行的"北京市公立、民办高等教育比较研究"；另一个是北京大学教育学院与北京市民办教育协会承担的"北京市民办高校发展与民办教育政策研究"。前者选取了北京地区四所具有代表性的民办高校和两所公立高校，通过对包括校长在内的职能部门负责人的访谈和对教师、学生的问卷调查，试图揭示民办高校和公办高校在外部政策与制度环境、内部组织结构和管理行为方面的特点和差异，着重探讨民办高校发展过程中存在的制度约束、现实困境以及民办高校在未来中国高等教育格局中的位置、角色和功用。后者则对北京市的十余所民办高校进行了实地调研，对高层管理人员做了深入访谈，通过了解民办高校创办、发展的历史，探讨民办教育受政策的影响，归纳出北京市民办高校在同样的政策环境下所发展出来的不同模式以及不同高校适应政策的方式，并在剖析目前制约北京市民办高校发展的制度和政策障碍的同时，探索政策与制度变迁的路径。这两个课题既有内在联系又各有侧重，它们所收集的大量访谈与文献资料，共同构成了本文主要的分析基础。

在研究方法上，本文主要采用的是个案法与比较法。按照民办高校的办学层次和发展程度上的差别，我选取了 4 个民办高校的个案：北京东方大学、北京人文大学、北京科技职业学院以及北京城市学院，并在对这些个案进行具体讨论的同时进行多维度的比较。其中，北京东方大学和北京人文大学没有独立颁发学历文凭资格，以自学助考为主，但二者在学校规模上有较大差距；北京科技职业学院和北京城市学院具有独立颁发学历文凭资格，前者以高等职业教育为主，后者则以本科教育为主。

4 个个案的基本情况①如下。

（1）"生下两个胖儿子"②的北京东方大学

北京东方大学创建于 1984 年，是经北京市教委批准、在国家教育部备案的一所具有较高教学质量、较好社会声誉和一定办学规模的全日制、多学科名牌高等院校。学校现有在校专科生、本科生 3600 多人，专兼职教师 300 多名。

（2）号称"五十万学子"③的北京人文大学

北京人文大学是经北京市教委批准、在国家教育部备案的一所文、理、工、经、管、武相结合的综合性全日制民办高等学校，创办于 1984 年，是改革开放以来成立最早的民办高校之一。学校占地 600 余亩，分为

---

① 这里的基本情况主要来自各个学校网站上的"学校简介"，其实际情况则以课题组进行的实地调查为准。

② 北京东方大学校舍尚为租借而来，硬件建设与其他几所学校差距较大。因新东方教育集团和北京科技职业学院都曾在办学初期挂靠在该校，所以北京科技职业学院院长称其"生下了两个胖儿子"（访谈资料 BDF，2005）。

③ 学校前身北京人文函授大学共有将近 50 万名学员，因而号称拥有"五十万学子"。

通州校区（近 200 亩）、顺义校区（70 余亩）、昌平校区（200 余亩）和预科部（与北京时代中学联合开办），现有全日制在校大学生 18000 人，教职工 1100 余人。

（3）异军突起的北京科技职业学院

北京科技职业学院（以下简称北科院），是经北京市人民政府批准、在国家教育部备案、具有独立颁发国家承认学历文凭资格的全日制、综合性普通高等院校，成立于 1997 年。校园占地面积 2050 亩，建筑面积 60 万平方米，沙河、八达岭两大校区互补并进，固定资产 15 亿元，无形资产 8 亿元。现有 26 个二级学院，80 多个品牌专业，在校生 21000 多人，专兼职教师 1250 多名。

（4）"民办高校的航空母舰"北京城市学院

北京城市学院是经中华人民共和国教育部批准成立的一所本科层次普通高等学校，以本科教育为主，同时举办专科层次的高等职业教育。其前身海淀走读大学，成立于 1984 年，是新中国第一所具有颁发国家承认学历资格的民办高校。学院在办学体制上发挥公助与民办相结合的优势，（截至 2006 年）历经 20 多年的奋斗，已发展成为代表中国民办高等教育发展水平的一流民办大学，并在国际民办教育界产生了一定影响。目前，学院设有一个主校区和京南、城北、中关村 3 个分校区，校园占地近 550 亩。现有本、专科专业达 106 个，在校生达 2.8 万人，拥有近 2000 人的专兼职教师队伍。

第二章 "促进"与"促退"之间：民办高校组织转型的制度环境

一 引言

新制度主义组织理论的基本出发点是：任何一个组织都必须适应环境而生存，我们必须从组织和环境的关系上去认识组织现象。涂尔干也指出，"要想真正了解任何一项教育主题，都必须把它放到机构发展的背景当中，放到一个演进的过程当中，它属于这个过程中的一个部分，但只是当前时代的、暂时的结果"（涂尔干，2003：13）。因此，在考察民办高校组织转型的过程与机制之前，先对民办高校所处的制度环境进行一番勾勒和反思，无疑是一项极其必要的基础性工作。

新制度学派代表人物、诺贝尔经济学奖得主道格拉斯·诺斯对制度做了这样的解释，"制度是一个社会的游戏规则，更规范地说，它们是为决定人们的相互关系而人为设定的一些制约"，"它是由正式制约、非正式制约以及它们的实施特征构成的"（诺斯，1994）。其中，正式制约是指各种规则、章程及宪法、法律，可称之为"成文法"；非正式制约包括道德、习俗、传统、信仰等，或可叫作"习惯法"；而"制度的实施特征"，其实就是保证"成文法"及"习惯法"能在一个社会中被遵守与尊重所采取的方法，如国家暴力或个人自觉等。斯科特则认为，制度是由认知（Cognitive）、规范（Normative）及管制（Regulative）结构和活动组成的，它为社会行为提供了稳定性，并赋予其一定的意义（Meaning）。制度是由多种载体来传递的，如文化、结构和惯例等，制度在一定的管辖范围（Jurisdiction）内的多个层次进行运作（Scott，1995：33；钱平凡，1999：43）。据此我们可以看到，所谓组织的制度环境，就是指组织所处的法律制度、文化期待、社会规范、观念制度等为人们"广为接受"的社会事实（周雪光，2003：7）。这其中，法律制度是制度环境的核心要素，它在一定程度上也是文化期待、社会规范、观念制度等其他构成要素的现实反映。本章将主要通过对民办（高等）教育相关政策法规的回顾与反思，展示出民办高校组织转型的制度环境。

二 "促进"：民办教育政策法规的基本取向

让我们首先对改革开放以来中国民办（高等）教育的政策演进做一个简单的梳理。

1982 年 11 月 26 日，彭真在第五届全国人民代表大会第五次会议上所做的《关于中华人民共和国宪法修改草案的报告》中提出了"两条腿"办教育的方针，该次会议修改通过的《中华人民共和国宪法》，明确规定"国家鼓励集体经济组织、国家企业事业组织和其他社会力量依照法律规定举办各种教育事业"，从根本上确立了我国民办教育的合法性。

1985 年 5 月，中共中央发布《关于教育体制改革的决定》，指出"地方要鼓励和指导国家企业、社会团体和个人办学"，"鼓励各民主党派、人民团体、社会组织、离退休干部和知识分子、集体经济单位和个人，遵照党和政府的方针政策，采取多种形式和办法，积极自愿地为发展教育事业贡献力量"。

1987 年，国家教委发布了《关于社会力量办学的若干暂行规定》，提出，"社会力量办学是我国教育事业的组成部分，是国家办学的补充"，对民办教育的地位进行了说明，也使中国的民办教育走上了有法可依的法制轨道。

1992 年以后，随着邓小平南方谈话的发表，中国加速了改革开放的进程，教育体制改革也进一步深化。同年召开的十四大在大会报告中指出"鼓励多渠道、多形式社会集资办学和民间办学，改变国家包办教育的做法"。

1993 年 2 月，中共中央、国务院颁布的《中国教育改革和发展纲要》规定"改变政府包揽办学的格局，逐步建立以政府办学为主体、社会各界共同办学的体制"，"高等教育要逐步形成以中央、省（自治区、直辖市）两级政府办学为主、社会各界参与办学的新格局"，同时还提出"国家对社会团体和公民个人依法办学，采取积极鼓励、大力支持、正确引导、加强管理的方针"，"十六字方针"在此后较长一段时期内被反复重申。同年，国家教委出台《民办高等学校设置暂行规定》，对民办高校的设置做了较为全面、细致的规定。

1997 年，国务院颁布《中华人民共和国社会力量办学条例》（以下简称《社会力量办学条例》），这是新中国第一个规范民办教育的行政法规。《社会力量办学条例》规定："社会力量应当以举办实施职业教育、成人教育、高级中等教育和学前教育的教育机构为重点……国家严格控制社会力量举办高等教育机构。"然而，这一规定在一年后通过的《中华人民共和国高等教育法》中就被突破，该法规定："国家鼓励企业事业组织、社会团体及其他社会组织和公民等社会力量依法举办高等学校，参与和支持高等教育事业的改革与发展。"

1998 年的《国民经济和社会发展"九五"计划和 2010 年远景目标纲要》提出："到 2010 年，基本形成以政府办学为主体，社会各界共同参与的办学体制及公立学校与民办学校共同发展的格局。"但同年底通过的《面向 21 世纪教育振兴行动计划》则加速了民办教育发展的步伐，提出"今后 3 ~ 5 年，基本形成政府办学为主体，社会各界共同参与、公办学校与民办学校共同发展的办学体制"，"2010 年"变为"今后 3 ~ 5 年"。

1999 年，中共中央、国务院《关于深化教育改革全面推进素质教育的决定》要求："进一步解放思想、转变观念，积极鼓励和支持社会力量以多种形式办学，满足人民群众日益增长的教育需求……凡符合国家有关法律法规的办学形式，均可大胆试验，在发展民办教育方面迈出更大的步伐。"

2002 年底，经过近四年调研、论证的《中华人民共和国民办教育促进法》（以下简称《民办教育促进法》）颁布，这是我国有关民办教育的第一部国家法律。该法明确了民办教育的性质和地位："民办教育事业属于公益性事业，是社会主义教育事业的组成部分。"同时，提出了民办教育的"新十六字管理方针"："积极鼓励、大力支持、正确引导、依法管理"——将原来的"加强管理"修改为"依法管理"。随后审议通过的《中华人民共和国民办教育促进法实施条例》又对《民办教育促进法》进行了细化与补充。至此，我国民办教育的法律法规体系基本建立。

可以看到，至 2006 年，我国民办（高等）教育的政策演进，经历的是一条从取消、默认、限制到鼓励的坎坷之路，在这一过程中，尽管充满了许多曲折和反复，但"促进"应当是政策制定的最终选择和基本取向。

三 "促退"：政策法规何以走向其反面

尽管我国的民办教育政策法规体系最终以"促进法"这样带有强烈倾向的立法形式得以确立，但在实际中，"促进法"并没有完全发挥其促进作用，甚至在某些方面成了制约民办高校进一步发展的瓶颈。一般认为，现阶段我国的民办（高等）教育政策尚存在诸多问题。[①]

第一，指导思想和发展定位不明确，缺乏前瞻性。国家发展民办高等教育的初衷是解决教育经费不足、高等教育规模有限与不断增长的高等教育需求的矛盾，而不是着眼于提高高等教育领域的效率和竞争力、促进高等教育办学模式的多样化。[②] 正因为如此，有关部门对民办教育一直持一种矛盾的心态：一方面，需要民间资金支持、发展教育事业；另一方面，又担心民办教育影响整个教育质量，担心一些人利用举办民办教育之机谋取非法利益，影响教育的公益性。这种心态使民办高等教育的发展缺乏整体规划和完善的制度保障。民办高等教育的发展与否、发展快慢在很大程度上取决于主管领导的价值取向和意愿；而能否享受政府的特殊政策，又取决于民办高校的公关能力、民办高校与主管部门的关系。总而言之，由于缺乏健全的制度保障，这种支持具有很大的不确定性。

第二，法规、条例规定模糊、笼统，缺乏可操作性。如《民办教育促

---

① 这里的分析主要参考张旺的总结，详见张旺，2005。

② "可以说吧，民办教育有一点可以肯定，就是丰富我们国家的教育形式，丰富教育投资形式，（促进教育）类型多元化。那么从这个方面呢，让它多做一些。换句话说，可能将来我们公办的高等教育是骨干，（民办教育）可能在满足人们多种教育需要上，能够补上这一块。"（访谈资料 BJW，2005）

进法》第五条规定："民办学校与公办学校具有同等的法律地位，国家保障民办学校的办学自主权。国家保障民办学校举办者、校长、教职工和受教育者的合法权益。"但却没有就如何保障民办学校的地位和权利做出具体的、可操作的规定。事实上，民办高校根本没有取得与公立高校同等的地位，民办高校和师生应当享有的合法权利也无法得到切实的保障。① 再如，法规对于民办学校的产权界定比较模糊。《民办教育促进法》第三十六条规定："民办学校存续期间，所有资产由民办学校依法管理和使用，任何组织和个人不得侵占。"这说明民办教育的出资人不能享有其所投入资产的产权，谁来代表学校处理学校的财产则不清楚。这一方面不同程度地影响了投资者对于民办教育的投资热情，另一方面导致了一些变相营利和违规操作现象的产生。

第三，管理体制与评估标准僵化、老套，缺乏科学性。我国目前对民办高等教育实行的是以省级管理为主的体制。中央一级教育行政主管部门是教育部社会力量办学管理办公室，其他各部门也分别承担相应的管理职责。省级主管民办高等教育的机构，各地情况不同。一些地方截至2006年没有对口的专门管理机构，部分省区市甚至没有配备专职的管理人员。这种管理体制看似是将民办高校与公立高校同等对待，② 其实也反映出相关部门对民办高等教育的重视程度还不够。而由于政出多门，多头管理，有关职能部门之间缺乏统一的规划和有效的沟通与协调，政策之间互相矛盾或产生交叉的现象时有发生。同时，由于民办高等教育起步较晚，还没有形成一套完整、成熟的评估体系，因而公立高等院校的设置标准和评估制度就成了评估民办高校的参考依据。这种做法无疑忽视了民办高校的特殊性和我国民办高等教育的实际情况，对于民办高校来说，也是一种不公平。

---

① 比如，民办高校老师在职称评定等方面受到限制；民办高校的学生不能与公立院校学生一样享有公费医疗、助学贷款及假期火车、轮船票价半价优待等权利。

② "只要不是公办学校所特有的，不是民办教育所特有的，一个业务处室，公办也管，民办也管。民办学校和公办学校的区分点在投资性质、举办者，谁投资谁举办嘛。公办学校政府举办，民办学校民间举办。那么你公办学校多少个层次，民办学校就有多少个层次。在每个学校的教学环节、招生环节、监督管理环节，公办民办都一样。民办学生脑门上可没有个'民'字。"（访谈资料 BJW，2005）

总之，在对待民办高校的发展上，一些政策不但没有保证民办高校获得与公立高校平等的地位，反而人为地制造了公立、民办高校之间的不平等，使民办高校处于更加不利的竞争环境。对于现阶段的民办高校来说，公平的竞争环境和平等的政策待遇甚至比直接的财政资助更为重要。

四　进退之间：制度环境下的民办高校

我国的民办高等教育是在改革开放的大背景下恢复和发展起来的，基本上是民间自下而上运作的结果。但不可否认的是，国家和地方政府所出台的一系列鼓励、支持、管理、规范的政策法规也为民办高等教育的持续、健康发展提供了法律依据和制度保障。统计数据显示，截至 2004 年底，全国共有民办普通高校和成人高校 228 所，在校生 139.75 万人（含独立学院学生）；民办其他高等教育机构 1187 所，注册学生 105.33 万人（教育部，2005）。北京市共有民办普通高校 11 所，在校生 32773 人；民办其他高等教育机构 68 所，注册学生 18.86 万人（北京市教委发展规划处，2005）。截至 2006 年，民办高等教育无论是在规模上还是在质量上，都保持着较为平稳的发展速度。

然而，如前所述，当前我国民办高校所处的制度环境仍然存在着制度建设滞后、制度供给不足、制度规则不合理与不明确等诸多问题（张旺，2005），这不仅使以"促进"为基本取向的政策法规难以完全发挥其促进作用，同时，这也是造成目前我国民办高等教育处于边缘、混乱境地的主要症结所在。

总体来看，我国民办高校所处的制度环境有以下主要特征。①模糊性。政策法规在一些事关民办高校发展的重大问题上的规定是不清晰、不明确的。②生成性。这些规定也并不全部是预设性的，而是在实践互动中通过解释、建构而生成的。③软约束。政策环境对于民办高校来说并非"铁板一块"的硬约束，而是呈现某种程度的软化状态。

从根本上说，民办高校所面临的制度环境也是整个社会大环境的一个缩影。在社会转型期，计划经济体制向市场经济体制转变，总体性社会向自组性社会转轨，社会规范片断化，各种发展潜能和发展方向的共时态存在导致基本的社会安排难以定型（孙立平等，1994）。这样的制度环境虽然使民办高校的持续稳定发展充满了很大的不确定性，但从另一方面来讲，它其实也为那些勇于开拓探索的民办高校的领导者提供了更多的可能性。

五 小结

制度环境影响、制约着组织的结构与行为，民办高校的组织转型同样深深嵌入外在的制度环境。政策法规是制度环境的核心要素，本章主要通过对民办教育政策法规的评估，展示出民办高校组织转型的制度环境。"促进"是这一制度环境的基本取向，截至 2006 年，民办高校在促进性的政策法规下取得了较快的发展。但由于现阶段制度建设中尚有诸多问题，使制度环境同时存在着"促退"倾向，某些方面甚至成了制约民办高校进一步发展的瓶颈。不过，由于制度环境具有模糊性、生成性和软约束等特征，处于进退之间的民办高校实际上面临的是一个弹性的发展空间。民办高校能否在这一空间中顺利实现组织转型，在很大程度上取决于其作为集体行动者的能力和主观能动性。

第三章　相同的转型路径：合法性机制下的民办高校组织转型

一　引言

合法性（legitimacy）是西方政治学、社会学中的一个核心概念，它的使用有广义和狭义之分。广义的合法性概念被用于讨论社会的秩序、规范（韦伯，1997：5~11）或规范系统（哈贝马斯，1989：211）。狭义的合法性概念则被用于理解国家的统治类型（Weber，1968：212-216）或政治秩序（哈贝马斯，1989：184）。无论是在广义还是在狭义的用法中，合法性概念都包含着同一要旨：由于被判断或被相信符合某种规则而被承认或被接受（高丙中，2000）。随着合法性理论的发展及其与组织理论、制度理论等的相互融合，合法性的内涵和外延得到了进一步的丰富和扩充。按照帕森斯的观点，合法性的前提就是该组织或者制度所追求的价值目标一定要与社会的价值目标相符，从而获得被普遍认可的争取社会资源的权利。新制度主义组织理论对合法性概念的运用则更强调合法性的文化认知层面，即在社会认可的基础上建立的一种权威关系。

高丙中在对西方合法性理论进行讨论后，提出了一个更适合中国国情的社团合法性的分析框架，将合法性分解为四个方面：第一，社会合法性，表示符合文化传统、社会习惯等民间规范而具有的合法性；第二，法律合法性，表示由于满足了法律规则而具有的合法性；第三，政治合法性，表示由于符合国家的思想价值体系而被承认享有的合法性；第四，行政合法性，表示由于遵守行政部门（国家机关或具有行政功能的单位）及其代理人确立的规章、程序而拥有的合法性（高丙中，2000）。[1] 在由法律制度、文化制度、观念制度、社会期待等构成的制度环境中，任何组织都必须通过满足以上一种或几种合法性而获得国家的承认和社会的认可。

因此，在制度环境中，组织是受合法性机制的影响和制约的。根据新制度主义组织理论的理解，所谓的合法性机制就是指诱使或迫使组织采纳在外部环境中具有合法性的组织结构或行为的制度力量。毫无疑问，合法性机制将直接导致不同类型的组织在结构和行为上的日益趋同。具体到民办高校的组织转型，合法性机制发生作用的一个明显结果就是，不同的民办高校在转型过程中走过的是一条大致相同的转型路径，即从计划外向计划内转型，从非学历教育向学历教育转型，从高等职业教育向普通本科教育转型。

迪马奇奥和鲍威尔（DiMaggio & Powell，1984）在关于组织趋同性的经典研究中指出，趋同性存在着两种基本形式：竞争趋同性和制度趋同性。而导致制度趋同性变迁的机制有三种：强制趋同性，源于政治影响和合法性问题；模仿趋同性，源于对不确定性的反应；规范趋同性，与职业化有关。实际上，制度趋同性的过程同时也是组织转型发展的过程。本章将沿着这个思路，探讨民办高校组织转型过程中合法性机制的作用方式。

二 强制性转型：制度环境中的合法性压力

强制性转型是指组织在其所依靠的其他组织或社会中的文化期待施加的外在压力下进行的转型。这些压力来自政府、管理机构以及环境中的其他重要组织，它们既可以是正式的，也可以是非正式的；既可以是强力，也可以是说服或共谋。一般来说，当一个组织依赖另一个组织，组织间存在着权力差异时，当存在着诸如规则、法律和道义上的约束力等政治因素

---

① 高丙中同时指出，在合法性的四个方面中，法律合法性是滞后的，甚至一度是可有可无的要求。但随着形势的变化，法律合法性往往被设计为整合其他三种合法性的核心。在法律合法性的强制性逐渐形成但还留有较大余地的情况下，社团是通过满足政治、行政、社会文化的合法性要求而被纳入社会秩序的。因此，利用局部的合法性得以兴起，谋求充分的合法性以利发展，就成了社团组织者的生存智慧。这种对于社团合法性的分析框架同样适用于分析民办高校的合法化过程。

时，当具有界定关系的合约或法定基础时，就会出现强制性转型。强制性转型作为对制度环境中合法性压力的一种反应，可能相当程度上是形式上的，但这并不意味着它们不合逻辑；同时，强制性转型虽然不一定会让组织更加有效，但可以使其作为环境中的合法者而被接受。

对于民办高校来说，强制性转型的外在压力一方面来自国家和政府管理、规范民办高等教育的相关政策法规，另一方面则来自社会公众的教育需求变化以及人们对于民办高校的认知程度的提高。在 20 世纪 80 年代初期，由于公立教育资源的极度匮乏，以函授教育为主的民办学校就可以适应当时人们巨大的教育需求。随着人们收入水平的提高和公立高校的扩招，函授教育已经落后于时代的发展，生源陷入短缺，迫使民办学校必须向以自学助考为主的面授教育转变。而在当前的"学历社会""文凭社会"中，人们对于民办高校的办学层次也逐步提出了更高的要求。随着产业经济结构的调整，社会对高技能型人才的需求不断扩大，民办学校又开始大力发展职业教育。北京市教委负责人就表示，北京的民办高校将逐步从学历教育向职业教育转型，在高考招生中，高职招生计划将进一步向民办高校倾斜，招生将占 2/3。① 这些都是民办高校强制性转型的重要推动力量。

政策法规对于民办高校强制性转型影响的一个典型例子是学历文凭考试②的取消对民办高校的影响。2004 年 7 月，教育部宣布取消从 1993 年开始试行的高等教育学历文凭考试，从第二年起民办高校停止招收学历文凭考试学生，此举在民办高校造成极大反响。学历文凭考试试点的一个初衷是扶持那些虽不具备申请学历教育条件但办得较好的民办高校的发展，使部分民办高校获得部分课程设置自主权与考试权、命题权，希望获得试点

① 引自《京华时报》，2005 年 12 月 8 日。
② 高等教育学历文凭考试，是国家对尚不具备颁发学历文凭资格的民办高校的学生组织的学历认定考试，是教育考试制度的组成部分，也是以学校办学和国家考试相结合、宽进严出、教考分离为特点的全日制高等学校教育。取得高等教育学历文凭考试试点资格的学校，根据省教委确定的招生专业和招生计划，可在普通高考本专科录取线以下确定相应的录取分数线，或本校自行组织入学考试。取得学历文凭考试资格的学生，修完教学计划规定的全部课程和实践性教学课程，成绩合格，并经思想品德鉴定合格，由省自考办核发国家承认的高等教育自学考试专科毕业证书，毕业证书由全国自考办统一印刷，在证书内芯上加盖试点学校印章。学历文凭考试实施"三三制"：1/3 的课程由所在学校自行命题组织考试，1/3 由各省（自治区、直辖市）组织统一考试，1/3 由全国自学考试指导委员会办公室组织考试。

优惠条件的民办高校能够加快发展，从而最终获得独立颁发学历的资格。因此，学历文凭考试曾被看作民办学校的一道门槛，获得学历文凭考试的资格在某种意义上成了教育部门对民办学校质量的一种肯定。[①] 据统计，全国共有 400 多所民办大学有资格招收参加高等教育学历文凭考试的学生，北京的民办高校就占了 1/4，北京生源占了 40%。北京城市学院每年招收的高等教育学历文凭考试学生占学校学生的 60%，北京人文大学、北京科技职业学院每年招收的学历文凭考试的学生也有 5000 人左右。[②] 因此，学历文凭考试的突然取消，对于民办高校来说无疑是一次严重冲击。

不过，不同的民办高校对于学历文凭考试取消的承受力也是不同的。总的来说，实行"双轨制"的计划内民办高校所受的影响较小。我们在对北京科技职业学院进行调研时就问到过这个问题：

> 访谈人：取消这个考试对你们学校有没有什么影响？
>
> BKY：没什么大的影响。
>
> 访谈人：对其他学校呢？
>
> BKY：影响巨大。
>
> 访谈人：为什么对你们学校没什么影响？
>
> BKY：凡事预则立，不预则废。我们早就感觉到学历文凭考试将来很有可能要出岔子。学历文凭已经走到了死胡同。所以我们就很淡化这个学历文凭，号召大家读两类文凭。一类文凭就是和公立学校联合办学的文凭，另外一类就是咱北科院（北京科技职业学院）的自设专业的文凭。所以我们这个学校是以跟公立学校联合办学的文凭和拿国考的文凭、拿校考的文凭为主。我们两万人当中，学历文凭考试的才四五千人，所以对我们影响不是很大。（访谈资料 BKY，2004）

而那些单纯以学历文凭考试为主的民办高校所受影响则很大。时任校长 BDF 坦承学历文凭考试被取消之后学校进入了"最为困难的发展时期"，他自己就曾主动召集了十几所民办高校的负责人一起商讨对策（访谈资料

---

① 引自《北京青年报》，2004 年 7 月 12 日。

② 引自《北京娱乐信报》，2004 年 7 月 29 日。

BDF，2005）。北京人文大学执行校长也认为"真正的冲击会在明年（2007年）表现出来"（BRW，2005）。然而，无论如何，学历文凭考试的取消都意味着处于"有颁发学历文凭资格"与"完全依托国家自考办学"中间地带的民办高校的消失。取消学历文凭考试后的民办高校需要迅速转型，① 调整自己的发展方向，如积极开展中外合作办学项目、向自学助考靠拢等，而努力加入高职行列，成为具有颁发学历资格的院校将是这些民办高校今后追求的一个主要目标。

当然，强制性转型下民办高校的转型路径和转型程度仍然受到政策法规和管理部门的调控和引导。

访谈人：民办高校今后的主要引导方向是不是就是职业教育？

BJW：职业教育这块可以说是一个方面，但是职业教育并不是简单的学历的高职那一块。

访谈人：但是咱们经批准的这十多所民办学校不是都放在高职里了吗？

BJW：这第一步，教育部那个政策就得先进高职呀，你想一步登天登不上去呀。你像吉利（大学），它们没有不想登的。但是这个呢，不现实。有的学校，认为社会有需求的我就去做，这就是说你按照市场规律去办了，也有它的问题；你不按市场规律去办了，也有它的问题。……它的专业的建设、学校的发展，现在老百姓呢，都追求学历层次，既然本科这么好招，那干脆我就办本科了。这是市场的特点，什么有需求，我就办什么。现在也只能这样了，但它有一个招生计划管理，相对来讲好一点。以条件定规模，以就业定规模。（访谈资料BJW，2005）

也就是说，在政府和管理部门的"招生计划管理"之下，民办高校的转型发展并不能完全由市场决定。民办高校最终还是要在既定的、合法性

---

① 时任教育部考试中心全国高等教育自学考试指导委员会办公室自考综合部主任刘粤平表示，为做好取消学历文凭考试的善后工作，全国考办已经起草报告，明确提出自2008年开始，全国考办不再提供学历文凭考试试卷。这就意味着，对那些文凭考试学校来说，如不及时转型，2008年将是一个"死期"（引自《中国青年报》，2004年8月4日）。

程度由低到高的阶梯上一步一步向上攀登。

三 模仿性转型：民办高校合法性的主动构建

模仿性转型指的是组织模仿同领域中其他组织成功的结构和行为进行的转型。"不确定性是鼓励模仿的强大力量。当组织技术难以理解时，当目标模糊时，或者当环境产生象征性不确定性时，组织可能按照其他组织的形式塑造自己。"（DiMaggio & Powell，1984）"组织倾向于模仿其领域中看上去更合法或更成功的相似组织。某种结构性安排的广泛存在可能更能使人相信模仿的普遍性，而不是提供采纳模式增加效率的具体证据。"（DiMaggio & Powell，1984）显然，如果说强制性转型是组织在制度环境中的合法性压力下的被动适应，则模仿性转型更多的是组织对于合法性的主动构建。

民办高校的模仿对象主要有三个。首先，是模仿公立高校。同样是作为高等教育的提供者，民办高校虽然具有自己的独特之处，但其对公立高校的模仿仍然是全方位的。公立高校无论是在专业设置、培养方式，还是在组织结构、管理体制方面，都为民办高校提供了可资借鉴的样板。而为了谋求充分的合法性、获得广泛的社会认同、在不确定的外部环境中增加一种确定性，民办高校需要从多方面借鉴和模仿公立高校。因此，民办高校公立化是其转型发展的基本倾向。这里我们仅以民办高校模仿公立高校建立党团组织为例进行探讨。郭建如认为，民办院校党委机构的权力主要体现在对学生和教师的政治管理上，其象征意义远大于实际意义：一是把民办学校归在了党的领导下，归在了正统的体制下，理顺了民办高校与党的关系，为民办学校与党和政府系统的互动奠定了基础；二是在某种意义上意味着党和政府对学校的承认，有助于树立积极形象，为获得社会上及一些官员的信任提供了便利条件；三是可以利用党团组织的象征意义对学生进行管理（郭建如，2004）。在调研中我们也发现，一些规模较大、发展较好的民办高校对建立党团组织非常积极，[①] 北京科技职业学院就把

---

① 相反，多数规模较小、发展一般的民办高校则没有对此给予同样的重视。对比之下，这也许可以作为解释民办高校发展差异性的原因之一。

"以党建为引领的德育工作体系"作为学生工作的重中之重。学校党委每月都要上德育课，实行全员做德育工作。这种制度安排和管理实践显然有其深层考虑。

民办高校模仿公立高校建立党团组织，主要还是一种对于自身合法性的主动构建。

民办高校的第二个模仿对象是企业。作为高等教育市场化的产物，民办高校的运作表现出了鲜明的企业特征。民办高校一般都设有董事会作为学校的决策机构，在招生就业、教师聘任、硬件建设等与钱权相关的所有重要方面，都遵循市场规律，借鉴与模仿企业的成功经验。北京科技职业学院甚至在1997年刚立校的时候就实行了"内部的产权极端明细的股份制"，核心团队的几个成员都有自己的股份。从2002年开始又实行了"发展股制"，把20％的中层骨干都作为发展股的股东，将他们吸引进北京科技职业学院的发展股的体系中来。

> 访谈人：但是国家规定民办高校没有产权，不属于举办人的？
>
> BKY：对了，就是大家都这么认为，所以当时有人就说我办这个学校是傻头。我就感觉到大家都认为民办教育产权不属于自己，所以我必须拼命地干，把它做大做强，总有一天这民办学校产权是属于自己。这是商机呀，大资本谁也不敢投资民办教育，什么原因？就是民办教育的产权不属于民办教育的投资者。现实的国家政策，1997年就是这样，我认为这个政策迟早是要解决的，所以就抓住这个大家都不敢投的时候，你"扑通"一下就跳下去先干起来了，你不就大了吗？现在你再干你还能干起来吗？你干不起来了。所以说，这就是商机。
>
> （访谈资料BKY，2004）

这种做法虽有冒险甚至违规之嫌，但不可否认的是，北京科技职业学院能够异军突起、做大做强，"创造性地将教育教学规律、思想政治规律、市场运作规律有机整合"[①] 的确是其取得成功的基本原因之一。

除了公立高校和企业，民办高校还会在实践当中互相模仿。民办高校

---

① 参见 http://www.j-100.com/beik/bke.htm。

毕竟不同于公立高校，更不同于企业，民办高校对于公立高校和企业的借鉴与模仿可能成功，也可能失败。而当一种模式在民办高校被证明是有效的时候，它很快便会在其他民办高校之间复制并传播开来。因此，民办高校的相互模仿是最直接的模仿，由此而导致的结果就是民办高校之间的差异性、多样性减少，民办高校无论是在办学形式还是在专业设置上都越来越单一，越来越雷同。

四 规范性转型：迈向合法性的再生产

规范性转型意味着组织发生变革以图达到专业化的标准，或者为了采用被专业团体认为是时尚的和有效的技术（钱平凡，1999：47）。迪马奇奥和鲍威尔认为，规范趋同性主要源自职业化，并指出，两种职业化是同形性的重要来源：一是大学创造的认知基础上的正规教育与合法化；二是跨越组织并且新模型可以迅速传播的职业网络的发展与深化。鼓励规范趋同性的重要机制是人事筛选（DiMaggio & Powell，1984）。

这里所谓民办高校的规范性转型仅指民办高校在民办教育中介机构或行业组织的规范和约束下进行的转型。与政策法规、管理机构的强制性约束不同，民办教育中介机构、行业组织的约束是一种自我约束，它是民办教育发展到一定程度后出现的产物。因此，民办高校对民办教育中介机构、行业组织规范和约束的主动接受以及在此之下进行的转型，更能体现出其想健康、持续发展的强烈愿望。

北京民办教育协会成立于 2004 年 4 月，是以北京地区民办学校、民办教育中介组织及其他民办教育机构为主体，以促进民办教育发展为目的，自愿组成的、实行行业服务和自律管理的行业协会组织。北京民办教育协会以"团结全市民办教育工作者，通过为会员提供服务，维护会员合法权益，保护公平竞争，积极推动本市民办教育事业健康、持续发展"为宗旨，业务范围包括：根据我国国情及北京市市情，制定北京市民办教育行规行约，研究探索北京市民办教育发展自律制度；就民办教育事业的发展现状和趋势，进行广泛、深入的研究与探讨，组织专题论坛，研析国内外民办教育的成功经验和发展动态，指导各类民办教育机构的研究、交流活动，开展民办教育科研成果的评价和推广；积极探索民办教育发展规律，以教育科学思想为指导，开展民办教育的业务培训、信息咨询、技术支持和其他有利于民办教育发展的服务工作；表彰、奖励在教育教学研究、本协会活动及民办教育各项工作中取得优异成绩的单位和个人；发挥行业代表作用，担当政府与民办教育领域之间的桥梁，向有关民办教育的决策制定和政策研究部门提供相关信息；协调会员之间、学校与学校之间、会员与其他社会组织之间的民事纠纷，依法维护民办教育机构及其工作者的合法权益；组织会员开展国际交流与合作；承担政府有关部门委托的其他任务。①

北京民办教育协会成立以后在各个民办学校的积极参与下开展了多项富有成效的工作，并与政府之间建立了良性的互动关系，2004 年北京市政府甚至专门拿出 800 万元，鼓励支持优秀的民办学校。同时，北京民办教育协会也加强了行业自律管理。例如，为了治理招生中的违规行为和恶性竞争，协会建立了招生诚信联盟，参加的民办高校要交纳保证金。此举得到了多数民办高校的积极响应，20 所左右的民办高校表示愿交 50 万元至100 万元不等的保证金。如果民办高校出现违规行为，民办教育协会将在保证金中扣除相应赔偿和罚款。今后学生在规定时间内要求退学、退费，如学校不退，学生可以到北京民办教育协会投诉，协会核实后将从保证金中扣除学费，退还学生。② 北京民办教育协会还要建立一套评估机制，依靠协会自身的公信力吸引民办学校参与评估，一旦通过评估，协会将给予其社会信誉的担保。这些举措的出台对于民办高校向着规范化发展必将发挥重要的推动作用。③

实际上，从另外一方面来看，民办高校对民办教育协会的积极参与也是一种宣传自身形象、谋求更大合法性的策略。民办教育协会将分散的各

---

① 《北京民办教育协会章程（草案）》，http://www.yuloo.com/gxzs/gxzs-zthd/2004 - 03/1080-542715.html。

② 引自《北京晨报》，2005 年 4 月 27 日。

③ 当然，由于成立时间较短，北京民办教育协会所能发挥的实质性作用尚未在民办高校领导者之间达成共识。我们在调研中就发现，规模较大的北京人文大学并不是北京民办教育协会的会员，BRW 说："我们还没有加入，觉得没有什么大作用。"（访谈资料 BRW，2005）

个民办学校联合起来，既通过行业自律进行规范性转型，又增强了与政府对话、进行合法性再生产的能力，可谓一举多得。

五　小结

合法性机制主要涉及组织的"制度"层次，它将民办高校的组织转型视为从合法性的构建到合法性的再生产的过程。"组织创新的最初支持者都是被提高绩效的愿望驱动的。但新的实践可能为超越其当前任务技术要求的价值所鼓舞。当一项创新传播开时，采用这项创新就是提供合法性，而不是提高绩效。"（Meyer & Rowan，1977；DiMaggio & Powell，1984）从合法性机制来看，民办高校实行组织转型是为了谋求充分的合法性，合法性对于民办高校组织转型既是动力又是压力。本章主要从强制性转型、模仿性转型、规范性转型三个方面分析了合法性机制对于民办高校组织转型的作用方式。在合法性机制的这三种作用方式下，民办高校不仅沿着一条大致相同的路径转型，而且在教育教学、组织结构、管理体制等方面都将变得日益趋同。

第四章　不同的转型结果：效率机制下的
民办高校组织转型

一　引言

在合法性机制的影响和制约下，不同的民办高校沿着一条大致相同的路径转型，那就是从计划外向计划内转型，从非学历教育向学历教育转型，从高等职业教育向普通本科教育转型。与此同时，民办高校内部的结构和行为也呈现越来越多的相似性。那么，究竟应该如何解释当前我国民办高校在发展程度和发展阶段上存在的巨大差异？为什么有些民办高校能够一次又一次顺利地完成自身的组织转型，快速提升自己的办学层次和发展速度，而有些民办高校则在组织转型上始终难以获得大的突破，长期徘徊在较低的发展水平？要回答这些问题，就必须转向与合法性机制同时发生作用的另外一个重要机制——效率机制。

效率与竞争有关。在竞争性压力环境下，任何组织要想在同类群体中胜出，都必须进行理性的算计，力图以最小的成本获得最大的收益。从效率机制视角来看，民办高校进行组织转型是追求效率的结果，是按照最大化原则运行的必然要求。也正是在效率机制的作用下，民办高校的组织转型才表现出了不同的转型结果。

从效率机制视角研究高校的组织转型，美国著名高等教育专家、被尊称为"创业型大学精神之父"的伯顿·克拉克（Burton R. Clark）关于欧洲"创业型大学"（Entrepreneurial University）的研究为我们提供了可资借鉴的经验。在《建立创业型大学：组织上转型的途径》这一重要著作中，克拉克以大学转型为主题，选择了英格兰、荷兰、苏格兰、瑞典、芬兰的五所各具特色的大学作为研究对象，采用概念分析和校史描述相结合的方法，深刻而生动地阐明了创业型大学是如何建成的。克拉克总结出的创业型大学实现组织转型的五个要素是：①强有力的驾驭核心；②拓宽的发展外围；③多元化的资助基地；④激活的学术心脏地带；⑤一体化的创业文化。这五个要素主要从组织的"技术层次"和"管理层次"打造出了高"效率"，成为创业型大学实现组织转型的强大的推动力。

中国的民办高校和克拉克所谓的"创业型大学"虽然不尽相同，[①] 但仍然能够从中获得许多重要启示。在克拉克看来，"一所创业型的大学会凭它自己的力量，积极地探索在如何干好它的事业中创新。它寻求在组织的特性上作出实质性的转变，以便为将来取得更有前途的态势。创业型大学寻求成为能够'站得住脚'的大学，成为能按它们自己的主张行事的重要的行动者"（克拉克，2003：2）。在这一意义上，每一所寻求持续发展的民办高校其实都可以称得上是"创业型大学"。而且，欧洲创业型大学出现的时代背景——欧洲各国政府实行高等教育紧缩政策、大学普遍陷入财政危机、各类利益主体对大学提出了日益苛刻的价值期待等——也在客观上使这些大学在进行组织转型时面临着和当前民办高校相似的境地。基于此，本章拟从克拉克关于创业型大学组织转型的基本框架出发，结合民办高校的实际情况，从领导、资金和规模这三个重要方面来讨论效率机制下的民办高校组织转型。

二　领导：组织转型的关键

克拉克指出，面对大学内部和外部复杂性与不确定性的增强，一种加强的驾驭核心成为必需。加强的驾驭核心意味着出色的管理能力，它使大学对变化的反应变得理加迅速、更加灵活、更加集中。这种核心可以采取十分不同的形式，它可以是比较集权的，也可以是比较分权的，在实践中更多的是两者的独特结合——一种"集中的分权"。在一定时间，这种发

---

① 在我看来，主要的不同包括：欧洲的"创业型大学"有政府的财政支持，而中国的民办高校则没有；学术研究对于欧洲的"创业型大学"具有重要意义，而中国的民办高校则主要发展职业教育、技能培训等应用性学科。

展中的驾驭能力出现在不同大学的不同发展阶段和程度。但不管采取什么形式，加强的管理核心都是由为整个大学寻找资源的人物组成的，更重要的是，它在运作上必须使新的管理价值观和传统的学术价值观协调、融合起来。

领导者对于民办高校发展的极端重要性已经成为包括民办高校领导者在内的人们的共识。在当前的制度环境下，领导者的管理理念、驾驭水平、运作能力一定程度上甚至决定着民办高校的兴衰存亡。可以毫不夸张地说，领导强，则学校强；领导弱，则学校弱。北京科技职业学院 BKY 就这样表达了他对于学校领导者的看法："第一号人物水平的高和低，决定了学校层次的高和低，这是很关键的。一只绵羊带一群老虎，这支队伍就是绵羊队伍；一只老虎带一群绵羊，这就是老虎队伍，这个道理很简单。"（访谈资料 BKY，2004）因此，我们可以发现，那些发展较好的民办高校几乎都有一位"神通广大"的"魅力型"领导。

以"魅力型"领导为核心的领导团队首先必须稳定、团结，并具有勇于开拓、把握机遇的能力。正如北京东方大学 L 所说："办好一所学校，必须有一个强有力的领导核心。这个领导核心必须坚强团结；能够把握好办学方向，有明确、坚定的办学指导思想；认真贯彻国家的教育方针，以为社会培养合格人才为办学宗旨；依法办学，以德治校，善于把民办学校的办学规律与市场经济规律结合起来。北京民办高校发展的社会实践证明，有了这样一个领导核心，学校就能在激烈的竞争中立于不败之地，否则就会被淘汰。"[①]

而在这方面，北京人文大学以前的领导体制为我们提供了一个反面的例子（李德堂，2004）。北京人文大学的前身北京人文函授大学于 1984 年由中国人民大学语言系、中国青年报社、北京市文艺学会、北京市社科所文学研究室（现北京市社会科学院文学研究所）4 家单位联合主办，学校的决策机构也一直是由 4 家单位派出的代表组成，在 1993 年以前先后经历过校务委员会和联席会议，主持人则由 4 家单位轮流担任。由于函授教育

---

① 引自 http://www.bdfu.edu.cn/xuexiaogaikuang/xuexiaojieshao%A3%AD01.asp，最后访问日期：2005 年 3 月 20 日。遗憾的是，北京东方大学校长虽有如此深刻的认识，但其学校发展的实际表明，这种认识并没有转化为现实。从下文的比较可以看出，该校领导者的思想认识仍显保守。

适应了当时社会的教育需求，学校一度获得了巨大的成功，学校成立短短一个半月，报名人数竟达 6 万余人，次年更是盛况空前。几年之间，学校就由最初的 3 个系科发展到 12 个系科，学员发展到近 50 万人，学校资产积累达到 4000 余万元。然而，随着学校的发展和形势的变化，领导体制方面的矛盾逐渐显现出来，1991 ~ 1993 年，由于函授教育的发展开始不景气，生源不够充足，学校内部在办学的一些问题上认识不统一，学校的工作处于停顿和半停顿状态，管理陷入混乱，办学规模、经费收入滑坡。这一段历史给北京人文函授大学造成了极大的社会负面影响和经济损失，严重影响了学校事业的持续发展。

后在北京市成人教育局的介入下，4 家单位经过充分酝酿和反复协商，决定继续联合办学，并成立理事会，重新调整、组建了新的领导班子。1995 年，为了摆脱无法正常办学的局面和困境，自建校之初至 1995 年担任校长的 ZHX 退居副校长，原副校长 HJK 被聘为校长。HJK 上任后，调整了办学指导思想，在办学形式、制度建设等方面进行了积极改革，利用办学积累购置校舍，配备了必要的教育设施设备。1996 年，学校理事会终于做出办学重点和办学形式转移的决定，由函授教育转移到以全日制面授教育为主，实现了第一次重要转型。1997 年，该校又获得了学历文凭考试试点资格，同时更名为"北京人文大学"，提升了学校的办学层次。然而，领导体制方面的矛盾其实并未得到根本解决，学校发展仍然缓慢。直到 2002 年，西安思源集团加入，原有的 4 家主办单位全部退出，北京人文大学才开始了二次创业，进入了一个新的发展时期。从北京人文大学的发展历史来看，正是由于领导体制方面存在的诸多问题，延缓了学校的转型时机，错过了一段非常宝贵的发展机遇。

除此之外，民办高校的领导者还必须具有市场意识和经营价值观。对此，北京科技职业学院 BKY 有十分清醒的认识：

> 民办学校有一套适合自己的体制。比如说，在办学理念上，就不能完全听命于上级，而应该听从于市场。应该以市场为导向，来安排自己的教学。教育要和企业结合，要跟企业联合办学，企业需要什么样的人，学校就培养什么样的人。企业有什么要求，咱就按企业的要求办，与企业结合，和研究结合，产学研一体化。另外，民办学校都

是经营学校，成本核算，投入产出，为什么要经营学校？因为国家不给一分钱，你还得要生存，还得要发展，怎么办呢，就只好用经营的手段。显然，有形资产，无形资产，怎样进行互换，怎样进行增量放大等，这些都要经营。经营学校，这是一个话题。（访谈资料 BKY，2004）

BKY 本人曾经做过北京市乡镇企业管理局的领导，主管全市 18000 多家乡镇企业，这使他对于市场极为敏感。由于有了明确的经营意识，北京科技职业学院虽然建校时间相对较晚（1997 年），但却能够后来居上，进入北京市为数不多的普通高校行列。当然，这其中还有其他多个因素的共同作用。不过我们也能够看出，对于民办高校的组织转型和持续发展而言，领导者是一个最为关键的决定性因素。

特别需要指出的是，在当前的制度环境下，民办高校要想取得更快、更好、更大的发展，其领导者还必须处理好与政府部门的关系。正如 BKY 所说：

> 在中国搞民办教育、民营经济，不仅是经济和教育的问题，也是政治的问题。你还得有政治嗅觉、政治素质，研究政治与经济、政治与教育的辩证关系，你得懂这个才行，（只有这样）才能够干得好这个教育。（访谈资料 BKY，2004）

三 资金：民办高校的软肋

在欧洲创业型大学组织转型的成功经验中，资金来源多元化是一个重要因素。经过努力，创业型大学的资金来源已拓宽至三种渠道：政府部门的制度化支持和常规性拨款；政府研究机构的竞争性合同研究经费；包括来自工厂企业、地方政府和慈善基金会、大学创收等在内的"第三渠道经费"。"第三渠道经费"来源的拓展，使大学可以不断丰富自身资源，加速资金的滚动性增长，并使其可以理直气壮地采取创新性步骤（陈伟、韩孟秋，2003）。

对于当前中国的民办高校而言，资金来源单一化仍然是一个比较突出的问题。国家教育发展研究中心与教育部社会力量办学管理办公室的问卷调查显示，在样本民办高等教育机构的办学经费收入中，"学费"占79.8%，"杂费"占10.4%，"捐赠"占1.2%，"贷款"占5.6%。而在样本民办高等教育机构的资产来源中，来自"举办者投资"的占38.55，来自"办学积累"的占41.60，两项加起来占了80.15%（瞿延东，2002）。另外一项调查则显示，在调查的30所样本民办高校中，学费收入占全年收入80%及以上的有25所，占83.3%；学费收入占全年收入100%的有10所，占33.3%；只有5所学校的学费收入占全年收入的80%以下，占16.7%（邬大光，2001）。资金来源的单一化使民办高校必须进行规模扩张以学养学，一旦生源出现问题，学校的运转资金就会立即捉襟见肘，加大办学的投入力度当然也就难以得到有效保证。

在这种情况下，那些资金来源相对多元的民办高校的发展态势也就相对较好。北京城市学院的收入结构大致如下：70%的计划内学费收入，20%的自考、培训等创收性收入，10%的赞助费和其他。一年收入两亿五千万元，如果不算基建投资，约有8000万元的盈利。实际上，由于该校所特有的"民办公助"性质，每年还能获得数量不等的政府财政支持，有时高达1000多万元。北京城市学院甚至还通过组合科研力量，争取到了300多万元的科研经费（访谈资料BCY，2005）。

相比之下，其他民办高校的资金来源就没有如此多元了。由于缺少政府的财政支持，一般学校都只能以学费收入为主，以学养学滚动发展。除此之外，借贷、集资、接受外部投资是解决资金运转的主要方式。不过，在借贷与接受投资这一问题上，不同民办高校的领导者具有不同的认识。北京东方大学就不向银行贷款，BDF说："我们不想冒那么大的风险，铺那么大的摊子。对于我们这样的学校来说，太大的风险我们承担不起。我们就凭自己的能力吃饭，有多大的能力办多大的事，慢慢来。"（访谈资料BDF，2005）北京培黎职业学院也没有向银行贷款，但现任副校长上台后在校内发起了集资活动，利息同银行相同。这两年共集资700万元，其中副校长本人出资200万元，其他几位校领导各20万元左右。校内集资通常是半年一贷一还，同时，基础建设大部分由建筑商垫资，一般五年后清还。现在学校负债有4000万元左右，"已经形成背债运营的良性滚动"，而由于担心被"索要控制权"，所以"不想吸引外部投资"（访谈资料

BPL，2004）。

北京科技职业学院在这方面则迈出了更大的步子。BKY甚至将筹融资制度视作自建校以来就做活的两个"眼"之一："我们紧紧地和国有银行进行整合，解决投融资的问题。当一个企业，一个事业单位——或者事业单位按企业运作——发展到一定阶段的时候，主要是靠资本运营。只要资本运营活了，这个单位就不会有大事；资本要是出了大事，资本要运营不起来的话，就必出问题。……资本运作到一定阶段还要进行品牌运作。生产的产品的运作，资本的运作，品牌的运作，这三个层面交替结合运作的时候，你就不愁没有钱了。钱有的是呀，是不是？"（访谈资料BKY，2004）

资金来源和民办高校的硬件建设直接相关，尤其是在国家对民办高校的设置标准做出规定的情况下，[①]资金来源与硬件建设对于民办高校的转型与发展就更为重要了。在我们所调研的民办高校中，北京东方大学的校舍至今仍是租借而来，办公条件和教学设施也与其他几所民办高校相差较远。北京人文大学虽有自己的几个校区，但每个校区都不大，[②]达不到申办高职所要求的占地面积。而北京科技职业学院老校区占地550亩，建筑面积35万平方米，新校区规划3000亩，起动1500亩，已有建筑面积43万平方米。显然，没有充足的资金，不进行大胆的筹融资运作，单靠以学养学的滚动积累，这一切都是难以想象的。可以说，资金，就是民办高校转型、发展的第一道软肋。

四 规模：民办高校的生命线

作为高等教育市场化趋势的产物，民办高校走过的是一条硬件先行、规模扩张的跨越式发展道路（郭建如，2003b）。而由于现阶段民办高校资金来源的单一性，招生规模的大小、在校学生的多少对于民办高校发展的重要性也就不言而喻了。每一位民办高校的领导者都对"没有规模就没有效益"这句话有着切身的体会。而为了争夺生源，各个民办高校不惜投入大量人力、物力，使用各用手段、策略，相互之间展开着激烈的竞争（王

---

① 例如，规定高职院校校园占地面积150亩以上，本科院校占地面积300亩以上。
② BRW认为这是因为以前的"投资重点没有选准"（访谈资料BRW，2005）。

传松，2005）。

然而，规模与质量之间存在着矛盾，片面追求规模，很可能会以牺牲质量为代价。为了提高办学水平，也为了保证安全稳定，教育主管部门一直主张民办高校走内涵式发展的道路。BTW 介绍说：

> 1998 年底 1999 年初，北京市教委召开了一次民办高校的表彰会。在这个表彰会上，北京市教委的领导在报告当中首先提出民办高等教育要走内涵式发展的道路。这是最早提出来的，但是提出来以后呢，究竟这个内涵式发展包括什么，内涵式发展的方式是什么，政府对应的措施是什么，还没有提出来。只是一个理念形成了。经过一段时间的调查、研究，在"九五"阶段大家认为应该是走内涵式发展的时候了。（访谈资料 BJW，2005）

BJW 认为，北京的民办高等教育发展不能走其他教育不发达、欠发达地区的路子。后者学生多、学校少；北京则是高校多，而且名高校多，"北京的民办学校某一个能超过公办的，哪怕超过公办最差的一个，都够呛。学校占地面积可能能超过，只要有钱就往上摊呗，但是真正的内涵式也不仅仅在房子上"。（访谈资料 BJW，2005）。

而在一些民办高校的领导者看来，在学校发展的初级阶段，过于强调内涵式发展"不符合民办学校的特殊发展规律"。

> 办学要走规模化。现在在北京争议也很大，北京政府的主导是越"少"越好，越"精"越好，越"特"越好。但我们不能砍，……不能听的，为什么？因为路是错的。"精""特"，大家都想要，但"精""特"是一开始就有的吗？哪个"精"是一立校就有的？北大的人文思想一开始就有吗？清华水木的特点一开始就有吗？它是在发展的过程中逐步形成的。民办学校如果一开始就走所谓的"精""特"，钱从哪儿来？"精""特"需要拿钱堆的。怎么维系？不符合民办学校的特殊发展规律，所以谁走谁惨。（访谈资料 BKY，2004）

为了证实自己观点的正确性，BKY 还为我们举了两个例子：

北京有两所（这样的）学校。一个著名的民办教育家，现在把自己"卖"了，为什么要把自己"卖"了呢？我这个"卖"要加引号，说得好听点儿是跟人合作。他就走"精"的道路，最后没办法，把自己"卖"了，由校长变成执行校长了。办不下去了，按我们行内的话说就是把自己"卖"了。1999 年北京市人民政府表彰的三个典型现在都不存在了，这就是铁的事实，为什么扶持的典型几年后都不存在了，而不扶持的几年后却上来了？这不发人深省吗？（访谈资料 BKY，2004）

事实上，教育主管部门虽然极力倡导内涵式发展，但对于民办高校注重规模的苦衷也并非一无所知。BTW 说：

民办高校要改善办学条件，要提高办学水平，在学校的投资、征地、建房、请老师等方面，首先障碍民办高校发展的，我说不是钱的问题，是钱的渠道问题。现在民办高校的资金渠道单一，只有学费一条，你让他内涵式发展，不搞规模，他就没钱。没钱，拿什么发展？教育是个花钱的事业，这大家都知道。从政策上考虑，可以说有利于民办高校走内涵式发展道路的政策渠道单一、不通。所以逼得民办学校必须走规模。所以下一步北京民办高校内涵式发展，这是一个问题。……这个问题不回答好，民办教育的内涵式发展就很难，就得靠规模来积累，靠规模来积累就不是内涵式发展的主要方向。（访谈资料 BJW，2005）

面对这样一种两难困境，规模被视为民办高校的生命线也就不足为奇了。[①] 调研还发现，规模因素对于民办高校的转型发展其实同样不容忽视。

[①] 实际上，生源短缺已经对民办高校提出了严重挑战，北京城市学院被访者甚至将之视为民办高校未来发展的最大困难："政策来了，市场没了，生源不行了。过去是民办教育没政策，有市场；现在是有政策，没市场。现在（北京）民办大学（有学历授予资格的）11 所中有 1 所没招，10 所中只有我们 1 所招满了。其余都没有招满，拼命减分还是招不满。吃不饱了。"（访谈资料 BCY，2005）在这种情况下，规模对民办高校发展的意义也就更加凸显。

北京科技职业学院 1997 年刚成立时挂靠在北京东方大学，第一年只招到 3 个学生，到年底的时候通过各种方法凑了 54 人，分成三个班。那一年赔掉 180 万元。经过认真准备，1998 年招生 1000 人，1999 年 2000 人，2001 年时更是一举招到 6000 人，为此后的进一步发展奠定了坚实的基础（访谈资料 BKY，2004）。北京人文大学在函授教育阶段有将近 50 万名学员，积累下 4000 余万元的资产，使其向面授教育转型具备了可能性。为了扩大招生规模，2002 年北京人文大学时任在执行校长的带领下，组建了由 50 人组成的专职招生队伍，对市场进行调研，增加社会急需的专业，部署招生战略，研究招生措施，一举招收了 3500 名学生，比往年招生增加了五六倍。2003 年在全国受"非典"影响和全国普通高校扩招的情况下，民办高校普遍存在生源缺的问题，而北京人文大学再创招生新高，招收新生 5500 名。此后招生规模持续增长，北京人文大学向着做大、做强大步迈进（李德堂，2004）。而北京东方大学历年来招生数量一直不尽如人意，我们在其网站上可以看到这样的介绍："21 年的办学历程，构建了北京东方大学走名牌大学以内涵为主的发展之路，追求少而精的办学方式，引领着中国民办教育向教学、向管理要质量。"[①] 其实，招生需要资金、策略，而没有规模就没有效益，没有效益就难以在招生上加大投入力度。同样，规模小、资金少，学校就难以实现自身的转型，只能长久地在较低的办学水平上徘徊。不知道北京东方大学的这种"内涵式"发展道路，究竟是一种发展路径的主动选择，还是一种生源不足的无奈之举？

五　小结

效率机制涉及组织的"技术"层次和"管理"层次，侧重于组织自身的能力建设。从克拉克关于创业型大学组织转型的基本框架出发，结合民办高校的实际情况，本章主要从领导、资金和规模这三个重要方面，探讨了效率机制对民办高校组织转型的影响。通过具体的案例分析，本章试图

---

① 引自 http://www.bdfu.edu.cn/xuexiaogaikuang/xuexiaojieshao.asp，最后访问日期：2005 年 5 月 10 日。

阐明，领导者的管理理念与驾驭能力、资金来源和规模大小，是决定民办高校组织转型成功与否的关键因素。由领导、资金和规模这三个因素所打造的"效率"的高低，成了民办高校转型成败的分水岭，也是民办高校在相同的转型路径下出现不同转型结果的主要原因所在。

第五章 总结与讨论：民办高校组织转型的实践逻辑

组织转型是组织为寻求与环境的最佳匹配与动态平衡而在目标、结构等基本构成要素上的变化以及这些构成要素之间关系的重组，在一定程度上决定着组织的发展方向和发展程度。作为高等教育市场化的产物，中国的民办高校在社会的歧视、误解和公立高校挤压的夹缝中顽强地生存。因此，深入研究民办高校的组织转型，不仅具有一定的理论价值，而且对于民办高校的持续健康发展具有极强的现实意义。

结合民办高校的实际情况，本文将民办高校的组织转型界定为民办高校办学层次的升级以及由此带来的结构变化，并以组织与环境的关系理论为基础，着重从新制度主义组织理论关于效率机制与合法性机制的经典问题出发，对民办高校的组织转型进行了初步探讨。

在前述各章小结的基础上，现将本文的主要内容总结如下。

制度环境影响、制约着组织的结构与行为，民办高校的组织转型同样深深嵌入外在的制度环境。以"促进"为基本取向的制度环境同时又存在着某种"促退"倾向。不过，由于制度环境具有模糊性、生成性和软约束等特征，处于进退之间的民办高校实际上面临的是一个弹性的发展空间。民办高校能否在这一空间中顺利实现组织转型，很大程度上取决于其作为集体行动者的能力和主观能动性。

民办高校的组织转型首先受到合法性机制的影响。从合法性机制来看，民办高校实行组织转型是为了谋求充分的合法性，合法性对于民办高校组织转型来说既是动力又是压力。合法性机制主要通过强制性转型、模仿性转型、规范性转型这三种方式对民办高校的组织转型发生作用。在合法性机制的这三种作用方式下，民办高校不仅沿着一条大致相同的路径转型，而且在教育教学、组织结构、管理体制等方面都将变得日益趋同。

民办高校的组织转型同时还受到效率机制的制约。从效率机制来看，民办高校实行组织转型是追求效率的结果，是按照最大化原则运行的必然要求。在效率机制的作用下，领导者的管理理念先进与否和驾驭能力的高低、资金来源和规模大小，是决定民办高校组织转型成功与否的关键。由领导、资金和规模这三个因素所打造的"效率"的高低，成了民办高校转型成败的分水岭，也是民办高校在相同的转型路径下出现不同转型结果的主要原因所在。

在这里，我们可以对民办高校组织转型中的效率机制和合法性机制做进一步的讨论。实际上，效率机制与合法性机制的区分只是相对的。在组织发展的初始阶段，由于面临各种"新生的不利条件"，组织主要是争取合法性，合法性机制可能就是主要的考虑因素；在组织进入稳定发展期后，为了在同类组织中取得竞争优势，效率机制又可能发挥主要作用。更多的时候，则是合法性机制和效率机制一道，共同成为组织所必须考虑的影响力量，而当二者发生冲突的时候，组织采取的是一种"松散联结"的应对策略。

从前面几章的分析中我们也可以看到，无论是为了谋求更大的合法性还是为了打造更高的效率，民办高校在组织转型的过程中都必须注重对各种策略的运用。其实，正是这种对策略的运用真正体现了民办高校组织转型的实践逻辑。应该承认，在当前的外部环境下，民办高校与政府之间、民办高校与公立高校之间、民办高校相互之间已经形成了一个相互博弈与竞争的场域。而作为集体行动者的民办高校也面临着一个巨大的策略空间，民办高校能否对这一策略空间加以恰当运用，将直接决定着其组织转型是否顺利或是否成功。毫无疑问，这其中，民办高校领导者的个人能力发挥着极为关键的作用。

如前所述，在已有的文献中，关于组织转型的研究并不多见，而对中国民办高校组织转型的研究则几乎完全是空白。这些都给本文的写作增加了不小的难度。正因为如此，本文关于民办高校组织转型过程、机制与实践逻辑的探讨，只能算作一种尝试。文中所提出的分析框架和研究结论，对于中国的民办高校是否具有普遍意义，尚有待进一步的观察和检验。

需要特别说明的是，资料不足是困扰本文写作的另外一个难题，关于民办高校的实质性资料的获得并不容易。因此，虽然本文使用了两个研究课题的调查资料，并且还从包括报刊、网络在内的其他渠道搜集到大量相关资料，但由于这些资料都不同程度地存在着缺乏深度和针对性等问题，因而本文的分析在许多方面仍显欠缺。

参考文献

埃哈尔·费埃德伯格，2005，《权力与规则：组织行动的动力》，张月等译，上海人民出版社。

爱弥尔·涂尔干，2003，《教育思想的演进》，李康译，上海人民出版社。

北京教育科学研究院民办教育研究咨询服务中心，1999，《社会力量办学政策法规选编》（内部资料）。

北京市教委发展规划处，2005，《2004～2005学年度北京市教育事业统计资料》（内部资料）

伯顿·克拉克，2003，《建立创业型大学：组织上转型的途径》，王承绪译，人民教育出版社。

曹佩文、梁燕、卢彩晨，2005，《民办大学路在何方》，《教育与职业》第31期。

陈伟、韩孟秋，2003，《欧洲创业型大学的组织转型及其启示》，《理工高教研究》第9期。

道格拉斯·诺斯，1994，《制度、制度变迁与经济绩效》，王守英译，上海三联书店。

高丙中，2000，《社会团体的合法性问题》，《中国社会科学》第2期。

郭建如，2004，《民办高等教育地域性发展的多维分析》，《高等教育研究》第6期。

郭建如，2003a，《民办高等教育地域性发展的三个维度分析——民办高等教育发展规律与发展机制初探》，《民办教育研究》第2期。

郭建如，2003b，《我国民办高等教育发展的地域性与地方政府的作用分析》，《黄河科技大学学报》第3期。

郭建如，2003c，《民办高等教育的市场化与民办高校的组织管理特征——以陕西民办高等教育为例》，《高等教育研究》第4期。

教育部，2005，《2004 年全国教育事业发展统计公报》，http://www. moe.
　　gov. cn/edoas/website18/info14794. htm。

瞿延东，2002，《关于民办高校的资金自筹》，《民办教育动态》第 9 期。

李德堂主编，2004，《北京人文大学志》，香港：中国文献出版社。

马克斯·韦伯，1997，《经济与社会》，林荣远译，商务印书馆。

马戎，2002，《社会学的应用研究》，华夏出版社。

曼瑟尔·奥尔森，1995，《集体行动的逻辑》，陈郁等译，上海三联书店、
　　上海人民出版社。

皮埃尔·布迪厄、华康德，1998，《实践与反思——反思社会学导引》，李
　　猛、李康译，中央编译出版社。

P. 布尔迪约，J. - C. 帕斯隆，2002，《再生产：一种教育系统理论的要
　　点》，邢克超译，商务印书馆。

钱平凡，1999，《组织转型》，浙江人民出版社。

孙立平、王汉生、王思斌、林彬、杨善华，1994，《改革以来中国社会结
　　构的变迁》，《中国社会科学》第 2 期。

孙宵兵主编，2003，《中国民办教育组织与制度研究》，中国青年出版社。

W. 理查德·斯科特，2002，《组织理论：理性、自然和开放系统》，黄洋
　　等译，华夏出版社。

王传松，2005，《中国民办高校招生——制度约束下的运作机制研究》，硕
　　士学位论文，北京大学社会学系。

文雯，2005，《1976 年以后我国民办高等教育的合法性变迁》，《教育研究
　　与实验》第 3 期。

邬大光，2001，《中国民办高等教育发展状况分析》，《民办教育动态》第
　　8 期。

薛晓源、陈家刚主编，2004，《全球化与新制度主义》，社会科学文献出
　　版社。

杨善华主编，1999，《当代西方社会学理论》，北京大学出版社。

尤尔根·哈贝马斯，2000，《合法化危机》，刘北成、曹卫东译，上海人民
　　出版社。

张莉娟，2003，《我国民办高校发展过程中的规章制度研究》，硕士学位论
　　文，北京大学教育学院。

张人杰主编，1989，《国外教育社会学基本文选》，华东师范大学出版社。

张旺，2005，《我国民办高等教育发展的制度环境分析与思考》，《高教探索》第 1 期。

周雪光，2003，《组织社会学十讲》，社会科学文献出版社。

DiMaggio, Paul and Walter Powell. 1984. "The Iron Cage Revisited: Institutional Isomorphism and Collective Rationality in Organizational Fields," *American Sociological Review* 42: 726 – 743 (also in *The New Institutionalism in Organizational Analysis*, Powell and DiMaggio, 1991, ed. , Chicago: The University of Chicago Press) .

Lawrence and Lorsch. 1967. *Organization and Environment: Managing Differentiation and Integration.* Boston, M. S. : Harvard University Press.

Levy, Daniel C. 2004, The New Institutionalism: Mismatches with Private Higher Education's Global Growth. Albany, New York: *Education Administration & Policy Studies*, University at Albany, State University of New York.

Meyer, John W. and Brian Rowen. 1977. "Institutionalized Organizations: Formal Structure as Myth and Ceremony," *American Journal of Sociology* 83: 340 – 363 (also in *The New Institutionalism in Organizational Analysis*, Powell and DiMaggio. 1991. ed. Chicago: The University of Chicago Press) .

Meyer, Scott, and Deal. 1983. "Institutional and Technical Sources of Organizational Structure: Explaining the Structure of Educational Organizations," in *Organizational Environments: Ritual and Rationality*, edited by J. W. Meyer and W. Richard Scott, Beverly Hills. California: Sage.

Pamela, S. Tolbert and Lynne, G. Zuker. 1983. "Institutional Sources of Change in the Formal Structure of Organizations: the Diffusion of Civil Service Reform: 1880 – 1935," *Administrative Science Quarterly* 28.

Powell, Walter and Paul DiMaggio, ed. , 1991, *The New Institutionalism in Organizational Analysis.* Chicago: The University of Chicago Press.

Scott, W. Richard. 1995. *Institutions and Organizations.* Thousand Oaks, C. A. : Sage.

Scott, W. Richard. 2000. *Institutional theory and Organizations.* Sage Publication.

Scott，W. Richard and John Meyer eds. 1991. *Institutional Enrironments and Or-gaizations*. Hills C. A. : Sage Publication.

Strang，David and John Meyer . 1991. "Institutional Conditions for Diffusion，" in *Institutional Environments and Organizations*, edited by W. Richard Scott and John W. Meyer. Beverly. Hills，C. A. : Sage Publication.

图书在版编目（CIP）数据

中国的民办高等教育：历史与重建／马戎主编. --
北京：社会科学文献出版社，2020.9
（21世纪中国教育研究丛书）
ISBN 978 - 7 - 5201 - 6565 - 5

Ⅰ.①中…　Ⅱ.①马…　Ⅲ.①民办高校 - 中国 - 文集
Ⅳ.①G648.7 - 53

中国版本图书馆 CIP 数据核字（2020）第 063174 号

21 世纪中国教育研究丛书
中国的民办高等教育：历史与重建

主　　编／马　戎

出 版 人／谢寿光
责任编辑／胡庆英

出　　版／社会科学文献出版社·群学出版分社（010）59366453
　　　　　地址：北京市北三环中路甲 29 号院华龙大厦　邮编：100029
　　　　　网址：www.ssap.com.cn
发　　行／市场营销中心（010）59367081　59367083
印　　装／三河市龙林印务有限公司

规　　格／开本：787mm×1092mm　1/16
　　　　　印张：26.25　字数：430 千字
版　　次／2020 年 9 月第 1 版　2020 年 9 月第 1 次印刷
书　　号／ISBN 978 - 7 - 5201 - 6565 - 5
定　　价／168.00 元

本书如有印装质量问题，请与读者服务中心（010 - 59367028）联系